W0189100

Günter de Bruyn

Die Zeit der schweren Not

Schicksale
aus dem Kulturleben Berlins
1807 bis 1815

S. Fischer

© S. Fischer Verlag GmbH, Frankfurt am Main 2010
Satz: Pinkuin Satz und Datentechnik, Berlin
Abbildungen: Druckerei Fischer, Tauche
Druck und Bindung: CPI – Clausen & Bosse, Leck
Printed in Germany
ISBN 978-3-10-009834-4

Inhalt

Kanon

Die Jahre materieller Not und politischer Ohnmacht, die Preußen zwischen 1807 und 1815 durchleben musste, waren keine Notjahre der Kultur. Vielmehr hatte die militärische Niederlage im Krieg gegen Napoleon dem kleiner gewordenen und wirtschaftlich zerrütteten Land einen moralischen und geistigen Gewinn gebracht. Dieser machte Reformen möglich, zu denen neben der Bauernbefreiung und der Selbstverwaltung der Städte auch die Erneuerung des Bildungswesens gehörte, in deren Folge auch die Berliner Universität entstand. Zwar gab es für Baumeister in diesen Armutsjahren nur selten Aufgaben, so dass Karl Friedrich Schinkel sich auf die Malerei verlegen musste, doch konnte sich in der Bildhauerei der junge Christian Daniel Rauch einen Namen machen, und auch in der Literatur entstanden, durch Heinrich von Kleist und Adelbert von Chamisso zum Beispiel, Werke von bleibendem Wert. Das gesellige Leben Berlins hatte zwar durch den Krieg und die Flucht des Hofes nach Ostpreußen starke Einbußen erlitten, doch blühten das Theater- und Musikleben weiter, und an die Stelle der berühmten Gesprächskreise, die sich zuvor um Henriette Herz und Rahel Levin gebildet hatten, waren andere Salons in adligen und bürgerlichen Häusern getreten. Auch bildeten sich mit der Liedertafel und der Tischgesellschaft neue Geselligkeitsformen aus.

Die Lebensumstände der Berliner veränderten sich mehrfach in diesen Notjahren: erstens, durch den Abzug der französischen Besatzung, für deren Unterbringung und Verpflegung die Bevölkerung hatte aufkommen müssen, zweitens, durch die Reformen, die aus dem Staat des 18. Jahrhunderts einen moderneren machten, und, drittens, durch die Befreiungskriege, deren siegreiches Ende für Preußen zwar

7

Machtgewinn brachte, Freiheit und deutsche Einheit, für die man gekämpft hatte, aber vermissen ließen. Diesen Wechseln entsprechend
änderte sich auch die im Volk vorherrschende Stimmung. Dem Entsetzen über die Niederlage folgte eine Zeit gespannter Erwartung, die
sich 1813 in einem beispiellosen Freiheits- und Kriegsenthusiasmus
entlud. Tonangebend waren dabei vor allem die gebildeten Kreise –
zu denen aber auch der Dichter des Vierzeilers gehörte, der die Anregung zu dem Titel dieses Buches gab.

Adelbert von Chamisso, der zum Deutschen gewordene Franzose,
hatte das kriegsbegeisterte Berlin des Jahres 1813 verlassen, weil er
dort das Gefühl hatte, der einzig Nüchterne unter patriotisch Be-
rauschten zu sein. Während viele der preußischen und nichtpreu-
ßischen deutschen Dichter in diesem Jahr die Berufung fühlten,
Kriegslieder zu dichten, fasste Chamisso seine so ganz anders geartete
Gemütslage in folgende Verse, die er erst mit »Thema«, später mit
»Kanon« überschrieb.

»Das ist die schwere Zeit der Not,
Das ist die Not der schweren Zeit,
Das ist die schwere Not der Zeit,
Das ist die Zeit der schweren Not.«

Der Retter

Die briefliche Aufforderung, auf seinen Ministerposten zurückzukehren, um an die Spitze der kleinen Gruppe reformwilliger Beamter und Offiziere zu treten, erreichte den im heimatlichen Nassau erkrankten Freiherrn vom Stein Anfang August 1807. Die Briefe kamen aus dem nordöstlichsten Zipfel Preußens, aus Memel, wohin sich Friedrich Wilhelm III. mit Hof und Regierung vor den Franzosen geflüchtet hatte, und sie waren lange unterwegs gewesen; denn der französischen Postkontrollen wegen hatte man zu ihrer Beförderung den Umweg über die preußische Gesandtschaft in Wien gewählt. Stein wurde durch sie über den am 9. Juli 1807 von Napoleon diktierten Tilsiter Friedensvertrag unterrichtet, und die Bitte zur erneuten Annahme des Ministerpostens wurde damit begründet, dass er allein retten könne, was an diesem um die Hälfte seines Landes beraubten und durch riesige Kontributionszahlungen an den Rand des Ruins gebrachten Staates noch zu retten sei. Der Minister von Hardenberg, den der König auf Verlangen Napoleons hatte entlassen müssen, bat ihn dringend, sein Nachfolger zu werden. Er solle doch möglichst die beleidigenden Äußerungen des Königs, die sein Entlassungsgesuch veranlasst hatten, vergessen und künftig mit dem Monarchen diplomatischer umzugehen versuchen. Auch weihte er ihn in die hoffnungslose politische und finanzielle Lage des Staates ein.

»Auf Sie, lieber Stein, wenden sich alle unsere Blicke in diesen traurigen Augenblicken«, ließ ihn auch die Prinzessin Luise von Radziwill, die Schwester des im Vorjahr gefallenen Prinzen Louis Ferdinand, wissen, und der Gesandte in Wien, jener Graf Finckenstein, den Rahel Levin zehn Jahre vorher zu heiraten gehofft hatte, schloss sich den Bitten der anderen an:»Sie allein werden im Stande sein, mit kräftigem Arm das Ungeziefer der Selbstsüchtigen, der Verräter und, was ebenso schlecht ist, der Dummköpfe auszurotten, welche den Staat bis in seine Grundlagen untergraben haben und die vorzüglichste Ursache unseres Verderbens sind.«

Stein, den eine fieberhafte Krankheit so geschwächt hatte, dass er die Briefe nach Memel seiner Gemahlin diktieren musste, reiste, nachdem er dem König brieflich seine Bereitschaft zum erneuten

Freiherr vom Stein 1806.
Zeichnung von Friedrich Bury

Dienstantritt erklärt hatte, bald nach seiner Gesundung ab. Über Frankfurt und Weimar erreichte er Berlin am 19. September, wo er sich drei Tage lang von Freunden über das Besatzungsregime und das Elend der Bevölkerung unterrichten ließ. Er traf auch mit der Gräfin Brühl und ihrer heimlich mit Clausewitz verlobten Tochter

Marie zusammen und hätte auch gern Karoline von Berg, die Vertraute der Königin Luise, gesprochen, aber er fand nur einen Brief von ihr. »Wo bleibt denn Stein? Das ist noch mein letzter Trost. Großer Kopf, umfassenden Geistes, weiß er vielleicht Auswege, die uns noch verborgen liegen«, hatte die Königin an Frau von Berg geschrieben, und diese hatte sich nun zur Vermittlung zwischen Stein und Luise berufen gefühlt. »Unsere erste Begegnung ist nun schon 22 Jahre her«, schrieb sie an Stein, »und seitdem, erlauben Sie mir, es Ihnen zu sagen, bin ich Ihnen stets gefolgt, fasziniert von einem Charakter, der sein Jahrhundert überragt. In der Art, wie Sie akzeptiert haben, wieder in unsere Nähe zu kommen, haben Sie von neuem diesen Charakter bewiesen. ... Es geht ja nicht nur darum, unsere Finanzen wieder in Ordnung zu bringen, es sind die moralischen Werte, die Sie uns zurückgeben müssen. Ich bitte Sie darum, nicht gering von der Königin zu denken, sondern sich ihr wieder zuzuwenden. Wenn Sie die Reinheit ihres Charakters kennen lernen, werden Sie sie schätzen und lieben. ... Die Königin braucht jede mögliche Unterstützung in moralischen Fragen. Sie braucht Sie um den König vor Personen zu bewahren, die seine Existenz, die des Landes und seine persönliche Ehre gefährden. Sie braucht Sie für die Erziehung ihres Sohnes. Sie braucht Sie ganz allgemein für jeden Zweck, der zur Würde ihres Hauses und zum Wohl des Staates beitragen kann. Seien Sie also diese Stütze – und nochmals, wenn die ersten Unannehmlichkeiten Sie verärgert haben, lassen Sie sich nicht entmutigen! Ich wage es, Ihnen zu sagen, es ist Ihre Berufung, sich des Ganzen anzunehmen; verkennen Sie diese Berufung nicht.«

Auf dem Weg nach Memel fuhr Stein durch ausgeplünderte, teils auch niedergebrannte Dörfer und Städte, wo überall Mangel an Nahrungsmitteln, Saatgut und Pferden herrschte, sah Scharen hungernder Kinder, die durch Krieg und Seuchen die Eltern verloren hatten, und besuchte in Hinterpommern den General Blücher, dessen Hauptquartier seit dem Ende der Kämpfe in Treptow an der Rega war. Am 30. September erreichte er Memel, wo der König, der ihn im Januar noch als einen »widerspenstigen, trotzigen, hartnäckigen und un- gehorsamen Staatsdiener« bezeichnet und so sein Entlassungsgesuch veranlasst hatte, ihn nun als leitenden Minister für alle Zivilange- legenheiten einsetzte, so dass Stein sofort mit der Umgestaltung des Staates beginnen konnte, die von ihm in den Monaten seiner Entlas- sung vorgedacht worden war. Niedergelegt hatte er seine Gedanken in der sogenannten »Nassauer Denkschrift«, die den sperrigen Titel »Über die zweckmäßige Bildung der Obersten und der Provinzial-, Finanz- und Polizei-Behörden in der preußischen Monarchie« führ- te, aber neben seinen Vorschlägen zur Verbesserung der staatlichen Lenkung auch schon seine anderen Ideen zur Modernisierung Preu- ßens enthielt. Seine amtliche Ernennung erfolgte am 4. Oktober, und schon fünf Tage später leitete er mit dem sogenannten Oktober-Edikt die innere Umgestaltung des noch besetzten Landes ein.

Das »Edikt den erleichterten Besitz und den freien Gebrauch des Grundeigentums sowie die persönlichen Verhältnisse der Land- bewohner betreffend« war von einigen höheren Beamten schon aus- gearbeitet worden und sollte eigentlich nur für Ost- und Westpreußen gelten, doch setzte Stein beim König seine Geltung für ganz Preußen durch. Durch dieses Gesetz wurden Grund und Boden freiverkäuf- lich, so dass auch Bürgerlichen nun der Erwerb von Rittergütern möglich war. Adlige durften nun auch bürgerliche Berufe ergreifen, und die Landbewohner wurden von ihrer Erbuntertänigkeit befreit. Ab Martini (11. November) 1810 sollte es nur noch freie Menschen in Preußen geben. Damit war die Befreiung der Bauern, die einsichtige Leute schon seit dem Tode Friedrichs des Großen angemahnt hatten, zwar juristisch endlich erreicht worden, aber es handelte sich dabei nur erst um eine nominelle Befreiung; alle praktischen, das Verhält- nis von Bauern und Gutsherren betreffende Fragen, wie die der Ab- gaben und Dienste, konnten damit noch nicht gelöst werden, und da der in seinen Interessen verletzte Landadel zähen Widerstand leis- tete, zog sich die tatsächliche, also auch wirtschaftliche Befreiung der Bauern noch lange hin.

Da das Oktober-Edikt die Schranken zwischen den Ständen zwar

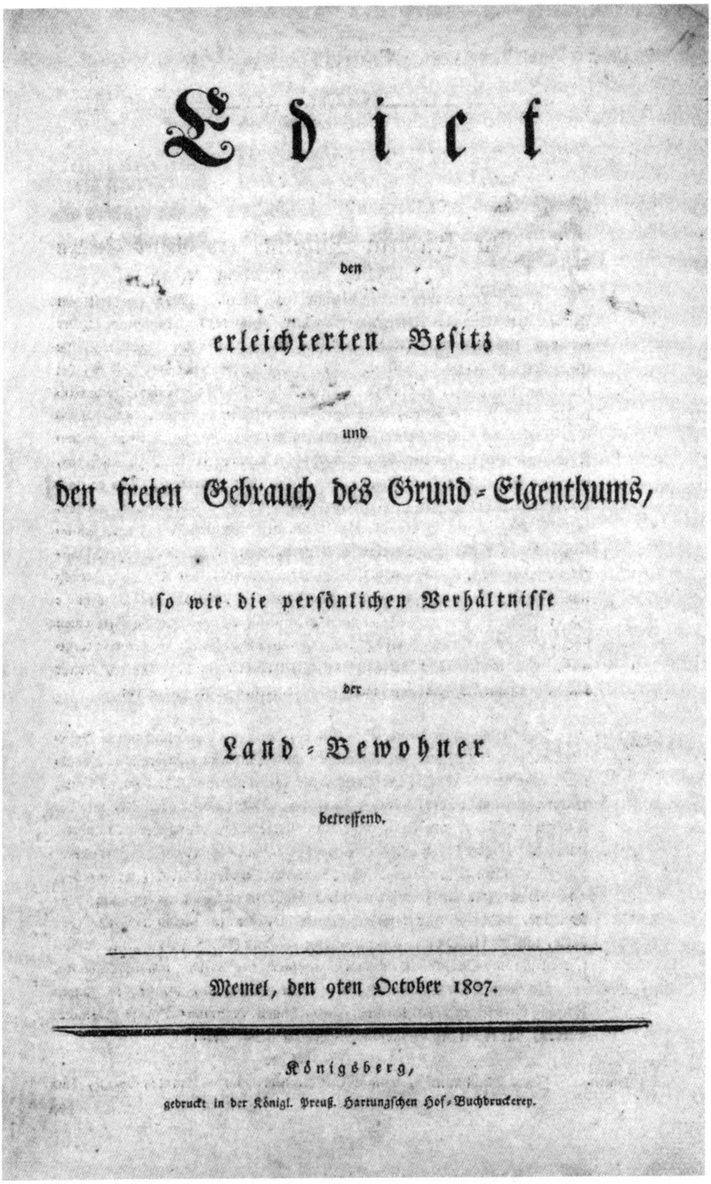

Edict

den

erleichterten Besitz

und

den freien Gebrauch des Grund-Eigenthums,

so wie die persönlichen Verhältnisse

der

Land-Bewohner

betreffend.

Memel, den 9ten October 1807.

Königsberg,

gedruckt in der Königl. Preuß. Hartungschen Hof-Buchdruckerey.

Das Oktoberedikt über die Bauernbefreiung

nicht beseitigte, aber doch durchlässig machte und der kapitalisti-
schen Wirtschaftsweise den Weg ebnete, waren Stein und seine Reformer bei ihren Gegnern, den konservativen Altpreußen, fortan als
Jakobiner verschrien. Steins Intentionen aber waren keine revolutionären. Er, der Sohn einer reichsunmittelbaren Freiherrenfamilie, die
ihre reichen Besitzungen an der Lahn hatte, wollte die Stände nicht
abschaffen, er wollte sie nur den neuen Bedingungen anpassen, und
als Praktiker der Verwaltung nahm er die Ideen dazu auch anderswo
her. Er hatte England bereist und sich mit dessen Wirtschafts- und
Regierungsmethoden gründlich beschäftigt, und auch die Errungen-
schaften der von ihm verabscheuten Revolution in Frankreich konnten ihm Vorbild sein.

Er war nach einem Jura-Studium in Göttingen 1780 in preußische
Dienste getreten und hatte es dort schon mit vierundzwanzig Jahren
zum Direktor der westfälischen Bergwerke gebracht. Da der für die
Industrie zuständige Minister von Heinitz den organisationsbegabten
und energischen jungen Mann schätzte, ging es auch mit seiner weiteren Karriere relativ schnell voran. Im Krieg von 1806 war er Finanz-
minister, konnte beim überstürzten Rückzug nach Ostpreußen durch
energisches Handeln die Staatskasse retten, doch war sein Verhältnis
zum König immer konfliktbeladen, weil sein tatkräftiges, aber auch
schroffes, oft aufbrausendes Wesen dem bedächtigen, stets zögernden
Monarchen zuwider war. Ihm fehlte die diplomatische Wendigkeit,
die zum Beispiel Hardenberg hatte, wodurch er auch am Hofe vielfach
auf Feindschaft stieß. Dem ansässigen Adel galt er immer als Fremder,
und da er seine Erfolge vorwiegend in den westlichen Landesteilen erzielt hatte, fühlte er sich im ostelbischen Preußen mit seinen endlosen
Weiten, den unfreien Bauern und dem in seinen Augen armseligen
Landadel nie recht wohl. Seine Herkunft aus einer reichsunmittelbaren, also nur dem Kaiser verpflichteten Freiherrnfamilie blieb
für ihn immer bestimmend. Da ihm die deutsche Kleinstaaterei als
Übel erschienen war, hatte er sich für das große und wohlorganisierte
Preußen Friedrichs des Großen entschieden und dort immer mit dem
Gedanken an Deutschland gewirkt. Das Reich hatte ihm mehr als

seine Teilstaaten gegolten, und da Napoleon es aufgelöst und von sich abhängig gemacht hatte, musste er dessen erbitterter Gegner sein.

Gegen Napoleon war für ihn auch die Erneuerung Preußens gerichtet, und zwar im zweifachen Sinne. Es musste wirtschaftlich stärker werden, um die riesigen Kontributionszahlungen leisten zu können, und es musste in sich geschlossener und dabei moderner werden, um dem modernen Frankreich ebenbürtig zu sein. Was dort die Revolution erreicht hatte, sollten hier die Gesetze bewirken. Liberalisierung sollte die Wirtschaft stärken, und die aus alten Zwängen befreiten Menschen sollten aus Untertanen zu Staatsbürgern werden, die am Staat mitwirken und ihre eignen Interessen mit den seinen verbinden konnten. Nur so konnte ein Patriotismus, wie er die Franzosen bewegte, auch in Preußen entstehen.

Steins Idee von der stärkeren Teilnahme des Volkes an der Verwaltung kam am reinsten in seiner neuen Städteordnung zum Ausdruck, die gesetzlich am 19. November 1808 erlassen und zuerst in Königsberg eingeführt wurde, 1809 dann auch in Berlin. Durch sie wurde die Staatsaufsicht in engen Grenzen gehalten, der Einfluss der Zünfte beschnitten und die Stadtregierung von den wohlhabenderen Bürgern gewählt. Während die vielfach miteinander verbundenen Probleme der ländlichen Neuordnung in Steins kurzer Amtszeit durch das Oktober-Edikt allein nicht gelöst werden konnten, wurde die Selbstverwaltung der Städte ein voller und andauernder Erfolg.

Berlin erlebte die ersten Wahlen im April 1809. In feierlicher Form versammelten sich die wahlberechtigten Bürger (das waren solche, die ein jährliches Einkommen von mindestens 150 Talern hatten) in den Kirchen der einzelnen Bezirke und wählten die Stadtverordneten. Diese, insgesamt waren es 100, wählten am 25. April im Palais des Prinzen Heinrich, dem späteren Universitätsgebäude, den Magistrat und die Bürgermeister. Zum Oberbürgermeister gewählt wurde dabei Leopold von Gerlach der Ältere, der zehn Jahre lang die Kurmärkische Kriegs- und Domänenkammer geleitet hatte, sich durch seine mutige Haltung während der Besatzungszeit Popularität erworben hatte und später, als Hardenbergs Reformen begannen, deren ent-

*Einführung der Stadtverordneten in der Nicolaikirche
am 6. Juli 1809. Aquarell von Laurens-Calau*

schiedener Gegner war. Die feierliche Vereidigung und Amtseinführung des neuen Magistrats fand dann in kirchlichen Formen, mit Predigt und Tedeum, am 6. Juli in der Nikolaikirche statt.

Stein konnte diesen von ihm herbeigeführten Ansatz einer kommunalpolitischen Demokratisierung nur noch aus der Ferne verfolgen. Seine anderen Vorhaben, zu denen auch der Umbau der unzweckmäßigen, noch aus Zeiten des großen Friedrich überkommenen Regierungsstrukturen gehört hatte, waren ihm nur in Ansätzen gelungen und wurden teilweise von Hardenberg weitergeführt. Sein Werk, an dem viele andere Gleichgesinnte beteiligt waren, das aber nur durch seine Energie, seine Furchtlosigkeit und moralische Integrität durchgesetzt werden konnte, blieb also unvollendet. Aber als er nach nur vierzehn Monaten aus dem Amt scheiden musste, hatte er für Preußen vieles erreicht, das nicht mehr rückgängig zu machen war.

In seinem sogenannten Politischen Testament, einem Rundschreiben an die Mitarbeiter der oberen Behörden, das auf den Tag seiner Entlassung, den 24. November 1808, datiert wurde, fasste er noch einmal zusammen, was schon getan war und was noch zu erreichen sei.»Es kam darauf an«, heißt es da,»die Disharmonie, die im Volke stattfindet, aufzuheben, den Kampf der Stände unter sich, der uns unglücklich machte, zu vernichten, gesetzlich die Möglichkeit aufzustellen, dass jeder im Volke seine Kräfte frei in moralischer Richtung entwickeln könne, und auf solche Weise das Volk zu nötigen, König und Vaterland dergestalt zu lieben, dass es Gut und Leben ihnen gern zum Opfer bringe. ... Der letzte Rest der Sklaverei, die Erbuntertänigkeit, ist vernichtet, und der unerschütterliche Pfeiler jeden Throns, der Wille freier Menschen, ist gegründet. Das unbeschränkte Recht zum Erwerb des Grundeigentums ist proklamiert. Dem Volke ist die Befugnis, seine ersten Lebensbedürfnisse sich selbst zu bereiten, wiedergegeben. Die Städte sind mündig erklärt, und andere minder wichtige Bande, die nur einzelnen nützten und dadurch die Vaterlandsliebe lähmten, sind gelöst. Wird das, was bis jetzt geschah, mit Festigkeit aufrechterhalten, so sind nur wenige Hauptschritte noch übrig.« Und zu diesen zählte er auch die Situation auf dem Lande, wo viele Eigentumsfragen noch ungeklärt waren und die richterliche und polizeiliche Gewalt noch immer in den Händen der Gutsherren lag.

Anlass zu Steins Entlassung hatte im August 1808 einer seiner

Briefe gegeben, der den Franzosen in die Hände gefallen war. In ihm hatte sich Stein als Gegner Napoleons zu erkennen gegeben, indem er die zunehmende Verbitterung im rheinbündischen Hessen und Westfalen mit Genugtuung registrierte und den Patrioten riet, im Falle von Aufständen zum Kampfe bereit zu sein. Für Napoleon, der in Paris gerade mit Prinz Wilhelm, dem Bruder des Königs, über ein mögliches preußisch-französisches Bündnis verhandelte, war das ein Grund, die Verhandlungen abzubrechen und Stein seines Doppelspiels wegen an den Pranger zu stellen. Er ließ den Brief im »Moniteur« veröffentlichen und erklärte Monate später den inzwischen vom König entlassenen Minister für rechtlos. »Der genannte Stein«, so lautete der Armeebefehl vom 16. Dezember, »ist wegen des Versuchs, Unruhen in Deutschland zu erregen, zum Feind Frankreichs und des Rheinbundes erklärt worden. Die Besitzungen des genannten Stein in Frankreich oder in den Ländern des Rheinbundes werden sequestriert [beschlagnahmt]. Die Person des genannten Stein soll, wo immer sie durch unsere Truppen oder die unserer Alliierten erreicht werden kann, ergriffen werden.« Und einen seiner Minister ließ er am selben Tag wissen, dass der Gesuchte nach seiner Ergreifung zu erschießen sei.

Als der künftige Gesandte Frankreichs am preußischen Hofe, ein Graf Saint-Marsan, am 5. Januar 1809 in Berlin über die Ächtung Steins unterrichtet wurde, ließ er diesem, der, statt in seine rheinbündische Heimat zurückzukehren, seine Familie nach Berlin geholt hatte, durch einen holländischen Diplomaten eine Warnung zukommen, worauf Stein am 6. Januar die Kutsche bestieg und nach Schlesien, das unbesetzt war, reiste, im Gebirge den Wagen mit einem Schlitten vertauschte und in der Nacht zum 13. die Grenze nach Österreich hinter sich ließ. In einem Brief an seine in Berlin zurückgebliebene Familie erinnerte sich der nun Besitz- und Vaterlandslose an eine Predigt, die er kürzlich mit seiner Frau gemeinsam gelesen hatte. Sie war der Frage gewidmet, was der Christenmensch wirklich zu fürchten habe und was nicht.

Es handelte sich dabei um die Predigt, die der Professor Friedrich

Schleiermacher am Neujahrstag 1807, also noch während des Krieges, in der Kirche der von Napoleon aufgelösten Universität Halle unter den Augen der französischen Besatzung gehalten hatte, um den Zuhörern, die nach der Katastrophe von Jena die Plünderung der Stadt erlebt hatten, Mut zu machen und sie an ihre patriotische Pflicht zu erinnern, bei der er bezeichnenderweise, wie Stein, nicht nur an Preußen dachte, sondern an »unser gesamtes deutsches Vaterland«.

Der Prediger

Die preußische Niederlage bei Jena, die Besetzung Halles durch Napoleons Truppen und die Schließung der dortigen Universität hatten bei Schleiermacher eine starke Hinwendung zur Politik bewirkt. Der Theologe, Philosoph, Platon-Übersetzer und Prediger wurde in diesen Monaten mehr und mehr zu einem patriotischen Mahner, der die seit Jahren in Preußen angedachten Reformen verwirklicht haben wollte und in ihnen eine Voraussetzung für die Befreiung von Napoleon sah. Seine Predigten unter den Augen der Besatzung im Winter 1806/07 waren nicht ungefährlich. Er ließ in ihnen den Untergang des Alten und die Geburt des Neuen aufscheinen und ermahnte die Zuhörer, auch im Unglück dem preußischen König und dem Vaterland treu zu sein. Als aber Napoleon Halle von Preußen trennte und die neue Regierung in Kassel das Kirchengebet für König Jerome verordnete, hielt es ihn in Halle nicht länger. Unter französischem Protektorat leben und lehren wollte er nicht. Mit seiner Halbschwester Nanny, die dem Junggesellen die Wirtschaft führte, siedelte er wieder nach Berlin über, wohnte erst bei seinem Freund, dem Verleger Reimer, dann in der Schützenstraße 74, ernährte sich dürftig durch öffentliche Vorträge und stellte sich im Frühjahr 1808 mit seiner Schrift »Gelegentliche Gedanken über Universitäten im deutschen Sinn« auch als Wissenschaftspolitiker vor. Als solcher wirkte er dann auch in der Kommission zur Vorbereitung der Berliner Universitätsgründung mit.

Die enge Freundschaft zu Georg Andreas Reimer, die 1802 begonnen hatte und bis zum Tode währen sollte, brachte Schleiermacher nun nicht nur mit Fouqué, Arnim, Arndt und anderen Autoren des Verlages zusammen, sondern auch mit dem konspirativ tätigen Kreis der Patrioten, der sich, misstrauisch beobachtet von den Spionen der Besatzung, häufig in Reimers Sommerhaus im Tiergarten traf. In Vorbereitung auf eine antinapoleonische Erhebung, die man sich wie die in Spanien vorstellte, hielten die Intellektuellen und Beamten

Kupferstich von Heinrich Lips

mit den Reformern in Ostpreußen heimlich Verbindung, übten sich sogar im Schießen und führten Spionageaufträge aus. Auch Schleiermacher reiste mit Instruktionen, die geheim waren und blieben, nach Dessau, nach Rügen, nach Schlesien, und brachte im September 1808 zu konspirativen Zwecken mehrere Wochen im ostpreußischen Königsberg zu. Hier kam er mit Mitgliedern der Königsfamilie und auch mit Gneisenau, Scharnhorst und Stein zusammen. Seine Briefe von dieser Reise an Reimer sind uns heute in Teilen so unverständlich, wie sie es damals den französischen Briefkontrolleuren sein sollten. Denn statt der wirklichen Namen der Minister und Offiziere, mit denen er in Königsberg konferierte, wurden von ihm vereinbarte Decknamen verwendet, wie zum Beispiel der eines Herrn Quednow, mit dem der König gemeint war. Es waren gefährliche Reisen, vielleicht auch sinnlose, weil die Aufstände nie stattfanden. Ihre möglichen Geheimnisse enthüllten sich auch der Nachwelt nicht.

Anders verhält es sich mit der Bilanz einer privaten Reise, die ihn im Sommer 1808 nach Rügen führte und auf der er, wie er seiner Schwester mitteilte, »endlich ganz zur Ruhe gekommen« sei. Den 18. Juli nannte er im selben Brief den »Geburtstag meines neuen Lebens«, und er meinte den Tag seiner Verlobung damit. Diese aber hatte als lange Vorgeschichte eine empfindsame Männerfreundschaft, die 1801 durch seelische Gleichgestimmtheit entstanden war. Als er damals nicht nur an der Entfremdung von Friedrich Schlegel, sondern auch an der unerwiderten Liebe zu Eleonore Grumkow, der Frau seines Amtsbruders, zu leiden hatte, war er mit Henriette Herz, seiner lebenslangen Seelenfreundin, zusammen nach Prenzlau zu deren Schwester gefahren, die dort mit dem Arzt Simon Herz verheiratet war. Dort war er mit dem zehn Jahre jüngeren Sohn eines höheren, erst kürzlich geadelten Kirchenmannes bekannt geworden, der Kandidat der Theologie war und Ehrenfried von Willich hieß. In diesem ihm gefühlsverwandten Jüngling, der damals sein Geld als Hofmeister verdiente, viel im Hause des Arztes verkehrte und sich unglücklich in dessen Frau Johanna verliebt hatte, fand er nun einen Freund und Tröster, der zwar nicht »den tiefen, alles umfassenden Geist Friedrich Schlegels« hatte, aber dafür seinem »Herzen« näher stand. Der ersten Begegnung folgte ein gefühlvoller Briefwechsel, der auch noch andauerte, als Willich in Stralsund Militärpfarrer wurde und 1804 die siebzehnjährige Henriette von Mühlenfels heiratete, die bald an der Korrespondenz der Freunde lebhaft beteiligt war.

»Ich darf also selbst an Sie schreiben, es Ihnen von Zeit zu Zeit sagen, wie lieb ich Sie habe, wie ich Sie verehre, wie Ihr Andenken mich begleitet«, so beginnt der erste Brief der Verlobten an den berühmten Theologen vom Juli 1804. Mit Henriette Herz zusammen, die fortan die große Henriette genannt wurde, war er zu Besuch bei den jungen Verlobten gewesen, und da er lebhaften Anteil an deren Glück genommen hatte, riss der Briefwechsel mit vielen Beteuerungen inniger Zuneigung nicht mehr ab. Alle glücklichen und traurigen Momente ihres Lebens ließ die kleine Henriette den Freund ihres Mannes nun miterleben: die Heirat vor allem und die schwierige Geburt ihres ersten Kindes, einer Tochter, die ebenfalls Henriette genannt wurde. Deren Entwicklung gab nun der jungen Mutter viel Stoff für lange Briefe. Sie wollte von ihm, den sie gern mit Vater anredete, auch Erziehungsratschläge haben, und die gab er dem lieben Töchterchen und süßen Jettchen sehr gern. Vorher aber durfte er schon erfahren, dass sie am Vortage ihrer Hochzeit beim Abendmahl innig an ihn gedacht habe, und am Tag danach heißt es:»Zu Ihnen komme ich heute, Vater, und werfe mich mit gerührtem Herzen an Ihre Brust. Ihr Segen, Ihre Liebe, das ist ein köstlicher Brautschatz, den wollen wir immer mit uns führen, unser Leben hindurch, so wie Gottes Friede wird er über uns walten. ... Wie waren Sie gestern ganz bei uns in dem Augenblick, da wir eingesegnet waren und einander in höchster Rührung und Freude um den Hals fielen. Schleiermacher und Jette, riefen wir uns da zu.« Wenn sie eine ihrer auf Rügen verheirateten Schwestern besuchte, sollte er ihre Freude an der Natur mit ihr teilen. Musste Ehrenfried sie allein lassen, tröstete sie der Gedanke an Schleiermacher, und wenn sie beim Anblick der kleinen Jette an die Möglichkeit eines kommenden Krieges dachte, war Schleier, wie er von seinen Freunden genannt wurde, der Mutmacher für sie.

Seine Antworten waren immer ausführlich, manchmal auch sanft didaktisch, immer von zärtlicher Väterlichkeit. Von seinen Erlebnissen bei der Besetzung Halles durch die Franzosen konnte er ihr 1806 noch erzählen, dann stockte der Briefwechsel der Kriegsereignisse wegen, bis ihn im März 1807 folgender Brief von ihr aus Sagard auf

Rügen erreichte:»Lieber lieber Schleier, mein geliebter Freund, mein Vater! – o mein Gott, mein Gott! –. wie soll ich es Dir aussprechen, und wie sollst Du es hören! Schleier, ich bin nicht mehr die glückliche Jette, deren heiliges Glück Du im Herzen trugst, und woran Du Dich so innigst freutest. Mein lieber Schleier, mache Dich gefasst, das Bitterste zu hören. Die glückliche Jette ist nun eine arme betrübte einsam weinende Jette. O mein Schleier, so sei es denn ausgesprochen das entsetzliche Wort: mein Ehrenfried, mein innig zärtlich geliebter Ehrenfried ist nicht mehr bei mir, er lebt in einer anderen Welt. O Schleier, kannst Du es fassen, kannst Du begreifen, dass ich es überlebt habe? Ich selbst kann es nicht begreifen und nicht die Fassung, mit der ich es getragen habe und tragen werde. Welche Sehnsucht habe ich, Dir mein ganzes Herz zu zeigen. ... O mein Schleier, wie sehne ich mich nach Dir, könnte ich nur an Deine Brust sinken und weinen und Dir alles sagen, was in mir ist. Du wirst mich jetzt nicht lassen, nein, gewiss nicht. Du wirst mir Trost und Stütze sein, ich fühle ein so inniges Vertrauen zu Dir.«

Ehrenfried von Willich war nach einer achttägigen Erkrankung mit dreißig Jahren an Typhus gestorben, wenige Wochen vor Henriettes zweiter Entbindung, über die sie ihrem väterlichen Freund dann auch bald berichtete, worauf dieser ihr schrieb:»Als Du den holden Knaben so glücklich ans Licht brachtest, schickte ich mich wohl eben an, zur Kirche zu gehen, um zu predigen. Ich weiß noch, dass ich Deiner gedachte in schmerzlich süßer Erwartung, bald etwas zu hören von der glücklichen Stunde, die auch Dir neues Leben bringt.« Immer, so versicherte er ihr, würde er für sie und die Kinder da sein. Den Sohn, der auf den Namen seines Vaters getauft wurde, wünschte er im Sinne des Vaters erziehen zu können, und er hoffte auf ein Wiedersehen bald nach dem Krieg.

Aber zur Reise nach Rügen kam es erst im Sommer 1808. Die neunzehnjährige Witwe hatte mit ihren zwei kleinen Kindern Unterkunft bei einem Verwandten gefunden, bei dem Pastor Heinrich Christoph von Willich, dem älteren Bruder ihres verstorbenen Mannes, der in Sagard auf Rügen nicht nur seelsorgerisch wirkte, sondern auch zum

Nutzen des Fremdenverkehrs. Durch die Erschließung von Heilquellen hatte er 1795 die »Sagarder Brunnen-, Bade- und Vergnügungsanstalt« gegründet und zu einem florierenden Kurbetrieb ausgebaut. Auch Heinrich von Kleist und seine Halbschwester Ulrike waren im Sommer 1800 hier kurzzeitig Gäste gewesen. Doch machten dann 1806/07 der Krieg und die französische Besatzung dem Wohlstand ein Ende, und da Pastor Willich als Kurdirektor zurücktrat und Putbus als Kurort attraktiver wurde, verfielen die Park- und Brunnenanlagen bald wieder, so dass man sich die Brunnenaue bei Sagard, wo dem vierzigjährigen Theologen von der neunzehnjährigen Witwe das Jawort gegeben wurde, nur wenig von Kurgästen belebt vorstellen kann. Die Frage, wer die Initiative zu dem Verlöbnis ergriffen hatte, wurde im Briefwechsel des nächsten Jahres noch eingehend erörtert, und immer wieder wurde sich gegenseitig versichert, dass nicht nur die Liebenden und die beiden Kinder zu dieser Ehe gehören werden, sondern auch der nicht mehr unter den Lebenden weilende Ehrenfried.»Ja, Ehrenfried soll immer mit uns leben. Dein rechter Hochzeitstag ist der seinige, die beiden süßen Kinder hat er uns gegeben, und Du, wie Du Dich mir gibst, bist mir sein Vermächtnis.«

Schleiermachers Entschluss zur Heirat fiel zeitlich etwa mit seiner Berufung zum reformierten Prediger an der Dreifaltigkeitskirche zusammen, als welchem ihm eines der drei nebeneinander gebauten Pfarrhäuser der Gemeinde in der Kanonierstraße (seit 1951 Glinkastraße) zur Verfügung stand. Zwei der zweigeschossigen Bauten aus der ersten Hälfte des 18. Jahrhunderts sind, Ecke Taubenstraße, noch heute erhalten, während der hübsche Rundbau der Dreifaltigkeitskirche in der nahen Mauerstraße 1943 von Bomben zerstört und nach dem Kriege beseitigt wurde. Heute ist keine Spur von Schleiermachers Kirche mehr zu sehen.

Wäre es nach ihm gegangen, hätte er auch Henriette Herz, die große Henriette, mit in die Ehegemeinschaft aufgenommen, denn ohne sie, schrieb er ihr im November 1808, könnte sein Glück nicht vollständig sein. Sie aber, die wegen der kriegsbedingten Einstellung ihrer Witwenpension Geldsorgen hatte, zog es vor, sich selbständig

Ansicht der Mauerstraße mit Blick auf die Dreifaltigkeitskirche.
Federzeichnung von Johann Georg Rosenberg 1776

zu machen und als Gouvernante zu einer der Schwestern der kleinen Henriette nach Rügen zu ziehen.

Auf Rügen wurde auch der Ehebund geschlossen. In der Sagarder Kirche, einer der ältesten der Insel, segnete Henriettes Schwager im Beisein der großen Henriette und der Halbschwester Nanny (die einige Jahre später den aus Rügen stammenden Ernst Moritz Arndt heiraten sollte) das ungleiche Paar am 18. Mai 1809 ein. Vier Wochen später übernahm Schleiermacher mit der feierlichen Amtseinführung als Prediger auch die baulichen Sorgen um die Dreifaltigkeitskirche, die von den Besatzungstruppen als Quartier benutzt worden war. Mit Türen, Gestühl und Wandverkleidungen waren Lagerfeuer in ihr unterhalten worden, man hatte das Glockenspiel gestohlen und die Orgel ramponiert. Die Armut, die in Berlin herrschte, verzögerte die Wiedereinrichtung, und die notwendigen Reparaturen, auch an der Kuppel der Kirche, zogen sich noch bis in die Jahre nach den Befreiungskriegen hin.

Dass die Ehe des schon bejahrten und berühmten Mannes mit der

Der Prediger

jungen verwitweten Schönen von den Zuhörern seiner Predigten, die meist aus gebildeten Kreisen kamen, neugierig beobachtet wurde, ist anzunehmen, doch gab sie nie Anlass zu Klatsch und Tratsch. Zu den zwei Kindern, die Henriette mit in die Ehe gebracht hatte, wurden in den nächsten Jahren noch drei Töchter und ein Sohn geboren, und nach außen hin wurde das Bild eines harmonischen Familienlebens immer gewahrt. Von den schmerzlichen Problemen des ungleichen Paares wusste nur ein enger Kreis der Freunde, und auch der Nachwelt wurde nur wenig davon bekannt. Wenn Varnhagen, der diese Ehe als eine »der Natur entgegen« geschlossene betrachtete, im Tagebuch rückblickend von ihr berichtet, deutet er an, dass die junge Frau ein »feindliches Verhältnis« zu Henriette Herz, zu Freund Reimer und zu ihrer Schwägerin Charlotte entwickelt habe, »worunter Schleiermacher unsäglich litt.« Auch eine Freundin der jungen Frau, eine Karoline Fischer, die die Familie mit ihren hellseherischen und heilmagnetischen Fähigkeiten tyrannisierte, stiftete Unfrieden, und schon in den ersten Jahren der Ehe musste Schleiermacher erleben, dass Henriette in leidenschaftlicher Liebe zu einem anderen entbrannte, was Varnhagen nur zu natürlich fand. Wie hätte die schöne Witwe, schrieb er, »ihren Sinn verschließen und in der ganzen Welt nichts sehen sollen als den kleinen missgeschaffenen Gelehrten, der überdies den ganzen Tag in seine Arbeit versunken war«. Ziel ihrer Sehnsüchte war der mit ihr etwa gleichaltrige, gutaussehende und geistvolle Alexander von der Marwitz, der auf der Universität in Halle Schleiermachers liebster Schüler gewesen war.

Diese Ehekrise fiel in die Jahre der engen Verbindung zwischen Marwitz und Rahel Levin, die, obwohl auf die Jüngere eifersüchtig, in dieser geheimen Liebesbeziehung doch als Mitwisserin, vielleicht auch als Förderin tätig war. Schleiermacher, der darunter am meisten zu leiden hatte, erwies sich als der Lebenserfahrenste und Edelste, indem er nämlich feinfühlend, aber entschieden auf einer Lösung des Herzenswirrwarrs bestand. Er hatte in Abwesenheit Henriettes auf ihrem Schreibtisch neben Zetteln von Rahel und griechischen, von Marwitz übersetzten Versen auch »eine Zeichnung von Alexanders

27

Potsdamscher Wohnung« gefunden, und diese Entdeckung hatte in ihm ein Gefühl »unendlicher Ausgestorbenheit« erzeugt. Statt aber der Untreuen Vorwürfe zu machen, war er traurig darüber, dass sie, um das »höchste Glück« ihres Lebens zu finden, das Eheversprechen hatte brechen müssen, und er versprach ihr, ihr zu verzeihen. »Frei kann ich Dich nicht sprechen, aber innig bedauern. … Ich kann Dein liebes Haupt an mein Herz drücken und Deine Stirne küssen und mich Dir ganz aufs Neue geloben.« Auch er leide darunter, »dass sie sich demütigen muss unter diese Wege Gottes! Ja, mein Herz, es ist ein Schmerz in unser Leben gelegt, der nie ganz zu verwinden ist. Lass uns ihn heilig halten, Gott hat ihn hineingelegt, und lass uns Ihm zu Ehren soviel Freude drum herum säen und pflegen, als wir nur können, dass sich das Leben doch noch zu einem anmutigen und fruchtbaren Garten Gottes gestalte.«

So gelassen wie möglich, stellte er Marwitz zur Rede, ließ sich von ihm die Beendigung des Verhältnisses versprechen, fürchtete mehr als den Bruch des Versprechens die Möglichkeit, ihn dabei verletzt zu haben, und als 1814 Marwitz' Tod auf dem Schlachtfeld bekannt wurde, trauerte er gemeinsam mit Henriette um ihn.

Der Gelehrte

Ein negatives Urteil über Scharnhorst zu fällen, fiel selbst einem so entschiedenen Reformgegner wie Friedrich August Ludwig von der Marwitz, dem älteren Bruder Alexanders, schwer. In seinen im Alter geschriebenen Memoiren hält er zwar den Nachruhm des Militärreformers für übertrieben, kommt aber um die Anerkennung seiner Verdienste nicht herum. Er missbilligt die Aufstellung des Scharnhorst-Denkmals Unter den Linden und wirft dem Bildhauer Rauch eine zu starke Idealisierung vor. Denn Scharnhorsts Gestalt und Wesen sei alles andere als militärisch gewesen, er habe vielmehr wie ein »alter, nachdenklicher Schreiber« ausgesehen. Ihm sei auch »keineswegs eine so prächtige Normal-Lende« eigen gewesen, wie Rauch sie gestaltet habe, und schließlich sei der Geehrte doch kein siegreicher Feldherr gewesen, sondern habe nur organisatorisch Gutes bewirkt.

Dieses muss Marwitz aber sogar rühmen. Es sei ein Glück für Preußen gewesen, diesen Mann in den schweren Jahren nach Jena »am Ruder der militärischen Angelegenheiten« gehabt zu haben, denn »alles Dauerhafte und Wesentliche, das zwischen 1807 und 1813 eingerichtet« worden sei, stamme von ihm. »Er hatte ein eigenes Talent, mit dem Könige umzugehen und sich durch dessen Brüskerien (so!) nicht abschrecken zu lassen. Wenn dieser eine Sache zurückwies, so schwieg er und brachte sie den andern Tag wieder vor und den dritten Tag wieder. Und wenn der König sagte: Schon hundertmal gesagt, wills nicht haben! Oder: Bleiben mir vom Halse! Gar nicht mehr von reden hören! so schwieg er wieder und rückte nach vierzehn Tagen oder drei Wochen aufs neue damit heraus, bis der König, teils aus Ungeduld, teils in dem Gedanken, es möchte wohl gut sein, weil Scharnhorst so sehr darauf versessen sei, zuhörte und schließlich auch nachgab.«

Wilhelm von Humboldt, der sich 1809 in Königsberg mit Scharnhorst anfreundete, fand ihn auf den ersten Blick sympathisch. Er beobachtete an ihm eine »ruhige, bescheidene Verschränkung der Arme« und einen »stillen, aber festen und bestimmten Ton der Stimme«.»Er ist ein sehr gescheuter, origineller Mann, zugleich von liebenswürdigem und großem Charakter, der unter einem … beinahe träumerischen Ansehen sehr viel verbirgt.«

Scharnhorst war weder als Adliger noch als Preuße geboren und hatte schon deshalb bei Marwitz und anderen Altpreußen einen schweren Stand. Dass der König sich über diese Vorurteile hinwegsetzen konnte und ihn, oft gegen den Widerstand seiner Umgebung, mit entscheidenden Posten betraute, hatte sicher nicht nur mit Scharnhorsts unzweifelhaften militärischen Qualitäten, sondern auch etwas mit seinem ruhigen, zurückhaltenden Wesen zu tun, das dem König sympathisch war. Während der Freiherr vom Stein sich leicht erregte, manchmal auch aufbrauste oder gar jähzornig wurde, zeigte Scharnhorst äußerlich immer Gelassenheit. Verglichen mit Steins Eloquenz war er ein Schweiger, und es war ihm, wie wir von seinem Schüler und Freund Clausewitz wissen, auch »eine auffallende Unbehilflichkeit im Ausdrucke eigen, als ob ihm die Mitteilung seiner Ideen schwer würde«, und diese Unbeholfenheit im Reden wurde »durch seinen langsamen hannöverischen Dialekt noch verstärkt.« Und doch war er ein ausgezeichneter Lehrer, dem nicht nur sein Schüler Clausewitz im Reformwerk verbunden blieb. Auch war er im schriftlichen Ausdruck von äußerster Prägnanz. Seine Aufsätze und Bücher, wie das »Handbuch für Offiziere«, das »Militärische Taschenbuch zum Gebrauch im Felde« oder das »Handbuch der Artillerie« bearbeitete er so lange, bis jede Unklarheit oder Weitschweifigkeit beseitigt war. Seine Denkschriften für den König waren ohne überflüssige Phrasen und immer genau durchdacht.

Er stammte aus bäuerlichen Verhältnissen, war 1755 in Bordenau bei Hannover geboren und hatte als Militärschriftsteller, Artillerieoffizier und Generalstäbler schon einen Namen, als er 1801 als Oberstleutnant aus hannoverschen in preußische Dienste übergetreten war.

Scharnhorst. Gemälde von Friedrich Bury

1802 war er vom König geadelt worden. Er hatte in Berlin die Militärische Gesellschaft und die Akademie für junge Offiziere, zu deren erstem Jahrgang auch Clausewitz gehört hatte, gegründet und geleitet, war für die Neuorganisation der gesamten Offiziersaus- und -weiterbildung tätig gewesen und 1806, bedrückt von der Vorahnung der kommenden Niederlage, im Generalstab der Armee nach Thüringen ausgerückt. Das Schlachtfeld bei Auerstädt hatte er am 14. Oktober als einer der letzten Preußen zu Fuß und leicht verwundet verlassen, sich dem Blücher'schen Armeekorps angeschlossen und dessen strapaziösen Rückzug bis zur Kapitulation am 7. November bei Lübeck mitgemacht. Fast täglich hatte er sich auf der Flucht Zeit genommen,

seiner ältesten Tochter Juliane durch Briefe ein Lebenszeichen von
sich zu geben, so dass wir Details dieses Rückzuges kennen, auch kuriose darunter, wie die von seiner Gefangennahme, bei der der französische Soldat, dem er sich ergab, ihn nicht gänzlich beraubte, sondern brüderlich mit ihm teilte, ihm also die Hälfte seiner Barschaft
ließ. Wie damals üblich, wurden die Offiziere schon am Tage danach
auf Ehrenwort freigelassen, und er hatte das Glück, gegen einen von
den Preußen gefangenen französischen Obersten ausgetauscht zu
werden, so dass er bald auch vom Ehrenwort, in diesem Krieg nicht
mehr gegen Frankreich zu kämpfen, entbunden war. Die folgenden
Briefe des einundfünfzigjährigen Obersten an seine »innigstgeliebte
Tochter« kamen dann schon aus Hamburg, Rostock, Anklam und
Danzig, weil er sich selbstverständlich sofort auf den Weg zum König
nach Ostpreußen gemacht hatte, sich am 8. Dezember im Hauptquartier zurückmelden konnte und im Unterschied zu vielen überflüssig
gewordenen Offizieren sofort auch Verwendung fand. Seine Briefe
ins heimatliche Hannover berichten sowohl über den gnädigen Empfang durch König und Königin, als auch über seine Eindrücke von
dieser ihm bisher nicht bekannten Provinz. Er, der ehemalige Junge
vom Lande, bewunderte die Güte der Böden, war überrascht von der
strengen Kälte, dem vielen Schnee und den dort üblichen warmen
Pelzen, fand aber auch die dichten Wälder mit Wölfen und die klein-
wüchsigen, aber erstaunlich ausdauernden Pferde bemerkenswert.

Seine privaten Briefe waren weiterhin vor allem an sein liebes
Julchen gerichtet, das ihm 1808 nach Ostpreußen folgen und nach
einjährigem Hofdamendienst bei der Prinzessin Marianne einen seiner Schüler, den Grafen Friedrich von Dohna-Schlobitten auf Schloss
Finckenstein heiraten sollte. Oft schrieb er aber auch an seinen Bruder
Wilhelm, der seine fünf Kinder bei sich aufgenommen hatte, als 1803
seine Frau mit 39 Jahren gestorben war. Seit deren Tod war er noch
schweigsamer und in sich gekehrter geworden, und nur seine besten
Freunde, wie Clausewitz, wussten von seiner freundlichen Lebhaftigkeit in vertrautem Kreise und seiner Empfindungsstärke, die, manchmal an Sentimentalität grenzend, besonders in seinen Briefen an die

Tochter zum Ausdruck kam. Die Sorgen um seine Kinder bedrückten ihn ständig. Monatelang hatte er während des noch tobenden Krieges keine Briefe von ihnen erhalten, während die eignen, die er über den preußischen Gesandten in Hamburg leiten konnte, seine Familie erreichten. Da keine Briefe durch die Frontlinien kamen, wohl aber Zeitungen aus Hamburg in Ostpreußen eintrafen, kam Scharnhorst auf die Idee, seine Kinder zu bitten, ihm durch ein Zeitungsinserat Nachricht von ihrem Wohlergehen zu geben. Am 21. Februar 1807 konnte er dann tatsächlich im »Hamburger Korrespondenten« Folgendes lesen: »Dem Wunsche des O. v. S. zufolge, zeigen ihm dessen Kinder und Bruder W. S. in B…u bei Hannover an, dass sie wohl sind und die Freude gehabt haben, seine sämtlichen Briefe zu erhalten.«

Mit dem Frieden von Tilsit regelte sich der Briefwechsel zwischen ihm und seiner Heimat Hannover wieder. In seinen Briefen ist manchmal von Tränen, die sie benetzen, die Rede. Er versucht vorsichtig, als »Freund und Vater« der Tochter bei unsicheren Liebesgefühlen zu raten, und den jüngsten Sohn August, der Offizier werden will, erinnert er an die vielen nach dem verlorenen Kriege brotlos gewordenen Kameraden und empfiehlt ihm, lieber erst ein Handwerk zu lernen, »Kunstdrechsler, Tischler oder Uhrmacher« vielleicht. Dem Bruder Wilhelm in Bordenau konnte er nun wieder den Unterhalt für die Kinder zahlen. Er war inzwischen zum Generalmajor befördert worden, verzichtete aber auf das Gehalt eines solchen und ging so bei den nötigen Sparmaßnahmen mit gutem Beispiel voran.

Bald nach seiner Ankunft in Ostpreußen war seinem Wunsch entsprochen worden, zur kämpfenden Truppe zu gehen. An den blutigen Schlachten, die mit wechselnden Erfolgen zwischen den Armeen Napoleons und denen der Preußen und Russen ausgetragen wurden, war er führend beteiligt, konnte sich dabei den Pour le mérite erwerben, doch ist in den Briefen an seine Tochter nicht von Erfolgen und Auszeichnungen zu lesen, sondern vom Elend, das der Krieg mit sich bringt. »Die Verwüstung des Landes ist mir schrecklicher als der Krieg selbst«, schreibt er nach der verlustreichen Schlacht von Preußisch-Eylau. »Ganze Strecken von 12 bis 15 Meilen sind verwüstet,

keine lebendige Seele im Dorfe, nur nach den Karten sind die Namen
derselben zu erraten, kein Heu, keine Kartoffeln als die, welche die
Leute noch heimlich in der Erde haben, womit sie ihr Leben hinhal-
ten. Die Pferde laufen auf der Straße oder im Felde umher, das übrige
Vieh ist aufgezehrt. Die Not macht, dass ein jeder tut, was er will.
Der Feind glaubt ein Recht dazu zu haben, die Russen haben keine
anderen Mittel, und die große Menge Kosaken sind wild und nicht
diszipliniert. Die Dörfer sind noch voller Verwundeter, halb oder
ganz verhungert. Gestern fanden wir zwanzig verwundete Franzosen
in einigen Häusern eines wüsten Dorfes, die um Brot fleheten. ...
Noch liegt das Schlachtfeld voller toter Körper, an manchen Stellen
Mann an Mann. Man behauptet, dass die Anzahl der hier liegenden
Pferde gegen 15 000, die der Menschen über 12 000 betrage. ... Die
Anzahl der Verwundeten ist vier- bis fünfmal größer als die der Toten, dies weiß man aus allen Kriegen. Welch eine Verwüstung! Welch
ein Morden!«

Froh über das Ende des Tötens, aber der für Preußen so demüti-
genden Bedingungen wegen mit »blutendem Herzen«, erlebte er an
Ort und Stelle den Frieden von Tilsit, der Preußen arm, klein und
kraftlos machte, Scharnhorst aber die Gelegenheit zur wichtigsten
Tat seines Lebens gab. Zugleich mit seiner Beförderung wurde er vom
König zum Vorsitzenden der Militär-Reorganisationskommission berufen, als der er die von ihm schon seit Jahren durchdachten und in
Denkschriften geforderten Reformen, die teilweise auch den Ideen
des Königs entsprachen, durchsetzen konnte, trotz heftigen Wider-
stands jener, denen dabei das eine oder andere Vorrecht verlorenging.
Als Clausewitz sich brieflich aus seiner Gefangenschaft in Frankreich
wieder zurückmeldete, machte er diesem in einem langen Brief vom
27. November 1807 die Prinzipien seines Vorhabens klar. »Man muss
der Nation das Gefühl der Selbständigkeit einflößen, man muss ihr
Gelegenheit geben, dass sie mit sich selbst bekannt wird, dass sie sich
ihrer selbst annimmt; nur erst dann wird sie sich selbst achten und
von anderen Achtung zu erzwingen wissen. Darauf hinzuarbeiten,
dies ist alles, was wir können. Die alten Formen zerstören, die Bande

des Vorurteils lösen, die Wiedergeburt leiten, sie pflegen und in ihrem freien Wachstum nicht hemmen, weiter reicht unser Wirkungskreis nicht.« Zwar stehe es mit der Zukunft des Staates misslich, aber wenn die Regeneration der Armee gelänge, könnte sie ihrer neuen Bestimmung entsprechen, nämlich der, mit den Bürgern des Staates in näherer, innigerer Verbindung zu sein.

Der Reorganisationskommission, zu der neben reformwilligen und reformhemmenden Offizieren auf eignen Wunsch auch der Minister vom Stein gehörte, gelang es in zähen Verhandlungen tatsächlich, zu einem Ergebnis zu kommen, so dass sich 1808 fast gleichzeitig mit Steins Bauernbefreiung und Städteselbstverwaltung auch Scharnhorsts Reformierung des Militärwesens vollzog. Die Armee, die dann 1813 gegen Napoleon antreten sollte, war eine, die den Vorsprung der französischen aufgeholt hatte, sie hatte mit der alten aus Friedrichs Zeiten wenig mehr als die Traditionen gemein.

Die Umwandlung begann mit Äußerlichkeiten, wie der Einführung zweckmäßigerer Uniformen und der Abschaffung des Zopfes, als dem Symbol der Vergangenheit. Der König hatte sich seinen Zopf schon im Mai 1807 abgeschnitten, ihn der Königin als Erinnerungsstück zukommen lassen, und diese hatte sein Ende sehr richtig als Folge der »Macht der Französischen Revolution« angesehen. Nach französischem Vorbild wurde auch die Gliederung der Armee geändert, und moderne Gefechtsmethoden wurden eingeübt. Scharnhorsts Grundsatz, mit dem er eine Denkschrift von 1807 begonnen und damit auf die Einführung des Wehrdienstes für alle gezielt hatte:»Alle Bewohner des Staates sind geborene Verteidiger desselben«, ließ sich zwar nicht durchsetzen (die allgemeine Wehrpflicht wurde erst nach seinem Tode, 1814, verwirklicht), aber die Militärpflicht wurde doch beträchtlich ausgedehnt und die Befreiung von ihr beschränkt. Abgeschafft wurde die Werbung von Ausländern. Körperliche Strafen, wie Prügeln und Gassenlaufen, wurden verboten und die sogenannte Kompaniewirtschaft, bei der höhere Offiziere an den Ausgaben und Einnahmen ihrer Einheiten verdienen konnten, durch ein modernes Wirtschaftssystem ersetzt. Offiziersstellen waren nun nicht mehr dem

Adel vorbehalten, sondern sie standen jedem offen, der die dazu nötige Befähigung und Bildung, die er in einem Examen nachweisen musste, besaß. Da Scharnhorsts Pläne, neben der regulären Armee, die laut Tilsiter Frieden nur die Stärke von 42 000 Mann haben durfte, eine Reservearmee, die sogenannte Landwehr zu schaffen, sich unter den Augen von Napoleons Spionen nicht verwirklichen ließen, wurde von ihm das sogenannte Krümpersystem ersonnen, bei dem möglichst viele Rekruten einberufen und nach notdürftiger Ausbildung wieder entlassen wurden, wodurch man sich ohne Erhöhung der Mannschaftsstärke für den Bedarfsfall eine Reserve schuf. Neugestaltet wurde auch das Kriegsministerium, das praktisch von Scharnhorst geleitet wurde, obwohl er nicht offiziell der Minister war.

Gedacht waren alle diese Maßnahmen für einen künftigen Krieg gegen Napoleon, den Scharnhorst, Gneisenau und ihre Freunde, die an wirksame Insurrektionen in Norddeutschland glaubten, schon 1809 an der Seite Österreichs begonnen hätten, doch machte der vorsichtigere Friedrich Wilhelm III. bei diesem gewagten Abenteuer nicht mit. Als der österreichisch-französische Krieg im Oktober mit dem Frieden von Schönbrunn endete, schienen Scharnhorst alle »patriotischen Wünsche gescheitert«. Deprimiert und körperlich geschwächt durch eine fieberhafte Erkrankung, die auch seinen Freund Clausewitz ergriffen hatte, konnte er im November auf Schloss Finckenstein (wo zwei Jahre vorher Napoleon seine Romanze mit der Gräfin Maria Walewska erlebt hatte) noch die Heirat seiner Tochter Juliane mit dem in seinem Ministerium tätigen Hauptmann Friedrich Graf von Dohna-Schlobitten (einem jüngeren Bruder des Schülers und Freundes Schleiermachers Alexander von Dohna) miterleben, dann machte er sich, nachdem er in Finckenstein Abschied genommen hatte, Anfang Dezember auf die Fahrt nach Berlin. Das Königspaar und der Hof hatten Ostpreußen schon einige Tage zuvor verlassen. Berlin sollte wieder zur Residenzstadt werden. Napoleon, der den König näher an seiner Einflusssphäre haben wollte, verlangte es so.

Als am 23. Dezember 1809 die Heimkehr des Königspaares von den Berlinern bejubelt wurde, durfte auch Scharnhorst in dem Festzug nicht fehlen. Ernst Moritz Arndt, der sich unter die »Jauchzenden und Weinenden« in der Straße Unter den Linden gedrängt hatte, sah ihn, wie er sich »vornübergebückt, blass und verschlossenen Blicks von seinem Rosse unter anderen Generalen ruhig forttragen ließ.«

Die Heilige

Als im ersten Halbjahr 1807 in Ostpreußen noch verlustreiche Kämpfe tobten, die Tausende von Toten und viele Verwundete und Kranke zurückließen, machte in Königsberg eine Frau von Krüdener von sich reden, weil sie den Soldaten in den von Typhus verseuchten Behelfslazaretten wie ein Engel erschien. Sie gab Geld für Unterkünfte, half beim Verbinden, begleitete Sterbende, konnte mit jedem Franzosen, Deutschen und Russen in seiner Muttersprache reden und beten, war daneben aber auch bei der Königin Luise ein gern gesehener Gast. »Ich kann Ihnen versichern«, schrieb die Königin an ihre Freundin Karoline von Berg, »diese Frau hat mich besser gemacht, indem sie mich religiöser machte als ich war. Zum Beispiel nach einer langen Unterredung, die ich hier nicht wiederholen kann, belehrte sie mich soweit, dass ich eine Möglichkeit sah, Napoleon zu verzeihen, und ich habe ihm von Herzensgrund alles persönliche Leid, das er mir angetan und gegen mich beabsichtigt hat, verziehen.«

Achim von Arnim, der die zierliche Frau von Krüdener unter friedlicheren Umständen fünf Jahre vorher am Genfer See kennengelernt hatte, begleitete sie in Königsberg manchmal auf ihren nächtlichen Samaritergängen und hielt nach ihrer Abreise die Bewahrung ihres Andenkens für seine »heilige Pflicht«. Sein Aufsatz in Schenkendorfs Zeitschrift »Vesta« beschreibt ihre Wohltaten, erwähnt auch ihre früheren schriftstellerischen Erfolge, sagt aber über die Wandlung, die sich in ihr seit seiner ersten Begegnung mit ihr vollzogen hatte, kein Wort. Dabei war doch aus der leichtlebigen Weltdame, die in fast allen aristokratischen Salons Europas verkehrt hatte und die Rahel Levin aus dem Badeort Teplitz als »petite maitresse, mit achtzig neuen Kleidern − vierzig aus Paris und vierzig aus London − mit Pelzen im

Sommer«, in Erinnerung hatte, eine Büßerin und Missionarin geworden. Die Spötter, deren es viele gab, waren freilich der Meinung, sie
habe nur die weltliche Eitelkeit mit der einer Heiligen vertauscht.

Die junge Juliane von Krüdener.
Titelkupfer ihres Romans »Valerie«

Diese hübsche und gefühlvolle Frau, die sich später als durchset-
zungsfähig und auch provokant erweisen sollte, war 1764 als Barbara Juliane von Vietinghoff in Riga, der Hauptstadt der damaligen
russischen Provinz Livland, als Kind baltendeutscher Aristokraten
zur Welt gekommen und schon als Elfjährige mit ihrem Vater, der
hohe Ämter am Hofe des Zaren bekleidete, durch halb Europa ge-
reist. Auch ihre mit achtzehn Jahren geschlossene Ehe mit Baron
von Krüdener, einem Diplomaten des Zaren, führte sie von einem
europäischen Land zum anderen, wie auch ihr späteres Leben, über
das sie nach dem Tod ihres zwanzig Jahre älteren Mannes im Jahre

1802 selbst bestimmen konnte, eine einzige, sie kreuz und quer durch Europa führende und schließlich auf der Krim endende Reise war. Nationale Gefühle spielten für sie, wie beim alten europäischen Adel, noch keine Rolle, und Französisch sprach und schrieb sie so gut (mancher meinte, so schlecht) wie Deutsch.

Ihre Ehe, die sie in ihrem französisch geschriebenen Roman »Valerie oder Briefe Gustavs von Linar an Ernst von G.« zu einer unglaublich harmonischen verschönte, wurde ihr, nachdem sie einen Sohn und eine Tochter geboren hatte, bald unerträglich, denn als Gemahlin des russischen Gesandten an den Höfen von Berlin, Kopenhagen und Venedig war sie der dort herrschenden strengen Etikette unterworfen, gegen die ihr Selbstbestimmungsdrang rebellierte, so dass es zu längeren Trennungen der Eheleute kam. Angeblich ihrer angeschlagenen Gesundheit wegen lebte sie lange allein in Paris und dem südlichen Frankreich, wo sie die Geliebte eines jungen Dragonerhauptmanns wurde, mit dem sie zu ihrem Mann nach Kopenhagen reiste und mit dem offenen Bekenntnis ihrer außerehelichen Liebe einen Skandal auslöste, der ihren Mann zur zeitweiligen Trennung der Ehe zwang. Ihr Traum von einem stillen, naturnahen Leben mit dem Geliebten auf dem väterlichen Gut in Livland ging nicht in Erfüllung, weil der Geliebte sie bald wieder verließ. Allein aber konnte sie die östliche Einsamkeit nicht ertragen, sie folgte deshalb dem Angebot ihres Mannes, die Erziehung ihres Sohnes in Leipzig zu überwachen, wo sie ihren guten Ruf vollends schädigte, weil sie sich in eine Liaison mit einem französischen Emigranten einließ, die aber auch nicht von Dauer war. Teplitz, Genf, Paris, Lyon, Riga und auch Berlin, wo sie wieder wenige Monate an der Seite ihres Mannes verbrachte, wurden zu weiteren Stationen ihres Reiselebens, das sie unter anderem auch nach Hof führte, um Jean Paul zu besuchen, der gerade durch seinen »Hesperus« berühmt geworden war. Während der noch immer bitterarme Pastorensohn sich auf nähere Beziehungen zu der Dame von Welt nicht einlassen wollte, gewann sie unter den französischen Dichtern Verehrer und Freunde wie Bernhardin de St. Pierre und Chateaubriand. Kurzzeitig gehörte sie zu den Bewunderern, die die

Madame de Staël in Coppet am Genfer See um sich scharte. Und alle diese Beziehungen zu Literaten ermunterten sie dazu, ihren schlechten Ruf mit einem tugendhaften Roman zu verbessern, der ihr, wie sie später Jean Paul mitteilte, »einfach und gut« geriet. Er »strömte so aus meiner Seele heraus, dass ich fast nicht weiß, ob es ein Hauch oder eine Schrift ist«, und erschien 1803 in Paris. Eine Übersetzung ins Deutsche folgte bald darauf.

Der Einfluss von »Werthers Leiden« und der »Neuen Héloïse« sind in diesem autobiographisch gefärbten Briefroman unverkennbar. Seine dürftige Handlung hat die reine, nämlich sinnlichkeitsfreie Liebe zum Thema und kommt mit drei gleichermaßen edlen Personen aus: mit dem schon älteren Grafen, der das Amt des schwedischen Gesandten in Venedig bekleidet, dem jungen Sekretär des Grafen und Briefschreiber Gustav sowie Valerie, der jungen Frau des Grafen, mit der die Autorin ein engelhaftes Selbstporträt zu zeichnen versucht. Die bezaubernde Titelheldin ist ihrem wesentlich älteren Gatten in treuer Liebe ergeben und ist an der heimlichen Liebe, in der Gustav zu ihr entbrennt, so unschuldig, dass sie sie erst bemerkt, als der Unglückliche an gebrochenem Herzen stirbt.

Glaubt man den schwärmerischen Briefen, mit denen die Autorin Jean Paul vergeblich zum Schreiben einer lobenden Rezension über »Valerie« veranlassen wollte, so vergossen die französischen Leser über den Roman viele Tränen, und durch das Bedürfnis der Pariserinnen, sich wie Valerie zu kleiden, wurde eine neue Mode kreiert. Wenn auch böse Zungen behaupteten, Frau von Krüdener habe durch ständiges Nachfragen in den Pariser Modesalons selbst dazu beigetragen, eine Mode à la Valerie zu entfachen, so ist doch richtig, dass der Roman ein Verkaufserfolg war. Um diesen nun auch in Deutschland zu wiederholen, sollte Jean Paul ihr Buch öffentlich loben, und da, wie sie behauptete, die französischen Journale, die ihres Lobes voll waren, in Russland weniger als die deutschen gelesen würden, komme auf diese Weise ihr Ruhm auch dem Zaren vor Augen, und darauf allein ziele sie ab. »Ich gehe nach Russland«, schreibt sie weiter, »meine Pflicht ruft mich dahin. Ich hoffe, allmählich meinen Bauern Freiheit zu verschaffen, wenigstens ihnen nützlich zu sein. Um Einfluss zu haben, um anderen Menschen zu dienen, muss man gekannt sein. Hätte ich bloß Eitelkeit, – o, die ist genug befriedigt worden! Aber mein Herz hat noch mächtigere, noch edlere Bedürfnisse: helfen, wo ich kann, Gutes wirken, wo ich kann und so recht erst meines Romans genießen. Denn was wäre Ruhm ohne das Glück der Moralität dabei? Also gekannt will ich sein, und das auch von unserm vortrefflichen Kaiser«, – womit sie Alexander I. meinte, der 1801 Zar geworden war. Und dann schreibt sie Jean Paul auch gleich vor, was die Rezension, die nie geschrieben wurde, beinhalten sollte: die »große Moralität« des Buches solle gelobt werden und der »ungeheure Beifall« in Frankreich recht breit ausgemalt.

Nach Russland ging sie damals tatsächlich wieder, doch statt sich um die Befreiung der Bauern zu kümmern, hatte sie dort ihre sogenannte Erweckung, mit der die Zweiundvierzigjährige sich von der adligen und literarischen Welt abwandte und mit ihren Samariterdiensten in den preußischen Lazaretten ein neues, der christlichen Missionierung gewidmetes Leben zu führen versuchte, das nach nächtlichen Gebetsstunden allein mit dem Zaren einen Höhepunkt in der Gründung der Heiligen Allianz finden sollte, dann aber mit der Verbannung aus politischen Gründen seinen Abschluss fand.

Ihr sonderbares, teils auch kurioses Leben war doch in doppelter Hinsicht für diese Übergangszeit bezeichnend. Es markiert die beginnende Befreiung der Frauen aus konventionellen Zwängen, die sich besonders in vermögenden Kreisen wie denen des Adels zeigte, wo Selbstbestimmung finanziell auch gesichert werden konnte, und es ist auch als Reaktion auf den Rationalismus der Aufklärung zu begreifen, die das Christentum wieder erstarken ließ. Bei den Protestanten zeigte sich diese Glaubensstärkung teils als Annäherung an den Katholizismus, mit vielen Übertritten zu diesem, teils als sogenannte Erweckungsbewegung, in der sich der nicht nur bei den Herrnhutern noch lebendige Pietismus mit verschiedenen Arten von Mystizismus, vor allem dem Swedenborgs, verband. Katholische Tendenzen sind

Juliane von Krüdener 1822.
Gouache von Johann Renatus Lüderitz

beispielsweise bei Novalis, Wackenroder und Fouqué zu finden. Unter den Konvertiten befanden sich so bedeutende Leute wie Friedrich und Dorothea Schlegel, Adam Müller und Zacharias Werner. Und die neue protestantische Frömmigkeit, die teilweise, wie bei Matthias Claudius, in einem von der Aufklärung nicht erreichten Volksglauben wurzelte, teils auch von der Mystik Jakob Böhmes beeinflusst wurde, nahm dann in den Befreiungskriegen, bei Arndt und Schenkendorf besonders, militante Züge an. Einer der ersten Erweckten war Johann Heinrich Jung, der sich als Autor Jung-Stilling nannte und in seiner 1777–1778 erschienenen, viel gelesenen und auch heute noch lesenswerten »Lebensgeschichte« dem Rationalismus eine Frömmigkeit entgegensetzte, die nicht auf Vernunft, sondern auf Gemüt beruht. Einer seiner Anhänger wurde zeitweilig auch Frau von Krüdener. Als sie dann aber in der Restaurationsperiode prophetische Gaben in sich zu entdecken meinte und, dem Postulat christlicher Nächstenliebe folgend, die Ärmsten der Armen mobilisierte, wurde sie zu einer politischen Gefahr.

Dass der wenig christliche und allem Fanatismus abholde Goethe diese bizarre Gestalt der Zeitgeschichte nicht mochte, zeigen neben einer abfälligen Bemerkung, die er anlässlich ihres Todes 1824 dem Kanzler Müller gegenüber machte, auch auf sie zielende Verse, die man in seinem Nachlass fand:

>»Junge Huren, alte Nonnen
>Hatten sonst schon viel gewonnen,
>Wenn, von Pfaffen wohlberaten,
>Sie im Kloster Wunder taten.
>Jetzt geht's über Land und Leute
>Durch Europens edle Weite!
>Hofgemäße Löwen schranzen,
>Affen, Hund' und Bären tanzen –
>Neue leid'ge Zauberflöten –
>Hurenpack, zuletzt Propheten!«

Die Verlobten

Im Jahre 1808, als Berlin noch von den Franzosen besetzt war, lernten Karl August Varnhagen und Rahel Levin sich kennen, und zwar in der Straße Unter den Linden, wo er die aus der Ferne schon lange Bewunderte zufällig traf. In Gesellschaften waren sie einander bereits begegnet, aber Rahel hatte ihn unbeachtet gelassen, und er hatte eine Annäherung an die in seinen Kreisen berühmte Frau nicht gewagt. An diesem nasskalten Frühlingstag aber kam sie ihm auf der Straße entgegen, und da sie von einer ihm bekannten Freundin begleitet wurde, war es ihm möglich, die beiden anzusprechen und ein paar Schritte mit ihnen zu gehen. Um sich als jemand auszuweisen, der in den von Rahel geschätzten Kreisen verkehrte, benutzte er einen ihrer originellen Aussprüche, und da er diesen falsch zitierte, musste die Urheberin ihn korrigieren, und dabei lud sie ihn auch gleich ein. Er solle sich, um nicht wieder falsch unterrichtet zu werden, doch lieber persönlich an die Quelle solcher Äußerungen begeben, also ins Levin'sche Haus in der Jägerstraße, wo sie bis zum Herbst 1806 ihren berühmten Salon geführt hatte. Gleich am nächsten Tag war Varnhagen schon dort.

Damit begann für den dreiundzwanzigjährigen Medizinstudenten, der als Publizist, Chronist und Autographensammler in die Kulturgeschichte eingehen sollte, eine neue Lebensperiode, in der seine Gefühle auf die vierzehn Jahre ältere Rahel fixiert waren und seine Lebensführung das bisher Ziellose verlor. Er hatte, seinem früh verstorbenen Vater folgend, Arzt werden sollen und wollen, das Studium an der Berliner Ausbildungsstätte für Militärärzte, der sogenannten Pépinière, aber nicht abgeschlossen, war in Hamburg und Berlin als Hauslehrer in reichen jüdischen Familien tätig gewesen, hatte sich

an der Universität in Halle mehr als der Medizin den Geisteswissen-
schaften gewidmet und sich immer wieder im Verein mit Chamisso
und anderen jungen Autoren mit geringem Erfolg als Dichter versucht. Nun aber wollte er um Rahels willen sein Studium zu Ende
bringen, doch war der eigne Antrieb, sich als Arzt zu etablieren, nicht
sonderlich groß.

Rahel Varnhagen von Ense, geb. Levin.
Bleistiftzeichnung von Wilhelm Hensel 1822

Rahel hatte damals gerade erfahren müssen, dass die Politik, um
die sie sich nur wenig gekümmert hatte, für ihr Leben weitgehend
bestimmend war. Die Auflösung ihres Salons im Herbst 1806 war eine
Folge des Kriegsausbruchs gewesen, und da der preußische Staat nach
dem Frieden von Tilsit durch die Besatzung und die unerschwinglich
hohen Kontributionen die schwerste wirtschaftliche Misere seiner
Geschichte durchlebte und die Steuern drastisch erhöhen musste, ver-

lor auch das Familienkapital der Levins, von dem Rahel lebte, erheblich an Wert. Bisher hatte sie sich um Geld nicht zu sorgen brauchen, jetzt hatte sie finanzielle Einschränkungen zu erleiden, über die sie sich wenig später mit der Mutter und den Brüdern zeitweilig zerstritt. Bald verließ sie deshalb ihr Elternhaus in der Jägerstraße, in dessen sogenannter Dachstube sie ein Jahrzehnt hindurch so gut wie alle geistig bedeutenden Frauen und Männer Berlins um sich versammelt hatte, und fühlte sich in der Charlottenstraße, wo sie nun in einer geräumigen Mietwohnung lebte, wie im Exil. Neben Karoline Brack, genannt Line, ihrem treuen Dienstmädchen, konnte sie sich auch noch einen Diener leisten, der sie auf Stadtgängen begleiten musste. In ihren vielbewunderten Briefen, die nun mehr noch als sonst zu großen Teilen aus Klagen bestanden, bezeichnete sie sich manchmal als arm.

Vor allem aber fühlte sie sich vereinsamt. Denn die französischen Offiziere, die sie bald nach der Besetzung Berlins als Freunde gewonnen hatte, waren bald wieder abkommandiert worden, und die jüdischen Verwandten und Freundinnen, die fast täglich kamen, genügten ihren Kontaktbedürfnissen nicht. Ohne die Geistesgrößen, die ihren Salon bevölkert und sie berühmt gemacht hatten, fühlte sie sich verlassen und reagierte darauf mit Krankheiten, deren Symptome fast jeder ihrer Briefe beschreibt. Ihr Körper beantwortete jede Enttäuschung und jeden Ärger mit Ohrensausen, Fieber, Gliederschmerzen oder Atembeschwerden. In ihren Briefen, die ihr die persönlichen Begegnungen ersetzen mussten, ist neben den ausführlich beschriebenen Krankheitssymptomen auch von Angstgefühlen die Rede, die aber geringer wurden, als mit Varnhagen ein Mann auftauchte, zu dem sie relativ schnell Vertrauen fassen konnte, da er sich von ihr, der Älteren, leiten ließ. Er, der mutterlos Aufgewachsene, fühlte sich von ihrer Überlegenheit angezogen, und seine sich als beständig erweisende Liebe war immer mit Ehrfurcht vor ihr gemischt. Von ihr geliebt zu werden, kam seinem Bestreben, in der Gesellschaft etwas zu gelten, entgegen. Mit dem Stolz des von ihr Erwählten war er ständig darum bemüht, ihren Ruhm zu verbreiten, der auch sein Ansehen hob.

Dass Rahels Liebe zu ihm auch Züge von Resignation hatte, ist anzunehmen. Schon begann sich das Alter bei ihr bemerkbar zu machen. Auf eine adlige Heirat konnte sie nach der Auflösung ihres Salons nicht mehr hoffen, und nach den bitteren Erfahrungen, die sie mit Adligen gemacht hatte, war sie zur Minderung ihrer Ansprüche bereit. Sie war mit Geist, aber nicht mit Schönheit gesegnet, so dass die Genies, mit denen sie als Gleichrangige verkehrt hatte, sie anerkannt und bewundert, aber selten geliebt hatten, und in den schmerzvollen Liebesverhältnissen mit Graf Finckenstein und dem spanischen Diplomaten Don Raphael d'Urquijo, hatte sie, als die stärker Liebende, sich immer als die Unterlegene gefühlt. Varnhagen aber schenkte ihr das Glück des Geliebtwerdens. Er ordnete sich ihr von vornherein unter, und seine Anhänglichkeit versprach Dauer. Er war nicht genial, aber vernünftig, anpassungsbereit und bildungsfähig. Er war kein Dichter, nur ein geschickter Schreiber, aber klug genug, um seinen Mangel an dichterischen Talenten bald selbst erkennen zu können, und wenn er auch wenig Neigung zur Heilkunst zeigte, hatte er sich den Abschluss des Studiums doch vorgenommen, so dass für Rahel an seiner Seite die Hoffnung auf eine von ihr immer ersehnte sichere Stellung in der Gesellschaft durchaus bestand. Sie musste den leicht Beeinflussbaren nur richtig anleiten dazu.

Der umfangreiche, drei dicke Bände füllende Briefwechsel zwischen der Berliner Bankierstochter und dem aus dem Rheinland stammenden armen Studenten, zeigt in den ersten Briefen, die sich die beiden trotz der täglichen Treffen schrieben, das schnelle Aufblühen der Liebe am raschen Wechsel vom förmlichen Sie zum Du. Die Berlinerin Rahel, die zwar urbanes Leben benötigte, aber auch schon die sentimentale Naturliebe des Großstädters kultivierte, hatte sich für die Sommermonate ein Landhaus in der Charlottenburger Schlossstraße gemietet, wo sie mit ihrem jungen Geliebten, der ihrer Familie missfiel, ungestörter war. Fern der Stadt, in der immer mehr Menschen im Elend lebten, konnten sie den Anblick des Schlosses genießen, am Ufer der Spree promenieren und auf Ausflügen die Umgebung erkunden, die damals noch ländlich war.

Karl August Varnhagen von Ense.
Bleistiftzeichnung von Wilhelm Hensel 1822

Beim Schwärmen von ihren literarischen Vorlieben konnte sich Rahel wie immer als Ruhmrednerin Goethes bewähren. Kleine Zwiste
wurden ausgetragen, die durch die unterschiedlichen Gemütsarten
der beiden entstanden. Rahels Liebestragödien, besonders die letzte
mit dem rasend eifersüchtigen Spanier, konnte sie erzählend noch
einmal durchleiden und dadurch verwinden, und dem mit Seelen-
schmerzen solchen Ausmaßes Unerfahrenen wurden die Dokumente
dieser leidenschaftlichen Verirrung gezeigt. Auf diese Weise, indem
sie nämlich die erlittenen Kränkungen wie Verdienstorden vorführ-
te, befreite sie sich von deren Nachwehen und demonstrierte dem
Geliebten eindringlich ihre Verwundbarkeit.

Dass Varnhagen auch ihre Tagebuchnotizen über den Spanier,
dessen Briefe und auch die ihren an ihn (die sie sich zurückerbeten
hatte) nun lesen durfte, war nicht so ungewöhnlich wie es uns heute
scheint. Jeder Briefschreiber musste damals damit rechnen, dass seine

Schreiben mehr Leser als nur den Adressaten haben würden, denn Briefe wurden oft weitergereicht. In den Salons, auch in dem Rahels, wurden Briefe von Abwesenden vorgelesen. Man pflegte Briefe, die man von anderen erhalten hatte, den eignen Briefsendungen beizulegen, versuchte die eignen nach einiger Zeit wieder an sich zu bringen, und nicht nur von Rahel wurden die Korrespondenzen vergangener Tage immer wieder gelesen und wohlverwahrt.

Varnhagen, der zwar nicht so originell wie Rahel, aber doch so ausführlich schreiben konnte, und dessen Briefe im Gegensatz zu den Rahel'schen sauber, korrekt und lesbar waren, hatte das Sammeln von Briefen schon in jungen Jahren zur Leidenschaft gemacht. Vor allem Rahels Briefe, von deren Qualitäten er in den Kreisen der jungen Dichter schon gehört hatte, versuchte er an sich zu bringen, und da Rahel in dieser Hinsicht nicht klein von sich dachte, unterstützte sie ihn in seinen Bemühungen, machte ihn sozusagen zu ihrem Archivar. Oft ist deshalb im Briefwechsel der beiden vom Zustand oder dem Aufenthaltsort ihrer alten Briefe die Rede. Gern billigte sie seine späteren Versuche, ihre Briefe in Auszügen drucken zu lassen, und sie hatte auch nichts dagegen, dass er anderen gegenüber prahlte mit ihrem Besitz. Als er im Herbst dieses Jahres 1808 nach einem schmerzlichen Abschied von seiner Geliebten auf dem Wege nach Tübingen, wo er sein Medizinstudium abzuschließen gedachte, in Bayreuth Jean Paul aufsuchte, machte er sich mit seinem intimen Verhältnis zu Rahel wichtig und behauptete, bereits 3000 Briefe von ihr zu besitzen, worüber Jean Paul »vor Neid platzen wollte«, wie Varnhagen an Rahel schrieb.

Mit dieser Zahlenangabe muss man es wohl nicht so genau nehmen, und überhaupt sollte man bei Varnhagens Briefen immer bedenken, dass sie in dem Bestreben geschrieben wurden, den Beifall der Geliebten zu finden, weshalb wohl auch die Lobpreisungen, mit denen er Rahel immer wieder bedachte und die er überall auch verkündet haben wollte, nicht ganz so ernst zu nehmen sind. Er neigte dabei zu Übertreibungen. So kann man in einem Brief von 1809 lesen, dass er Rahel »für größer als Homer« halte und ihr wie einem »griechischen

Klassiker« dienen wolle, und 1810 schreckte er selbst vor ihrer Ver-
göttlichung nicht zurück. »Als Dein Apostel möcht' ich leben«, lässt
er Rahel da wissen, »in dieser Verrichtung ist mir am wohlsten, fühl'
ich meine Bestimmung am vielseitigsten erfüllt!« Und er behauptet,
Henrik Steffens klargemacht zu haben, dass man Rahel nach Christus
und Spinoza die »dritte Lichtgeburt der jüdischen Nation« nennen
könne, die erste aber sei sie »dem Inhalte nach«.

Während seine oft weitschweifigen, nie spontan wirkenden Briefe
aus den Jahren der Trennung auch bei Meinungsverschiedenheiten
immer liebevoll und ehrfürchtig bleiben, gibt Rahel schreibend immer ihrer Augenblicksstimmung nach. Ist sie unzufrieden mit ihm,
kann sie kühle Briefe schreiben, sogar böse werden und eine Trennung erwägen. Ist sie gut auf ihn zu sprechen, ist er ihr »Varnhäg-
chen« oder »Varnhägeken«, ihr »Kleiner«, ihr »Knäbchen« oder ihr
»lieber kleiner Junge.« Und einmal heißt es auch: »Ich liebe Dich wie
ein Kind, welches man schätzt; ich meine, wie einen Sohn.«

Besorgt war die mütterliche Freundin darüber, dass ihr Zögling
in Tübingen aus fadenscheinigen Gründen sein Medizinstudium
vernachlässigte und lieber Gedichte schrieb. Viel Zeit verbrachte
er mit Justinus Kerner, dem jungen schwäbischen Dichter, der mit
ihm im selben Hause wohnte und ihm die Bekanntschaft Ludwig
Uhlands vermittelte, und auch bei Cotta, dem berühmten Verleger
der Klassiker, war er bald zu Gast. Seine Fähigkeit, leicht Kontakte
zu knüpfen und sich bei Berühmtheiten und Höhergestellten beliebt
zu machen, fand als Mittel zu seiner erhofften Karriere bei ihr durchaus Anerkennung, verärgert aber war sie darüber, dass er sich immer
wieder von Freunden zur Änderung seiner Pläne bewegen ließ. Das
langweilige kleine Tübingen war dem Großstadtgewohnten zuwider,
er wollte sich in Wien niederlassen, zog auch Paris in Erwägung, kam
aber, was Rahel besonders erzürnte, immer wieder auf Hamburg zurück. Denn auch dort wurde er, wie sie wusste, von einer Frau, die
ihn liebte, erwartet, und ihr war auch bekannt, dass er dieser doppelt
verpflichtet war. Sie hieß Fanny Hertz, war die junge Frau eines alten
ungeliebten Geschäftsmannes, bei dem Varnhagen als Hauslehrer

gedient hatte, und sie war dem Geliebten nicht nur heimlich versprochen, sondern sie unterstützte ihn ständig auch finanziell. Sein Studium wäre ohne Fanny gar nicht möglich gewesen, aber auch ihrer Güte, Treue und Sanftheit wegen hing er, wie auch Rahel zu lesen bekam, immer noch sehr an ihr. Da Rahel ihm schon mehrfach versichert hatte, ihre Liebe zueinander sei auf Ehrlichkeit und Freiheit gegründet, scheute er sich auch nicht, ihr trost- oder mitleidsuchend auseinanderzusetzen, wie sehr er unter dem Schwanken zwischen der Hamburger und der Berliner Geliebten litt. Aber Rahel war in dieser Hinsicht nicht bereit, die Rolle der verständnisvollen Mutter zu spielen und Trost zu spenden. Sie versuchte erst, die Angelegenheit nicht zur Kenntnis zu nehmen, bestand dann aber doch auf einer Entscheidung, zu der sie ihm aber, klug wie war, Zeit ließ. »Mein bester Rat nach meiner besten und freundlichsten Einsicht ist nun der:«, schrieb sie ihm um die Weihnachtszeit 1808 in einem ihrer ellenlangen Briefe, in dem es aber auch an Liebesworten nicht mangelte, »Du gehst – da Du doch nicht Medizin in Tübingen studierst – mit dem ersten Wetterhauche nach Hamburg; da lebst Du Dich innerlich und äußerlich ein so gut Du nur kannst und siehst wie es geht. ... Hamburg sitzt Dir in den Gliedern: entweder es wird ein Teil Deiner selbst, oder Du musst es wie ein Fieber in Deinem Bette abwarten. Ich kann nicht den entferntesten Genuss davon haben, Dich mit dieser Krankheit im Körper wiederzusehen; ich, die ich sie überstanden habe, kann an diesem jugendlichen Ringen Deiner emporwachsenden Natur mit Kinderkrankheiten keinen Teil nehmen. Ich also existiere [für Dich] nur nach Deiner Umwandlung, entweder zum Arzt und Gatten oder zum freien Mann. ... Eine Verbindung mit mir, und wäre sie nur auf eine Minute, muss rein sein: rein gebe ich mich. Nun trete ich ganz und gar ab, und Du kannst nun sehen und fühlen, wie Dir ohne mich ist.«

Dazu aber ließ sie es niemals kommen. Vielmehr ging der Liebesbriefwechsel in alter Vertrautheit und Länge weiter. Nach wie vor wurde erwogen, wann man sich wo, wenn das Geld reichte, treffen könnte, und Rahel versicherte immer wieder, ihm in jede Stadt,

Hamburg ausgenommen, folgen zu wollen, vorausgesetzt, er fände dort Lohn und Brot. Ihre Forderung aber, seine Gefühlskinderkrankheit in Hamburg auszukurieren, wurde nicht zurückgenommen, und er kam ihr auch pünktlich nach. Mit dem ersten Hauch des Frühlings nahm er in Tübingen Abschied von Uhland und Kerner, bestieg wenig später in Stuttgart die Postkutsche, die ihn in Etappen nach Hamburg brachte, wo er weder eine ärztliche Anstellung noch Geldquellen finden konnte und einer Fanny begegnete, die ihren kranken Gatten zu pflegen hatte und älter und reizbar geworden war.

Sechs Wochen später, am 11. Mai 1809, konnte er Rahel in einem kurzen Brief voller Selbstanklagen seine baldige Ankunft in Berlin ankündigen: Er sei ihrer unwürdig, schrieb er, weil er nicht adlig sei, nicht reich und kein Künstler. »Die Lorbeerblätter des Dichterkranzes« verbrauche er (einer Metapher Jean Pauls folgend) »als Gewürz im täglichen Leben«. Und dann gelobte er ihr wieder, »Medizin emsig« zu treiben. Doch sollte sich das als ein Versprechen erweisen, das er wenige Wochen später schon brechen wird.

Denn in Berlin traf er nicht nur mit Rahel zusammen, er begegnete auch seinen Studien- und Dichterfreunden, deren politischen Einflüssen er bald wieder erlag. Dass die Welt brenne und sie alle durchs Feuer müssten, hatte Rahel schon in seinem Brief vom 11. Mai lesen können, und sicher hatte sie dabei ein leises Unbehagen beschlichen, weil das nach politischer Leidenschaft klang. Eine solche war ihr aber immer fremd geblieben, und nie hatten bei ihren Freundschaften und Lieben politische Meinungen fördernd oder störend eine Rolle gespielt. Nach dem Vorbild des verehrten Goethe hatte sie sich auf die Politik des Tages nie eingelassen, sich vielmehr mit einer vagen humanistisch-pazifistischen Haltung begnügt. Der Parteigeist, der in der Zeit ihres Salons kaum in Erscheinung getreten war, sich nach Jena und Auerstädt aber in Berlin breitgemacht und sich hauptsächlich an der Verherrlichung oder Verdammung Napoleons und dem Ja oder Nein zu den Reformen in Preußen entzündet hatte, war nicht ihre Sache, und ihre mehrfache Bitte, Varnhagen möchte in seinen Briefen über Politisches schweigen, war möglicherweise nicht nur von Rücksichten auf die Zensur der Besatzung, sondern auch von der Furcht vor Meinungsverschiedenheiten bestimmt. In einer liberalen Grundhaltung wussten beide sich einig, nicht aber in ihrer Meinung zu der sich ständig verändernden politischen Situation.

In dem Liebesbriefwechsel des Trennungsjahres ist also von Napoleons Kämpfen in Spanien und der Monarchenversammlung in Erfurt nichts zu erfahren, und auch die Reformbemühungen in Preußen und das Ende der Berliner Besetzung kommen nur in Andeutungen vor. So wird von Varnhagen bedauert, Steins Regierung nicht miterleben zu können, Rahel äußert Freude darüber, dass die preußischen Soldaten nicht mehr geprügelt werden, hofft auf die baldige Heimkehr des Königs aus Ostpreußen, und bei der Rückkehr der preußischen Truppen wird sie von der Stärke ihrer Vaterlandsliebe selbst überrascht. »Heute kommen unsere Truppen herein «, schreibt sie am 10. Dezember. »Die ganze Stadt ist hin, um sie zu sehen, ich nicht. Den ganzen Morgen hab ich häufige bittere Tränen der Rührung und Kränkung geweint. O! ich habe es nie gewusst, dass ich mein Land so liebe … Ich kann aus losgelassenem Schmerz nicht hingehen. Jeder Reitknecht mit preußischen Pferden, der vorbeigeht, pumpt mir einen Strom von Tränen ab. … Was mich unaussprechlich kränkte diese Woche, war, dass mir ein preußischer Militär begegnete, dem die Jungen nachliefen und alle Menschen nachsahen – und ich wusste nicht, ob es ein Offizier, ein Unteroffizier oder ein Soldat war! Vielleicht kannst Du doch nicht fühlen, was das heißt für einen Berliner, unter Friedrich dem Zweiten erzogen. Wie ein Schweizer Berge kennt, ein Franzose Höflichkeit übt, ein Engländer von seinem Parlamente weiß, so weiß hier bis auf die albernste Demoiselle jeder, was gut marschieren, aufsitzen und dergleichen ist. Ohne zu wissen, dass sie es wissen. Und ich schloss nur, es sei ein Preuße und kannte den Grad nicht! … Gott, wie himmlisch schön sieht in diesem Augenblick meine lange breite Straße aus, dicker Schnee, heller Sonnenschein und ein dicker Strom Menschen strömt durch, von den Soldaten zurückkommend. Vom Bernauer Tor kamen sie. O, könntest Du die malerisch schöne Straße sehen, die schöne, wirklich schöne Stadt.

Alle Franzosen sagten es auch. ... Ich tue nichts als vom Fenster nach meinem Brief laufen – und weinen. Von weitem nach der Mohrenstraße marschieren jetzt welche. ... Nun hab ich welche gesehen, ein Trupp ging hier vorbei. Sie sahen gut aus. Wie Franzosen, sehr gut, und wie aus dem Krieg und doch wohlbehalten.«

Deutlich wird in dem Briefwechsel immer wieder, dass sie beide den in Preußen grassierenden Franzosenhass nicht teilen, über Napoleon aber nicht immer einer Meinung sind. Während Varnhagen, der sich von Jugend an für die Ideen der Französischen Revolution begeistert hatte, ihm die Erhebung zum Kaiser verübelt und ihn als Feind der Freiheit verachtet, ist Rahel mit der eigenartigen Begründung, dass sie alles Gute im Leben dem Einfluss »Friedrichs des Zweiten« verdanke, nun zur Verehrung des »nächsten Großen« bereit. Denn »eines Helden Herz zu lieben, ist eine Lust« heißt es an anderer Stelle, und wie Trotz gegen den Geliebten klingt es, wenn Sie ihm nach der Niederschlagung des spanischen Aufstandes versichert: »Napoleon siegt, und an den Sieger schließ ich mich an.«

Als Varnhagen am 19. Mai 1809 in Berlin eintraf, fand er seine Freunde in großer Erregung. Anfang April hatten sich die Tiroler unter Andreas Hofer gegen die Franzosen und die mit ihnen verbündeten Bayern erhoben, die Österreicher hatten den Krieg gegen Napoleon begonnen, und in Westfalen hatte der Oberst von Dörnberg einen Aufstand versucht. Ende April war der Major von Schill mit seinen in Berlin stationierten Husaren unter Missachtung königlicher Befehle aufgebrochen, um westlich der Elbe einen Aufstand gegen die Franzosen zu entfachen, und in aller Munde war das Kriegsmanifest der Österreicher, in dem zur Befreiung ganz Deutschlands aufgerufen worden war. Die Freunde Varnhagens waren empört über den preußischen König, der neutral blieb, statt an Österreichs Seite zu kämpfen. Sie fühlten sich, dem Zug der Zeit folgend, nicht nur für Preußen, sondern für ganz Deutschland verantwortlich, entschlossen sich deshalb, in die österreichische Armee einzutreten, und Varnhagen, der zwar nur geringe patriotische Regungen spürte, aber noch immer nicht wusste, wie es mit seinem ungeliebten und unfinanzierbaren Studium weitergehen sollte, schloss sich, vielleicht auch weil er auf eine militärische Karriere hoffte, den Kampfeslustigen an.

Sein Liebesverhältnis wurde also nach vier Wochen schon wieder zu einem nur brieflichen. Er reiste nach Böhmen und konnte seinen zweiter Brief von dort schon stolz so unterzeichnen: »Varnhagen, Fähnrich im k. k. Infanterieregiment Vogelsang, beim ersten Korps der Armee«.

Ritter Gluck

Zu den Künstlern, deren Desinteresse an Politik auch noch anhielt, als ihr Leben durch sie bestimmt wurde, gehörte auch der aus Königsberg stammende Justizbeamte E. T. A. Hoffmann, der später als Erzähler berühmt wurde, sich in jüngeren Jahren aber nebenberuflich vorwiegend als Zeichner und Komponist versuchte, in kleinerem Kreis nicht ohne Erfolg. Er hatte seit April 1804 eine ihm zusagende Stellung in Warschau bekleidet, bis Napoleons Armee die Preußen bei Jena besiegte und am 28. November 1806 Warschau besetzte, so dass es hier mit der preußischen Herrschaft zu Ende war. Der Regierungsrat Hoffmann und seine Kollegen, zu denen auch der ihm aus Königsberger Jugendjahren schon bekannte Zacharias Werner und der literaturkundige Freund Eduard Itzig gehörten, waren nun stellungslos.

Zacharias Werner, der seit der Berliner Aufführung seines Luther-Dramas »Die Weihe der Kraft« als Dramatiker schon einen Namen hatte, versuchte in Wien, Prag und Weimar am Theater unterzukommen, blieb aber auch mit Iffland in Verbindung und tauchte kurzzeitig in Berlin wieder auf. Itzig dagegen, 1780 in dem Palais seines berühmten Großvaters in der Berliner Burgstraße geboren, blieb im Lande und machte seine immer schon vorhandene literarische Neigung zum Beruf.

Sein 1799 gestorbener Großvater Daniel Itzig, ein erfolgreicher Bankier und Unternehmer, war besonders durch die von Friedrich dem Großen angeordnete betrügerische Münzverschlechterung während des Siebenjährigen Krieges reich geworden und deshalb verhasst bei der Bevölkerung, die von der Anordnung des Königs nichts erfuhr. Itzigs Belohnung durch den König war 1761 die Erteilung eines

Generalprivilegs gewesen, und Friedrich Wilhelm II. hatte 1791 durch ein Patent, das sich bis zur Emanzipation der Juden 1812 nicht wiederholen sollte, die Familie Itzig mit allen ihren Zweigen zu vollberechtigten Staatsbürgern gemacht. Der Enkel, der bei der Geburt die Vornamen Isaak Elias bekommen hatte, konnte also ohne Schwierigkeiten das Joachimthal'sche Gymnasium in der Burgstraße, gleich neben dem Palais der Itzigs, besuchen und in Halle und Erlangen Jura studieren, doch war, um im Staatsdienst arbeiten zu können, auch für ihn die Taufe vonnöten, der er sich am Ende seines Studiums 1799 in Wittenberg unterzog. Aus seinen jüdischen Vornamen wurden christliche mit gleichem Anfangsbuchstaben, so dass er nun nicht mehr Isaak Elias, sondern Julius Eduard hieß. Seinen Nachnamen dagegen behielt er noch einige Jahre, da dieser aber vom Siebenjährigen Krieg her bei den Leuten noch immer einen schlechten Klang hatte, machte er 1808 Hitzig daraus.

Schon früh war neben sein Berufsinteresse auch ein literarisches getreten. In Halle war er mit Clemens Brentano zusammengetroffen, in Erlangen hatte er mit Wielands Sohn Ludwig Freundschaft geschlossen, und als er nach einem Ausbildungsjahr in Warschau beim Berliner Kammergericht arbeitete, wurde er durch einen Lehrer des Französischen Gymnasiums, der eine seiner Schwestern geheiratet hatte, mit Chamisso, Varnhagen und anderen dichtenden jungen Leuten bekannt. In deren Nordsternbund genannten Vereinigung war er ein besonders wichtiges Mitglied, weil er als einziger von ihnen über ein regelmäßiges Einkommen, sogar ein Vermögen verfügte und in bester Beziehung zu wohlhabenden, besonders jüdischen Kreisen stand. Zum Musenalmanach dieses Bundes, dem sogenannten Grünen, konnte er zwar keine eignen Gedichte, sondern nur Nachdichtungen beitragen, aber mit Verlegern verhandeln konnte er gut. Als man ihn, der inzwischen geheiratet hatte, 1804 nach Warschau versetzte, wurde die Verbindung brieflich aufrecht erhalten, und seine Dichterfreundschaften wurden nun durch die zu Zacharias Werner und E. T. A. Hoffmann vermehrt.

Itzigs Rückkehr aus Warschau erfolgte im März 1807, Hoffmann

Zwei Offiziere der Polnischen Legion.
Zeichnung von E. T. A. Hoffmann

dagegen, der sich am Warschauer Musikleben lebhaft betätigt hatte und weiter betätigte, blieb mit seiner polnischen Frau Michaelina und seinem Töchterchen Cecilia noch bis zum Sommer in Warschau, brachte dann, als das Geld alle war, Frau und Kind zu deren Verwandten nach Posen und machte sich in der Hoffnung, in Berlin als Künstler existieren zu können, auf in die preußische Hauptstadt, die ihm ja nicht unbekannt war. Im Unterschied zu seiner ersten Berliner Zeit in den Jahren 1798 bis 1800 gab es jetzt keine Verwandten, die für ihn sorgten, und die französisch besetzte Stadt war verarmt. Er erreichte sie am 18. Juni 1807, also nur wenige Tage nach dem Friedensdiktat von Tilsit, logierte erst im Goldnen Adler in der Leipziger Straße, am Dönhoffplatz, und mietete dann in der Friedrichstraße 179 ein Zimmer, zwei Treppen hoch. Hier verbrachte er, komponierend, Bettelbriefe und Stellungsgesuche schreibend, manchmal auch hungernd, das ärmlichste Jahr seines Lebens. Denn obwohl Itzig alle seine Berliner Beziehungen zu Gunsten Hoffmanns einzusetzen versuchte, ihn auch in den Salon seiner reichen Tante Levy, am Packhof 3, einführte, wo er Geistesgrößen wie Schleiermacher, Fichte, Zelter und Bernhardi kennenlernte, ohne ihnen näherzukommen, gingen alle Versuche, durch seine musikalischen und zeichnerischen Talente Geld zu verdienen, immer wieder schief. Von den Zeichnungen, die er aus Warschau mitgebracht hatte, konnte er nur eine, die Offiziere der in Napoleons Diensten stehenden Polnischen Legion zeigte, an die »Neuen Feuerbrände« des Friedrich von Cölln verkaufen. Sein Angebot, als Porträtmaler zu arbeiten, fand, da niemand Geld hatte, kein Interesse. Von Ifflands Theater, das der Besatzung und der allgemeinen Armut wegen selbst eine Krise durchlebte, war nichts zu hoffen. Von seinen Vokal- und Instrumentalkompositionen konnte er, trotz Itzigs Vermittlung, nur wenige an Musikverlage verkaufen. Zacharias Werner, der kurzzeitig auch Berlin besuchte, versprach, ihm die Illustrationen für sein neues Drama »Attila« zu übertragen, betraute aber, als Hoffmann dafür schon Vorarbeiten geleistet hatte, einen anderen Künstler damit. Seine Gesuche um Unterstützung an die Regierung in Ostpreußen blieben lange ohne Antwort, und auch die briefliche Verbindung zu seinem treuen Jugendfreund Theodor von Hippel kam nicht gleich in Gang. In einem seiner Briefe an diesen hieß es: »Alles schlägt mir fehl. Ich mag Dir meine Not nicht schildern. Sie hat den höchsten Punkt erreicht. Seit fünf Tagen habe ich nichts gegessen als Brot – so war es noch nie«. Und dabei, so heißt es weiter, werde auch das Brot immer teurer, was zu Unruhen führe und zum Einsatz von Militär. Niederdrückend waren auch die Nachrichten aus Posen: Sein Töchterchen war gestorben und seine Frau schwer erkrankt.

Itzig dagegen, der vergeblich bei Iffland für Hoffmann geworben hatte, war von Existenzsorgen frei. Mit seiner Frau und zwei kleinen Töchtern war er fürs Erste bei seiner Familie untergekommen, die jetzt auf ihren Besitzungen bei Potsdam wohnte, auf der damals vorwiegend landwirtschaftlich genutzten Halbinsel Tornow, die seit 1894

Hermannswerder genannt wird, während der Name Tornow nur noch für einen Teil von ihr üblich ist. Zu König Friedrichs Zeiten war sie durch Anlegung des wohl nach Itzig benannten Judengrabens zur Insel geworden, und die auf ihr befindliche Manufaktur für sogenanntes Englisches Leder, das vor allem vom Militär gebraucht wurde, hatte der König dem tüchtigen Unternehmer Daniel Itzig geschenkt. Dieser hatte die Niederlassung, zu der auch drei zur Fabrikation nötige Lohmühlen und eine Meierei gehörten, auf eigne Kosten durch ein großzügiges Herrenhaus erweitern lassen, das später vom Sohn und seiner großen Familie bewohnt wurde, und nun zog auch der Enkel, der arbeitslose Beamte, hier ein. Da er über eignes Vermögen verfügte, hätte er sich hier weiterhin mit Übersetzungen beschäftigen und sich vom Gartensaal aus am Anblick der jenseits der Havel sichtbaren Silhouette von Potsdam erfreuen können, aber das entsprach nicht seinem auf Tätigkeit ausgerichteten, lebhaften Naturell. Es war für ihn naheliegend, sein privates Literaturinteresse zum Beruf zu machen, und da ihm die dichterische Ader fehlte, er seiner Geschäftstüchtigkeit aber vertrauen konnte, entschloss er sich, Verleger zu werden, zog nach Berlin in die Schützenstraße, wurde kurzzeitig Teilhaber der Verlagsbuchhandlung von Reimer, in der er gleichzeitig einen Schnellkurs als Lehrling absolvierte, und gründete darauf einen eignen Verlag. Bei der Michaelis-Messe (also im Herbst) 1808 in Leipzig, diesem Umschlagplatz für Bücher aus ganz Deutschland, war er schon als Neueinsteiger unter dem neuen Namen Hitzig vertreten, und da er über Kapital verfügte, Gespür für die Marktlage hatte und sensibel mit den Autoren umgehen konnte, hatte er trotz der verbreiteten Armut und der Zensur der französischen Besatzung mit seinem Unternehmen Erfolg. Zu den ersten Autoren, die ihm Gewinn und Bekanntheit brachten, zählte Fouqué, den er über seine Freunde Varnhagen und Chamisso gewonnen hatte, und so zufrieden wie er mit seinem Autor war auch dieser mit ihm. Der Holzschnitt eines voranstürmenden Ritters, mit dem Hitzig das Titelblatt von Fouqués »Sigurd der Schlangentödter«, dem ersten Stück der 1810 beendeten Trilogie »Held des Nordens«, schmückte, entsprach genau dem Bedürfnis der Leser, sich nach den Demütigungen, die Napoleon Deutschland zugefügt hatte, an vergangener deutscher Größe zu erbauen. Auch die Kritik war vorwiegend begeistert, und da Jean Paul seine lobende Besprechung des »Sigurd« in den »Heidelberger Jahrbüchern« veröffentlichte, strahlte Fouqués Ruhm nun auch nach Süddeutschland aus. Hitzig konnte in den nächsten Jahren vierzehn größere und kleinere Werke des Viel- und Schnellschreibers Fouqué publizieren, daneben fünf Bücher von Fouqués Frau Karoline und Einzeltitel anderer bekannter Autoren, wie Brentano, Friedrich Heinrich von der Hagen, die Brüder Schlegel und Zacharias Werner, die er kurzzeitig an seinen Verlag zu binden verstand. Den romantischen Versuch eines Romans von vier Autoren unter dem Titel »Die Versuche und Hindernisse Karls«, an dem auch seine engsten Freunde beteiligt waren, überließ er Reimer, weil er sich keinen Erfolg davon versprach. Selbstverständlich machte auch er manchmal Verluste, 1810 beispielsweise mit Kleists »Berliner Abendblättern«, doch fing er diese teilweise mit gut verkäuflichen Sach-, Fach- und Lehrbüchern auf. Sowohl ein »Archiv für medizinische Erfahrung« und ein »Repertorium des Neuesten und Wissenswürdigsten aus der gesamten Naturkunde«, als auch spezielle Werke über Festungsbau, Schafzucht oder »Schwangerschaften außerhalb der Gebärmutter« (eine Schrift des beliebten Arztes Ernst Ludwig Heim) gehörten in sein Verlagsprogramm.

Als Hitzig 1808 dabei war, sich zum erfolgreichen Verleger zu machen, zeigte sich auch in E. T. A. Hoffmanns Hungerdasein ein Hoffnungsstrahl. Sein Stellungsgesuch, in dem er sich als ein versierter Musik- und Theatermann mit Deutsch-, Französisch- und Italienisch-Kenntnissen bezeichnet hatte, fand endlich ein Echo. Das Angebot kam vom Theater in Bamberg, wo man ihm zum Herbst den Posten eines Musikdirektors anbot. Und da Freund Hippel ihn dann doch finanziell unterstützte und auch die Regierung ihm etwas zahlte, hatte er Reisegeld. Nachdem er noch einen Freund in Glogau besucht und seine Frau aus Posen abgeholt hatte, traf er am 1. September 1808 in Bamberg ein.

Von seinem literarischen Werk, das ihn weltberühmt machen

Titelblatt von Fouqués »Sigurd«

sollte, war damals noch nichts vorhanden, aber unwichtig für dieses war sein zweiter Berlin-Aufenthalt nicht. Zwar wurde seine erste uns bekannte Erzählung, die gleich ein Meisterwerk war, erst später geschrieben, sie war aber Frucht dieses Hungerjahres, so dass man sagen könnte, Berlin habe ihn zum Erzähler gemacht.

Obwohl er von den sechsundvierzig Jahren seines Lebens nur elf, auf drei Phasen verteilt, in Berlin verbrachte, ist der größte Teil seines literarischen Werkes hier entstanden, und zwar immer neben dem ihn ernährenden Hauptberuf. Als er die erste Erzählung schrieb, war er schon dreiunddreißig, so dass ihm für sein großes Werk nur dreizehn Jahre blieben, in denen kaum Zeit zum Reifen der Pläne und zum Überarbeiten war. Berlin wählte er häufig zum Schauplatz seiner Geschichten, am eindrucksvollsten am Anfang und Ende. Mit den Sonntagsspaziergängern Unter den Linden, die im »Ritter Gluck« zum Tiergarten schlendern, wird das ebenso kunstvolle wie auch unterhaltende Werk eröffnet, das dann mit dem wehmütigen Blick des Todkranken aus »Des Vetters Eckfenster« auf das Menschengewühl des Gendarmenmarkts schließt. Um das Gespenstische erweitert, ist hier die Realität der werdenden Großstadt literarisch erfasst.

»Der Spätherbst in Berlin hat gewöhnlich noch einige schöne Tage«, so beginnt die Geschichte vom »Ritter Gluck«, die der Autor im Untertitel als »Eine Erinnerung aus dem Jahre 1809« bezeichnet, die aber auf einer Erinnerung von 1807 beruht. »Die Sonne tritt freundlich aus dem Gewölk hervor, und schnell verdampft die Nässe in der lauen Luft, welche durch die Straßen weht. Dann sieht man eine lange Reihe, buntgemischt – Elegants, Bürger mit der Hausfrau und den lieben Kleinen in Sonntagskleidern, Geistliche, Jüdinnen, Referendare, Freudenmädchen, Professoren, Putzmacherinnen, Tänzer, Offiziere u.s.w. durch die Linden nach dem Tiergarten ziehen. Bald sind alle Plätze bei Klaus und Weber [einer der Ausflugsgaststätten im Spreebogen] besetzt, der Mohrrüben-Kaffee [mit dem sich die Berliner kurz nach dem Krieg der Kontinentalsperre wegen zufriedengeben mussten] dampft, die Elegants zünden ihre Zigaros an, man spricht, man streitet über Krieg und Frieden, über die Schuhe der [berühmten Schauspielerin] Madame Bethmann, ob sie neulich grau oder grün waren, über [Fichtes] geschlossenen Handelsstaat und böse [also minderwertige] Groschen u.s.w., bis alles in eine Arie aus Fanchon [einem damals beliebten Singspiel von Kotzebue] zerfließt ...«. Die Musikkapelle des Ausflugslokals beginnt nun mit ihrer

Friederike Unzelmann als Fanchon 1804.
Kupferstich von Johann Friedrich Jügel
nach einer Zeichnung von Heinrich Dähling

»verstimmte[n] Harfe, ein paar nicht gestimmte[n] Violinen, eine[r] lungensüchtige[n] Flöte und ein[em] spasmatische[n] Fagott« den musikliebenden Erzähler zu quälen, bis sich ein anderer, auch unter dem schlechten Spiel leidender Gast zu ihm gesellt, der sich am Ende der Erzählung mit den Worten vorstellt: »Ich bin der Ritter Gluck.«

Ob es sich bei diesem rätselhaften Fremden, der Glucks Werke auf dem Klavier nach Notenbüchern, die keine Noten enthalten, mit genialen Variationen zu spielen versteht, um den Geist oder Wieder-gänger des schon 1787 in Wien gestorbenen Komponisten Christoph Willibald Ritter von Gluck handelt oder um ein Traumgebilde oder einen Wahnsinnigen, weiß der Leser so wenig wie der Erzähler, er erlebt aber und wird es in Hoffmanns Werk noch häufig erleben, wie selbstverständlich sich solch eine Gespenstergestalt in der realistisch gezeichneten Umwelt Berlins bewegt.

Der fromme Ritter

»In der trüben Zeit, wo durch Gottes damals unerforschlichen, jetzt
aber wohl allen, die Augen haben, klargewordenen Ratschluss ein
dumpfzerdrückendes Band über unserm deutschen Vaterlande lag
und es mir beinahe vorkam, als seie für Männer von gesetzlichem
Sinn die Bahn zu echten Taten durch eherne Riegel verschlossen – in
der Zeit, wo ich die Lust und das Vertrauen für das Erdenleben nur
durch die Aussicht auf beglücktere Nachkommen zu erhalten wusste, – inmitten all dieses ängstigenden Leidens geschah es, dass ich die
vorliegende Geschichte zu schreiben begann.«

Mit diesem Satz beginnt Friedrich de la Motte Fouqué das Vorwort
zu seinem erst 1816 erschienenen Roman »Die wunderbaren Begebenheiten des Grafen Alethes von Lindenstein«, den er zu großen
Teilen schon 1807 geschrieben hatte, und er zeigt mit den Stichworten: trübe Zeit, Gott, Vaterland, gesetzlicher Sinn und echte Taten,
auch gleich die Fahne, auf die er schwor. Dass er das lebenslang tat,
hat ihm mit Recht den guten Ruf eines ehrlichen, gesinnungstreuen
Mannes eingebracht und den schlechten eines unbelehrbaren Konservativen, der die Zeichen der Zeit nicht verstand. Auch sein Ruf als
Autor war, von einer kurzen Zeitspanne abgesehen, nicht der beste,
weil er seine unzeitgemäßen Prinzipien höher als die Realität schätzte und sich seine Träume von einer edlen Vergangenheit, die es so nie
gegeben hatte, nicht nehmen ließ. Seine Rückwärtsgewandtheit, zu
der auch die Ritterlichkeit gehörte, hat ihn aber auch, vielleicht verbunden mit dem Bewusstsein seiner französischen Herkunft, vor dem
unbändigen Franzosenhass bewahrt, in den seine Umwelt zeitweilig
verfiel.

Die trübe Zeit, in der der »Alethes« geschrieben wurde, war die

Schloss Nennhausen 2008

der Besetzung Preußens durch die Franzosen, und von pseudohistorischen Phantasien überwuchert ging sie auch ein wenig in den Roman mit ein. Die Sorgen, die sich der Titelheld des kurz nach dem Dreißigjährigen Krieg spielenden Romans um Deutschland macht, galten eigentlich Preußen und seinem König, denen der Autor in Liebe und Treue verbunden war. Diese Anhänglichkeit war dem Nachkommen der aus Frankreich vertriebenen hugenottischen Adelsfamilie, die in Preußen Asyl gefunden hatte, sozusagen mit in die Wiege gelegt worden. Sein Großvater, ein preußischer General, war ein Freund Friedrichs des Großen gewesen, hatte mit in dessen Tafelrunde gesessen und den König dazu veranlassen können, Taufpate seines Enkels zu sein. Da auch Friedrichs Nachfolger die Fouqués nicht vergessen hatten, war der Knabe mit der Verehrung des Königshauses aufgewachsen und, dem Großvater nacheifernd, als Siebzehnjähriger Soldat geworden, doch hatte es dann die verwitwete Karoline von Rochow, geborene von Briest, verstanden, den dichtenden Kavallerieleutnant, der früh eine unbedachte Ehe geschlossen hatte, der Armee und der

Ehefrau zu entreißen, ihn zu heiraten und auf ihrem Besitz in Nenn-hausen im Havelland sesshaft zu machen. Dort konnte er weiter der Dichtung leben, ohne sich um das Gut kümmern zu müssen, das nach dem Tode des Schwiegervaters, des alten Briest, an seine Frau und deren Söhne aus erster Ehe fiel.

Seine Dichtungen, die anfangs von August Wilhelm Schlegel an-geleitet und gefördert worden waren, ließen seine Vorliebe für edle Ritter, ein erträumtes Mittelalter und die altdeutsche und nordische Sagenwelt erkennen, und da er damit Interesse erregte, wurde er rasch bekannt. Nachdem er 1807 den größten Teil des »Alethes« ge-schrieben und ihn dann beiseitegelegt hatte, begannen für ihn die Jahre der großen Erfolge, die nur so lange währten, wie die trübe Zeit andauerte. Denn seine tapferen und keuschen Recken, deren Taten den besiegten Deutschen Mut und Selbstvertrauen gaben, wurden nach den siegreichen Befreiungskriegen nicht mehr gebraucht. Der flügellahmen deutschen Psyche, so wusste Jean Paul die Schauspiel-trilogie »Held des Nordens« zu loben, konnte durch Fouqués alt-deutsche Götter und Helden wieder Flugkraft eingehaucht werden. Und da ihm Prosa und Verse gleich leicht und schnell aus der Feder flossen und seine Romane und Erzählungen leicht und schnell ge-lesen werden konnten, wurde er zu einem Liebling der Leser und für seinen damaligen Verleger Eduard Hitzig, den er in dieser Zeit kennen- und schätzenlernte, als sichere Einnahmequelle unentbehr-lich. Die trübe Zeit, die er als Patriot und Verehrer des preußischen Könighauses durchaus als solche empfinden musste, war also für den Autor eine Zeit der Erfolge und des Glanzes, die 1816, als der endlich fertiggestellte »Alethes« erschien, fast schon wieder vorüber war.

Dass gleich zu Beginn des Vorworts Gottes Ratschluss bemüht wird, ist für Fouqués Weltbild, in dem Königtum, Ständestaat und christli-cher Glaube einander bedingen, bezeichnend, weshalb auch die Auf-klärung für ihn ein Sündenfall war. Zwar war er im Preußen Fried-richs, Nicolais und der rationalistischen Theologen geboren worden, als junger Mann aber in die neureligiöse Bewegung hineingewach-sen und hatte sie sich in seinem Sinne geformt. Erstaunlicherweise war er dabei aber tolerant geblieben, konnte Fichte verehren, Kleist schätzen und sogar für dessen Selbsttötung Verständnis aufbringen, die Aufklärung aber, die er Abklärung zu nennen pflegte, weil sie nicht hinauf in den Himmel, sondern hinab in religiöse und menschliche Gefühlskälte führte, fand keine Gnade vor ihm. Wie andere Romantiker protestantischen Glaubens zog es auch ihn zeitweilig zu den reicheren Ritualen, den Wundern und Heiligenlegenden des Katholizismus. Sogar ein Übertritt wurde erwogen, des protestantischen Umfeldes wegen aber nicht ausgeführt. Rahel Levin, die mit Fouqué korrespondierte und seine Gutherzigkeit und Hilfsbereitschaft schätzte, die er besonders seinen Kollegen gegenüber zeigte, war verärgert darüber, dass er auch im Gespräch mit ihr seine Frömmigkeit ausstellte und den von ihr so sehr geliebten Goethe rügte, weil der von Göttern redete, statt von Gott.

Das Hervorkehren des Religiösen verstärkte sich bei Fouqué mit zunehmendem Alter, was auch zur Folge hatte, dass die geringen erotischen Anteile, die seine Liebesgeschichten hatten, sich noch weiter verringerten und die Liebe des edlen Alethes zu der bösen, ränkevollen Yolande, die ihn ausschließlich durch Sinnlichkeit an sich fesselt, im zweiten Anlauf 1816 schließlich einen christlich-versöhnlichen Schluss erhielt. Immer sind in Fouqués Geschichten die sinnlichen und starken Frauen die bösen, die reinen und passiven die guten, was ganz dem gängigen Frauenideal seiner Zeit entsprach. Nur bekommt diese Konstellation bei ihm eine besondere Note, weil die Frau, die ihn im wirklichen Leben an ihre Seite gezogen hatte und im Romanschreiben mit ihm wetteifern konnte, mehr der unkeuschen Yolande ähnelte als deren engelsgleicher Schwester Emilie, die, immer an Gewässern auftretend, schon das liebliche Meerfräulein seiner Meisternovelle »Undine« ankündigt, das offensichtlich als Traumkonkurrenz zur Ehefrau in ihm lebte.

Wie im Vorwort angekündigt, hatte Fouqué versucht, als Bezug zur Zeit seiner Entstehung auch Deutsch-Vaterländisches in die abenteuerliche, mit lyrischen Einlagen versehene Liebesgeschichte des »Alethes« hineinzubringen, doch bot die historische Situation, in die er die Handlung verlegt hatte, dazu keine Möglichkeit. Zwar darf der Held ab und zu vom Kampf um Deutschlands Freiheit und Ehre reden, doch ist weder ihm noch dem Autor klar, wogegen der Kampf sich richten soll. Die politischen Absichten des Helden und seiner Widersacher bleiben völlig im Dunkeln, und die Burgen, in denen sie leben, gehören eher ins Mittelalter als in die Jahre nach dem Westfälischen Frieden, von dem auch keiner der Helden was weiß.

Der Zeitbezug des Romans ist mehr als im Vaterländischen in jener Problematik zu finden, die das Vorwort mit dem Begriff des gesetzlichen Sinnes umreißt. Dieser war für den Autor in den Jahren zwischen 1807 und 1813 von besonderer Bedeutung, weil die auf einen Volksaufstand zielenden geheimen Verbindungen, denen er zuneigte, ohne Zustimmung des Königs agierten, was seinen Grundsätzen zuwider war. Dieser Zwiespalt in ihm, der jeden königstreuen Patrioten damals quälte, wurde für ihn akut, als ein geheimer Bote, der in Nennhausen auftauchte, eine Entscheidung über seine Beteiligung von ihm verlangte und er, wie wir aus seiner »Lebensgeschichte« wissen, sein Ja an eine Bedingung knüpfte, die sie eigentlich unwirksam werden ließ. Der Kampf, so verlangte er, müsse ritterlich, ohne »Meuchelmord«, ohne Verletzung der Gastfreundschaft und nur »auf ausdrücklichen Befehl des Königs, unsres Herrn« geführt werden, und der Schutz seiner Familie müsse gewährleistet sein.

Eine Szene, die dieser ähnelt, gibt es auch im »Alethes«. Da ist der Titelheld selbst der geheime Bote und sein einstiger treuer Waffengefährte Berthold, der sich mit Frau, Kind und friedlicher Arbeit zur Ruhe gesetzt hatte, wird von ihm zur Teilnahme am heiligen Krieg gewonnen und auf Bertholds Verlangen seine Familie vor Unheil geschützt. Von der fehlenden Zustimmung des Königs aber, dessen vorsichtige Politik jeden kampfbereiten Patrioten zum Rebellen gegen das Herrscherhaus hätte machen können, ist bezeichnenderweise im Roman nicht die Rede. Den schwierigsten Problemen, die Kleist beispielsweise immer zur Gestaltung reizten, wich Fouqué gern aus. Als zwei Jahre später der Major von Schill tatsächlich zum Rebellen wurde, bedichtete Fouqué zwar den unbequemen Helden (»Gibt's künftig wieder Kriegesbrand, / Woll'n alle wir für Fürst und Land / Mit Schill marschiern ...«), musste dann aber natürlich dessen aussichtslosen Privatkrieg verurteilen, weil er vom König verurteilt worden war. Er machte Schill, dem er das Heldenhafte ja nicht absprechen konnte, deshalb zu einem »edlen Gestirn«, das »durch fremde Magnetkraft fortgezogen und irregeleitet aus seiner Bahn tretend unterging.«

Fouqué 1816
gezeichnet von August Retzsch
auf Schloss Scharfenberg

Fouqués gesetzlicher Sinn bezog sich aber nicht nur auf die Herrschaft des Königs, sondern auch auf die durch altes Recht und Gesetz verbriefte Vorzugsstellung des Adels, die durch die Reformer gefährdet war. Fouqué stand in dieser Hinsicht ganz aufseiten der Reformgegner, die ihren Sprecher in Marwitz hatten, war aber öffentlich an den Auseinandersetzungen nicht beteiligt, weil Stein und Hardenberg ja mit Zustimmung des Königs handelten und so den Dichter wieder vor Entscheidungen stellten, denen auszuweichen seinem Charakter entsprach. Seine Ansicht zur Reformdebatte gab er in dem 1808 entstandenen, aber erst 1813 veröffentlichten »Gespräch zweier preußischer Edelleute über den Adel« kund. Während man im Park von Sanssouci wandelt und sich auf Friedrich den Großen beruft, wird da zwar auch eine Reform gefordert, aber eine, die die Privilegien des Adels nicht beschneidet, sondern dadurch festigt, dass man sich auf das alte Rittertum wieder besinnt. Nur jener Adlige soll im neuen Ständestaat noch als solcher gelten, der sich durch Kriegsdienste seine Privilegien verdient und sie in humaner Weise zum Wohl der von ihm Abhängigen nutzt. Ein Beispiel dafür ist dann auch im »Alethes« zu finden, wenn dort der Held der nur auf Nutzen bedachten Yolande erwidert: »Solange es Männer meines Stammes gegeben hat, sind sie ihren Untertanen nicht nur hülfreich, sondern auch freundlich und hold geblieben, wie es sich für deutsche Oberherren geziemt.«

Was nun aber die im Vorbericht des Romans benannten echten Taten (er schrieb immer: ächte Thaten) betrifft, so meinte er damit vor allem kriegerische, er sagte meist ritterliche, also faire, bei denen der Gegner geachtet wurde, und er dachte dabei an Kämpfe von Mann zu Mann. Im »Alethes«, wie in fast allen seinen Werken, fiebern die Helden den Freuden des Kampfes entgegen und sind auf den Schlachtfeldern, wo die Schwerter im Sonnenschein blitzen, lustig die Rosse wiehern und hell die Trompeten schmettern, nicht nur fröhlich und tapfer, sondern auch fromm. In einer Anekdote, mit der er 1810 Kleists »Berliner Abendblätter« bereicherte, empfiehlt ein alter Soldat einem seiner in den Krieg ziehenden Söhne, am Beginn der Schlacht nicht, wie manche es tun, den Feind zu verfluchen, sondern »den Pallasch recht fest zu fassen und dann ganz still, aber recht inbrünstig zu sagen: Nun mit Gott! ... Es haut sich ganz prächtig danach.«

So mittelalterlich wie im 17. Jahrhundert des »Alethes« geht es auch zu, wenn Fouqués Geschichten zu Friedrichs oder Napoleons Zeiten angesiedelt sind. Auch in die Befreiungskriege ist der Dichter dann als edler, frommer Ritter gezogen; hat seinem Degen, nachdem er krankheitshalber den Kriegsdienst hatte quittieren müssen, einen Ehrenplatz am Altar der Kirche in Nennhausen gegeben, und seine Kameraden hat er so gesehen, wie er selbst wohl war:

»Ein weiches Herz im Busen,
Ein krieg'risch glüh'nder Sinn,
Manch holder Wink der Musen,
Das ward mir zum Gewinn.«

Versuche und Hindernisse

»Schon in tiefster Stille lag die ganze Stadt; auf den leeren Gassen und Plätzen regte sich nichts als ein streifender Wind, von dessen Anstoße die Schilder an den Häusern hin und her schwankten und mit seltsamem Geräusch das Schweigen unterbrachen. Da sprang plötzlich mit wildem Ungestüm Karl aus dem Bette, zündete Licht an, warf sich in seine Kleider und nach einigem raschen Umhergehn in seinem Zimmer verließ er es und zugleich das Haus, sorglos über die offengelassene Haustüre, die er spät hinter sich von dem Winde zuwerfen hörte. Kalt wehte ihm die Nachtluft entgegen …«

So beginnt ein 1808 in Berlin erschienener Roman ohne Verfasser- und Verlagsangabe, in dessen erstem Kapitel dieser Karl durch die Nacht zu Sophie, seiner Geliebten, eilt, um sich von ihr für immer zu verabschieden, in ihrem Schlafgemach dann aber doch wieder dem Reiz ihres »schönen Busens, der offen und entblößt ihm entgegen wallte«, erliegt. Doch während er »im Taumel der Sinne« sich ihrer zu bemächtigen versucht, steht plötzlich »der Baron, Sophiens Gemahl, mit gezogenem Degen« im Zimmer. Nach einem kurzen Gefecht ist der Baron tot, und Karl, der später noch einmal töten und mehrmals Frauen entehren wird, gelingt es zu fliehen.

Wie sich damals bald herumsprach, war dieser Roman im Umkreis des sogenannten Nordsternbundes entstanden, einer Vereinigung junger Dichter, die bisher nur einen Musenalmanach in drei Jahrgängen (1804–1806) herausgebracht hatte, der von der Kritik schlecht behandelt, vom Publikum aber kaum wahrgenommen worden war. Mehr Resonanz fand jetzt der Roman. Zwar hatte er nicht, wie von Varnhagen erwartet, die Wirkung einer »Bombe«, aber amüsiert oder entrüstet beachtet wurde er in literarischen Kreisen durchaus. Inter-

esse erregten dabei weniger seine schwachen literarischen Qualitäten, als vielmehr einige satirische und parodistische Frechheiten und
das Experimentelle und Spielerische des Ganzen. Es handelte sich bei
ihm nämlich um ein gemeinschaftlich geschriebenes Werk.

Als 1806 die Hallenser Studenten Karl August Varnhagen und
Wilhelm Neumann (der später im Staatsdienst sein Brot verdiente,
daneben aber auch als Publizist wirkte) sich nach der von Napoleon
befohlenen Auflösung der Universität noch einige Zeit in Halle aufgehalten hatten, waren sie von Jean Pauls Roman »Flegeljahre«, in
dem die beiden Hauptgestalten gemeinsam an einem Roman, genannt »Doppelroman«, schreiben, zu einem ähnlichen Projekt angeregt worden, das, als Varnhagen 1807 wieder nach Berlin kam, schon
ziemlich weit gediehen war. Ohne vorherige Festlegung der Handlung war das von Varnhagen geschriebene erste Kapitel von Neumann, der an dem ersten nichts hatte ändern dürfen, im zweiten
Kapitel nach eignem Ermessen fortgesponnen worden, wonach im
dritten wieder Varnhagen an der Reihe war und so fort. Zehn Kapitel
waren schon fertig, als Varnhagen in Begleitung des dicken Bernhardi in den Pfingstferien 1807 eine Fußwanderung zu den Fouqués nach
Nennhausen unternahm.

Hier fand Varnhagen bestätigt, was er unterwegs von Bernhardi,
der die beiden dichtenden Eheleute schon näher kannte, gehört hatte, dass nämlich diese Ehe eine nicht glückliche, aber doch außerge-
wöhnliche war. Frau von Fouqué, die die Herrschaft im Hause hatte,
war nicht nur zwei Jahre älter als ihr Gatte, sie war im Gegensatz zu
ihm auch »groß und wohlgestalt«. Ihr schönes Gesicht, »dessen edle
Züge nur durch die überaus mächtigen Lippen gestört wurden«, zeigte, dass sie zu den Frauen gehörte, die von ihren Reizen wissen und sie
einzusetzen verstehen. Der »gute Fouqué« dagegen, von »kleiner, ge-
drückter Gestalt und piepsender Stimme«, der als armer Ritter in den
Briestschen Besitz, von dem er nun sorglos lebte, nur eingeheiratet
hatte, wurde von ihr anscheinend »als ein argloses Kind« betrachtet,
das sich »in den Spielen der Einbildungskraft in aller Freiheit vergnügen« durfte, »auch in Ehre und Ansehen keineswegs verkürzt«

Die

Versuche und Hindernisse Karls.

Eine

deutsche Geschichte aus neuerer Zeit.

Erster Theil.

Berlin und Leipzig, 1808.

Titelblatt des Gemeinschaftsromans

wurde, aber »in allen Beziehungen der Wirklichkeit« ohne Mitspracherecht war. Als die Wanderer unangekündigt eintrafen und
die Gesellschaft »in ihrem gewöhnlichen Beisammensein am Abend
bei schon angezündeten Lichtern« überraschten, war Varnhagen erst
angetan von der schönen und freundlichen Baronin, doch änderte
sich das in den nächsten Tagen, als er nicht nur »berechnenden Ei-
gennutz« an ihr zu erkennen glaubte, sondern auch Adelsstolz. Rahel,
die erst später mit der Baronin bekannt wurde, merkte freilich von
diesem Hochmut nichts.

Nach dem Vorlesen der ersten Kapitel der »Versuche und Hindernisse« waren Fouqué und Bernhardi schnell bereit mitzumachen, die
Frau des Hauses aber bat sich Bedenkzeit aus. Fouqué, dem Vers und
Prosa gleich flott von der Hand gingen, war schon nach drei Tagen
mit dem elften Kapitel fertig und erwies sich auch später als pünkt-
licher Beiträger, aber da der Gymnasialdirektor Bernhardi und der
Hofmeister Neumann weniger emsig mit ihren Kapiteln waren, zog
sich die Fertigstellung des nun von Vieren verfaßten Romans trotz
Varnhagens ständigen Drängens noch lange hin.

Erst im Herbst 1808 konnte das Buch bei Reimer, der sich aber
aus unklaren Gründen, vielleicht weil er den Ärger der satirisch Dar-
gestellten fürchtete, nicht nannte, unter dem Titel »Die Versuche und
Hindernisse Karls. Eine deutsche Geschichte aus neuerer Zeit. Erster
Teil« in kleiner Auflage erscheinen. Zu einem zweiten Teil aber kam
es nicht. Auch als die Idee eines Gemeinschaftsromans einige Jahre
später in der neuen Dichtervereinigung der Serapionsbrüder wieder
aufkam, blieben die Ansätze, die von Fouqué, Chamisso, E. T. A. Hoffmann und Contessa gemacht wurden, ungedruckt liegen und kamen
erst 1926 durch Bernhard Rogges zweibändiges Werk »Der Doppelroman der Berliner Romantik« mit den »Versuchen und Hindernis-
sen« zusammen ans Licht.

Wie Goethes »Wilhelm Meisters Lehrjahre«, das hier Pate gestanden hatte, könnte man auch die »Versuche und Hindernisse« als
Bildungsroman bezeichnen, mit gleichem Recht aber auch als Rei-
se- oder als Zeitroman. Denn in den in Halle entstandenen Kapiteln

führt Karls Flucht von einem unbenannten Ort zum andern, verharrt danach aber auf dem Schloss einer Gräfin, wo Ereignisse eines preußisch-französischen Krieges hineinspielen, die deutlich machen, dass die Handlung im Jahre 1806 angesiedelt ist. Da aber der Held von zweifelhaftem Charakter und die nur schwach individualisierten Nebenpersonen nur als Parodien oder Karikaturen von Schriftstellern Interesse erregen können, gehört das Werk auch der Gattung der Literatur für Literaten an. Nur Leser, die mit der Literatur der Zeit vertraut waren, konnten die parodistischen Elemente als solche erkennen, und die satirisch gezeichneten Zeitgenossen, die als Romanfiguren andere Namen tragen, waren nur zu entschlüsseln durch intime Kenntnis des damaligen Literaturpersonals.

Unter den nicht leicht als solche zu erkennenden Scherzen, die mit Menschen und Büchern getrieben werden, sind einige harmlos, wie die des Auftretens von Wilhelm Meister persönlich, der in Goethe-Zitaten redet, oder auch das unmotivierte Auftauchen Jean Pauls. Dieser, als Einziger unter seinem wahren Namen erscheinend, hat sich bei seinen verwirrenden Abschweifungen und Metaphernhäufungen schließlich selbst verloren und setzt nun, um sich wiederzufinden, einen eignen Steckbrief auf. Weniger sanft, aber auch weniger witzig, wird der Feind der Romantiker Johann Heinrich Voß behandelt, der unter dem Namen Focks in Hexametern, die auf seine Homer-Übertragung anspielen, schlechte Gedichte verfertigt und überhaupt als komische Figur erscheint. Mit der größten Häme aber wird Johannes von Müller behandelt, der den Patrioten vor allem durch seine politische Kehrtwende nach der preußischen Niederlage verächtlich geworden war. Als eitler Herr Striezelmeier muss er die entehrendste Behandlung erdulden. Seine Ruhmsucht und sein gestelztes Auftreten werden aufs Korn genommen, und mit dem Verdacht, er habe ein hässliches und dazu auch noch gelehrtes Frauenzimmer geschwängert, werden die Verfasser damals das heftigste Hohngelächter erregt haben, weil, wie alle Eingeweihten wussten, die Neigung des Historikers anders, nämlich auf junge Männer gerichtet war.

Während die von Varnhagen und Neumann geschriebenen Kapitel sich sprachlich und inhaltlich ziemlich gleichen, bringen die beiden älteren Mitverfasser andere Töne in den Roman hinein. Bernhardi lässt durch philosophische Diskussionen, die sich im Sinne seines Freundes Fichte besonders gegen Nicolais angebliche Plattheiten richten, die sowieso schon dürftige und mehrmals durch Gedichte, Anekdoten und Legenden unterbrochene Handlung noch mehr stocken, und Fouqué trägt, wie nicht anders zu erwarten, durch edeldenkende Kavallerieoffiziere Kriegerisches und Ritterliches bei. Von ihm, dessen Stileigentümlichkeiten am deutlichsten ins Auge fallen, stammen vermutlich fünf oder sechs der insgesamt achtundzwanzig Kapitel, von Bernhardi nur eins. Die Hauptmasse des Textes ist also den beiden Jungen zuzuschreiben, Neumann besonders die satirischen Passagen, während Varnhagen nicht nur Verfasser, sondern auch Initiator, Hauptredakteur und Antreiber war.

Die Entscheidung, den Zweierroman zu einem von Vieren zu machen, wurde also bei den Fouqués getroffen, was unter anderem auch zur Folge hatte, dass Karls Flucht nicht fortgesetzt wurde, sondern die Romanhandlung nun bis zum Ende des Buches auf dem Schloss der Gräfin verblieb. Dieses aber ist, wie mit ziemlicher Sicherheit anzunehmen, Schloss Nennhausen nachempfunden, das damals noch schlichter war als das heute wieder erstandene, das seine neogotischen Formen erst 1860 bekam. Für Nennhausen sprechen nicht nur örtliche Einzelheiten wie ein Pavillon, eine Pappelallee und die bis zum See sich erstreckenden Gartenanlagen, sondern auch die Erlebnisse der Schlossbewohner im Krieg. Auch ist anzunehmen, dass der Städter Varnhagen, abgesehen von Friedersdorf, wo er einmal seinen Studienfreund Alexander von der Marwitz besucht hatte, andere ländliche Herrensitze wohl kaum näher gekannt haben wird. Und da die Herrin des Romanschlosses, eine namenlose edle und schöne Gräfin, positiver gezeichnet ist als alle anderen Figuren, kann man in ihr ein Porträt der Herrin Nennhausens vermuten, die als Autorin schon einen Namen hatte und von Varnhagen als fünfte im Bunde vorgesehen worden war. Auf der Zusammenkunft in Nennhausen zu Pfings-

ten hatte sie eine Beteiligung wohl auch erwogen, dann aber davon
Abstand genommen, weil sie von ihrem neuen Roman, der »Die Frau
des Falkensteins« hieß und von unglücklicher Ehe und edler Entsa-
gung handelt, zu sehr in Anspruch genommen war. Auch Fouqués
Schwiegervater, der alte Herr von Briest, wird im Roman nicht un-

Karoline von Fouqué, geb. von Briest.
Künstler unbekannt

erwähnt gelassen, wobei allerdings verwundert, dass er, der eigentliche Herr der Besitzungen und Schöpfer der Gartenanlagen, nicht
ebenso freundlich wie seine Tochter behandelt wird.

Interessanter als die Duelle, die Verführung einer Nachtwandlerin
oder andere, die Besucher des Schlosses in Atem haltende Ereignisse,
ist für uns heute die Schilderung des Lebens auf einem der wenigen
ländlichen Adelssitze, auf dem man für Schöngeistiges aufgeschlossen
war. Hier kommen nicht, wie sonst bei Landadligen üblich, nur be-

nachbarte Standesgenossen zu Festessen, Kartenspielen oder zur Jagd zusammen, sondern interessante Leute aus allen Ständen, die abends am Kamin oder beim Teetisch im Garten über Aufklärung oder Mesmerismus diskutieren, sich Geschichten, Gedichte oder Briefe vorlesen, Anekdoten erzählen, Spaziergänge zum See unternehmen oder aber sich auch an der Kegelbahn im Park erfreuen. Wie in den Salons Berlins spielen auch hier die Damen eine besondere Rolle, auch weil die durch sie erzeugte erotische Atmosphäre die geistige Nahrung würzt.

Die letzten Kapitel, auch die von Varnhagen geschriebenen, in denen die siegreichen Franzosen kommen, sind dann nach der verbürgten Tatsache gestaltet, dass Fouqués mannhaftes Auftreten im Oktober 1806 Dorf und Schloss vor größeren Ausschreitungen der Sieger bewahren konnte, und sie sind auch ganz in seinem ritterlichen Sinne gehalten, mit todesmutigen Kämpfern auf beiden Seiten und mit zwei edlen französischen Offizieren, die siegestrunkene Soldatenscharen am Plündern hindern und den im Schloss anwesenden Damen schützend zur Seite stehen. Beiden Franzosen gab Varnhagen Namen von Bekannten, den einen nannte er nach einem Freund seines Freundes Chamisso, den anderen nach einem Offizier der französischen Besatzung, den man bei Rahel einquartiert hatte, als ihre Liebe zu Varnhagen begann.

Auf den letzten von Varnhagen geschriebenen Seiten wird der Einfluss Fouqués überdeutlich, denn sie triefen von einem patriotischen Pathos, das dem parodistischen Ton des Ganzen zuwiderläuft. Da stirbt ein edler Preuße an der im Kampf erlittenen Wunde und hinterlässt als Testament eine Dichtung, an der er noch als Sterbender tätig gewesen war. Den Anregungen Schlegels folgend, ist diese Dichtung in Form einer Kanzone Petrarcas gestaltet, und das Vaterländische an ihr bezieht sich nicht mehr auf Preußen, sondern, der nach 1806 herrschenden Tendenz folgend, auf Deutschland, in dem Süd und Nord sich bekämpfen, das aber nur durch Eintracht befreit werden kann.

Missglückter Versuch

Die antinapoleonischen Aufrührer im Deutschland des Jahres 1809 (die von den Franzosen als Verräter und Banditen behandelt, von den Deutschen als Helden gefeiert wurden und die wir heute je nach politischer Überzeugung als Widerstandskämpfer oder als Terroristen bezeichnen würden) mussten, soweit sie ihre Taten überlebten, nachträglich zugeben, dass ihr Patriotismus stärker als ihr Realitätssinn gewesen war. Angeregt vom Beispiel der Spanier und Tiroler agierten sie, so könnte man als nachträglicher Besserwisser sagen, als lebten sie schon im Jahre 1813, hätten also einen in Russland geschlagenen Napoleon vor sich und ein verzweifeltes Volk an der Seite, dem zur Massenerhebung nur der Anführer fehlt.

Insurrektion nannte man damals die von Napoleons Gegnern erhoffte Erhebung des Volkes, und die Anstifter einer solchen wurden Insurgenten genannt. Schill war der berühmteste von ihnen, vielleicht, weil er schon vorher den Ruf eines Helden genossen hatte und seine Tat mit dem Leben bezahlen musste, vielleicht aber auch, weil man ihn als Tragödiengestalt sehen konnte, als den Helden, der, um seiner patriotischen Berufung genügen zu können, den Makel des Deserteurs auf sich nahm. Sie alle, ob sie nun Katte, Nostitz, Dörnberg oder Herzog von Braunschweig hießen, waren nicht nur tapfere Männer, sondern auch Illusionisten, die auf eine Revolutionsbereitschaft hofften, die nicht vorhanden war. Sie waren Draufgänger, aber weder politische noch strategische Köpfe, todesmutige Dilettanten, die, wie es scheint, sich keine Gedanken darüber machten, dass ihr Verderben auch das ihrer Untergebenen war.

Ferdinand von Schill, ein gebürtiger Sachse, der mit vierzehn Jahren bei den Ansbach-Bayreuther Dragonern seine preußische Militärkarriere begonnen und sich dann lange Jahre in der Garnison Pasewalk gelangweilt hatte, war von zweifelhaftem, zumindest nicht altem Adel. Diesen hatte sich erst sein Vater, Johann Georg Schill, Häuslerssohn aus der Gegend von Eger, erworben, dem durch Tapferkeit und Geschick der Aufstieg zum Reiteroffizier gelungen war. Nachdem er sich schon vorher häufig ein Von oder De vor seinen Namen gesetzt hatte, ersuchte er Kaiser Joseph II., den Adel, den angeblich seine Vorfahren früher besessen hätten, zu erneuern, und obwohl er keinen Beweis dafür beibringen konnte, hatte sein Gesuch erstaunlicherweise Erfolg. Er hatte sich im Siebenjährigen Krieg in der österreichischen und sächsischen Armee als Freikorpskommandeur einen Namen machen können, war danach in polnisch-litauische und schließlich, nachdem er ein Korps angeblicher Tartaren angeworben hatte, in preußische Dienste getreten, aus denen er dann unter Friedrich Wilhelm II. nach längeren Prozessen, die ihn arm machten, ausscheiden musste. Doch bot der nun schon über Siebzigjährige nach der Niederlage von Jena auch noch Friedrich Wilhelm III. seine Dienste als Freikorpswerber an. Die Preußen aber wollten von ihm nichts mehr wissen, wohl aber drei Jahre später die Österreicher, als ihr Krieg gegen Frankreich begann. In Böhmen warb nun der dreiundsiebzigjährige Haudegen, der es bis zum Range eines Oberstleutnants gebracht hatte, noch einmal für seine Freiwilligentruppe, die sich durch Franken nach Westfalen durchschlagen sollte, um dort Aufstände zu entfesseln. Aber ehe er genügend Leute geworben hatte, war der Krieg schon beendet, so dass es zu dem Unternehmen, das dem seines berühmten Sohnes geähnelt hätte, nicht mehr kam. Er lebte noch bis 1822, nicht mehr mit Kriegen, aber mit Prozessen beschäftigt, heiratete in zweiter Ehe eine Frau, die altersmäßig seine Enkelin hätte sein können, und setzte noch drei Kinder in die Welt.

Seine vier Söhne aus erster Ehe, auf deren Bildung er, von Reitkünsten abgesehen, keine Mühe verwendet hatte, waren alle mit vierzehn Jahren in Preußen Soldaten geworden, aber nur Ferdinand, der jüngste von ihnen, war nach der wagemutigen und abenteuerlustigen Art des Vaters geschlagen, die erst im Kriege zum Zuge kam. Als dieser 1806 ausbrach, wurde der Leutnant Schill bei Auerstädt gleich verwundet. Man konnte ihn nach Magdeburg bringen, von wo ihm kurz vor Übergabe der Festung die Flucht nach Pommern gelang. In Kolberg, das bald darauf belagert wurde, konnte er nach seiner Genesung, dem Vorbild des Vaters folgend, zum Kommandeur eines Freikorps werden, mit dem er im Umfeld der belagerten Festung mit

Schill. Künstler unbekannt

Wagemut, List und Geschick einen Partisanenkrieg führte, der damals Kleiner Krieg hieß. Die Erfolge seiner unerwarteten Überfälle im Rücken des Feindes wurden bald zur Legende, die nach dem Kriege mit dem Mythos Kolberg, als der einzigen nicht vom Feind eroberten Festung, verschmolz. Bei Kriegsende wurde er mit dem Pour le mérite ausgezeichnet, zum Major befördert und zum Kommandeur des neu aufgestellten und mit neuen Uniformen versehenen Zweiten

Brandenburgischen Husarenregiments ernannt. An deren Spitze
durfte er am 10. Dezember 1808 in das von der französischen Besatzung geräumte Berlin einrücken, wo er mit großem Jubel empfangen
wurde. Er war zum Volkshelden geworden; denn die über ihn um-
laufenden Anekdoten hatten inzwischen seine wagehalsigen Unter-
nehmungen schon märchenhaft ausgeschmückt.

Vom 10. Dezember 1808 bis zum 28. April 1809 konnte er seinen
Ruhm in Berlin täglich genießen, und da er liebenswürdig war, gut
reden konnte und seine Husarenuniform mit dem gelbverschnürten
dunkelblauen Dolman Eindruck machte, war er sowohl bei den einfachen Leuten als auch in der vornehmen Gesellschaft beliebt. Bei
Karoline von Berg, in der Wilhelmstraße, Ecke Unter den Linden,
wo ihr zwei große Häuser gehörten, die den Platz der heutigen briti-
schen Botschaft und des Hotels Adlon einnahmen, durfte er wohnen,
und bei deren Tochter, der Gräfin Luise von Voss, war er häufiger
Gast. Hier, wo sich ein kleiner Kreis patriotisch gesinnter Freunde,
Wilhelm von Humboldt und Achim von Arnim unter ihnen, täglich
um neun Uhr abends zu treffen pflegte, lernte ihn auch Marie von
Brühl kennen und war von ihm nach ersten Vorbehalten bald hell-
entzückt. Hatte sie Clausewitz, ihrem heimlich Verlobten, im Januar
noch geschrieben, sie wisse nicht, ob der »Volksheld Schill« den Enthusiasmus, mit dem er gefeiert werde, tatsächlich verdiene, war sie
Wochen später wie alle begeistert von ihm. Anders als sie, die ihn
auch nachträglich noch gegen die Bedenken, die Clausewitz äußerte,
verteidigte, sah ihn die kluge Sophie von Schwerin in ihrem ausführlichen Tagebuch. Sie, die von ihm wusste, dass seine Vorgesetzten ihn
in Friedenszeiten als »ziemlich unfähig« betrachtet und die Pasewal-
ker Damen ihn als »einen etwas linkischen Courmacher« bezeichnet
hatten, sah ihn als »Opfer« der um ihn gewobenen Legenden an. Seit
Friedrich dem Großen, meinte sie, sei keine Persönlichkeit so viel
wie er gefeiert worden. »Es gab in allen preußischen Landen kein
Ohr, dem der Name Schill nicht vertraut gewesen, kein Auge, das sich
nicht nach seinem Anblick gesehnt. Auf jedem Schritt trat ihm in
Berlin diese Überzeugung entgegen.« So baten ihn einmal zwei junge

Verkäuferinnen, ihnen »statt eines Achtgroschenstücks für eine Kleinigkeit, die er gekauft, zwei Viergroschenstücke zu geben, und als er äußerst verwundert nach der Ursache fragte, erfuhr er unter vielem Erröten der reizenden Mädchen, jede von ihnen wolle ein Stück als ein Andenken von ihm aufbewahren.« Man konnte Schill aus rotem Zucker auf Torten bewundern. Damen betrachteten es als »höchste Gunst, seinen Säbel berühren zu dürfen«, und die »unglückliche Erbprinzessin von Hessen ließ ihren kleinen Sohn mit Schills Schwert malen, das ihr Land wiedererobern sollte.« Überall wurde ihm täglich versichert, er allein sei bestimmt, Preußen zu retten, so dass schließlich der an ihn ergehende Ruf der Öffentlichkeit sein »bescheidenes Bewusstsein« übertönte und er die ihm angedichtete Größe selbst empfand. »Nicht freier, eigner Wille«, sondern »fremde Meinung stürzte ihn in den grausen Abgrund«, meinte Sophie Schwerin.

Harscher noch urteilte der alte Marwitz in seinen Memoiren über den Volkshelden, dem er nach dem Tilsiter Frieden persönlich begegnet war. »Ich war überzeugt«, schreibt er, »dass viel zu viel von ihm geredet wurde, aber nicht viel dahinterstecke, und so war es in der Tat. Er war sehr tapfer, auch listig, aber unglaublich dumm, wodurch bald Hochmut erregt wurde, den er unter einer erheuchelten Bescheidenheit zu verbergen trachtete. Zu nichts weniger war er geschaffen, als zu einem Feldherrn, und den eben wollte er spielen. Daran ist er gescheitert.«

Obwohl Scharnhorst und Gneisenau ihn brieflich zu geduldigem Abwarten mahnten, glaubte Schill eine Woche nachdem der Oberst von Dörnberg im Westen einen Aufstand versucht hatte, auch losschlagen zu müssen, unter anderem auch in der Hoffnung, den König auf diese Weise zwingen zu können, nun an Österreichs Seite gegen Napoleon ins Feld zu ziehen. In der irrigen, aber auch von Scharnhorst und Gneisenau geteilten Meinung, die Bevölkerung der ehemals preußischen Gebiete links der Elbe, die jetzt zu dem von Napoleon geschaffenen und von seinem Bruder Jerome regierten Königreich Westfalen gehörten, warte nur darauf, sich ihm anzuschließen, um die ungeliebte Regierung hinwegzufegen, brach Schill also ohne Befehl am 28. April 1809 zu seinem gewagten Unternehmen auf. Wie zu einer der üblichen Übungen ließ er sein Regiment am Nachmittag ausrücken und eröffnete ihm erst auf einem Felde vor Potsdam, dass es zum Kampf gegen Napoleon ging. In der Ansprache an seine Leute ließ er die Frage, ob er auf königlichen Befehl handle, offen, schwenkte aber eine rotlederne Brieftasche, die er angeblich von der Königin Luise als Geschenk erhalten hatte, so dass die Soldaten glauben konnten, diese enthalte einen Geheimbefehl. Sophie von Schwerin will auch erfahren haben, dass Luise von Voss diese Brieftasche mit dem Schiller-Zitat »Und setzet ihr nicht das Leben ein …« versehen habe und Schill ihre Unterschrift, die nur Luise lautete, als die der Königin ausgegeben habe. Falls diese Täuschung auf Wahrheit beruhen sollte, war sie mehr als für die Soldaten, die ihm auch ohne Begründung gehorchen mussten, für die wenigen ihm freiwillig folgenden Offiziere bestimmt.

Schills Feldzug, der bald nach Überquerung der Elbe zur Flucht vor den überlegenen feindlichen Truppen wurde, führte nicht wie geplant nach Westen, sondern nach Norden, hinterließ viele Tote, entfachte nirgendwo Aufstände und endete am 31. Mai mit Schills Tod in Stralsund. Elf seiner Offiziere wurden von den Franzosen im September in Wesel erschossen, und die gefangenen Mannschaften wurden wie Schwerverbrecher nach Brest und Cherbourg auf die Galeeren geschickt. Preußens Volk trauerte um seinen Helden, Friedrich Wilhelm III. aber blieb davon unbeeindruckt. Er hatte wenige Tage nach Schills Aufbruch einen Parolebefehl an die Armee erlassen, in dem Schill des Ungehorsams und der widerrechtlichen Anmaßung beschuldigt wurde. Auch nach Schills Tod änderte er seine Meinung über ihn nicht.

Schills armseliger Besitz wurde am 6. Juni amtlich beschlagnahmt. Neben Reitstiefeln, Degen, Landkarten, Wäschestücken und Tabakspfeifen zählten zu ihm erstaunlicherweise auch mehrere Bücher, die er erst kürzlich in Berliner Buchhandlungen gekauft hatte. Alle waren neueren Datums, behandelten aktuelle Kriegsereignisse und strategische Fragen, und einige von ihnen hatten nicht in Preußen gedruckt

Schills Tod in Stralsund. Künstler unbekannt

werden können, weil sie die Militärdissidenten Dietrich von Bülow
und Christian von Massenbach zu Verfassern hatten; ihr Druckort
war Amsterdam. Durch die Hoffnung auf weitere Karriere war Schill
wohl zu diesen Studien veranlasst worden. Seiner kriegswissenschaft-
lichen Unkenntnis war er sich, wie er Gneisenau brieflich bekannt
hatte, durchaus bewusst. Vermutlich werden Bülows und Massenbachs Werke nicht nur sein strategisches Denken beflügelt, sondern
auch sein rebellisches Selbstbewusstsein gestärkt haben. Zwar waren
beide Autoren Napoleon-Verehrer, die mehr oder weniger offen zu
einem Bündnis mit Frankreich rieten, aber in ihrer Verachtung der
ständigen Unentschlossenheit und Vorsicht des preußischen Königs
stimmten sie mit Schills rebellischem Sinn überein. Seine Idee, den
König zum Kriegseintritt zwingen zu können, hätte auch der ihre
sein können. Er tauchte in diesen Wochen sowohl in den Köpfen der
Reformer als auch in denen ihrer Gegner auf.

Friedrich Wilhelm III. aber blieb in seiner abwartenden Friedfertigkeit eisern. Er hielt Insurrektionen, die ihm zu sehr Revolutionen ähnelten, weder für wünschenswert noch für erfolgversprechend. In Schill sah er vor allem den Befehlsverweigerer, dessen Beispiel die Armee leicht ins Chaos stürzen konnte. Und den Österreichern traute er militärische Erfolge gegen Napoleon nicht zu. Zu groß war ihm das Risiko einer erneuten Niederlage, die das völlige Ende Preußens bedeuten musste. Im Gegensatz zu seinen vielen Kritikern bewies er damit Realitätssinn und Vernunft.

Ein Abenteurer

Wenige Stunden nachdem Schills Husaren Ende April 1809 die sächsische Grenze überschritten hatten, stieß im Herrenhaus von Niemegk, wo sie kurz rasteten, ein Vierundzwanzigjähriger zu ihnen, der ein halbes Jahrhundert später, als Siebzigjähriger, eine Autobiographie verfassen sollte, die noch heute lesenswert ist. Er wollte in ihr kein Zeitpanorama geben, sondern nur eignes Erleben schildern, und da dieses sich oft am Rande des Todes bewegte, wurde eine Art Abenteuerroman daraus.

Held dieses Romans war ein Abkömmling von Hugenotten namens Karl von François. Sein Leben hatte auf dem väterlichen Gut in Niemegk, das damals noch sächsisch war, begonnen und ihn durch Deutschland, England, Russland und Frankreich getrieben, bis es in Potsdam zur Ruhe gekommen war. Da seine Nichte, die Schriftstellerin Luise von François, ihm zeitweilig den Haushalt geführt hatte, war sie vielleicht anregend beim Schreiben der Erinnerungen wirksam geworden. Herausgegeben aber wurden die Memoiren erst 18 Jahre nach seinem Tode von seiner Tochter Clotilde von Schwartzkoppen, die von Art und Umfang einer möglichen Überarbeitung nichts verriet.

Als François sich 1809 kurz entschlossen, wie es seine Art war, zu den Schill'schen Rebellen gesellte, hatte er schon mehrfach Todesmut oder auch Leichtsinn bewiesen, war aber immer wieder nach Niemegk zurückgekommen, um dort immer wieder erkennen zu müssen, dass die heimatliche Sicherheit und Ruhe ihm nicht bekam.

Er war 1785 als neuntes Kind des Rittergutsbesitzers und sächsischen Hauptmanns Karl August de François geboren, die Mutter, an der er sehr hing, war früh gestorben, und da er wie seine älteren Brü-

Karl von François. Zeitgenössischer Stich

der eine militärische Karriere machen sollte, wurde er als Zwölfjähriger nach Dresden auf die Kurfürstliche Ritterakademie geschickt. Hier konnte sich der lebhafte Junge, der nicht sonderlich stark, aber sehr gewandt war, zwar zum hervorragenden Fechter und Tänzer ausbilden (ohne zu ahnen, wie lebenswichtig das für ihn werden sollte), aber das streng geregelte Leben war ihm zuwider, er wurde aufmüpfig, musste Strafen erleiden, flehte den Vater an, die Anstalt verlassen zu dürfen, aber dieser blieb hart. Auch der Vormund, der nach dem Tode des Vaters eingesetzt wurde, blieb unerbittlich und wollte auch von einem Wechsel in die ruhmreichere preußische Armee, den der sächsische Kadett sich in den Kopf gesetzt hatte, nichts wissen, worauf der Junge bei Nacht und Nebel floh. Er ging nach Wurzen, wo sein Bruder Friedrich als Hauptmann diente, ihn einige Zeit versteckte, dann seine förmliche Entlassung aus der Ritterakademie erreichte und ihm bei der Bewerbung in Preußen behilflich war. Als man dort aber lange zögerte mit einer Entscheidung, schnürte der Junge sein Bündel und machte sich auf nach Norden, um in Amerika sein Glück zu versuchen, doch ehe er Hamburg erreichen konnte, holten die Brüder ihn wieder zurück. 1803 endlich kam die zustimmende Antwort aus Preußen. Bei einem Infanterieregiment in Erfurt wurde er Fähnrich, 1805 Leutnant, überstand seiner Fechtkünste wegen unverwundet mehrere Duelle und gehörte bei Ausbruch des Krieges zur Besatzung der Festung Erfurt, die sich am 19. Oktober, also nur einige Tage nach der Niederlage bei Jena, dem Feinde ergab. Wie auch bei den anderen Kapitulationen üblich, wurden die Offiziere von den Franzosen auf Ehrenwort gleich entlassen. François kehrte also zurück in die Heimat, diesmal zu einem anderen Bruder in die Oberlausitz. Und hier erst lässt er seine Autobiographie beginnen, und zwar so:

»Ein Jahr hatte ich bei meinen Verwandten verlebt, ein dumpfes, müßiges, trostloses Jahr, unter dem zwiefachen Druck, der auf ganz Deutschland lastete und auf meinem eignen armen Haupte, dessen Traum von einer glücklichen und gesicherten Lebensstellung so schnell wieder zerronnen war. Der unglückliche Friede von Tilsit (den 9. Juli 1807), durch welchen das halbe Land verloren ging und in dessen natürlicher Folge auch die Armee auf die Hälfte reduziert ward, hatte mir, als Ausländer, die letzte Hoffnung auf Wiederanstellung genommen. Ich erbat und erhielt meinen Abschied. Mein geringes väterliches Erbe hatte ich bei der Katastrophe fast gänzlich zusetzen müssen, und ich bestimmte den Rest zu meiner Equipierung bei einer neuen Anstellung. Diese fand sich bald. Ich ward in württembergische Dienste aufgenommen und zwar als Oberleutnant bei der Jägergarde zu Pferd. Ohne Zeitverlust brach ich auf, aber nicht ohne trübe Vorgefühle. Wie ein Heimatloser und Versprengter kam ich mir vor.«

In Esslingen, seiner Garnison, fand er zwar bei seinen Wirtsleuten eine freundliche Aufnahme, nicht aber beim Offizierskorps, das voller Vorurteile gegen die Preußen war. Man höhnte über die Jenaer Niederlage, und als François sich dergleichen verbitten wollte, wurde ihm ein Duell aufgenötigt, dessen siegreiches Überstehen ihm neue

Feinde machte, so dass er bei einem weiteren Ehrenhandel, der ihn vors Kriegsgericht brachte, keine Verteidiger fand. Weil er gegen einen diensthabenden Rittmeister den Degen gezogen hatte, wurde er des schweren Subordinationsverbrechens beschuldigt, und darauf stand der Tod.

Am 3. August 1808, morgens 6 Uhr, sollte er in Anwesenheit des gesamten Regiments erschossen werden. Er durfte dazu seine beste Uniform tragen. Nachdem das Regiment aufmarschiert war, wurde nach einem Trompetenstoß noch einmal das Urteil verlesen. »Die neun Todesschützen traten mir gegenüber. Ich warf einen zufälligen Blick seitwärts und erblickte neben mir meinen Sarg, den ich am Tage zuvor mit 5 Gulden, 30 Kreuzer hatte bezahlen müssen. (Auch die Totengräber waren von mir mit 2 Gulden honoriert worden. Die Rechnung über beide Posten findet sich noch unter meinen Papieren) Ich umarmte den Geistlichen noch einmal. Er deutete auf die Sonne, die eben in vollem Glanze die Wolken durchbrach.«

Er war gefasst genug, um die Todesschützen um Treffsicherheit und den kommandierenden Major um einen schnellen Feuerbefehl zu bitten, doch mussten ihm erst noch die Augen verbunden werden, so befahl es die Dienstvorschrift. Er musste den Helm abnehmen und niederknien. Die Schützen entsicherten ihre Gewehre, legten an und warteten auf das Kommando. In dieser Sekunde aber wurde »Pardon!« gerufen, und sowohl die Soldaten als auch die in einiger Entfernung stehenden Zuschauer stimmten lautstark in diesen Ruf ein.

König Friedrich I. von Württemberg hatte, wie jetzt verlautete, das Urteil geändert. Der Oberleutnant von François sollte degradiert, aus der Armee ausgestoßen, zu sechs Jahren Festung verurteilt und danach über die Grenze geschafft werden – was der Verurteilte, der mit dem Leben schon abgeschlossen hatte, als Strafverschärfung und besondere Bosheit empfand. Jetzt erst verlor er die Fassung, verfluchte den König als »Ungeheuer, das seine Freude daran findet, Menschen zu Tode zu peinigen«, und wurde nun wegen Majestätsbeleidigung erneut verurteilt und mit lebenslanger Haft auf der Festung Hohenasperg bestraft.

Die Festung Hohenasperg. Zeitgenössischer Stich

Dieses Staatsgefängnis, in dem zu Zeiten des jungen Schiller der Dichter Friedrich Daniel Schubart gelitten hatte, sollte François nun berühmt machen, weil ihm als einzigem Gefangenen die Selbstbefreiung aus dem berüchtigten, als ausbruchsicher geltenden Gefängnis gelang. In wochenlanger Arbeit mit Messer und Gabel entfernte er in seiner Einzelzelle die vom Bett verdeckten Dielen, kratzte ein Loch ins Mauerwerk und ließ sich eines Abends im Oktober, nachdem er sich mit einer ausgebrochenen Ofenkachel Gesicht und Hände mit Ruß geschwärzt hatte, an einem aus Hand- und Betttüchern geknüpften Seil ins nächste Stockwerk herunter, wo die Türen unverschlossen waren und er sich einer Schar von Arbeitern anschließen konnte, die nach Feierabend die Festung verließ. Den Posten gegenüber wollte er sich als Schornsteinfeger ausgeben und dabei den schwäbischen Dialekt nachzumachen versuchen, doch wusste er nicht, dass der sächsische Essenkehrer in Schwaben Kaminkehrer heißt. »Der Unteroffizier der Wache und drei Mann waren damit beschäftigt, die Arbeiter hinauszulassen. Jeder ward aufs strengste examiniert. Die Reihe kam auch an mich. – Wer bist du? wollte der Unteroffizier wissen. – Essenkehrer, antwortete ich mit gepresster Stimme. – Wer? Fragte er zum zweiten Male. – Essenkehrer! – Der Teufel kann dich verstehen! brüllte er und leuchtete mir mit der Laterne in das berußte Gesicht. – Gott weiß, wie ich in diesem Augenblick auf den halb übermütigen, halb verzweifelten Einfall kam, ihm eine fürchterliche Fratze zu schneiden und ihm mit weitaufgerissenem Munde ein lautes Pah! entgegen zu schreien. – I, du verfluchte Wetterkröte! rief er zornig, zog mir mit seinem Stock einen Jagdhieb über und schob mich zum Tore hinaus.«

Orientierungslos irrte der Flüchtling nachts durch die Gegend, um am Morgen zu merken, dass er den Hohenasperg nur umkreist hatte. Doch als man dort seine Flucht bemerkte und durch Kanonenschüsse die Einwohner der umliegenden Orte zur Suche nach dem Deserteur oder Ausreißer verpflichtete, saß er schon in einer Kutsche, die ihn unbehelligt an die badische Grenze brachte, wo ein mitleidiger Postmeister, der von der grausamen Scheinhinrichtung gehört hatte, ihm weiterhalf. Immer in Angst vor den Häschern der Württemberger, gelang es ihm, nach Frankreich zu kommen, von wo aus er eigentlich nach Spanien wollte, um dort im Dienste der Briten zu fechten, doch da er in Straßburg von Siegen Napoleons in Spanien hörte, schien es ihm besser, in die Heimat zurückzukehren, aber ihm fehlte das Reisegeld. Auf der Suche nach Verdienstmöglichkeiten gesellte er sich in Freiburg zu einer Schauspielertruppe, in der er unter dem Titel eines Pariser Ballettmeisters als Schautänzer auftrat und sogar Spaß daran fand. Als solchen und als Deklamator Schiller'scher und Bürger'scher Balladen lernten ihn dann auch die Zuschauer in Mühlheim, Basel, Säckingen und Zürich kennen. »In Winterthur gab ich ein Deklamatorium und hatte eine sehr gute Einnahme. Die Winterthurer Mädchen sind auffallend hübsch, haben eine kleidsame Tracht und ein fröhliches, gesangreiches Wesen, während die Appenzellerinnen umso hässlicher und in ihrer Kleidung geschmackloser sind.« Nie konnte er erfahren, warum die Polizei ihn in St. Gallen verhaften wollte, denn er konnte ihr entkommen und nach strapaziösen Fußwanderungen über Kaufbeuren und Augsburg Nürnberg erreichen, wo er sechs Wochen krank darniederlag. Mit dem Geld, das ihm die Brüder schickten, konnte er mit der gewöhnlichen Post nach Hause reisen und sich, nachdem er sich ausgeruht hatte, »in der dumpfen, tatenlosen Schwüle« wieder unglücklich fühlen, bis es im Morgengrauen des 1. Mai 1809 hieß: »Schill ist da!«

»Mit Kuss und Handschlag war der Bund der Treue besiegelt«, und es begann ein »keckes, entschlossenes Reiterleben«, mit glücklichen Anfangserfolgen in Cöthen und Halberstadt. Kein Wort verliert der Memoirenschreiber über das Illegale und Illusionäre des Unternehmens. Kein Gedanke wird an die sinnlosen Opfer verschwendet, die sich gegen Ende des Feldzuges häuften, als Schill mit der Hauptmacht nach Stralsund entkommen wollte und François den Elbübergang bei Dömitz gegen eine erdrückende Übermacht zu verteidigen hatte. Da gingen nicht nur viele seiner Soldaten zugrunde, sondern auch Gefangene und Zivilisten starben, und große Teile des Städtchens wurden zerstört.

Erstaunlicherweise ist das Original des Briefes erhalten geblieben (und im Jahre 2000 versteigert worden), den Schill am 22. Mai 1809 in Wismar an François als den Führer der Nachhut in Dömitz schrieb. Darin heißt es in Schills etwas ungewöhnlicher Schreibung: »Ganz unvermuthet bin ich dergestallt zu realließirung von den schönsten und solidesten Plänen gekommen, die [für] mich doch viel wichtiger wie Domitz sind, ich will nemlich Stralsund und Rügen wegnehmen, wozu ich allein indes zu schwach bin und die Besatzung von Domitz brauche [...] Sorgen Sie nun mein lieber dafür, dass alle Kanonen auf Wagen geladen und die Eißen vor den Lavetten runtergerißen und auch mitgenommen, nebst Bley, Pulver, Kanonen und der Brandwein mit dem ersten Transport abgeht. Alsdann müßten Sie sehen, ob der Weitzen auch mit fort zu bringen ist, wonach Sie die übrigen Victualien an den Bürgern, die doch sehr gelitten haben, vertheilen können. Morgen früh und bis gegen Mittag erwarte ich das Abgehen des

1.sten Transports und gegen Abend das der Besatzung. Domitz muß bis alles fortgeschafft ist sehr eng wie die ganze Elbe gesperrt bleiben. Es würd noch außerdem ein Comando von 40 Mann als Arriergarde zurück gelaßen [und] so Domitz 4 bis 6 Stunden nach dem Abmarsch der Besatzung gesperrt erhalten. [...] Nun mein lieber François mit aller Eill alles betrieben, nachdem Eille zu großer Operation so höchst nöthig ist und Sie hier bald ankommen, damit ich zum Angriff auf Stralsund schreitten kann.«

Da dieser Rückzug dann doch nicht so planvoll verlaufen konnte, hatte François das Glück, Schills Ende in Stralsund nicht miterleben zu müssen. Er gelangte über Warnemünde nach Kopenhagen, wurde an die Preußen ausgeliefert, die ihn als Ausländer aber nicht bestraften, sondern ziehen ließen, so dass er, wie es bei ihm heißt, »aus allen Kämpfen und Gefahren nichts als das nackte Leben davongetragen« hatte. »Wiederum musste ich meine Schritte nach der Heimat lenken, um bei meinen Brüdern ein Asyl zu suchen, und wiederum ward mir das müßige, zwecklose Leben, welches ich dort führte, zu einer unerträglichen Last. Meine Aussichten aber waren geringer als je. Welcher deutsche Fürst hätte wohl einen gewesenen Schillschen Offizier in seiner Armee anstellen mögen, nachdem sich Napoleon in dem Kriege des Jahres 1809 abermals als Sieger behauptet hatte; strahlte doch sein Glücksstern in Europa in kaum dagewesenem Glanz.«

Im Frühling des nächsten Jahres, 1810, machte er sich auf nach England, ließ sich von Schmugglern durch die Küstengewässer, die der Kontinentalsperre wegen scharf bewacht wurden, nach dem damals noch englischen Helgoland bringen und erlebte in London eine Enttäuschung nach der andern, weil er nur Angebote für eine der Kolonialarmeen erhielt. Er aber wollte gegen Napoleon kämpfen, kehrte also England wieder den Rücken, landete im friesischen Städtchen Norden und wanderte zu Fuß weiter, weil es mit seiner Barschaft zu Ende war. Im September war er wieder zu Hause, »fand die alte, bedrückende Schwüle in den heimischen Verhältnissen wieder«, geriet in Streit mit seinen Brüdern, weil diese ihn zu einer reichen Heirat veranlassen wollten, und da ein Krieg zwischen Frankreich und Russland drohte, in dem Preußen und Österreich Napoleons Verbündete sein würden, reifte in ihm der Entschluss, nach Russland zu gehen. Um wenigsten bis nach Schlesien zu kommen, verkaufte er die wenigen Pretiosen, die er von den Eltern noch hatte, und brach an einem unfreundlichen Wintertage des Jahres 1812 auf. »Es war noch früh am Morgen, doch hörte ich meine Schwägerin sich schon in der Wirtschaft tummeln. Sie kam nicht zum Vorschein, aber mein Bruder kam und reichte mir schweigend die Hand. Lebe wohl, sagte ich, und grüße die andern. Es kann sein, dass ihr nichts mehr von mir hört.«

Noch ein Abenteurer

Als die österreichische Armee Anfang April 1809 den Krieg gegen
Napoleon mit dem Einmarsch in Bayern eröffnete, erließ der sie führende Erzherzog Karl, der Bruder des Kaisers, einen Aufruf »An die
deutsche Nation«. Es gehe in diesem Kriege, so hieß es darin, nicht
nur um die Bewahrung der Souveränität Österreichs, sondern auch
um die Wiederherstellung der »Unabhängigkeit und National-Ehre«
Deutschlands. »Deutsche!« so hieß es weiter, »nehmt die Hilfe an, die
wir Euch bieten; wirkt mit zu Eurer Rettung! Wir verlangen nur die
Anstrengungen, die der Krieg für die gemeinsame Sache erfordert.
Euer Eigentum, Euer häuslicher Friede ist durch die Mannszucht des
Heeres gesichert. Die österreichische Armee will Euch nicht berauben, nicht bedrücken; sie achtet Euch als Brüder, die berufen sind,
für dieselbe Sache, die die Eure wie die unsrige ist, mit uns vereint zu
kämpfen. Seid unsrer Achtung wert!«

Nicht nur bei den Österreichern, deren Kaiser erst drei Jahre zuvor
die deutsche Kaiserkrone niedergelegt hatte, war jetzt von den Deutschen insgesamt die Rede, sondern auch bei eingefleischten Preußen,
Hessen oder Anhaltinern, die alle die gleiche Ohnmacht gegenüber
Napoleon empfanden, wurde nun die nationale Gemeinsamkeit ent-
deckt. So konnten die preußischen Offiziere, die aus Enttäuschung
über die Neutralitätspolitik ihres Königs nach Böhmen eilten, um
auf österreichischer Seite zu kämpfen, dort auf Deutsche aus anderen
Teilstaaten treffen, die gleichen Sinnes waren wie sie. Einige von ihnen, wie Varnhagen oder zwei jüngere Marwitz-Brüder, dienten nun
in regulären österreichischen Regimentern, andere in Freikorpsver-
bänden, von denen der hessische wohl der bedeutendste war.

Einer dieser Verbände, der sich Fränkische Legion nannte und

Volksaufstände im ehemals preußischen Ansbach-Bayreuth anzetteln sollte, wurde von einem Major namens Karl von Nostitz angeworben und auch geführt. Der aus Sachsen stammende ellenlange Reiter-offizier war nach einem abgebrochenen Studium der Kameralwis-senschaft in Halle in das Eliteregiment Gensdarmes eingetreten und hatte sich im Vorkriegs-Berlin erst als Bürgerschreck, Raufbold und Schuldenmacher, dann aber auch als Schöngeist, Salonbesucher und geachteter Adjutant Prinz Louis Ferdinands einen Namen gemacht. Er war einer der Initiatoren der berüchtigten Schlittenfahrt im Sommer gewesen, mit der die übermütigen Offiziere das Luther-Schau-spiel von Zacharias Werner parodiert hatten, und seiner Schulden wegen hatte er sich in eine bürgerliche Ehe eingelassen, die er aber nie zu leben gedacht hatte und deretwegen er Berlin fortan möglichst mied. Im Gefecht bei Saalfeld war er beim Tod Louis Ferdinands an dessen Seite gewesen, hatte aber seines schnelleren Pferdes wegen entkommen können und danach noch den Krieg bis zum bitteren Ende in Ostpreußen mitgemacht. Nach der von Napoleon im Tilsiter Frieden erzwungenen Verkleinerung des preußischen Heeres war er, wie viele nun überzählige Offiziere, vorläufig verabschiedet worden und nach Sachsen, wo sein Vater als höherer Forstbeamter wirkte, zurückgekehrt. In Dresden stand er in Verbindung mit dem Kreis um Heinrich von Kleist und Adam Müller, knüpfte aber 1808 auch schon Beziehungen zu Österreich, was auf geheime Aufträge schließen lässt. Wie der unbekannte Herausgeber seiner später geschriebenen Me-moiren vermutete, gehörte er zu jenen beurlaubten preußischen Offi-zieren, die im Auftrag der Reformer jenseits der preußischen Grenzen spionierten und Verbindungen zur Vorbereitung von Insurrektionen knüpften, – wie man das auch von Heinrich von Kleist und seinen Freunden annehmen kann. Für eine solche Beauftragung spricht auch die Tatsache, dass dem als Rittmeister verabschiedeten Nostitz von der Armeeführung erlaubt wurde, sich außerhalb Preußens als Major zu bezeichnen. Eine solche Sondererlaubnis gab man nicht ohne Grund.

Seine Memoiren, die leider nur seine Jugendjahre bis 1806 beschreiben, verfasste er erst 1817, aber als politischer Schriftsteller war er wohl auch schon vorher gelegentlich tätig, was auch Varnhagen, der sich 1810 in Prag und Wien mir ihm anfreundete, in seinen »Denkwürdigkeiten« erwähnt. Es ist deshalb nicht abwegig, ihn als Verfasser von sechs anonymen Kleinschriften aus dem Jahre 1808 zu vermuten, die kürzlich, in einen Band zusammengebunden, im Antiquariat auftauchten und bibliographisch nicht nachweisbar sind. Für ihren Verfasser wird er gehalten, weil die handschriftliche Widmung des Bändchens mit C. v. Nostitz unterzeichnet ist. Sie tragen die Titel »Fragmente aus den Papieren eines freimütigen Deutschen«, »Rückerinnerungen und Wünsche beim Schluss des Jahres 1807 von einem deutschen Patrioten«, »Bemerkungen über den Nutzen literarischer Verbindungen für den Staat«, »Patriotische Wünsche für mein Vaterland herausgegeben von einem Preußen«, »Einige Worte über Harmonie und Freundschaft im Bezug auf den Militärstand«, »Patriotische Bagatellen«, und sind im Druck sowohl sächsischen und bayerischen Würdenträgern gewidmet, als auch dem Freiherrn vom Stein. Als Druckorte erscheinen teils Chemnitz, teils auch Germanien. Der Autor gibt sich als ehemals preußischer Offizier und als Augenzeuge der Jenaer Schlacht zu erkennen, zeigt sich als Fachmann in militärischen Fragen und plädiert für Reformen in Militär, Staat und Gesellschaft, die denen Scharnhorsts und Steins ziemlich ähnlich sind. Dies alles könnte für seine Verfasserschaft sprechen, wäre daneben nicht auch zu spüren, dass hier kein Verächter der Rheinbundstaaten und Napoleons spricht. Es ist also möglich, dass hier ein anderer C.v.Nostitz die Feder führte; denn die Familie dieses Namens war in Sachsen mehrfach vertreten, sie war nicht nur in der Oberlausitz begütert, sondern auch nach Schlesien und Böhmen verzweigt. Möglich ist aber auch, dass der von uns hier gemeinte Nostitz zwischen dem Frieden von Tilsit und dem spanischen Feldzug auf ein friedlich geeintes Europa unter Napoleons Führung gehofft hatte, wie Jean Paul und manch anderer auch. Man muss aber auch mit der Möglichkeit rechnen, dass die im Text aufscheinende rheinbündische Korrektheit für den im Geheimauftrag handelnden Nostitz nur Tarnung war.

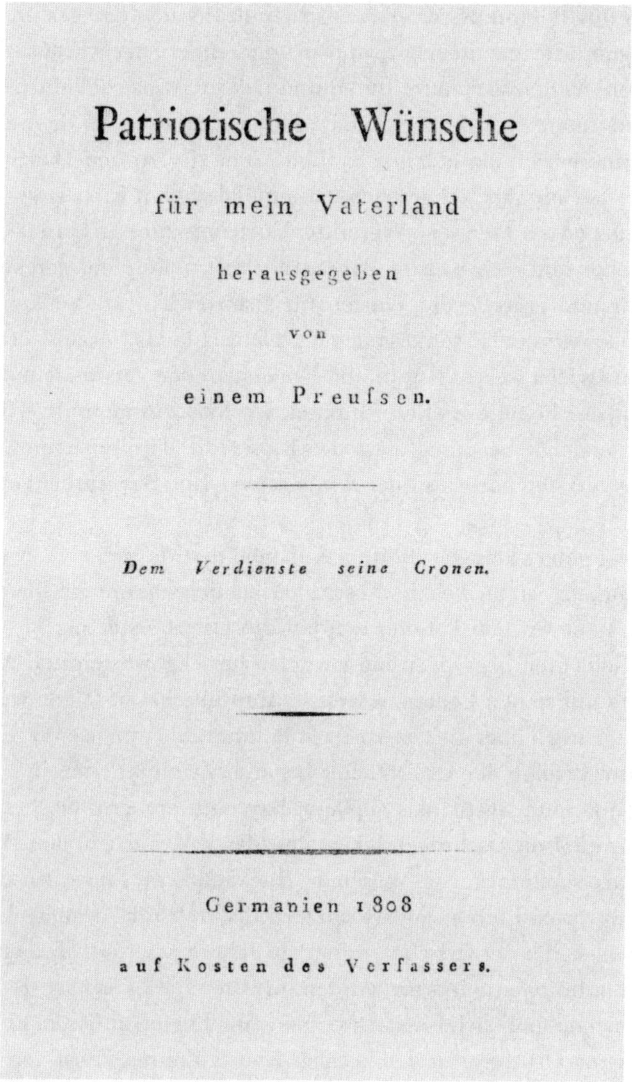

Patriotische Wünsche

für mein Vaterland

herausgegeben

von

einem Preufsen.

Dem Verdienste seine Cronen.

Germanien 1808

auf Kosten des Verfassers.

Titelblatt einer Kleinschrift von Karl von Nostitz

Als mit Beginn des österreichisch-französischen Krieges im April 1809 die österreichischen Truppen ungehindert nach Franken einrückten, war Nostitz unter ihnen und ließ in Wunsiedel einen schon vorbereiteten Aufruf an die »Bayreuther!« drucken, in dem er sich als früherer Mitkämpfer bei Saalfeld, Jena, Eylau und Danzig vorstellte, der nun als »Abgesandter des nie besiegten Erzherzogs Karl« zu ihnen gekommen sei. »Wer unter Euch entschlossen ist, aus edlem deutschen Sinn als wahrer Bayreuther mitzukämpfen, der komme zu mir und ergreife die Waffen für Österreichs, für Preußens, für ganz Deutschlands Wohlergehen. ... Deutschlands Not und Traurigkeit muss sich nun in Ruhm und Friedensfreude verwandeln. Schon weicht der Feind auf allen Punkten, wo Karl ihn angreift. Tirol ist unser und hat bewiesen, dass der Kaiser die Tirolerherzen ebenso wenig verloren hatte als Euer König seine guten Bayreuther verloren hat.«

Zwar gab es keinen erhofften Aufstand der Massen, aber zwei- bis dreihundert Mann bekam Nostitz tatsächlich zusammen, doch ehe er diese bewaffnen konnte, wurden die Österreicher nach verlorenen Gefechten bei Regensburg wieder zurückgeworfen und Nostitz musste mit seinen Leuten, soweit sie ihm überhaupt folgen wollten, wieder zurück über die Grenze nach Böhmen, wo nun das Warten auf erneute Erfolge der Österreicher begann. Zweimal noch in diesem Kriege konnte Nostitz das geplagte Bayreuth erobern. Doch musste er dort die Enttäuschung erleben, dass das Volk nicht zu den Waffen strömte, sondern an die mögliche Rückkehr der Franzosen dachte und abwartend blieb. Nostitz sah sich dadurch zur Zwangsrekrutierung aller Männer zwischen 18 und 40 Jahren genötigt, doch ehe seine Anordnungen wirksam wurden, musste er wieder nach Böhmen entweichen und nach Friedensschluss seine Legion auflösen. Er selbst und seine Offiziere, zu denen auch Kleists Freund Ernst von Pfuel gehörte, wechselten nun in die österreichische Armee.

Märker in Dresden

Die drei etwa gleichaltrigen Leutnants, die sich Ende der neunziger Jahre das geistlose Garnisonsleben in Potsdam durch Wissenserwerb, Musizieren und Wandern erträglich gemacht hatten und die nach mancherlei Schicksalen 1807 in Dresden wieder zusammengekommen waren, stammten alle aus der Mark Brandenburg: Heinrich von Kleist aus Frankfurt an der Oder, Otto Rühle von Lilienstern aus dem Dorf Königsberg in der Prignitz und Ernst von Pfuel (gesprochen wie: Pfuhl) aus Jahnsfelde, einem östlich Berlins gelegenen Dörfchen, fünf Kilometer hinter Müncheberg. Die alte Reichsstraße 1, die einst von Aachen zum ostpreußischen Königsberg führte, berührt es von einer Seite, so dass von ihr aus ein paar Schritte genügen, um an der Feldsteinkirche und dem Herrenhaus vorbei den Dorffriedhof zu erreichen, wo neben einem Massengrab deutscher Soldaten vom April 1945 unter sechs Gräbern der Adelsfamilie auch das des Kleist-Freundes zu finden ist. Ein Steinkreuz trägt folgende, heute wieder lesbar gemachte Inschrift:

»Hier ruht in Gott Adolph Heinrich Ernst von Pfuel,
General der Infanterie, Ritter des schwarzen Adlerordens,
* d. 3. Novembr. 1779, † d. 3. Decembr. 1866
Ein an Geist und von Charakter selten edler hochbegabter Mann,
ein wahrer Menschenfreund.
Sein Gedächtnis wird in der Geschichte des Vaterlandes,
für das sein Herz warm schlug, nicht erlöschen.«

Das Herrenhaus, das vermutlich nur in seinem verputzten Mitteltrakt Reste des barocken alten birgt, ist ein neogotischer Backsteinbau von

1871, der, wie es in einer Mauerinschrift heißt, durch den Versailler Frieden möglich wurde, womit der Sieg über Frankreich gemeint ist. Ein Spruch über dem Portal, der schon den alten Bau zierte, kündet stolz von der Ortsbeständigkeit der Familie, die bei den Adligen der Mark tatsächlich selten war.

»Glück herein, Unglück heraus.
Dies ist der Pfuelen ritterlich Haus seit 400 Jahren.
Gott wolle bewahren in Glück und Gefahren
Geschlecht und Haus.«

Hier, wo die Familie ziemlich genau fünfhundert Jahre (von 1449 bis 1945) gesessen hatte, war Ernst von Pfuel zur Welt gekommen, hatte aber nur wenige Kinderjahre hier verlebt. Früh war ihm die Mutter gestorben, und da sein Vater, der Oberstleutnant Ernst Ludwig von Pfuel, 1784 zum Hofmarschall des Prinzen von Preußen, des späteren Königs Friedrich Wilhelm II., ernannt wurde und sich deshalb viel in Potsdam aufhalten musste, wurde der Junge nach Berlin in Pension gegeben, wo er ein Realgymnasium in der Kochstraße besuchte, sich als Dreizehn- und Vierzehnjähriger im Kadettenhaus in der Neuen Friedrichstraße 13 zu bewähren hatte, drei Jahre erfolgreich die Ecole Militaire, auch Ritterakademie genannt, in der Burgstraße 19 absolvierte, bis er mit achtzehn als Fähnrich in das Potsdamer Gardeinfanterieregiment versetzt wurde, wo der zwei Jahre ältere Kleist schon den Rang eines Seconde-Leutnants erreicht hatte und der Fähnrich von Rühle auch gerade seine Offizierskarriere begann.

Mehr heimatliche Gefühle als zu Jahnsfelde, das später übrigens nicht er, sondern sein jüngerer Bruder Friedrich erbte, hatte der junge Pfuel wahrscheinlich zu Nennhausen im Havelland. Der dortige Gutsherr, August Wilhelm von Briest, ein entfernter Verwandter, hatte nämlich 1789 nach dem Tod des Vaters die Vormundschaft für die noch minderjährigen Brüder übernommen und ein väterliches Verhältnis zu ihnen entwickelt, so dass der junge Pfuel, wenn es ihm später schlechtging, nicht in seinen Geburtsort, sondern nach Nenn-

hausen floh. Er war also von Kindheit an auch vertraut mit Briests
Tochter Karoline, die in zweiter Ehe den Dichter Fouqué heiratete,
und stand, solange sie lebte, im Briefwechsel mit ihr. Ihre Tochter
Clara wurde 1824 die zweite Frau seines Bruders Friedrich, wodurch
dann also die Verbindung zwischen Nennhausen und Jahnsfelde erhalten blieb.

Wie sein Freund Kleist, war auch Pfuel des gleichbleibenden Trotts
des Garnisonsdienstes bald müde, quittierte 1803 den Dienst, reiste
mit Kleist in die Schweiz und nach Frankreich, traf nach Entzweiung
und Trennung 1805 in Berlin mit dem Freund wieder zusammen, wo
er mit ihm in Rahels Salon verkehrte und mit den jungen Literaten
um Chamisso und Varnhagen Bekanntschaft schloss. Während Kleist
sich in Königsberg im Staatsdienst versuchte, wurde Pfuel wieder
Soldat. Bei Auerstädt verlor er im Chaos der Flucht die Verbindung
mit seiner Truppe, rettete sich nach Nennhausen, zog dann aber mit
Blücher weiter, wurde nach dessen Kapitulation bei Lübeck auf Ehrenwort aus der Gefangenschaft entlassen und schlug sich zu seinem
König und seinem Freund Kleist nach Königsberg durch. Im Januar
1807, also noch mitten im Kriege, brachen die Freunde gemeinsam zu
einer Fußwanderung nach Dresden auf. Kurz vor Berlin trennten sich
ihre Wege, da Pfuel noch einmal Nennhausen besuchen wollte, weshalb er Kleists Schicksal entging. Denn dieser wurde in Berlin von
den Franzosen der Spionage verdächtigt, nach Frankreich gebracht
und erst nach Abschluss des Tilsiter Friedens wieder entlassen, während Pfuhl, der sich nach Kleists Verhaftung in Nennhausen nicht
sicher fühlte, über Lübeck nach Königsberg zurückkehrte, mit der
von Blücher und Marwitz geführten Truppe, die von Norden her in
die Mark vorstoßen sollte, im Juni auf Rügen landete, dort aber vom
Friedensschluss überrascht wurde, worauf Pfuel im Oktober seinen
Abschied nahm. Ihn zog es nach Dresden, wo Rühle eine Stellung
gefunden und auch für ihn schon vorgesorgt hatte und wo Kleist, der
nach der Rückkehr aus Frankreich seine Heimat nur kurz aufgesucht
hatte, am 31. August 1807 eingetroffen war.

Rühles Adel war nicht so alt wie der seiner Freunde. Den seinen,

mit dem Namenszusatz von Lilienstern, hatte erst sein Großvater
in Frankfurt am Main erworben, und das Gut in der Prignitz, wo
er geboren war, hatte erst sein Vater gekauft. Er war wie Pfuel an
der Ecole Militaire ausgebildet worden, hatte aber nicht, wie die des
Garnisonsdienstes überdrüssigen Freunde, das Militär mit diesen verlassen, sondern war 1801 einer von Scharnhorsts Schülern in der Akademie für Offiziere geworden, hatte die Prüfung zum Generalstabs-
offizier nach drei Studienjahren bestanden und war von Massenbach
ins Generalquartiersamt geholt worden, wo er besonders mit karto-
graphischen Arbeiten beschäftigt war. An Massenbachs Seite war er
als Stabsoffizier in den Krieg gezogen, war nach der Kapitulation von
Prenzlau mit dem Versprechen, in diesem Krieg nicht mehr gegen die
Franzosen zu kämpfen, entlassen worden und hatte auch die Erlaubnis erhalten, nach Dresden, also ins Ausland zu gehen. Hier machte
er sich in Fachkreisen als Militärschriftsteller einen Namen, indem er
unter dem Titel »Bericht eines Augenzeugen« die preußische Niederlage bei Jena und Auerstädt als erster von vielen ihm nachfolgen-
den Schreibern einer kritischen Betrachtung unterzog. Scharnhorst
nannte diese Schrift im antipreußischen Sinne »parteiisch«, fand sie
»noch elender als die Elendigkeiten« der militärischen Führung, die
in ihr beschrieben wurden, und schien wohl zu spüren, dass ihr Verfasser, der in Dresden eine sichere Existenz gefunden hatte, Preußen
im Geiste untreu geworden war. Carl August, der Herzog von Sach-
sen-Weimar, hatte ihn nämlich zum Erzieher seines zweiten Sohnes
Prinz Bernhard erkoren, der in Dresden Militärdienste versah. Rühle
konnte dadurch nun auch Pfuel zu einer Stellung verhelfen. Er schlug
nämlich den Freund, der sich später als Sport- und Schwimm-Organi-
sator der österreichischen und preußischen Armee auszeichnen sollte,
dem Herzog als Fechtlehrer des Prinzen vor.

Nicht weniger wichtig als Pfuel und Rühle wurde für Kleist ein
anderer Preuße, ein geborener Berliner mit dem Allerweltsnamen
Müller, der seit 1805 in Dresden lebte und sich durch philosophische
und literaturtheoretische Vorträge schon einen Namen gemacht hatte, als Kleist noch in der französischen Festung saß. Adam Müller,

Otto August Rühle von Lilienstern.
Zeitgenössisches Gemälde

Sohn eines Finanzbeamten, war zwei Jahre jünger als der Dichter, hatte ihm aber an Bildung etwas voraus. Er hatte nicht wie Kleist als Vierzehnjähriger schon Soldat werden müssen, hatte vielmehr im Gymnasium zum Grauen Kloster ein solides Wissen erwerben können, und nach dem Studium der Rechts- und Staatswissenschaften in Göttingen hatte er in dem fünfzehn Jahre älteren, damals schon berühmten politischen Publizisten Friedrich Gentz einen ihn fördernden und kritisierenden Freund und Lehrer gehabt. Durch Gentz, dessen Liebe zu dem intelligenten Jüngeren lange andauern sollte, war Müller nach dem Ende seiner Göttinger Studienjahre in Rahels Salon und in andere Kreise Berlins eingeführt worden. Im Hause des Verlegers Sander war er den Reizen von Sophie Sander erlegen, ohne Gegenliebe bei ihr zu finden, und er hatte sich auch schon publizistisch durch Rezensionen philosophischer Werke einen Namen ge-

macht. Ein Studienfreund aus Göttingen namens Sigismund Kurnatowski, ein Pole aus reichem Hause, hatte ihm die Möglichkeit
geboten, auf seinem Gut im preußischen Teil von Polen, dem sogenannten Südpreußen, in Ruhe sein erstes philosophisches Werk,
»Die Lehre vom Gegensatz«, zu schreiben, das 1804 in Reimers Realschulbuchhandlung erschienen war. Durch Kurnatowski war er auch

Adam Müller. Zeitgenössischer Stich

mit dem Landrat Peter Boguslaus von Haza-Radlitz und seiner Frau
Sophie bekannt geworden, von denen er als Hauslehrer für ihre vier
Kinder angestellt wurde. 1805 besuchte er Wien, wo er die Freundschaft mit Gentz erneuerte und aus Gründen, die später oft als unlau-
ter verdächtigt wurden, es aber nicht gewesen sein müssen, den Übertritt zum Katholizismus vollzog. Noch im selben Jahre siedelte er mit
der Familie von Haza-Radlitz nach Dresden über, wo er anfangs mit
ihr im selben Hause lebte und ein Liebesverhältnis mit der Mutter

seiner vier Zöglinge begann. Wenig später ließ Sophie von Haza sich von ihrem Mann, dem sie auch die Kinder überlassen mußte, scheiden und wurde 1809 Adam Müllers Frau.

Dem Beispiel August Wilhelm Schlegels folgend, der ein paar Jahre zuvor in Berlin mit privaten Vorträgen von sich Reden gemacht hatte, war Müller bald nach seiner Ankunft in Dresden erfolgreich mit einer Vortragsreihe über deutsche Wissenschaften und Künste aufgetreten, war durch Rühles Vermittlung zum staatswissenschaftlichen Lehrer des Weimarer Prinzen Bernhard geworden und hatte daneben auch dazu beigetragen, Kleists Namen bekannt zu machen. Er hatte nämlich zur ersten Ausgabe des »Amphitryon«, dessen Manuskript Rühle von Kleist aus Frankreich erhalten und an einen Dresdener Verleger vermittelt hatte, ein lobendes Vorwort verfasst.

Die Absicht, in Dresden sein Glück zu versuchen, hatte Kleist seiner Schwester Ulrike gegenüber damit begründet, dass dort der Buchhandel nicht wie in Preußen darniederläge, und unrecht hatte er damit nicht. Denn das im Krieg von 1806 mit Preußen verbündete Sachsen war von Napoleon milde behandelt worden, weil es sich nach der Niederlage bei Jena sofort, also noch mitten im Kriege, auf seine Seite geschlagen hatte und auch Mitglied des Rheinbundes geworden war. Als solches hatte es auch Truppen zu stellen, die nun bei Danzig und in Ostpreußen den gestrigen Bundesgenossen bekämpfen mussten. Dafür wurde das Kurfürstentum zum Königreich erhoben, um einige kleine Gebiete, die vorher zu Preußen gehört hatten, vergrößert, und es blieb von Besatzung und Kontributionen verschont. Wirtschaftlich wurde es durch die Kontinentalsperre eher begünstigt als behindert, seine Industrie erblühte, die Leipziger Messe nahm zu an Bedeutung, und die Armee wurde durch französische Offiziere modernisiert. Das schon immer rege Kulturleben in der Residenzstadt Dresden erlitt kaum eine Unterbrechung, so dass die allgemeine Zufriedenheit der Dresdner mit der Politik des neugebackenen Königs verständlich war. Sie zeigte sich zum Beispiel im Sommer 1807, als Napoleon, von Tilsit kommend, mehrere Tage einen Staatsbesuch machte: da war der Jubel der Dresdner groß. Kleist, der Dresden schon von zwei früheren Besuchen her kannte und es vor allem seiner vielen Kunstschätze wegen liebte, fand hier im Herbst 1807 trotz der geheimen französischen Aufsicht eine relativ freie geistige Atmosphäre, die lebendiger war als die des besetzten, verarmten, kulturell verödeten Berlin.

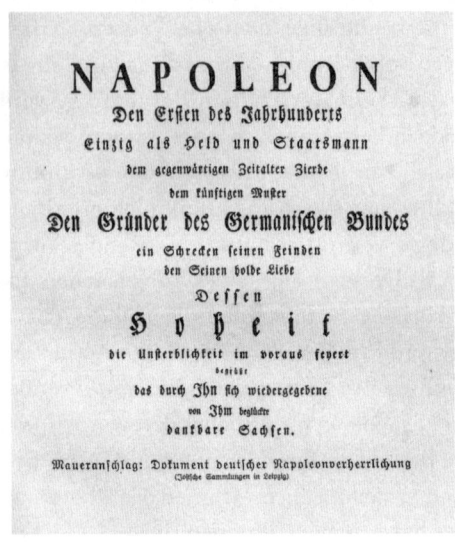

Maueranschlag in Dresden

Als Kleist am 31. August 1807 Dresden erreichte und im »Hotel de Russie« abstieg, begann seine hoffnungsreichste und glücklichste Zeit. In der Pirnaer Vorstadt, wo sich auch Rühle eingemietet hatte, fand er bald eine Wohnung. Er lernte Adam Müller und dessen spätere Frau, Sophie von Haza, kennen, fand in dem österreichischen Gesandtschaftssekretär, dem Baron von Buol, einen Bewunderer, verkehrte im Hause des Schiller-Freundes Christian Gottfried Körner, dem Vater Theodor Körners, wo er sich, wie erzählt wurde, in dessen Pflegetochter Julie Kunze verliebte, und er wurde auch mit den Malern Ferdinand Hartmann und Gerhard von Kügelgen näher bekannt. Es gehe ihm gut, schrieb er bald nach seiner Ankunft an die

Schwester Ulrike, alles, worauf er gehofft habe, erfülle sich ihm. Der Druck des »Amphitryon« hatte ihm zwar nicht viel Geld eingebracht, aber doch sein Ansehen vergrößert. Er war von Freunden umgeben, die seine Werke zu schätzen wussten, konnte sich in Kreisen bewegen, die seine Interessen teilten, und einige seiner Arbeiten erreichten die Öffentlichkeit. Zwar stießen sie teilweise auf Unverständnis, machten aber doch wenigstens seinen Namen bekannt. Aus der deutschen Literatur war er nun nicht mehr wegzudenken. An seinem dreißigsten Geburtstag, dem 10. Oktober, wurde er im Hause des Barons von Buol von den Freunden mit Lorbeer bekränzt.

Der Neubeginn begeisterte ihn zu den kühnsten Plänen. Erst sollte mit Adam Müller zusammen eine eigne Verlagsbuchhandlung gegründet werden, und als sie dazu keine Lizenz bekamen, weil die Dresdener Buchhändler, die die Konkurrenz nicht zulassen wollten, Einspruch erhoben, wurde die Gründung einer Zeitschrift erwogen und nach längerer Vorbereitung auch realisiert. Im Januar 1808 erschien die erste Nummer des »Phöbus, ein Journal für die Kunst«, herausgegeben von Heinrich von Kleist und Adam H. Müller, die unter anderem auch Teile der »Penthesilea« enthielt. Da die Hoffnung der Herausgeber auf Beiträge von Goethe, Jean Paul und anderen sich nicht erfüllte, wurden die zwölf Nummern, auf die es die Zeitschrift im Laufe ihres einen Lebensjahres brachte, vorwiegend mit Erzeugnissen der beiden Herausgeber gefüllt. Die wenigen Leser, die die immer an Käufermangel leidende Zeitschrift erreichte, konnten in ihr nun Fragmente des »Käthchens von Heilbronn«, des »Robert Guiskard« und der »Marquise von O...« lesen, aber nur wenige erkannten das Unverwechselbare und Meisterhafte daran. Das Genie des Autors, so hieß es, werde in schönen Details zwar sichtbar, aber die Schilderung extremer Gefühle und bizarrer Vorgänge stoße ab. Man denke nur an die Marquise, die schwanger wird und nicht weiß, von wem.

Goethe, auf dessen Urteil die Herausgeber verständlicherweise den größten Wert legten, verhielt sich Kleists Dichtungen gegenüber kühl bis ablehnend. Er wollte Würde, Vernunft und Harmonie in der

Umschlagzeichnung für die Zeitschrift »Phöbus« von Ferdinand Hartmann

Kunst finden, nicht aber ein somnambules und masochistisches Käthchen oder eine Penthesilea, die den Mann tötet, den sie liebt. Sein Brief an Kleist vom Februar 1808 macht seine Ablehnung deutlich, ist aber gar nicht so unfreundlich gehalten, wie der Ehrgeizige und Leichtverletzliche es offenbar aufgefasst hat. »Mit der Penthesilea kann ich mich noch nicht befreunden«, schreibt Goethe. »Sie ist aus

einem so wunderbaren Geschlecht und bewegt sich in einer so fremden Region, dass ich mir Zeit nehmen muss, mich in beide zu finden.« Er hält sie auch für wenig bühnentauglich, fordert die »jungen
Männer von Geist und Talent« auf, nicht auf »ein Theater zu warten,
welches da kommen soll«, sondern für das heutige zu schreiben und
schließt sogar verbindlich mit »Nächstens mehr«. Kleist aber las aus
dem Brief wohl nichts als die Ablehnung heraus.

Auch dass Goethe über den »Zerbrochnen Krug« günstiger urteilte
und ihn sogar zur Aufführung annahm, führte nicht zu einem besseren Verhältnis der beiden, vielmehr wurden dadurch Kleists Aversionen gegen den Großen in Weimar weiter verstärkt. Denn als Goethe das einaktige Stück, das in der damaligen Fassung sowieso schon
einige Längen hatte, für seine Weimarer Inszenierung im März 1808
in drei Akte teilte und es dadurch noch behäbiger machte, fiel es bei
Zuschauern und Kritikern vollkommen durch. Für Kleist lag die
Schuld daran einzig bei Goethe, gegen den er nun im »Phöbus« offen
und versteckt polemisierte, in harmloserer Form dadurch, dass er den
»Krug« teilweise abdruckte und die Leser aufforderte, nun zu ent-
scheiden, wem die Schuld am Weimarer Misserfolg zukomme, dann
aber auch in Epigrammen voller persönlichem Hass. Da wird unter
dem Titel »Das frühreife Genie« Goethes 1806 erfolgte Hochzeit
mit Christiane Vulpius verspottet, an der der bereits sechzehnjährige
Sohn August hatte teilnehmen können, und in dem noch direkter mit
»Herr von Goethe« betitelten Epigramm heißt es:

»Siehe, das nenn ich doch würdig, fürwahr, sich im Alter
    beschäftgen!
Er zerlegt jetzt den Strahl, den seine Jugend sonst warf.«

Freunde konnte sich Kleist durch die Schmähungen Goethes kaum
gewinnen, geschweige denn Abonnenten, die mehr und mehr ausblieben, so dass Schulden gemacht werden mussten, die finanzielle
Streitigkeiten zur Folge hatten, an denen schließlich das Bündnis
zwischen Kleist und Müller zerbrach. Es hätte sogar in einem Duell

der Freunde enden können, wenn Pfuel und Rühle nicht vermittelt hätten. Im März 1809 wurde die zwölfte und letzte Nummer des »Phöbus« ausgeliefert. Doch Kleists Schaffen war inzwischen schon in ein neues Stadium, nämlich in das der politischen Dichtung getreten, von dem in den Beiträgen des »Phöbus« noch nichts zu spüren gewesen war.

Soweit die lückenhaft überlieferten Briefe erkennen lassen, war Kleists Interesse in der ersten Hälfte der Dresdener Zeit allein auf die Literatur gerichtet, die Politik hatte für ihn, wie es scheint, keine Rolle gespielt. Vielleicht war er sogar durch die für ihn günstige Situation in Dresden veranlasst worden, sich mit der von Napoleon dominierten Rheinbundexistenz Sachsens abzufinden; bei seinem Freund Rühle, der es zur sicheren Position eines Prinzenerziehers und dem Rang eines Majors gebracht hatte, war das sicher der Fall. Rühle hatte der von ihm herausgegebenen »Zeitschrift für Staats- und Kriegskunst« mit dem Titel »Pallas«, in der auch Adam Müller veröffentlichte, eine napoleonfreundliche Haltung gegeben, und im österreichisch-französischen Kriege marschierte er mit in der Rheinbund-Truppe, die für Napoleon zu Felde zog. Der »Phöbus« war unpolitisch, ganz allein auf die Kunst gerichtet, seinen Herausgebern Kleist und Müller lagen antinapoleonische Tendenzen fern. Sie bemühten sich vielmehr, Napoleon-Freunde wie Goethe und Johannes von Müller als Beiträger zu werben, und der Versuch, einen Verlag zu gründen, war mit der Hoffnung verbunden gewesen, die Lizenz zur Edierung des »Code civil« zu erlangen. Auch Jean Paul, den man um Beiträge gebeten hatte, sah in diesen Jahren in Napoleon den Friedensbringer und den Schutzherrn der deutschen Kultur.

Ausschlaggebend für Kleists plötzliche Wandlung zum politischen Dichter, die im Sommer des Jahres 1808 einsetzte, war möglicherweise die Enttäuschung über die weitgehend ungünstige Aufnahme seiner Dichtung, vielleicht aber auch die Hoffnung auf einen erneuten Versuch Österreichs, gegen den französischen Eroberer vorzugehen. Während er die »Hermannsschlacht« dichtete, wurde die politische

Situation immer spannungsgeladener. Der Aufstand der Spanier be-
schädigte Napoleons Aura des Unbesiegbaren. In Österreich wurde
gerüstet, und man hoffte auf ein Bündnis mit Preußen. Die Tiroler
erhoben sich gegen die französische und bayerische Besatzung. Und
in Preußen und anderen deutschen Staaten bereitete man sich insgeheim auf mögliche Aufstände vor. Die geheimen Verbindungen,
die vor allem ehemalige preußische Offiziere zu knüpfen versuchten,
erstreckten sich auch nach Sachsen, und wie verschiedene Indizien
vermuten lassen, gehörten zu ihnen auch Kleist und Pfuel.

Kleists Politisierung wurde schon im August 1808 in einem Brief
an Ulrike erkennbar, in dem er sich Sorgen machte um die Erhaltung
der deutschen Kultur. Auf dem Berliner Theater, so behauptete er,
würden nur »noch Übersetzungen kleiner französischer Stücke gegeben« und in Kassel, der Hauptstadt König Jeromes, sei zugunsten des
französischen Theaters das deutsche ganz abgeschafft. »So wird es
wohl, wenn Gott nicht hilft, überall werden. Wer weiß, ob jemand
noch nach hundert Jahren in dieser Gegend deutsch sprechen wird.«
Hier einzugreifen, fühlte sich der Dichter verpflichtet. Er sah es als
seine Aufgabe an, »sich in die Waage der Zeit zu werfen«, wie er im
April 1809 an den österreichischen Dichter Heinrich Joseph von Col-
lin schrieb. Da war der österreichisch-französische Krieg, der nach
dem Willen der deutschen Patrioten die Wende hatte bringen sollen,
gerade erst ausgebrochen, und Kleist hatte sein »Scherflein« zu diesem Kampf bereits fertig, ein Gegenwartsstück in historischer Verkleidung, mit dem er die Deutschen aus ihrer Lethargie reißen und
zum Kampf um ihre Befreiung aufrufen wollte: die großartige und
zugleich grässliche »Hermannsschlacht«.

Wie auch in den wenig später entstehenden politischen Gedichten
wird hier in genialer Weise ein Krieg propagiert, der alle Regeln, die
ihn im 18. Jahrhundert vor Ausartung zu schützen versucht hatten,
missachtet, nichts und niemanden schont, auch nicht das Eigne, und
in dem jedes Mittel, auch das hinterlistigste und grausamste, recht-
fertigt wird. Zum Zweck nationaler Befreiung, aber nur zu dieser,
nicht zur Eroberung und Unterdrückung anderer Völker, wird der to-

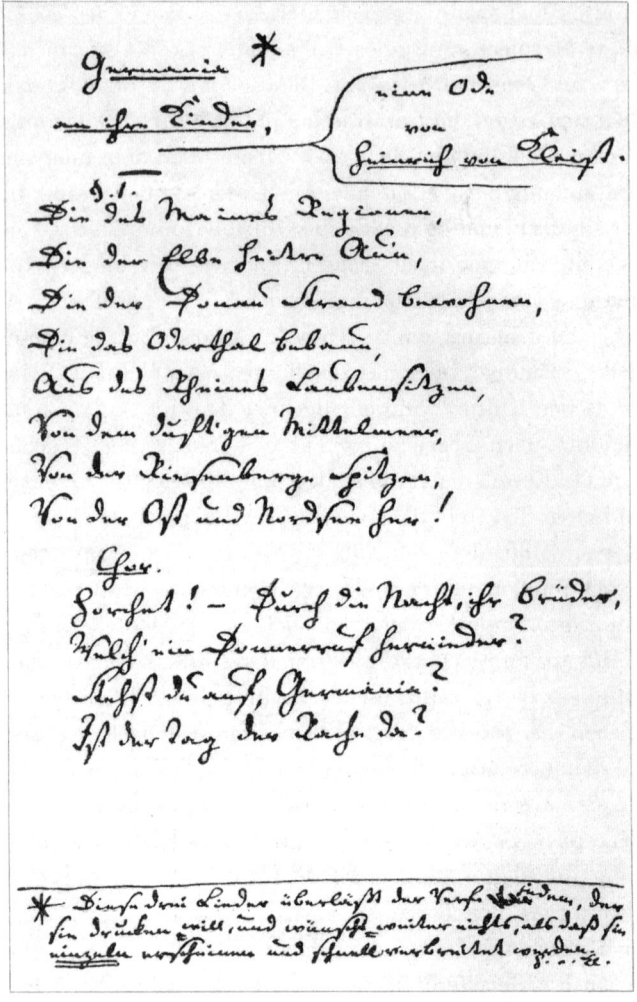

Kleist-Handschrift der Ode »Germania an ihre Kinder«

tale Krieg geheiligt und ein Hass gepredigt, der heute Grauen erregt. Damals wurde zu Kleists Enttäuschung dieser Teil seines Werks nicht wirksam, weil er nicht veröffentlich werden konnte, der Nachwelt aber erwies er sich als Vorwegnahme einer Denkweise, die Unheil anzurichten in der Lage war.

Merkwürdig und symptomatisch ist es, wie der Kleist, der sich zwei Jahre später im »Prinzen von Homburg« um die Idealisierung Preußens bemühen wird, in diesen Monaten nur Deutschland und die Deutschen sieht. Beginnt doch sein »Katechismus der Deutschen« mit folgendem Frage- und Antwortspiel:

»Frage: Sprich, Kind, wer bist du?

Antwort: Ich bin ein Deutscher.

Frage: Ein Deutscher? Du scherzest. Du bist in Meißen geboren, und das Land, dem Meißen angehört, heißt Sachsen!

Antwort: Ich bin in Meißen geboren, und das Land, dem Meißen angehört, heißt Sachsen; aber mein Vaterland, das Land, dem Sachsen angehört, ist Deutschland, und dein Sohn, mein Vater, ist ein Deutscher.«

Österreich, auf das Kleist in dieser Zeit alle Hoffnung setzte, hatte am 9. April 1809 den Krieg mit dem Einmarsch in Bayern eröffnet, drei Wochen später verließ Kleist in Begleitung des jungen Historikers Friedrich Christoph Dahlmann das rheinbündische Dresden und wechselte auf die österreichische Seite über, von der er sich eigene Wirkungsmöglichkeiten bei der Befreiung Deutschlands versprach. Er wollte nach Wien, wohin er die »Hermannschlacht« mit der Erklärung, er verzichte aufs Honorar, wenn sie nur aufgeführt würde, bereits gesandt hatte. Aber während er Böhmen durchquerte, war Wien schon von den Franzosen besetzt worden, und er landete schließlich nach mancherlei Abenteuern, zu denen auch die Besichtigung des Schlachtfeldes von Aspern und eine kurzzeitige Verhaftung gehörten, in Prag. Hier entstand wieder einer seiner kühnen Pläne, nämlich die Zeitschrift »Germania«, mit der er nach Deutschland hineinwirken wollte. Aber ehe er die Genehmigung dazu vom Kaiser erhalten konnte, wurde, am 12. Juli, der Waffenstillstand geschlossen, und die zehn Gedichte und elf Prosaschriften, die die ersten Nummern der »Germania« füllen sollten, blieben lange noch unveröffentlicht, manche ein halbes Jahrhundert lang.

Allen diesen von Franzosenhass erfüllten Gedichten und Schriften lag eine Fehleinschätzung der politischen Lage zugrunde, die Kleist mit vielen anderen teilte, mit Schill zum Beispiel, mit Nostitz, mit Scharnhorst und Gneisenau. Er glaubte, dass Napoleons Herrschaft zumindest in den norddeutschen Ländern einen Unmut erzeugt hatte, der nur eines Anstoßes bedurfte, um zum Aufruhr zu werden, wie es in Spanien und in Tirol geschehen war. Speziell Kleist war aber auch des Glaubens, der österreichische Kaiser führe den Krieg auch der Befreiung Deutschlands wegen und wolle das Alte Reich, dessen Krone er 1806 niedergelegt hatte, wieder erstehen lassen, ein großdeutsches Reich also, wie das später hieß. So wird zum Beispiel im seinem »Katechismus der Deutschen« auf die Frage, seit wann es denn Deutschland wieder gäbe, geantwortet: »Seit Franz der Zweite, der alte Kaiser der Deutschen, wieder aufgestanden ist, um es herzustellen.« Und in der von ihm erdachten »Proklamation« des Kaisers, die dem Aufruhr in den deutschen Ländern ein Ziel weisen sollte, heißt es unter Punkt »1.) Von dem Tage dieses Beschlusses an soll das deutsche Reich wieder vorhanden sein«, und unter Punkt »4.) Nach Beendigung des Krieges sollen die Stände zusammenberufen und auf einem allgemeinen Reichstage dem Reiche die Verfassung gegeben werden, die ihm am zweckmäßigsten ist.«

Die zu hassenden Feinde sind, laut »Katechismus«, »Napoleon und, so lange er ihr Kaiser ist, die Franzosen«, und diese gehören alle wie der »Zottelbär und das Panthertier«, die Schlangen und das »Greulheer der Drachen mit ihren geschwollenen Bäuchen« erschlagen, so dass man den »Rhein mit ihren Leichen« dämmen kann.

> »Eine Lustjagd, wie wenn Schützen
> Auf die Spur dem Wolfe sitzen!
> Schlagt ihn tot! Das Weltgericht
> Fragt euch nach den Gründen nicht!«

Kleists Traum, unter Österreichs Fahnen zum Nationaldichter der Deutschen zu werden, endete schon nach wenigen Wochen. Die

Deutschen hatten keinen Aufstand begonnen. Kaiser Franz schloss mit dem »der Hölle entstiegenen« Napoleon Frieden und trat dann bald mit ihm auch in verwandtschaftliche Beziehung: seine Tochter wurde Napoleons Frau. Die »Germania«, die nur im Krieg von Nutzen gewesen wäre, kam nie zustande. Kleist, der sich im Vorjahr noch dem Geiste Weimars anzunähern versucht hatte, war mit den Hassgesängen zum Verräter an ihm geworden und nun wieder völlig auf sich gestellt. In seinem »Letzten Lied« trägt er, nun wieder nüchterner geworden, die Illusionen des Jahres 1809 in Schönheit zu Grabe.

> »Und stärker rauscht der Sänger in die Saiten,
> Der Töne ganze Macht lockt er hervor,
> Er singt die Lust, fürs Vaterland zu streiten,
> Und machtlos schlägt sein Ruf an jedes Ohr, –
> Und da sein Blick das Blutpanier der Zeiten
> Stets weiter flattern sieht, von Tor zu Tor,
> Schließt er sein Lied, er wünscht mit ihm zu enden
> Und legt die Leier weinend aus den Händen.«

Der Waffenstillstand von Znaim hatte am 12. Juli den Krieg praktisch beendet, am 17. Juli schrieb Kleist aus Prag an die Schwester: »Noch niemals, meine teuerste Ulrike, bin ich so erschüttert gewesen wie jetzt. Nicht sowohl über die Zeit – denn das, was eingetreten ist, ließ sich auf gewisse Weise vorhersehen, als darüber, dass ich bestimmt war, es zu überleben. ... So lange ich lebe, vereinigte sich noch nicht soviel, um mir eine frohe Zukunft hoffen zu lassen, und nun vernichten die letzten Vorfälle nicht nur diese Unternehmung – sie vernichten meine ganze Tätigkeit überhaupt. ... Kurz, meine teuerste Ulrike, das ganze Geschäft des Dichtens ist mir gelegt.«

Nach diesem Brief, der auch von seiner finanziellen Notlage berichtet, verlieren sich für die Nachwelt, wie so oft, seine Lebensspuren wieder, und auch die Zeitgenossen in Preußen hörten lange nichts mehr von ihm. Es gab Gerüchte, die von seinem Tod in Prag wissen wollten. Doch war er, wie Dokumente zeigen, im November

kurzzeitig in seiner Heimatstadt an der Oder, und im Januar tauchte er, man weiß nicht aus welchen Gründen, in Frankfurt am Main
wieder auf. Danach zog es ihn wieder nach Preußen, das er in seiner
»Germania«-Phase schon in einem Deutschland, das von der Nordsee
bis ans »duftge Mittelmeer« reichen sollte, hatte aufgehen lassen. Die
Stadt Berlin, die Schauplatz seines erneuten Beginnens und Scheiterns
werden sollte, sah er am 7. Februar 1810 wieder, wohnte im »Hotel de
Prusse« in der Leipziger Straße, bis er, nicht weit davon, eine Wohnung in der Mauerstraße 53 gefunden hatte, in der, in Nummer 34,
auch Achim von Arnim und Clemens Brentano wohnten. Es sollte
die letzte Behausung seines so produktiven wie kurzen und unglücklichen Lebens sein.

Königliche Heimkehr

Wäre Kleist sechs Wochen früher in Berlin eingetroffen, hätte er die Rückkehr des Königs miterleben können, die von ihm kurioserweise schon ein Dreivierteljahr vorher bedichtet worden war. Das noch unveröffentlichte Gedicht hatte er vermutlich handschriftlich bei sich, in Berlin aber war es als Probedruck noch einmal vorhanden, und zwar bei der Polizei. Der Verleger Decker hatte es in Kleists Auftrag als Flugblatt drucken und beim Einzug des Königs verteilen sollen, doch hatte dabei die Zensurbehörde nicht mitgemacht. Der kürzlich erst in sein Amt eingeführte Polizeipräsident Justus Gruner persönlich hatte am 24. April 1809 daruntergeschrieben: »Das Imprimatur kann nicht erteilt werden.«

In Berlin hatte man nach dem Abzug der französischen Besatzung im Dezember 1808 die Heimkehr des Königs im folgenden Frühjahr erwartet, und da auch Kleist in Dresden davon erfahren hatte, war es für ihn naheliegend gewesen, in seine antinapoleonischen Dichtungen auch dieses Ereignis mit einzubeziehen. Das bald nach Fertigstellung der »Hermannsschlacht« entstandene Gedicht »An den König von Preußen zur Feier seines Einzugs in Berlin im Frühjahr 1809«, das wie ein Herrscherlob beginnt, sich aber bald zur Mahnung des Herrschers wandelt, folgt, wie das Ende zeigt, Intentionen, die denen des Germanenschauspiels durchaus ähnlich sind. Der König als Verlierer des Krieges hat sich zwar als moralischer Sieger erwiesen, doch setzt der erneute Kampf, den der Dichter fordert, andere Prioritäten als Moral und Friedensliebe. Er muss bedingungslos geführt werden. In ihm zählt nicht einmal das Risiko des Selbstuntergangs.

»Was blickst du doch zu Boden schweigend nieder,
Durch ein Portal siegprangend eingeführt?
Du wendest dich, begrüßt vom Schall der Lieder,
Und deine schöne Brust, sie scheint gerührt.
Blick auf, o Herr! Du kehrst als Sieger wieder,
Wie hoch auch jener Cäsar triumphiert:
Ihm ist die Schar der Götter zugefallen,
Jedoch den Menschen hast du wohlgefallen.

Du hast ihn treu, den Kampf, als Held getragen,
Dem du, um nichtgen Ruhms, dich nicht geweiht!
Du hättest noch, in den Entscheidungstagen,
Der höchsten Friedensopfer keins gescheut.
Die schönste Tugend, lass michs kühn dir sagen,
Hat mit dem Glück des Krieges dich entzweit:
Du brauchtest Wahrheit weniger zu lieben,
Und Sieger wärst du auf dem Schlachtfeld blieben.

Lass denn zerknickt die Saat, von Waffenstürmen,
Die Hütten lass ein Raub der Flammen sein;
Du hast die Brust geboten, sie zu schirmen:
Dem Lethe wollen wir die Asche weihn.
Und müsst auch selbst noch, auf der Hauptstadt Türmen,
Der Kampf sich, für das heilge Recht, erneun:
Sie sind gebaut, o Herr, wie hell sie blinken,
Für bessre Güter in den Staub zu sinken!«

Der Polizeipräsident, der übrigens zwei Jahre später als Napoleon-
feind dem Freiherrn vom Stein ins Exil folgen sollte, hatte wahrscheinlich doppelten Grund, die Druckgenehmigung zu verweigern:
Er wollte Napoleon, den triumphierenden Caesar, nicht reizen, und
er wollte nicht den Unmut des Königs erregen, der schon zu oft dazu
gedrängt worden war, im beginnenden österreichisch-französischen
Krieg nicht beiseitezustehen.

Die Furcht, bei Napoleon oder dem König Anstoß zu erregen, spielte auch bei den Vorbereitungen eine Rolle, die die Stadt zu dem festlichen Einzug traf. Als man in Königsberg anfragte, ob man Berlin zu dieser Gelegenheit festlich illuminieren dürfe, wurde auch darauf hingewiesen, dass man die Inschriften, die die Bürger bei solcher Gelegenheit anzubringen pflegten, einer strengen Zensur unterwerfen

Friedrich Wilhelm III.
Gemälde von Wilhelm Schadow

müsse, weil sonst leicht Anstoß im Ausland erregt werden könne, wobei mit Ausland natürlich vor allem Napoleon gemeint war. Der König, der den Wirbel um seine Person sowieso nicht mochte, schlug vor, nicht nur die Ärger erregende Zensurierung, sondern auch die Illuminierung zu unterlassen und das dadurch gesparte Geld den Armen zukommen zu lassen, deren es in der Stadt mehr und mehr gab.

Doch warteten die Berliner im Frühjahr vergeblich. Vielleicht fürchtete der König, der nicht bereit war, den Krieg der Österreicher mitzumachen, die aufgeheizte Stimmung der Hauptstadt. Er wartete das Ende des für Napoleon siegreichen Krieges ab.

Die Heimkehr des Königs war auch Anlass zur Gründung einer Vereinigung, die sich unter dem Namen »Liedertafel« von Berlin aus rasch über ganz Deutschland verbreiten und im bürgerlichen Kulturleben eine nicht unbedeutende Rolle spielen sollte, auch, wie der Anlass schon zeigt, auf dem Felde der Politik. Unter dem einladenden Namen, der wahrscheinlich an die sagenhafte Tafelrunde des König Artus erinnern sollte, fand sich ein Kreis geselliger und sangesfreudiger Männer zusammen, banaler gesagt, ein Männergesangsverein. Sein Gründer war der Maurermeister, Architekt, Komponist und Singakademiedirektor Karl Friedrich Zelter, der mit dieser männlichen Abspaltung vom gemischten Chor der Singakademie dem vielfältigen Kultur- und Gesellschaftsleben der Stadt eine Einrichtung hinzufügte, die sich das 19. Jahrhundert hindurch als beständig erwies.

Von der Geburt dieser Bewegung berichtet ein Brief Zelters an Goethe vom 26. Dezember 1808. »Zur Feier der Wiederkunft des Königs habe ich eine Liedertafel gestiftet: Eine Gesellschaft von 25 Männern, von denen der 25. der gewählte Meister ist, versammelt sich monatlich einmal bei einem Abendmahle von zwei Gängen und vergnügt sich an gefälligen deutschen Gesängen. Die Mitglieder müssen entweder Dichter, Sänger oder Komponisten sein. Wer ein neues Lied gedichtet oder komponiert hat, lieset oder singt solches an der Tafel vor oder lässt es singen. Hat es Beifall, so geht eine Büchse an der Tafel umher, worin jeder, wenn ihm das Lied gefällt, einen Groschen oder mehr hinein tut. An der Tafel wird die Büchse ausgezählt. Findet sich so viel darinnen, dass eine silberne Medaille, einen guten Taler an Wert, davon bezahlt werden kann, so reicht der Meister im Namen der Liedertafel dem Preisnehmer die Medaille. Es wird auf die Gesundheit des Dichters oder Komponisten getrunken und über die Schönheit des Liedes gesprochen.«

Da jedes Mitglied auch Gäste, natürlich nur männliche, mitbringen konnte, erfreute sich dieser Kreis bald großer Beliebtheit und hatte in diesen Jahren ein- oder mehrmals so ziemlich alle bedeutenden Männer der Stadt, ob sie nun bürgerlich oder adlig waren, zu Gast. Während die Singakademie besonders den Kirchengesang pflegte, bevorzugte die Liedertafel neben Trink- und Gesellschaftsgesängen das königstreue und vaterländische Lied.

Am 4. Oktober war die Königin Luise von ihrem jüngsten, dem zehnten Kind, dem Prinzen Albrecht, entbunden worden. Am 14. Oktober war der Friede von Schönbrunn zwischen Österreich und Frankreich geschlossen worden. Am 15. Dezember fuhren Friedrich Wilhelm und Luise bei schönem Winterwetter von Königsberg ab. Die Stimmung des Briefes, in dem die Königin ihre Freundin Karoline von Berg darum bat, sie schon in Freienwalde zu erwarten, schwankte zwischen Freude und Trauer. Sie freute sich auf Berlin und die vielen »Herzen, die mich lieben und achten«, daneben aber quälten sie »Beklommenheiten«, »Schwermut« und »schwarze Ahnungen«. Ginge es nach ihren Wünschen, schrieb sie, bliebe sie jetzt lieber weinend und nachdenkend allein.

Überall auf der Reise wurde der König bejubelt, als käme er nach dreijähriger Abwesenheit nicht als Geschlagener, sondern als Sieger heim. Das letzte Nachtquartier vor Berlin nahm das königliche Paar in Freienwalde, wo Bergknappen des dortigen Alaunwerkes es mit einem Lied begrüßten, in dem die Freude über die Heimkehr des Königs und das Glückauf! der Bergleute mit weihnachtlichen Hirten und Engelscharen verwoben war. Das Königshaus besaß hier ein bescheidenes Schlösschen, das es genau hundert Jahre später, nämlich 1909, an Walther Rathenau verkaufen sollte und das heute als Rathenau-Gedenkstätte dient. Es war 1798 von David Gilly als sommerlicher Witwensitz für die Königin Friederike Louise, die Mutter Friedrich Wilhelms III., die in Berlin im Schloss Monbijou wohnte, erbaut worden und stand seit deren Tode 1805 leer. Hier wurde die Königin von Karoline von Berg erwartet, was dem König, der diese schöngeistige und fromme Dame nicht ausstehen konnte, wahrscheinlich wenig gefiel.

Früh am nächsten Morgen, es war der 23. Dezember, ein kalter, sonniger Sonnabend, ging es unter den Klängen eines Ständchens der Bergleute weiter in Richtung Werneuchen, wo die ausgebaute Chaussee, auch genannt Kunststraße, begann. An deren Chausseehäusern, es waren vier auf dieser Strecke, war jeder Schlagbaum mit Girlanden umwunden und die Begrüßungsinschriften waren zierlich

Empfang der heimkehrenden königlichen Familie
in Weißensee bei Berlin. Stich von Daniel Berger
nach einer Zeichnung von Heinrich Dähling

gereimt. In Weißensee, dem letzten Dorf vor Berlin, warteten schon die städtischen Abgeordneten. Sie begrüßten den König, servierten ein Frühstück und begleiteten den sich nun formierenden Festzug durch das (später deswegen Königstor genannte) Bernauer Tor. Der König war hoch zu Ross, die Königin und ihre kleineren Kinder fuhren in einem von der Stadt geschenkten Ehrenwagen. Die beiden großen Söhne aber, Friedrich Wilhelm (IV.) und Wilhelm (I.), die schon Offiziersränge hatten, marschierten mit der Fußgarde mit. Hinter Spalieren, die von den Innungen der Schlächter und Schneider gebildet wurden, drängte sich überall eine fröhliche Menschenmenge, die das Königspaar wieder und wieder hochleben ließ. »So begeisterte und herzliche Menschen« wie die Berliner, könnte man sonst auf der Welt nirgends finden, notierte die alte Oberhofmeisterin, Gräfin Voss, in ihr Tagebuch.

Inmitten der Menge befand sich auch Achim von Arnim, der Dichter, der seiner künftigen Frau Bettine, die er bald in Berlin zu empfangen hoffte, brieflich Bericht von diesem festlichen Tage gab. Festlich gestimmt war die Stadt im doppelten Sinne. Denn nicht nur das Königspaar, sondern auch Weihnachten nahte, und die Fremden, derer so viele gekommen waren, dass die Gasthöfe sie nicht mehr aufnehmen konnten, füllten auch die Weihnachtsmärkte der Innenstadt. »Außer der gewöhnlichen Marktpracht« waren da auch Ausstellungen zu sehen: »Ferne Gegenden mit beweglichen Menschen und Tieren, Himmel und Hölle, wo lauter Berlinische bekannte Originale aufgeführt waren, ein alter Chirurg, der immer mit einem Sonnenschirm geritten, ein abgedankter Offizier, [die ihrer Schädelmessungen wegen bekannten Ärzte] Gall und Spurzheim mit ihren Schädeln, ein Färber, der sich durch die Franzosen bereichert hatte, liegt in einer Weinpresse und speit Dukaten aus – alles sehr anmutig.« Ohne seinen Freund Clemens Brentano, der sich einen guten Zuschauerplatz an einem Fenster des Schlosses reserviert hatte, war Arnim zu Fuß losgezogen, bis zum ersten Chausseehaus, wo ein Spalier von Soldaten die Menschenmenge zurückhielt und es »nach Schnaps und Tabak« roch. »Eine Masse von Reitern näherte sich, klein und groß schrie hoch! und vivat hoch! und lebehoch! Ich sprang über einen Chausseegraben, da stand ich dicht neben dem Könige, der im langsamen Trabe an mir vorbei ritt und den ich mit einem dreimaligen Hoch und geschwenktem Hute so vernehmlich grüßte, dass er mir besonders dankte. Nachdem ich nun diesen königlichen Gruß empfangen, ward mir ganz besonders, ich lief und schrie mit der ganzen Masse, die von allen Seiten herbeilief. Da gab es wildgewordene Paukenschläger der Schlächtergilde, daneben Schützengilden, die ihre Pferde nicht mäßigen konnten, das kugelte sich alles bei beständigem

Vivat untereinander, aber keiner nahm sonderlichen Schaden dabei. In der Nähe des Tores setzte sich der König an die Spitze der Garden und empfing die Anrede des Burgemeisters und der Verordneten der Stadt. Ihm folgte die Königin in einem schönen, feuerfarbenen Wagen mit prachtvoller Silberverzierung und sechs schönen braunen Pferden bespannt in den kostbarsten silbernen Geschirren. Da wurden Reden gehalten von weißen Mädchen, die auf Kissen etwas überreichten. Ein Stadtverordneter machte hierbei den Wagen auf, damit man die Königin und den Wagen auch inwendig beschauen konnte. Die Königin dankte sehr freundlich, der Wagen schien ihr gar sehr zu gefallen, mir auch. Am Schlusse der Rede schob ihr ein Stadtverordneter die heraushängenden Kleider herein und machte den Wagen wieder zu.« Auf dem Schlossplatz, auf den Arnim dann eilte, war das Gedränge noch stärker, und die Leute schrieen sich heiser, und doch, so fügt er hinzu, hatte er im Jahre zuvor beim Einzug von Schill, »wo die Leute seine Stiefel, sein Pferd, die Kanonen küssten«, einen noch gewaltigeren Jubel erlebt.

Kleist, der wie gesagt, diesen Festtag nicht miterlebte, hatte ein Dreivierteljahr später doch noch die Genugtuung, sein Einzugsgedicht gedruckt zu sehen. Er setzte es im Oktober auf die erste Seite der fünften Nummer seiner »Berliner Abendblätter«, ohne dass die Zensur etwas auszusetzen hatte. Grund dafür war wohl die Beruhigung der politischen Lage und nicht die kleine Änderung, die er vorgenommen hatte und möglicherweise für eine Entschärfung hielt. Statt »Wie hoch auch jener Cäsar triumphiert« hieß es jetzt: »Wie hoch auch immer Cäsar triumphiert«.

Die Freunde

Clemens Brentano, der im Frühjahr 1809 in Landshut die Kämpfe der verbündeten Franzosen und Bayern gegen die Österreicher beobachtet und in einem Brief an Arnim anschaulich beschrieben hatte, traf nach einem Kurzbesuch bei Goethe in Jena und einem vierwöchigen Aufenthalt bei Steffens und Reichardts Töchtern in Halle und Giebichenstein Mitte September bei seinem Freund Achim von Arnim in der preußischen Hauptstadt ein. Wilhelm Grimm, der sich in Halle vom Professor Reil sein Herzleiden hatte behandeln lassen, reiste mit ihm, blieb aber nur acht Wochen, während Brentano, dem die Stadt schon nach wenigen Tagen wie seine Vaterstadt vorkommen wollte, schnell zum Berliner zu werden versprach. Da er gern auch seine Schwester Bettine und Savigny, den Mann seiner Schwester Gunda, der an der Bayerischen Landesuniversität Landshut die Rechte lehrte, nach Berlin locken wollte, übertrieben seine Briefe vielleicht das Lobpreisen der Stadt ein wenig, doch ist ihnen anzumerken, dass er von ihr tatsächlich begeistert war. Vom billigen Essen im Gasthaus, »alle Portionen sind so groß, dass ich sie selten aufesse«, über Ifflands Theater und den nahen Tiergarten bis zu wohlfeilen Möbeln und geräumigen Mietwohnungen weiß er alles zu loben, besonders aber die Berliner Geselligkeit. »Da sehr wenige Familien förmlich zur Nacht essen, sondern nur Tee, Butterbrot, etwas kalter Braten, einige ganz delikate Erdtoffeln, die beinahe wie Kastanien schmecken, und ein Gläschen Likör gereicht wird, so ist überall offene Tafel und man ist unter einer Menge kluger, gebildeter und feiner Leute lustig und oft bis zur tollen Freude kindisch und ausgelassen. Dies ist vielleicht die einzige Stadt, wo die sogenannten genialen Menschen nicht für Narren gehalten werden. ... Nirgends findet man eine so feine Vermischung aller Stände, so mannigfache gelehrte und erfahrene Menschen und dabei ein so angenehmes und billiges Leben.« Die Universität, die bald Unter den Linden, in einem der schönsten Paläste der Stadt gegründet werde, so heißt es weiter, verspreche, bald »die prächtigste und liberalste in Deutschland« zu sein.

Clemens Brentano.
Zeichnung von Wilhelm Hensel 1819

In Brentanos Briefen besonders gepriesen wird die Gesellschaft beim jungen Voss in dessen Palais in der Wilhelmstraße, wo Achim von Arnim häufig verkehrte, Schill sich im Frühjahr des gleichen Jahres hatte feiern lassen und auch Marie von Brühl, die wenig später Clausewitz heiraten sollte, häufig anwesend war. August Ernst Graf von Voss war als Enkel der Oberhofmeisterin der Königin Luise schon in die Kreise des Hofes hineingewachsen, hatte dort auch seine Frau Luise, geborene von Berg, eine Tochter der Freundin der

Königin, gefunden und hatte demzufolge vorwiegend, nicht aber ausschließlich, adlige Gäste, die mehr als in den Salons der Vorkriegsjahre innen- und außenpolitische Probleme besprachen, doch war man, da auch Leute wie Achim von Arnim, Wilhelm von Humboldt, Zelter oder der an seiner Musik zum »Faust« komponierende Fürst Radziwill anwesend waren, auch an Musik und Poesie interessiert. »Man geht um acht oder neun Uhr hin«, schwärmt Brentano, findet dort neben »geistreichen Hofdamen«, die plaudernd und strickend um den Tisch herum sitzen, viele gesprächige Offiziere, Prinzen, Doktoren, Minister, Poeten und Diplomaten, dazu auch Diener, die Punsch servieren, und manchmal »liest irgend ein großes Talent etwas vor«.

Ihre gemeinsame Wohnung, in der auch Wilhelm Grimm in den Wochen seiner Anwesenheit lebte, hatten die Freunde in der Mauerstraße 34 gemietet, im Hause des Geheimen Postrats Karl Philipp Pistor, eines Studienfreundes aus Halle, der inzwischen ein Schwiegersohn Reichardts geworden war. Sie bewohnten im Parterre drei Zimmer, Grimm das an der Straße gelegene größte, das sogenannte Prunkzimmer, Brentano und Arnim schlicht möblierte kleinere und stillere Stuben, deren Einrichtung, wie wir aus Grimms Briefen wissen, sehr individuell gestaltet war. Brentano, der beim Schreiben Helligkeit nicht vertragen konnte, hatte alle Fenster bis auf eines zugehängt und schrieb, auf einem defekten Stuhl sitzend, auf der in die Mitte des Raumes gestellten Kommode, während Arnim an einem Pult stehend dichtete und sich von der Unordnung, die selbst Brentano empörte, nicht stören ließ. »Die Kommode war mit Röcken, Wäsche, Büchern pyramidenförmig aufgehäuft«, heißt es in einem Brief Wilhelm Grimms an Louise Reichardt, »alle Schubladen waren herausgezogen, in den Ecken waren Gewehre aller Art aufgepflanzt, die zwei vorhandenen Stühle waren besetzt mit Büchern, Briefschaften, Hausgerät, z. B. Gläsern und Messern, wozwischen rote Tücher als Friedensfahnen heraushingen und Ruhe unter dem verschiedenen Zeug hielten. Der einzige Tisch war auf dieselbe Art versorgt.«

Joseph von Eichendorff, der den beiden Freunden, die er schon

in Heidelberg erlebt hatte, im Winter 1809/10 in Berlin wieder begegnete, hat ihre unterschiedlichen Wesenarten in seinen Erinnerungen an »Halle und Heidelberg« trefflich charakterisiert. Er verglich
sie mit einem Ehepaar, in dem »der ruhige, mild-ernste Arnim den
Mann, der ewig bewegliche Brentano den weiblichen Part machte.
Arnim gehörte zu den seltenen Dichternaturen, die, wie Goethe, ihre
poetische Weltsicht jederzeit von der Wirklichkeit zu sondern wissen
und daher besonnen über dem Leben stehen und dieses frei als ein
Kunstwerk behandeln. Den lebhafteren Brentano dagegen riss eine
übermächtige Phantasie beständig hin, die Poesie ins Leben zu mi-
schen, was dann häufig eine Konfusion und Verwicklungen gab, aus
welchen Arnim den unruhigen Freund durch Rat und Tat zu lösen
hatte. Auch äußerlich zeigte sich der große Unterschied. Achim von
Arnim war von hohem Wuchs und von so auffallender männlicher
Schönheit, dass eine geistreiche Dame einst bei seinem Anblick und
Namen in das begeisterte Wortspiel: »Ach im Arm ihm!« ausbrach,
während Bettine, welcher, wie sie selber sagt, eigentlich alle Menschen närrisch vorkamen, damals an ihren Bruder Clemens schrieb:
»Der Arnim sieht doch königlich aus, er ist nicht in der Welt zum
zweiten Mal.« – Das Letztere konnte man zwar auch von Brentano,
nur in ganz anderer Beziehung sagen. Während Arnims Wesen etwas
wohltuend Beschwichtigendes hatte, war Brentano durchaus auf-
regend.»Jener erschien im vollsten Sinne des Wortes wie ein Dichter,
Brentano dagegen selber wie ein Gedicht, das, nach Art der Volkslieder, oft unbeschreiblich rührend, plötzlich und ohne sichtbaren Über-
gang in sein Gegenteil umschlug und sich beständig in überraschen-
den Sprüngen bewegte. Der Grundton war eigentlich eine tiefe, fast
weiche Sentimentalität, die er aber gründlich verachtete, eine einge-
borene Genialität, die er selbst keineswegs respektierte und auch von
anderen nicht respektiert wissen wollte. Und dieser unversöhnliche
Kampf mit dem eignen Dämon war die eigentliche Geschichte seines
Lebens und Dichtens und erzeugte in ihm jenen unbändigen Witz,
der jede verborgene Narrheit der Welt instinktartig aufspürte und
niemals unterlassen konnte, jedem Toren, der sich weise dünkte, die

ihm gebührende Schellenkappe aufzustülpen und sich somit überall ingrimmige Feinde zu erwecken. Klein, gewandt und südlichen Ausdrucks, mit wunderbar schönen, fast geisterhaften Augen, war er wahrhaft zauberisch, wenn er selbstkomponierte Lieder oft aus dem Stegreif zur Gitarre sang.«

Während Brentano, der gerade die Leiden seiner leichtfertig eingegangenen Ehe mit der siebzehnjährigen Auguste Bußmann, nicht aber die förmliche Scheidung hinter sich hatte, in Berlin weiter an seinen 1802 begonnenen und fragmentarisch bleibenden »Romanzen vom Rosenkranz« arbeitete und sich den geselligen Freuden der Großstadt, einschließlich denen der käuflichen Liebe widmete, begann für Arnim, der im Januar 1810 seinen neunundzwanzigsten Geburtstag feiern konnte, die etwa fünf Jahre dauernde Periode größter literarischer Produktivität. Er hatte nach Studienjahren in Halle und Göttingen, in denen die Freundschaft mit Brentano begonnen hatte und mehrere naturwissenschaftliche Schriften entstanden waren, seine große Bildungsreise durch Süd- und Westdeutschland, Österreich, die Schweiz, Oberitalien, Frankreich, Holland, England und Schottland angetreten, war durch die dreibändige, 1805 und 1808 in Heidelberg mit Brentano zusammen erarbeitete Volksliedersammlung »Des Knaben Wunderhorn«, die nicht nur Goethes Anerkennung gefunden hatte, der Öffentlichkeit bekannt geworden, hatte sich 1806 in Königsberg, wohin er freiwillig dem König gefolgt war, mit politischen Aufsätzen an den Diskussionen um die preußischen Reformen beteiligt, war 1808, wieder in Heidelberg und wieder mit Brentano zusammen, mit seiner »Zeitung für Einsiedler« nach sechs Monaten schon gescheitert und nach einem erneuten Besuch bei Goethe in Weimar zum Jahresbeginn 1809 in seine gerade erst von der französischen Besatzung befreite Geburtsstadt zurückgekehrt. Die Anerkennung, mit der die Freunde seine im Sommer 1809 erschienene Novellensammlung »Der Wintergarten« bedacht hatten, ermutigte ihn zu weiteren Werken. Sein Roman »Armut, Reichtum, Schuld und Buße der Gräfin Dolores«, in dem die spröde erzählte Geschichte eines Ehebruchs sich zur Zeitgeschichte Europas weitet,

Titelblätter des zweibändigen Romans von Achim von Arnim
mit Kupfern von Johann Heinrich Ramberg

war, da auch ältere Texte verwendet wurden, schon nach etwa vier Monaten fertig, und auch mit neuen Erzählungen und seinem Schauspiel »Halle und Jerusalem« ging es rasch voran.

Sein Schaffensdrang, der ihn manchmal zu Flüchtigkeiten verleitete, hatte auch finanzielle Gründe. Die Einkünfte aus dem Besitz der Familie, von denen er bisher gelebt hatte, drohten auszubleiben, und sein Versuch, im Staatsdienst angestellt zu werden, zu dem ihn seine Großmutter gedrängt hatte, war trotz seines berühmten Namens an der Außenseiterrolle, die er bisher gespielt hatte, gescheitert, unter anderem auch durch Wilhelm von Humboldt, der seit Februar 1809 die Kultus- und Unterrichtsabteilung im Innenministerium leitete und gegen ihn eingenommen war. Als Grund zur Ablehnung des »Wunderhornmannes« führte er seiner Frau gegenüber unter anderem auch dessen Auftreten in der Gesellschaft mit »solcher Pelzmütze« und »solchem Backenbart« an.

Arnims Mutter war bei seiner Geburt im Alter von nur zwanzig Jahren gestorben, und sein Vater hatte die Sorge um ihn und seinen zwei Jahre älteren Bruder Karl Otto, genannt Pitt, seiner Schwiegermutter überlassen, also der Großmutter der Kinder mütterlicherseits. Diese, die Witwe Karoline von Labes (wohnhaft im Quarré, manchmal auch Viereck genannt, Nummer 4, heute Pariser Platz, wo jetzt die Akademie der Künste steht) hatte die beiden aufgezogen, ihnen das Studium und die große Bildungsreise durch Europa ermöglicht, nach dem Tode des Vaters, 1804, auch die Besitzungen der Familie verwaltet und ihre Enkel finanziell unterstützt. Diese Unterstützung drohte nun auszubleiben, so dass Arnim befürchten musste, allein von der Schriftstellerei leben zu müssen. Und als die Großmutter im Frühjahr 1810 starb, wurde seine Lage auch nicht viel besser, da laut testamentarischer Bestimmung der Familienbesitz, der der schlechten wirtschaftlichen Lage, der hohen Steuern und alter Verschuldungen wegen kaum Einkünfte brachte, zum Fideikommiss erklärt worden war. Die beiden unverheirateten Brüder konnten also keines der Güter verkaufen, sie nur zugunsten ihrer zukünftigen ehelich geborenen Kinder verwalten. Sollten die Kinder aber ausbleiben, fielen die Besitzungen an die öffentliche Hand. Dem Dichter war nun also neben der Sorge um die Güter auch die ums Kinderkriegen aufgegeben. Die verschuldeten Güter, nördlich und südlich Berlins liegend, erwiesen sich bei Besuchen als ziemlich heruntergekommen. Und da der ältere Bruder zwar uneheliche Kinder hatte, aber keinesfalls zu heiraten gedachte, entschloss sich der jüngere, aber nicht etwa nur aus diesem Grunde, zu dem bedeutsamen Schritt.

Bettine Brentano, vier Jahre jünger als Achim und wesensmäßig von ihm grundverschieden, war ihm als jüngere Schwester seines Freundes Clemens schon als Siebzehnjährige und dann immer wieder begegnet, und das Verhältnis zwischen ihnen war, bei aller Sympathie füreinander, lange ein nur freundschaftliches gewesen, das auch Phasen der Entfremdung gekannt hatte und sich nur allmählich und mit Rückschlägen zu einer Liebe entwickelt hatte, von der der Briefwechsel dieser Jahre in schönster Weise zeugt. Es war ausgemacht, dass Bettine, die damals in Landshut bei ihrer Schwester Gunda und ihrem Schwager Savigny lebte, mit diesen zusammen nach Berlin übersiedeln sollte, wenn Savigny von Humboldt an die neue Universität berufen war. Eine Wohnung war schon gemietet worden, am Monbijouplatz 1. Kurz vor der Reise konnte Bettine in einem der oft langen und mit Gedichten geschmückten Briefe Arnims folgendes lesen:»Ich meine, wir heiraten uns, wann und wo es sei, nur bald. An Mobilien brauchst Du so nicht viel, wenn Du ein Fortepiano hast, ich hab mein Schreibpult. Was mich so dringend treibt ist die Entfernung Deiner hiesigen Wohnung von der meinen, es ist eine Reise bis dahin, aber Savigny konnte leider keine nähere finden, die seinen Bedürfnissen angemessen. Ich habe Dein Zimmer mit schwerem Herzen angesehen, ehe mir Dein Brief gekommen, hab mir gedacht, ob mir da gute oder böse Zeit würde aufgehen; und da fiel mir ein grüner Baum davor in die Augen, der gab mir ein frisches Zutrauen. Dem Zelter wohnst Du nahe, [er wohnte in der Münzstraße] das kann Dir lieb sein, und ich lauf doch zu Dir und wärs ans Ende der Welt. Und dann haben wir in der Nähe den geräumigen Schlossgarten von Monbijou, da können wir Ball schlagen und Erdbeeren pflücken.«

Ob Bettine, die Mitte August 1810 mit den Savignys zusammen in Berlin eintraf, wirklich so aussah, wie Ludwig Emil Grimm sie kurz vorher in Landshut gezeichnet hatte, ist fraglich. Ihr Bruder Clemens jedenfalls war entsetzt über dieses für Arnim bestimmte Porträt, für das er Ausdrücke wie verrucht, fatal, widerlich, stupid und Schweinerei verwendet. Es stelle nicht Bettine dar, meinte er, sondern eine »hochschwangere garstige Person«, die das Buch, das Arnims »Wintergarten« darstellen solle, höchst ungeschickt wie eine Bibel halte.

Bettine habe sich hier »als die Frau malen lassen, die in einem Märchen von ihr sieben Kinder sieben Jahre lang unterm Herzen trägt.« Am Talent des jüngeren Grimm-Bruders zweifle er sehr.

Bettine Brentano mit Arnims »Wintergarten«.
Radierung von Ludwig Emil Grimm

Ans Heiraten aber war mit Bettines Ankunft noch nicht zu denken, da Arnim das Trauerjahr nach dem Tode der Großmutter einhalten musste; das Verloben aber fiel nicht unter dieses Verbot. »Am 4. Dezember«, schrieb Bettine in ihrem Weihnachtsbrief an Goethe, »war kalt und schauerlich Wetter, es wechselte ab im Schneien, Regnen und Eisen; da hielt ich Verlobung mit Arnim unter freiem Himmel um ½ 9 Uhr abends in einem Hof, wo hohe Bäume stunden, von denen der Wind den Regen auf uns herabschüttelte, es kam von ungefähr.«

Da die Verlobten Feierlichkeiten nicht mochten und Arnim sich scheute, dem Freund den Auszug aus der gemeinsamen Wohnung anzukündigen, sollte auch die Trauung heimlich geschehen. Am 10. März 1811 war sowohl das Trauerjahr als auch die Aufgebotsfrist abgelaufen, am 11. sollte die Trauung sein. Da Bettine katholisch war, hatte das Aufgebot auch in der katholischen Gemeinde, also in der Hedwigskirche, verlesen werden müssen, und die Bestätigung dafür sollte am 11., kurz vor der Trauung, bei Arnim sein. Aber der katholische Küster, der den zur Trauung notwendigen Aufgebotsschein bringen sollte, verpasste Arnim, worauf dieser durch die Straßen lief, alle Männer, die etwas »Küsterhaftes« an sich hatten, fragte, ob sie der Gesuchte wären, und darauf einmal auch ein »Gott bewahre mich davor!« als Antwort bekam. »Ganz in Schweiß gebadet« erschien er dann zur vereinbarten Zeit mit Bettine in der Privatwohnung des alten Pastors Schmid von der Waisenhauskirche, der schon im Ruhestand war. Über dessen feierliche Pensionierung hatte Arnim am 27. Dezember 1810 in Kleists »Abendblättern« geschrieben und dabei auch die Darbietungen von Zelters Singakademie, in der Bettine mitgesungen hatte, gerühmt. Die Trauung wurde dann auch ohne den Aufgebotsschein vollzogen. Als Trauzeugin diente die Frau des Pastors, die Arnim schon als Kind gekannt hatte, und die dann auch Bettine, »die unsere hiesige Gewohnheit nicht kannte« ihren eignen seit fünfzig Jahren aufbewahrten Myrthenkranz lieh. »Es war ein zierliches Krönchen, grüne Seide kraus über Draht gesponnen zur Nachahmung der Myrthe, wie es in jener Zeit Mode gewesen war. Bettine glich darin mit ihrem schwarzgescheitelten Haare einer Fürstin älterer Zeit.«

Am Abend des Hochzeitstages waren die beiden Freunde wie gewöhnlich zu Gast bei den Savignys am Monbijouplatz. Clemens ging eher nach Hause in die Mauerstraße, Arnim blieb bei Bettine noch sitzen, bis die Savignys zu Bette gingen, nahm Abschied, polterte die Treppe hinunter, schlug laut von innen die Tür zu, entledigte sich der Stiefel, huschte in Strümpfen wieder nach oben und »war in drei Sprüngen in Bettines Zimmer«, wo zwischen »Rosenstöcken und Jasminen« nur noch die Nachtlampe brannte. »Früh schlich ich mich unbemerkt fort.«

Als Bettine fünf Tage später Schwester und Schwager von der Hochzeit erzählte, dauerte es lange, bis diese merkten, dass das nicht eine der bei Bettine üblichen spaßhaften Erdichtungen war. Es gab eine Verstimmung, aber diese währte bei ihnen, wie auch bei Clemens, nicht lange, weil sie begriffen, dass das Paar auf diese Weise den vielen Gratulationen, Feiern und Hochzeitsspäßen entgangen war. Zehn Tage schlief Arnim nun bei den Savignys, dann zogen er und Bettine, nachdem sie schon eine Magd und einen Diener engagiert hatten, in die erste eheliche Wohnung, die sie in einem Häuschen im Garten des Palais Voss, Wilhelmstraße 78, gemietet und reichhaltiger als nur mit Schreibpult und Fortepiano eingerichtet hatten. Da gab es, wie Arnim den Brüdern Grimm brieflich erklärte, für Bettine ein Zimmer und eine Schlafkammer, für ihn ein Zimmer mit Stehpult, Waschtisch und Schlafsofa, daneben, sehr klein, Küche und Magdkammer und an einer anderen Ecke des großen Gartens ein Lusthäuschen, das als Bettines Musikzimmer gedacht war. Arnim freute es, in Berlin zu sein, ohne zwischen Bäumen und Hecken viel von der Stadt zu bemerken. »Der Weg zu uns ist etwas beschwerlich und das hält die überlästigen Seelen ab.«

Am 28. September dieses Jahres konnte Arnim seinem Bruder Pitt schon schreiben, dass seine »Frau zum Besten der fideikommissarischen Einrichtungen schwanger geworden ist.«

Der Baumeister

Im März 1805 war Karl Friedrich Schinkel von seiner ersten Italienreise zurückgekommen, hatte sich in der Breite Straße 22 im Hause des Seidenfabrikanten George Abraham Gabain eine Wohnung gemietet und versucht, als freier Künstler zu leben, was ihm durch seine in Italien gereiften zeichnerischen und malerischen Talente bis 1810 auch gelang. Denn da die Bautätigkeiten nach der preußischen Niederlage und der Flucht des Hofes nach Ostpreußen so gut wie aufgehört hatten, gab es für Architekten kaum Aufgaben. Schinkel aber fand eine andere Möglichkeit, Geld zu verdienen und sich der Öffentlichkeit bekannt zu machen, und zwar durch Schaubilder großen Formats. Mit ihnen bereicherte er die in Berlin üblichen, meist von Geschäftsleuten veranstalteten Weihnachtsausstellungen, und er hatte großen Zulauf damit.

Er arbeitete dabei mit den Brüdern Karl und Ferdinand Gropius zusammen, die neben ihm im dritten Stock des Seidenfabrikantenhauses wohnten und sowohl geschäftlich als auch künstlerisch vorgebildet waren, weil ihr Vater, Wilhelm Gropius, eine Kostüm- und Maskenfabrik betrieb. Karl Gropius perfektionierte nach den Befreiungskriegen diese Vorführung von Transparentbildern und eröffnete in der Georgenstraße, Ecke Universitätsstraße dazu ein eignes Theater, Diorama genannt.

Bei dieser Unternehmung von Gropius und Schinkel handelte es sich um Bilder von etwa vier Metern Höhe und sieben Metern Breite, die auf durchscheinendes Papier oder dünnes Gewebe gemalt waren, meist Fernes oder Sensationelles darstellten und um die Weihnachtszeit immer Publikum fanden. Man versammelte sich in abgedunkelten Räumen und ließ sich durch die von hinten angestrahlten Bilder, die von Musik, Geräuschen oder Kommentaren begleitet wurden, bilden, belehren, entsetzen oder verzaubern. Durch kunstvolle Beleuchtung wurde versucht, die flächigen Bilder räumlich erscheinen zu lassen, so dass der Zuschauer die Illusion haben konnte, mit den abgebildeten Personen bei Mondschein den Vesuv zu betrachten oder mit den Gläubigen im Petersdom zu stehen. Zwischen 1807 und 1815

Brand von Moskau. Schaubild von Schinkel

malte Schinkel neben einem einzigen Rundbild, das das »Panorama von Palermo« zeigte, mehr als vierzig solcher riesigen, wie er sie nannte, perspektivisch-optischen Schaubilder, von denen der Nachwelt aber nur Entwürfe erhalten geblieben sind. Er konnte dabei seine Kenntnis Italiens ausbeuten, wagte sich aber auch an die Darstellung der ägyptischen Pyramiden oder der sieben Weltwunder und zog später auch mit patriotisch geprägten Darstellungen von historischen Ereignissen, wie dem Brand von Moskau, die Zuschauer an.

Achim von Arnim war empört darüber, dass Schinkel sein Talent
für diesen »Dreck« des Gropius vergeudete, Brentano aber scheint
mehr Sinn dafür gehabt zu haben, denn er führte Eichendorff, der
den Winter 1809/1810 in Berlin verbrachte, also auch den Einzug des
Königspaares miterlebte, am 3. März dorthin. »Abends ins Theater
des talentvollen Malers Schinkel«, kann man in Eichendorffs Tagebuch lesen, und dann ist in Stichworten von mehreren Vorstellungen der »herrlichen perspektivischen Gemälde« die Rede, vom Ätna
im Morgenrot »mit Waldhorns-Echo«, von der »Kreuzeserleuchtung
in der Peterskirche« und vom »Inneren der Domkirche zu Mantua«
mit Kirchenmusik.

Beeindruckt von dieser Kunst, sich durch Licht und Farbe in ferne
Länder versetzen zu lassen, zeigte sich auch die Königin Luise, die
bald nach der Rückkehr aus Ostpreußen mit dem König zusammen
die populäre Schaubildervorführung besuchte und dabei, wie erzählt
wurde, Schinkel den Platz neben ihr einzunehmen bat. Dass Schinkel wenige Monate später im Staatsdienst angestellt wurde, ist aber
kaum auf diese Begegnung zurückzuführen, sicher hat Wilhelm von
Humboldt, den Schinkel in Rom kennengelernt hatte, an seiner Ernennung zum Geheimen Ober-Bau-Assessor mitgewirkt. Zu dessen
ersten Aufgaben gehörte, die Gemächer der Königin Luise in den
Schlössern von Charlottenburg und Potsdam neu einzurichten. Neben dem Zeichner, Maler und bald auch Bühnenbildner kam nun
auch der Baumeister wieder zum Zuge.

Er war achtundzwanzig, als er im Mai 1810 in die im Zuge der
Reformen neu gegründete Oberbaudeputation aufgenommen wurde.
Im August des Vorjahres hatte er die aus Stettin stammende Susanne
Berger geheiratet und eine Wohnung am Alexanderplatz gemietet.
Ein eignes Haus baute sich dieser geniale Baumeister nie.

In diese Zeit fällt auch seine Freundschaft mit Clemens Brentano,
die möglicherweise an Zelters Liedertafel oder in Arnims Tischgesellschaft entstanden war. Nachdem Arnim, ohne den Freund davon zu
verständigen, geheiratet und die Wohngemeinschaft in der Mauerstraße aufgekündet hatte, schloss sich Brentano noch intensiver an

Schinkel an. Nach seiner Meinung war Schinkel eine so »reiche Kunstnatur, als sie das große italienische Mittelalter hervorgebracht« hatte. Er hielt ihn für den »größten Architekten seit Jahrhunderten« und den »tiefinnigsten Landschaftsmaler«, war erstaunt über die »Bescheidenheit dieses herrlichen Mannes« und rühmte sein schnelles Arbeiten und seinen Fleiß. Zwar wurde nichts aus einer Zusam-

Schinkels Selbstbildnis mit Frau Susanne.
Pinselzeichnung

menarbeit an Illustrationen zu Brentanos Kunstmärchen, aber die Freunde reisten zusammen nach Böhmen, und als Brentano nach den Befreiungskriegen nach Berlin zurückkehrte, kam es an den Abenden, die sie miteinander verbrachten, zu einem Wettstreit zwischen ihnen, dem eine von Schinkels Phantasielandschaften seine Entstehung verdankt. Als Brentano behauptete, dass sprachliche Kunstwerke leichter und schneller als bildliche entstehen könnten, widersprach ihm Schinkel, nahm den Zeichenstift, den er immer zur Hand hatte, und schuf, während Brentano aus dem Stegreif eine kunstvoll verschlungene Geschichte erzählte, die dazu passende Zeichnung einer romantischen Landschaft, in der sich hoch über dem Flussufer ein

Felsenschloss.
Schinkels Zeichnung nach einer mündlichen Erzählung
von Clemens Brentano

Schloss auf Felsen erhebt. Schinkel diente die Zeichnung später als Vorarbeit zu einem Gemälde, Brentano aber hat die Geschichte leider nie aufgeschrieben, so dass uns zur Illustration der Text fehlt und wir beispielsweise nicht wissen, was der Hirsch auf dem Aufgang zum Schloss zu bedeuten hat.

Der Beamte

Dass sich Preußen nach 1807 durch Gesetze statt durch blutige Revolutionen modernisieren konnte, war vor allem das Verdienst höherer Beamter, darunter auch solcher, deren Namen nicht in jedem Schulbuch steht. Der Pastorensohn Friedrich August Staegemann war einer dieser gebildeten, durch die Aufklärung und die klassische Literatur beeinflussten Reformer, von dessen politischem Wirken die Zeitgenossen wenig erfuhren. Ihn kannten sie eher durch seine Gedichte, die in Musenalmanachen zu lesen waren und durch ein Bändchen mit »Kriegsgesängen«, das 1814 erschien. Eine stark erweiterte Sammlung seiner chronologisch geordneten politischen Dichtungen veröffentlichte er 1828 unter dem Titel »Historische Erinnerungen in lyrischen Gedichten« beim Verlag von Georg Andreas Reimer in Berlin. Leser, die die Geduld aufbrachten, sich durch die schwerfälligen, mit gelehrten Metaphern gespickten Oden in der Art Klopstocks zu quälen, wurden hier lyrisch durch die von ihm miterlebte und mitgestaltete Geschichte der preußischen Reformjahre geführt. Die militärische Niederlage im Jahre 1806, der Frieden von Tilsit 1807 und Napoleons Fürstenkongress von Erfurt 1808 wurden von ihm genau so bedichtet wie die erfolglosen Kämpfe der Tiroler und Österreicher im Jahre 1809. Schills Heldentaten wurden in neun Gedichten besungen. 1810 wurde der Tod der Königin Luise betrauert, und als 1812 Napoleons Feldzug in Russland mit dem Brand Moskaus endete und die Befreiungskriege begannen, wurden bis 1815 die siegreichen Feldherren und ihre Schlachten durch Verse geehrt. Die Zeit danach aber war für den Dichter, der die Restauration nicht aufhalten konnte, nicht mehr bedichtenswert. Nun waren seine Gedichte nur noch den Erinnerungen an die Jahre der Hoffnung gewidmet. Er

besang nun die »Errichtung des Siegesdenkmals auf dem Kreuzberg«
oder seine Empfindungen »Vor dem Bilde des Generals von Scharnhorst in der Werkstätte des Professors Rauch«.

Friedrich August Staegemann.
Gemälde von Klöber

Dass seine pathetischen, immer ins Allgemeine oder Welthistori-
sche ausgreifenden Gedichte, die wie Klopstock den erfundenen Gott
Teut beschworen und die Brandenburger, einem alten historischen
Irrtum folgend, als Brennen bezeichneten, in der jüngeren Generation weite Verbreitung fanden, scheint unwahrscheinlich, aber da sie
die ersten Befreiungskriegsgedichte waren, kommt ihnen doch eine
Bedeutung zu. Varnhagen erzählt in seinen »Denkwürdigkeiten« von
der Begeisterung der jungen Dichter für eine der Oden, die Fichte
1807 aus Ostpreußen mitgebracht und ihnen vorgelesen hatte, weil
darin prophezeit wurde, dass später einmal »der Rache Pfeil« die
»Ferse Napoleons« treffen wird. »Den zwiefachen Schauer der poe-

tischen Macht und der politischen Kühnheit« glaubten die jungen
Leute in diesen Versen zu spüren, fragten Fichte nach dem Namen
des Verfassers und hörten, »als solcher bekenne sich ohne Hehl der
Geheime Oberfinanzrat Staegemann in Königsberg, bisher nur als
Dichter von Scherz- und Liebesgesängen bekannt, jetzt aber in höherem Schwunge sein glückliches Talent dem Vaterlande weihend, ein
Mann von unansehnlichem Äußern, auf zwei missgestalteten Füßen
schwierig einhergehend, aber ein vortrefflicher Kopf, auch in Staats-
geschäften als solcher gerühmt.«

Diese umfangreiche, »An den Kaiser von Russland« gerichtete Ode
wurde von den jungen Dichtern heimlich verbreitet, und eine der
Abschriften hatte Varnhagen, der übrigens in seiner späteren Staats-
stellung mit ihrem Verfasser noch vertraut werden sollte, den Krieg
hindurch immer in seinem Gepäck. Staegemann aber, dessen Verse
den Dilettanten immer erkennen ließen, gehörte hauptberuflich bald
zu den wichtigsten Männern der zweiten Reihe im Staate. Er wurde
für Stein und Hardenberg unentbehrlich, und ab 1810 wurden er und
seine Frau auch für die Berliner Gesellschaft wichtig, ein wenig auch
für Heinrich von Kleist.

1763 war Staegemann, der 1816 geadelt wurde, in Vierraden in der
Uckermark als Pastorensohn geboren worden, hatte aber früh seine
Eltern verloren und so den größten Teil seiner Jugend im Schind-
ler'schen Waisenhaus in der Wilhelmstraße verbringen müssen, wo
der später als Schmidt von Werneuchen bekannt werdende dichtende Pastor sein Mitschüler war. Nach dem Besuch des Gymnasiums
zum Grauen Kloster und einem Jurastudium in Halle war ihm eine
Anstellung als Justiz- später auch Finanzbeamter in Königsberg vermittelt worden, wo er »am 22. Julius 1784, nachmittags gegen sechs
Uhr in einem am Schlossteich belegenen Garten« seine künftige Frau
zum ersten Mal sah. Ihr, Frau Elisabeth Graun, geb. Fischer, waren
fortan (und bis an ihr Lebensende) seine Liebesgedichte gewidmet.
Bald konnte er auch im Hause dieser als schön und geistvoll bekannten Frau verkehren, und wenn ihm auch wohlhabendere, geistreiche-
re und ansehnlichere Mitbewerber, wie der scharfsinnige Publizist

Friedrich Gentz, der auch Rahel verzaubert hatte, und der Herzog
Friedrich Karl von Holstein-Beck, jahrelang vorgezogen wurden, gab
er doch seine unaufdringliche Verehrung nie auf.

Als Tochter eines Königsberger Großkaufmanns und Enkelin des
bekannten Buchdruckers und Verlegers Johann Heinrich Hartung
war Elisabeth Fischer sorgfältig erzogen worden und hatte besonders

Elisabeth Staegemanns Selbstbildnis

im Musizieren und Malen Talent gezeigt. Ihrer früh geschlossenen
Ehe mit einem Justizrat Graun, dem Sohn des von Friedrich dem
Großen geschätzten Komponisten Johann Gottlieb Graun, war zwar
kein Glück beschieden, aber das offene Haus, das sie im Zentrum
Königsbergs führte und das auch Berühmtheiten wie Immanuel

Kant, Theodor Gottlieb Hippel und Johann Friedrich Reichardt zu seinen Gästen zählte, entschädigte sie etwas dafür. Staegemann war einer der jüngsten, unbedeutendsten und unscheinbarsten ihrer Besucher, ihn zeichnete aber die Innigkeit und Beständigkeit seiner Verehrung aus. Nach zwölf Jahren, in denen er beruflich Karriere machte und sie sich vom ihrem Mann, der nach Berlin versetzt worden war, entfremdete, ließ sie sich 1795 scheiden und heiratete ein Jahr später ihren mehr als zwei Jahre jüngeren treuen Verehrer, der seiner Liebe zu ihr aber auch weiterhin in Gedichten Ausdruck gab. Die an sie gerichteten 112 Sonette, die er 1835 für Töchter und Enkelinnen zusammenstellte, waren in den zwölf Jahren der Anbetung und den neununddreißig Ehejahren entstanden, das letzte ein Jahr nach Elisabeths Tod.

Nachdem Staegemann vom Freiherrn vom Stein 1806 zum Chef der Staatsbank, der sogenannten Preußischen Seehandlung, ernannt worden war, siedelte er mit seiner Familie nach Berlin über, musste aber nach der Katastrophe von Jena im Oktober schon wieder mit dem König und der Regierung nach Ostpreußen fliehen. Als Mitglied der Kommission zur Neugestaltung des Staates war er nun unter Stein an den Reformen, besonders auch an der Bauernbefreiung, entscheidend beteiligt. Als Vertreter Steins verhandelte er mit den Franzosen über die Höhe der Kontributionen. Und auch für Hardenberg war er ab 1810 unentbehrlich, vor allem als Finanzberater, aber auch als Befürworter und Bearbeiter der Verfassungspläne, deren Realisierung dann zu seinem Leidwesen nicht gelang.

Die Geselligkeiten in seinem Hause, die schon in Königsberg Berühmtheit erlangt hatten, fanden nach seiner Rückkehr aus Ostpreußen ab 1810 in Berlin eine Fortsetzung und waren, seiner liberalen Haltung entsprechend, ein Treffpunkt der Intelligenz aller politischen Richtungen. Die sowohl bürgerlichen als auch adligen Gäste wurden an jedem Freitagabend von der Frau des Hauses in Staegemanns Amts- und Wohnsitz, der Seehandlung am Gendarmenmarkt, empfangen, die sich seit 1777 (bis zum Abriss 1901) in dem ehemaligen Wohngebäude für die Domestiken des Hofes in der

Markgrafenstraße 38, Ecke Jägerstraße, befand. Politisches wurde hier zum Thema, mehr aber wohl die Musik und die Dichtung. Wie schon vorher Rahels Salon, war auch dieser ein Ort der Goethe-Verehrung. Vom Komponisten begleitet, sang Elisabeth Staegemann mit ihrer vielgerühmten Stimme Reichardts Goethe-Lieder. Fürst Anton von Radziwill, der später an seinem Privattheater den »Faust« zum erstenmal aufführte und »Faust«-Musik komponierte, gehörte zu diesem Kreise, wie auch Rahel und ihr dichtender Bruder Ludwig Robert, Prinz August, der Kantianer Professor Kiesewetter, der auf der Offiziersschule Clausewitz philosophisches Denken beigebracht hatte, der Polizeipräsident Gruner, Gneisenau, Adam Müller, bevor er sich ganz der Adelspartei zuwandte, und auch Heinrich von Kleist.

Als Kleist im März 1810 seine Halbschwester Ulrike nach Berlin zu locken versuchte, versprach er ihr auch, sie in das Haus des Geheimen Staatsrats Staegemann einzuführen, wo ihn der Überlieferung nach ein Vertrauensverhältnis besonders mit der Frau des Hauses, die er schon in Königsberg kennengelernt hatte, verband. In der Biographie Elisabeth Staegemanns, die ihre Enkelin Marie von Olfers unter Verwendung von Briefen und Erinnerungen verfasste, ist auch davon die Rede, dass Elisabeth Kleist nicht nur auf ihren Empfängen gesprochen habe, sondern oft auch allein. Zwei Tage vor seinem Freitod sei er zu ihr gekommen, sie aber habe ihn krankheitshalber abweisen lassen, was später ihr Gewissen belastet habe.

Wie sehr das Ehepaar Kleist und sein Werk zu schätzen wussten, beweist auch ein Sonett Staegemanns, das in dem Bändchen von 1835 fehlte, sich aber im Nachlass Marie von Kleists erhalten hatte und erst 1917 gedruckt erschien.

Bei dem Tode Heinrich von Kleists im November 1811

»Elisabeth, aus Deinem Abendkreis
Ist einer ernst und stumm hinweggeschieden.
Die Wogen hörten auf, in ihm zu sieden;
Er sank hinunter in das Bett von Eis.

Der innern Saiten stillen Sieges-Preis
Errang er nicht, nicht seines Herzens Frieden,
Obwohl der Blütenkranz der Pieriden
Um seine Locken wehte, rot und weiß.

Wir weinen beide! Er war der Tränen wert.
Ach, konnte nicht auch ihm ein Stern erglimmen?
Konnt ihm ein Engel nicht die Saiten stimmen?

O Du mein Stern, mein himmlicher Gefährt,
An Deine Brust lass meine Tränen fließen!
Um ihn die bittren! ach, für mich die süßen!«

Der Maulriese

Am 22. Dezember 1809, also einen Tag vor der feierlichen Rückkehr des Königs, bekam Georg Andreas Reimer, einer der bedeutendsten Berliner Verleger, Besuch von einem Freund aus Jugendtagen, der von seiner wochenlangen Reise, die ihn von Stockholm über Schwedisch-Pommern, Mecklenburg und Preußisch-Pommern geführt hatte, viel Abenteuerliches zu erzählen wusste. Aus Furcht vor französischen Spionen und deutschen Denunzianten hatte er sich und sein schweres Gepäck von kleinen Schiffen und privaten Fuhrwerken befördern lassen und hatte erst ab Pasewalk den regulären Postwagen benutzt. In der Nähe von Reimers Verlag und Wohnung in der Kochstraße 14 mietete er bis zum Frühjahr ein Zimmer. Sein Pass lautete auf den Namen Allmann, sein richtiger Name aber war Ernst Moritz Arndt.

Die Freunde waren beide in Schwedisch-Pommern geboren und aufgewachsen, Reimer in Greifswald als Sohn eines wohlhabenden Kaufmanns, Arndt als Sohn eines Landwirts auf Rügen, und sie waren sich erstmalig in Greifswald begegnet, als Arndt dort studierte und Reimer seine Verlegerkarriere als Buchhandelslehrling begann. Während Reimer 1795 Angestellter einer Berliner Verlagsbuchhandlung wurde und sich im Jahre 1800 mit der Erbpachtung der Realschulbuchhandlung selbständig machte, wurde Arndt Professor in Greifswald und bald ein erfolgreicher politischer Publizist. Seine antifeudale Schrift »Versuch einer Geschichte der Leibeigenschaft in Pommern und Rügen« war 1803 in Berlin bei Reimer erschienen, aber Aufsehen erregte er erst 1806 und 1809 mit den zwei Bänden seiner umfangreichen, trotz übergroßer Redseligkeit zündenden Kampfschrift »Geist der Zeit«. Da er sich darin als Künder der deutschen

Der Verleger Georg Andreas Reimer.
Lithographie nach einem Gemälde von Franz Krüger

Einheit und Gegner Napoleons und des Rheinbundes erwiesen hatte, war er zur Flucht nach Schweden gezwungen worden und hatte von dort aus seine politische Tätigkeit fortgesetzt. Auch sein Aufenthalt in Berlin unter falschem Namen galt politischen Zwecken. Er wollte mit dem patriotischen Kreis, der sich um Reimer gesammelt hatte, Verbindung aufnehmen und schloss sich deshalb in diesen Winterwochen Reimers geheimer »Lesender und schießender Gesellschaft« an. Auch an Zelters Liedertafel kam er mit vielen antinapoleonisch gesinnten Männern zusammen, darunter mit Schleiermacher. Dessen Halbschwester Nanny wurde zehn Jahre später seine Frau.

Unter den patriotischen Dichtern und Publizisten dieser Jahre war Arndt, der zwei Jahre später dem Freiherrn vom Stein nach Russland folgen und an dessen Seite 1813 wieder heimkehren sollte, mit seinen Büchern, Flugschriften und Gedichten wohl der einflussreichste. Die Wirkung, die Kleist sich von seiner politischen Lyrik vergebens erhofft hatte, wurde seinen eingängigen und sangbaren Gedichten, wie dem »Gott, der Eisen wachsen ließ« und »Was ist des Deutschen Vaterland«, in überreichem Maße zuteil. Seine derbe, am Lutherdeutsch geschulte Prosa, mit der er Napoleon verteufelte und die Deutschen beschwor zusammenzuhalten, war beeindruckend. Sein Hass galt allen Franzosen, die für ihn insgesamt unehrlich,

Ernst Moritz Arndt.
Stich von C. T. Riedel nach L. Buchhorn

leichtsinnig, diebisch und lüstern waren, und da er in seinen Kriegspredigten Hass mit kindlicher Frömmigkeit verbinden konnte, schuf er so etwas wie ein antifranzösisches deutsches Christentum. Sein »Katechismus für den teutschen Kriegs- und Wehrmann, worin gelehret wird, wie ein christlicher Wehrmann sein und mit Gott in den Streit gehen soll« von 1813 versuchte den Soldaten einzureden, dass das Töten von Franzosen um der Freiheit des Vaterlandes willen christlichen Geboten entsprach. Um den Deutschen das zum Kämpfen nötige Selbstvertrauen zu geben, machte er sie zu den von Gott Auserwählten. »Von jeher lag der Keim des Großen und Guten im germanischen Volke, wie in einigen Völkerschaften der Keim des Gemeinen und Schlechten liegt«, behauptete er. Wie Kleist und Gneisenau hoffte er vergebens auf Volksaufstände gegen die Besatzer. Er verfluchte die Aufklärung mit ihrem »philanthropischen Kosmopolitismus (wie man mit vornehmen, fremden Worten das Elendige benennt)«, und in die Grenzen des von ihm erstrebten einigen Deutschlands schloss er auch Elsass-Lothringen, die Niederlande und die Schweiz mit ein. In seinem Männlichkeitswahn verachtete er alle Dichtung, die statt auf Härte und Tapferkeit auf »Verweichlichung und Empfindung« setzte, und der »erste dieser verbrecherischen Verweichlicher, dieser Nervenausschneider menschlicher Kraft« war ihm Jean Paul.

Dieser war nämlich 1809 in seiner »Friedenspredigt« und seiner »Kriegserklärung gegen den Krieg« nicht nur lobend auf die Segnungen der Revolution eingegangen, die Napoleon in einige der Rheinbundstaaten gebracht hatte, sondern hatte auch Arndts, Fichtes und Jahns These von der Überlegenheit der Deutschen für unsinnig erklärt. »Es wäre eben so schlimm für die Erde, wenn es lauter Deutsche, als wenn es keine gäbe, und kein Volk ersetzt das andere«, hieß es in seiner Rezension von Fichtes »Reden an die deutsche Nation«. Arndts Behauptung, dass Kriege notwendig seien, »weil wir sonst in Nichtigkeit, Weichlichkeit und Faulheit einschlafen würden«, setzte er entgegen, dass auch Anstrengung bei nützlicher Arbeit der Verweichlichung vorbeugen könne, und die Zivilcourage schätzte er höher als das Heldentum im Krieg. Dem Volk, das Arndt bewaffnen wollte, gab er zu bedenken, dass es auch diesmal wieder alles Blut und Elend zu ertragen haben werde, um am Ende in der »Mord-Lotterie« des Krieges wieder nur Nieten zu ziehen. Kein Wunder war es also, dass der Kriegsagitator Arndt den Friedensprediger Jean Paul als einen »gefährlichen Menschen« bezeichnete, als einen »verderblichen

Verführer und Vergifter, durch welchen alles Gestaltvolle und Männliche untergehen muss.«

Für Jean Paul aber war Arndt einer der »Maul-Riesen (nach Art der Maul-Christen)«, die sich Kraftmenschen dünken, in ihrem Schreiben aber die Kraft der Wahrheit vermissen lassen, also der Butterblume gleichen, aus welcher, da die Kühe sie nicht fressen, »niemals Butter wird.«

Der Vergessene

Die Zeit von Johann Gottfried Schadows größten Erfolgen war mit Preußens Niederlage von 1806/07 zu Ende gegangen. Das zeitweilige Verschwinden seiner Quadriga war wie ein Sinnbild dafür. Sein Ansehen als bedeutendster Bildhauer des Landes machte ihm zwar keiner ausdrücklich streitig, aber da in dem folgenden Jahrzehnt die Vergabe von größeren Aufträgen durch die allgemein herrschende Armut selten wurde und die von ihm ausgebildete jüngere Bildhauergeneration nach vorne drängte, war er nicht mehr so wie vorher gefragt. Von Friedrich Wilhelm II. war er geschätzt und zum Hofbildhauer ernannt worden, dessen Sohn aber war weniger gut auf ihn zu sprechen, weil er das Grabmal des Grafen von der Mark, des unehelichen Sohnes seines Vaters, so aufwendig gestaltet hatte und der Realismus seiner Prinzessinnengruppe, die Luise und Friederike zeigte, dem König missfiel. Weiterhin ehrte man Schadow, aber wie einen Alten, dessen Verdienste in der Vergangenheit lagen. Er war der untergehende, sein ehemaliger Schüler Rauch der aufgehende Stern.

Die Quadriga war zwar die für die Berliner sichtbarste, aber nicht die einzige Kunstbeute, die Napoleon nach Paris überführt hatte. Die Kunstsachverständigen seines Gefolges waren schon im Oktober 1806 mit ihm zusammen in Berlin eingetroffen, an ihrer Spitze der Künstler und Kunstsammler Dominique Vivant Denon. Dieser hatte Napoleon schon nach Ägypten begleitet und hatte ein Buch über die dortigen Kunstschätze geschrieben, das unter dem Titel »Reisen durch Ober- und Unter-Egypten während Bonapartes Feldzügen« 1803 auch in deutscher Übersetzung erschienen war. 1802 war er zum Direktor des Louvre ernannt worden, das seit 1803 nun Musée Napoléon hieß.

Die vielen Beutestücke aus den eroberten Ländern, besonders aus den
Niederlanden und Italien, waren dort zusammengeführt worden und
wurden nun durch die preußischen Schätze ergänzt.

Vivant Denon.
Gemälde von Pierre Paul Prudhon

Denon, der sein Quartier in der Leipziger Straße 70 hatte, war gut
vorbereitet nach Preußen gekommen. Die Stücke, die er sich für Paris
wünschte, hatte er sich schon vorher anhand von Friedrich Nicolais
Führer durch Berlin und Potsdam und dem von Matthias Oesterreich
zusammengestellten Katalog der Bilder aller königlichen Schlösser
ausgewählt. Insgesamt waren es 123 Gemälde, 28 Statuen, 56 Büsten
und Reliefs, 500 Gemmen und 25 Elfenbeinarbeiten, die er aus den
königlichen Beständen raubte. Dass die Quadriga dazu bestimmt war,
ein geplantes Triumphtor in der französischen Hauptstadt zu krönen,
erfuhr Schadow von Denon persönlich, der mit Alexander von Humboldt zusammen zu ihm kam. Dass Denon ihm auch vorschlug, an

dem königlichen Auftrag für ein Denkmal Friedrichs des Großen auf französische Kosten weiterzuarbeiten, muss ihm wie Hohn geklungen haben. Denn nach dem Wettbewerb für ein solches Denkmal, an dem auch Schadow sich beteiligt hatte, war ein solcher Auftrag gar nicht erteilt worden, und als er später erteilt wurde, ging er nicht an ihn, sondern an Rauch.

Der Protest, den Schadow und einige andere Berliner Künstler in ehrerbietigen Formen gegen den Kunstraub erhoben, war selbstverständlich erfolglos und erinnerte nur daran, dass es Empörung über Napoleons Kunsträubereien in der Kulturwelt Europas kaum gab. Schiller hatte ziemlich allein gestanden, als er seiner Empörung über die Ausplünderung Italiens 1802 in seinem Gedicht »Die Antiken in Paris« Ausdruck gegeben hatte. Er mutmaßte, dass die antiken Kunstwerke in Paris »schweigen« würden. Denn: »Der allein besitzt die Musen, / Der sie trägt im warmen Busen; / Dem Vandalen sind sie Stein.« Aber Schiller war seit drei Jahren tot, und die Weltgeschichte, die viele kunsträuberischen Eroberer gekannt hatte, gab Napoleon, solange er siegreich blieb, recht.

Abgesehen von dem schwachen Protest der Künstler war unter den Berlinern nichts von Empörung zu spüren. Sie vermissten zwar die Quadriga, deren Fehlen das Brandenburger Tor zum Torso machte, nicht aber die Gemälde aus den Schlössern, deren Anblick den meisten von ihnen sowieso nicht gegönnt worden war. Und requiriert wurden offensichtlich wirklich nur die dem König gehörenden Kunstwerke. Kleinere Arbeiten Schadows, die noch in seinem Besitz waren, wurden von den Franzosen, die daran interessiert waren, wie es sich für zivilisierte Leute gehörte, gekauft. Auch weiß Schadow davon zu berichten, dass seine Marmorstatue Friedrichs des Großen, die in Stettin stand und auch geraubt werden sollte, vom Abtransport ausgenommen wurde, als er nachweisen konnte, dass sie nicht vom König, sondern von der Bürgerschaft bezahlt worden war.

Auch Denon kaufte für seine Privatsammlung einige Arbeiten von Schadow, was dieser dankbar vermerkte, denn wie bei fast allen Berlinern in diesen Jahren fehlte auch bei ihm im Hause das Geld. Er hatte nicht nur für seine Frau und seine zwei Söhne zu sorgen, sondern auch für seine Gehilfen, die teilweise auch Familie hatten, und für das Dienstpersonal. Da Regierung und Hof in Ostpreußen waren, wo der Krieg bis in den Sommer hinein noch tobte, konnten keine Gehälter gezahlt werden, und Mittel für private Aufträge hatten die wenigen in Berlin zurückgebliebenen Wohlhabenderen nicht. Denn die Kriegssteuern waren hoch, und das schon vor dem Kriege eingeführte Papiergeld, die sogenannten Tresorscheine, verloren ständig an Wert. Als Schadows Frau ihr in Wien anfallendes Erbe in Tresorscheinen ausgezahlt wurde, war es nur noch ein Fünftel seines Nominalwertes wert. Kostspielig waren auch die Einquartierungen. Mal waren sechs Grenadiere zu versorgen, dann wieder ein General mit zahlreichem Personal. Schadows neues, erst 1805 fertig gewordenes Haus in der Kleinen Wallstraße, der heutigen Schadowstraße, das wir noch heute bewundern können, war seiner Großzügigkeit und seiner repräsentativen Lage wegen bei der Besatzung immer begehrt.

Seit seiner Ernennung zum Hofbildhauer, 1788, hatte er in einer weniger schönen Gegend, in der Münzstraße gewohnt. Zwar hatte auch dort das Atelier gleich neben den Wohnräumen gelegen, aber alles war wenig geräumig und dunkel gewesen, und die Schmelzöfen der Münzwerkstätten waren keine gute Nachbarschaft. Um das teure Grundstück in der Nähe des Brandenburger Tores erwerben zu können, hatte er sein Sommerhäuschen in Französisch Buchholz verkaufen müssen, und zum Bau des zweistöckigen Hauses mit Hof, Ateliergebäude und Garten hatte er die finanzielle Hilfe des Königs gebraucht. Ein Jahr später hatten ihn dann schon die hohen Kosten und die vielen Unbequemlichkeiten der französischen Einquartierungen betroffen. Zwar war es damit im Dezember 1808 zu Ende, aber 1812 kamen die napoleonischen Truppen auf dem Durchmarsch nach Russland wieder, und alle diesbezüglichen Sorgen begannen erneut. Der Krieg war aber auch durch den Tod seiner jüngeren Schwester Luise für ihn zu einer Zeit der Trauer geworden. Sie war Kammerfrau der Königin Luise gewesen, hatte diese auf der Flucht nach Ostpreußen begleitet, war mit ihr zusammen krank geworden und im März 1807

Das Schadowhaus in der Schadowstraße

in Memel ihren Leiden erlegen. »Die arme Schadow ... ist neben mir gestorben. Ach Gott!« heißt es in einem Brief der Königin.

Die meisten Einkünfte dieser traurigen Jahre erzielte Schadow seltsamerweise durch Aufträge des Feindes, durch die des einundzwanzigjährigen Kronprinzen von Bayern nämlich, der zwar die Rheinbundpolitik seines Vaters missbilligte, als Offizier aber zur Teilnahme an den Feldzügen Napoleons gezwungen war. Er war damals schon mit der Planung seiner sogenannten Walhalla beschäftigt. In diesem Ehrentempel deutscher Größe, der dann von Leo von Klenze bei Donaustauf, nahe Regensburg, erbaut wurde, wird bis heute durch mehr als hundert Porträtbüsten, von denen 15 von Schadow stammen, an deutsche Frauen und Männer erinnert, die man damals für besonders bedeutend hielt. Der Kronprinz, der dann als König

Ludwig I. seine Liebe zur Kunst vor allem in den vielen prächtigen Bauten Münchens ausleben sollte, war froh darüber, den berühmten Bildhauer für diese Arbeiten gewinnen zu können. Sie konnten ihrem Schöpfer keinen Ruhm einbringen, weil die Walhalla erst 1842 eingeweiht wurde. Aber Schadow brauchte das Geld.

Der einzige größere Auftrag, den der Hof in diesen Jahren zu vergeben hatte, war nach dem Tod der Königin Luise der für ihr Grabmonument. Dass für dieses nicht Schadow, sondern Rauch gewählt wurde, war für ihn eine Kränkung, von der aber öffentlich so wenig laut wurde, wie seine grobe Kritik an Rauchs Werk. Sein eigner Beitrag zum Tod der Königin bestand in einer kleineren Arbeit, einem Relief, das aus Kostengründen nicht aus Marmor gefertigt wurde, sondern aus Ton. Auftraggeber war ein Salzinspektor namens Pilegaard aus Frankfurt an der Oder, den Schadow zwar für wenig gebildet, aber für wohlhabend hielt. Das Relief, das für eine private Gedenkstätte im Hause des Salzinspektors gedacht war, sollte die Apotheose der Königin darstellen, und zwar in allegorischer Reichhaltigkeit. Außer der aufschwebenden Verklärten und den sie begrüßenden Engeln sollte es eine Weltkugel mit eingezeichnetem Sterbeort, Hohenzieritz, zeigen, dazu einen Todesengel und zwei trauernde Gestalten, den Brennus, den man einem Irrtum folgend zur Verkörperung Brandenburgs gemachte hatte, und die Symbolfigur Preußens, die sogenannte Borussia. Leider konnte der inzwischen bankrottgegangene Auftraggeber das Werk nicht bezahlen, so dass Schadow es zurückforderte und auf der Akademieausstellung 1812 zeigte, wo der König es sah und kaufte und damit die Dorfkirche in Paretz schmückte, wo es an einem ungünstigen Platze noch heute zu sehen ist.

Sein Ruhm sei damals in Rauch aufgegangen, soll Schadow gesagt haben. Verbürgter als diese Anekdote aber sind die von ihm schriftlich niedergelegten Sätze mit denen der Sechsundfünfzigjährige 1820 seiner Enttäuschung Luft machte. »Nachdem ich früher vielfach Gnade von dem Könige genossen, bin ich von Allerhöchstdemselben nachher gewissermaßen vergessen worden; daraus kann ich die Zu-

Apotheose der Königin Luise.
Tonrelief von Schadow

rücksetzung herleiten, die man mich erdulden lässt ... Was hilft es mir, wenn ich Mitglied vieler auswärtiger Akademien bin, wenn ich in meinem Vaterlande vergessen werde, während ich, Gott sei Dank!, eine Fülle der Gesundheit genieße, die mir in meinem Kunstfache tätig zu sein wohl noch gestattet.«

Trauerfeier

»Ich komme eben aus der Kirche, wo unser guten Königin Gedächtnis mit den Worten der Bibel gefeiert wurde«, schrieb Achim von Arnim am 22. Juli 1810, also drei Tage nach dem Tod Luises, an Bettine
Brentano und breitete dann seine Erinnerungen an Begegnungen mit
der von ihm immer verehrten Königin aus. Als Kind hatte er in Berlin den Einzug der Braut und ihre Vermählung mit dem Kronprinzen
miterleben können, hatte 1797 als Student in Halle an der Huldigung
der Königin teilgenommen, war ihr im Oktober 1806 auf der Flucht
begegnet, hatte in Königsberg mit ihr sogar sprechen können und sie
dann bei ihrer Heimkehr nach Berlin am 23. Dezember des Vorjahres
gesehen. Nicht lange nach diesem Brief verarbeitete er seine Trauer
zu einer Kantate, der man zwar teilweise die Schnelligkeit ihrer Entstehung ansieht, an der aber doch mehr als diese, nämlich manche
anrührende Passage zu loben ist.

Dass Arnims Schmerz über den frühen Tod der schönen und gutherzigen Königin von den meisten Preußen geteilt wurde, geht aus
vielen Briefen, Erinnerungen und Gedichten hervor. Kaum war die
Königin bei ihrem Vater in Hohenzieritz gestorben, nach Berlin überführt und vorläufig in der Domgruft beigesetzt worden, erschienen
neben den üblichen Trauer- und Gedächtnispredigten schon bald die
ersten biographischen Versuche, die dann 1814 die anonym erscheinende Luise-Biographie ihrer Freundin Karoline von Berg sowohl an
Genauigkeit als auch an Rührseligkeit überbot. Gute und schlechte
Poeten (darunter übrigens auch der Nicht-Preuße Brentano, der aber
vielleicht nur mit Freund Arnim wetteifern wollte) versuchten in
Gedichten die allgemein herrschende Trauer auszudrücken, so wie
Fouqué in seinem »Brandenburgischen Erntelied für das Jahr 1810«,

in dem die Trauerglocke des Dorfes die fröhlichen Erntegesänge übertönt. Schenkendorf lässt sein Gedicht »Auf den Tod der Königin« mit den Versen: »Rose, schöne Königsrose, / Hat auch dich der Sturm getroffen?« beginnen, und Theodor Körner beschwört in seinem Gedicht »Vor Rauchs Büste der Königin Luise« 1812 den erwarteten »Tag der Freiheit und der Rache«, wo es dann heißt »Deutsche Frau erwache, / Ein guter Engel für die gute Sache!«

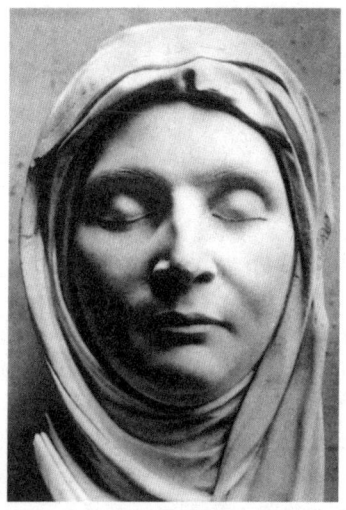

Totenmaske der Königin Luise

»Wer ein Herz hat unter uns Brandenburgern, fühlt es bluten«, heißt es in einem Brief Fouqués, aber auch in Halle sah man, wie Henrich Steffens berichtet, beim Tod Luises »Schmerz … auf allen Gesichtern; die tiefste Trauer herrschte in allen Häusern, und ein Gefühl schien einen jeden zu durchdringen, als wäre die letzte schwache Hoffnung mit dem Leben der angebeteten hohen Frau entwichen. … Allgemein schrieb man den Tod der Königin der unglücklichen Lage des Landes zu. Der Feind, sagte man sich, habe die Schutzgöttin des Volkes getötet«. Und nach Fouqué kursierte noch unter den Soldaten der Befreiungskriege »die holde Sage, Königin Luise lebe, ihr Tod sei nur eine Täuschung gewesen. … Wer hätte dem zu wiedersprechen vermocht? Es lag so tief und lebendig in der Sehnsucht eines liebenden Volkes, das seine schöne, gute Königin wiederhaben wollte.«

Dass seine Dichtung die »Volksgesinnung« ausdrücke, sagte Achim von Arnim in der Vorrede zur Druckfassung seiner Trauerkantate, die durch Anregung des Hornvirtuosen und Komponisten Georg Abraham Schneider entstanden und durch ihn auch in Musik gesetzt worden war. Sie wurde in wenigen Tagen geschrieben (Arnim selbst spricht sogar von nur »wenigen Stunden«), kam im schwarz drapierten Saal des Opernhauses vor einer Büste der Königin am 18. und 25. August zur Aufführung und erschien wenig später auf »Bitten vieler Freunde« unter dem Titel »Nachtfeier nach der Einholung der Hohen Leiche Ihrer Majestät der Königin« im Druck. Im Wechselgesang von Chören und Einzelstimmen, auch die der sich verabschiedenden Königin darunter, folgt hier nach dem alten Schema der Leichenpredigten auf das Lob der Verstorbenen die Klage über ihr Hinscheiden, die am Schluss dann ausklingt in der Tröstung der Hinterbliebenen, zu denen Arnim die ganze Bevölkerung Preußens zählt. Mit Hilfe des Christlichen wird hier die Trauer in patriotische Bahnen geleitet und die mehr als hundert Jahre wirksame, schon zu Lebzeiten der Königin entstandene Luisen-Verehrung, die sich am schönsten in Kleists Sonett »An die Königin von Preußen« ausdrückt, wurde weiter gestärkt. Sieht man ab von der späteren Verherrlichung Luises als Mutter des Kaisers, sind fast alle Bestandteile der Legende in Arnims etwa zwanzig Seiten langer Dichtung enthalten, von »Ihrer Güte, Ihrer Milde, Ihrer Schönheit Wunderpracht« über die vielen Kinder, die sie dem Throne schenkte, ihr Märtyrertum nach dem verlorenen Kriege, bis zu ihrer Aufnahme in den Himmel, wo sie als »Schutzgeist« über Preußen wacht. »Uns umstrahlet die Entfernte«, singt der Schlusschor. »Frisch zur Arbeit, frisch zur Ernte, / Wie die Sonne kehret wieder, / Blickt die Herrscherin hernieder. / Triumph, Triumph! sie bleibt uns nah! / Singt dem Herrn Halleluja.«

Die Universität

Seit 1802 hatte Wilhelm von Humboldt als Vertreter Preußens beim Heiligen Stuhl die vielleicht schönsten Jahre seines Lebens mit der Familie zusammen in Rom verbracht. Als ihn im November 1808 auf einer längeren Reise durch Deutschland die Nachricht erreichte, dass der Freiherr vom Stein ihn mit der Durchsetzung der Bildungsreform in Preußen betrauen wollte, fiel die Antwort ihm schwer. Lange ließ er die noch in Königsberg sitzende Regierung auf seine Entscheidung warten. In Briefen aus München, Erfurt und Weimar an seine Frau Karoline, die er mit den drei kleinen Töchtern in Rom zurückgelassen hatte, während der elfjährige Sohn Theodor, der seine Bildung in Deutschland erhalten sollte, mit ihm reiste, versuchte er sich über die Gründe seines Zögerns klarzuwerden. Einerseits fiel es ihm schwer, Rom, wo sich seine Residenz zum Treffpunkt der dort lebenden deutschen Künstler entwickelt hatte, zu verlassen, andererseits aber fürchtete er bei einer Ablehnung um seinen guten Ruf. Man könnte vermuten, er scheue einen so »tätigen Posten« und das »Wohl des Vaterlands« sei ihm gleichgültig. Zwar reizte ihn die Aufgabe, aber beim »Dirigieren« von Schulmännern und Professoren, die er für so eitel und ruhmsüchtig hielt wie Schauspieler, sah er Schwierigkeiten voraus. Erst sein Brief vom Neujahrstag 1809 aus Weimar, wo er einige Tage bei Goethe zu Gast war, ließ eine positive Entscheidung wahrscheinlich werden, die er aber erst in Berlin treffen wollte. Da Stein inzwischen seinen Posten schon wieder hatte verlassen müssen, war Humboldts Skepsis über das Regierungsprovisorium in Königsberg groß. »Auf einem sonderbaren Theater« werde er dort auftreten müssen und »bedeutende Talente« weder neben noch über sich finden. Doch mit dieser Annahme irrte er sich.

Da er Preußens Unglück nur aus der Ferne miterlebt hatte, empfand er das dort herrschende Elend als besonders bedrückend. Berlin,
das von der Besatzung erst wenige Wochen zuvor geräumt worden
war, schien ihm, verglichen mit Rom, wie ein Dorf. Auch setzte ihm,
der sich in mehr als sechs Jahren an das milde Klima Italiens gewöhnt hatte, die unfreundliche Witterung zu. Um nicht noch depri-
mierter zu werden, vermied er den Besuch seines Besitzes in Tegel,
wo er geboren und aufgewachsen war. Er traf aber mit Christian
Kunth zusammen, der ihn und seinen zwei Jahre jüngeren Bruder
Alexander zehn Jahre lang erzogen und unterrichtet hatte, jetzt
als Gewerbepolitiker dem Staate diente und kürzlich der Gatte der
dritten geschiedenen Frau des Dramatikers Zacharias Werner, einer
Polin, geworden war. Von ihm ließ er sich vom Schicksal des Tegeler
Schlösschens berichten, das von den Franzosen ausgeplündert worden war. Möbel waren zerschlagen, Federbetten aufgeschnitten, Manuskripte zerstreut worden, und zwischen den Beeten und Hecken
des Parks hatten die Sieger mit langen Stangen nach vergrabenen
Schätzen gefahndet, aber nur Kartoffeln gefunden. Den Weinkeller
aber hatten sie völlig geleert.

Am 10. Januar 1809 war er in Berlin angekommen, im Hotel »Stadt
Rom«, Unter den Linden, Ecke Charlottenstraße, abgestiegen, war
dann aber bald in eine Mietwohnung von sechs Zimmern auf der
südlichen Seite der Linden gezogen; in das Eckhaus an der Friedrichstraße, in dem sich später, nach 1871, das bekannte Café Bauer befand.
Für seine Frau, die er schwanger in Rom zurückgelassen hatte, sah
es so aus, als ob er bleiben würde, doch konnte sie dann in seinem
Brief vom 19. Januar lesen: »Mein Entschluss ist gefasst. ... Ich habe
den neuen Posten ausgeschlagen und den König gebeten, mich nach
Rom zurückkehren zu lassen«. Aber dieser Entschluss wurde nach
zwei Wochen, als der König geantwortet hatte, wieder zurückgenommen. »Traurig, liebe Li, ist dies alles unendlich«, schrieb er am 4.
Februar. »Aber ich glaube nicht, dass ich mich der Pflicht zu wirken
entziehen kann. Uns selbst könnte es wehtun und reuen, wenn wir
in Rom säßen und es hier auf eine Weise übel ginge, zu deren Än-

derung ich hätte beitragen können. Wir gehören nun einmal zu diesem Lande, unsere Kinder auch, ganz müßig kann man dafür nicht bleiben. Hierin bin ich Deines Beifalls so gewiss, dass ich Deine Vorwürfe gefürchtet haben würde, wenn ich anders handelte.« Da nun aber wieder Krieg (nämlich der zwischen Österreich und Frankreich) drohe, solle Karoline mit den Töchtern und dem im April zur Welt kommenden Kindchen (es sollte der Sohn Hermann werden) in Rom bleiben. Seine Arbeit, die ihn immer mehr erfülle, werde ihm das Alleinsein erleichtern. Den Sohn Theodor habe er in einer Familie, in der er sich wohlfühle, unterbringen können. Und wie mutig und selbständig Karoline in Rom zurechtkäme, wisse er.

Am 20. Februar erfolgte seine Ernennung zum Geheimen Staatsrat und Direktor der Sektion für Kultus und Unterricht im Ministerium des Innern, die, da er selbständig handeln konnte, praktisch eine Ernennung zum Kulturminister war. Obwohl er das Amt nur sechzehn Monate lang ausüben sollte, wurde es eine beispiellose Erfolgsgeschichte, die oft mit der des Freiherrn vom Stein verglichen wurde, dem die gründliche Umgestaltung des preußischen Staates in einer Amtszeit von nur dreizehn Monaten gelang.

Da sich die mit allen Berlinern geteilte Hoffnung auf eine baldige Heimkehr des Königs nicht bestätigte, musste er, nachdem er sich wochenlang mit dem Studium der Akten beschäftigt hatte, im April nach Königsberg umziehen, schweren Herzens, denn hinter der Oder begann für den von ständiger Sehnsucht nach Italien und der Familie Geplagten eine fremde, kalte, unwirtliche Welt. In seinen fast täglich an Karoline geschriebenen Briefen ist selten von seiner Arbeit die Rede, oft aber von der Liebe zu ihr und den Kindern und von einem erhofften gemeinsamen Leben in Rom.

Seine Liebe zu Karoline war in achtzehn Ehejahren, die von beiden Seiten auch manche Gefährdung gebracht hatten, nicht geringer, wohl aber sicherer geworden. »Es ist meine Bestimmung, für Dich zu leben«, kann man in einem seiner Liebesbriefe lesen. »Ich bin alles, was ich bin, nur dadurch geworden, ich bin nichts ohne das. Dein Dasein hat sich indes in den Kindern vervielfacht, wir sind eins mit

Karoline von Humboldt mit ihrem Sohn Theodor.
Gemälde von Gottlieb Schick

ihnen geworden, wie könnte ich da einen andern Gedanken haben, als Dich und Dein Glück.« Obwohl ihn in Königsberg zeitweilig auch eine Frau Johanna Motherby fesselte, die auch schon Max von Schenkendorf verehrt und bedichtet hatte, bekam Karoline immer wieder zu lesen, wie schwer ihm ein Leben ohne sie in diesem »Bärenland« fiel. Denn Königsberg war für ihn »wirklich abscheulich«, »hässlich, kleinstädtisch, teuer, geschmacklos, so dass nun sogar Berlin ihm »göttlich« erschien. Erst eine Fahrt an die Kurische Nehrung konnte in dem auf den Süden und die Antike Fixierten Empfindungen auch für nördliche Naturschönheit wecken. Wie Italien und Spanien, so schrieb er, müsse man diesen »schmalen Strich toten Sandes, an dem das Meer unaufhörlich auf einer Seite anwütet, und den an der anderen eine ruhige große Wasserfläche, das Haff, bespült«, einmal gesehen haben, »wenn einem nicht ein wunderbares Bild in der Seele fehlen soll.«

Angenehm aber überraschten ihn die Menschen, mit denen er nun zusammenzuarbeiten hatte. Der König und die Königin empfingen ihn geradezu herzlich. Die Regierung und seine Mitarbeiter waren, anders als er vermutet hatte, nicht arm an Talenten. Besonders mit Scharnhorst und Gneisenau verstand er sich glänzend, und der König, der ihn gern in seine Gesellschaft zog, stand seinen Bildungsideen zwar fremd gegenüber, legte aber der Umsetzung der Reformvorhaben, deren organisatorische Vorbereitungen teilweise schon weit gediehen waren, nichts in den Weg.

Wilhelm von Humboldt.
Bleistiftzeichnungen von Johann Gottfried Schadow

Zum Bereich seiner Aufgaben gehörte auch die Neuordnung des Schulwesens, das mit vielen privaten Winkelschulen und mit Einrichtungen für adlige, bürgerliche, militärische und bäuerliche Schichten bisher ziemlich chaotisch gewesen war. Sein Schulreglement schuf nun die einheitliche Gliederung in Elementarschulen, Gymnasien und Hochschulen. Die Schulpflicht, die man in Preußen zwar schon 1717 gesetzlich verordnet, aber nicht überall realisiert hatte, versuchte er durchzusetzen, die Unterrichtsmethodik im Geiste Pestalozzis zu verbessern und mehr für die Ausbildung der Lehrer zu tun. Ihm, dem

eigne Schulerfahrungen fehlten, da er in seiner Jugend nur Privatunterricht genossen hatte, verschaffte sich solche, indem er Schulen
unangemeldet besuchte, beim Unterricht hospitierte und damit, wie
er Karoline erzählte, schlechte Lehrer erschreckte, guten aber eine
Ermunterung war.

Es ging also voran mit dem, was er in Briefen seine Geschäf-
te nannte, und da diese ihn mehr und mehr erfüllten, blieb beim
Gelingen auch die Freude nicht aus. Da wichtige Vorarbeiten von
Schleiermacher, Fichte und andern schon gemacht worden waren,
konnte am 12. Mai 1809 der »Antrag auf Errichtung der Universität
Berlin« offiziell eingereicht werden, und am 16. August lag die vom
König unterzeichnete Stiftungsurkunde vor. Bevor Karoline es in den
Zeitungen lesen konnte, wurden ihr dieser und andere Erfolge schon
brieflich gemeldet. In langen Verhandlungen, so schrieb er ihr, hatte
er für die Akademien der Künste und der Wissenschaften, die sich
noch immer das Gebäude Unter den Linden mit den Pferdeställen
des Hofes teilen mussten, mehr Geld und mehr Platz herausschlagen
können, und auch der Übereignung des Prinz-Heinrich-Palais an die
zu gründende Universität hatte der König nun zugestimmt.

Humboldts Bildungsideal, das zwar nie vollständig realisiert werden konnte, sich aber fruchtbar auswirkte und die Berliner Universität zur modernsten ihrer Zeit machte, sah eine allgemeine, von
beruflicher Spezialisierung und staatlicher Bindung freie Menschen-
bildung vor. Anders als vorher in Preußen sollte nicht zu treuen Untertanen und tüchtigen Beamten, Handwerkern, Soldaten oder Geschäftsleuten erzogen werden, sondern zu charakterlich gefestigten
freien Menschen mit allgemein notwendigen Kenntnissen, denen der
Erwerb beruflicher Fähigkeiten und die bewusste Hinwendung zu
staatlichen Pflichten dann ein freiwilliger und damit festerer ist.
Auch die Universitäten sollten frei von staatlicher Bindung und beruflicher Spezialisierung bleiben, also in Lehre und Forschung nur
den Wissenschaften verpflichtet sein.

Da es Humboldt gelang, mit dem Theologen Schleiermacher, dem
Philosophen Fichte, dem Juristen Savigny, dem Altphilologen Fried-

Wilhelm von Humboldt.
Gipsbüste von Bertel Thorvaldsen

rich August Wolf, dem Historiker Niebuhr, dem Agronomen Thaer und dem Chemiker Klaproth bedeutende Wissenschaftler nach Berlin zu berufen, verschaffte er dem politisch und militärisch ohnmächtigen Preußen eine geistige Ausstrahlung auf ganz Deutschland, die das 19. Jahrhundert hindurch anhalten sollte und dann auch politisch nicht wirkungslos blieb.

Als im Sommer 1810 an der neuen Universität (die 1949 den Namen des Königs mit dem der Brüder Humboldt vertauschen sollte) die ersten Vorlesungen begannen, war Humboldt schon nicht mehr

im Amt. Wie seine Briefe an Karoline erkennen lassen, war der
Widerwille, mit dem er diese Aufgabe übernommen hatte, trotz aller
Erfolgserlebnisse nie ganz geschwunden. Immer hatte sein Pflichtbewusstsein mit der Sehnsucht nach einem Leben, das ihm mehr Zeit
für eigne Arbeiten ließ und ihn mit Karoline und den Kindern ver-
einte, im Streit gelegen. Schon Monate vor seinem Abgang war dieser
in Briefen immer mal wieder erwogen worden. Er, der nie aus finanziellen Gründen ein Amt hatte anstreben müssen, fühlte sich in der
Hierarchie der Beamten trotz aller Freiheit, die man ihm ließ, doch
gebunden. Die angebliche Kränkung, die ihm bei einer Umbildung
der Regierung zugefügt wurde, scheint deshalb wohl mehr ein will-
kommener Vorwand für sein Ausscheiden gewesen zu sein. Seinem
Abschiedsgesuch, das Ende April geschrieben wurde, folgten Wochen
quälender Ungewissheit, bis endlich im Juni die Antwort des Königs
kam. Sein Gesuch wurde genehmigt, er aber nicht verabschiedet,
sondern in den Rang eines Staatsministers erhoben und anstelle des
Grafen Karl von Finckenstein für den Posten des Gesandten in Wien
bestimmt. Den Amtsantritt Hardenbergs und den Tod der Königin
Luise konnte er in Berlin noch miterleben und in diesen Wochen für
die Kunstgeschichte dadurch bedeutsam werden, dass er den trauernden König von den Vorzügen des ihm aus Rom bekannten jungen
Bildhauers Rauch überzeugen konnte, so dass dieser wenig später den
Auftrag für das Grabmonument der Königin erhielt.

Humboldts Ankunft in Wien erfolgte am 23. September. Am 24.
machte Karoline sich in Rom auf die Reise. Bis Florenz wurde sie von
Rauch noch begleitet. Da sie der Kinder wegen Pausen einlegte und
zwei Achsenbrüche die Fahrt unterbrachen, brauchte sie mehrere
Wochen. Erst am 21. Oktober war die Familie in Wien wieder vereint.

Luise in Marmor

Ein königliches Stipendium hatte dem achtundzwanzigjährigen Christian Daniel Rauch zu Ausbildungszwecken einen längeren Aufenthalt in Rom ermöglicht. Am 20. Januar 1805 hatte er die Ewige Stadt zum ersten Mal betreten und war wenige Tage später dem preußischen Gesandten Wilhelm von Humboldt vorgestellt worden, dessen Residenz, in der auch seine Familie wohnte, sich im Palazzo Tomati in der Via Gregoriana 42 befand. Humboldt und seine Frau Karoline hielten dieses Haus für alle in Rom lebenden Künstler aus Deutschland und anderen Ländern offen, und alle gebildeten Reisenden, gleich welchen Standes, sprachen hier vor. Rauch wurde bald in diesen Kreis aufgenommen und entwickelte zum Ehepaar Humboldt, von dessen Weltläufigkeit und Kunstverstand er viel lernte und mit denen er die Vorliebe für klassizistische Kunstformen teilte, eine besondere Anhänglichkeit. Neben der menschlichen Wärme, die ihn hier heimisch machte, fand er auch praktische Hilfe. Karoline kümmerte sich um ihn bei Krankheiten, gab ihm durch eigne oder an Freunde vermittelte kleine Aufträge Gelegenheit, sein kärgliches Stipendium aufzubessern, und nach Humboldts Abreise im Herbst 1808 nahm sie ihn als Zeichenlehrer ihrer Kinder und als Begleiter auf Ausflügen nach Albano und in die Campagna ganz mit ins Haus. In diesen Jahren entstanden einige seiner frühen Arbeiten, wie die heute verschollenen Büsten der in Rom verstorbenen Humboldt-Kinder und die Statue der Tochter Adelheid als Psyche, die man in einer späteren Marmorausführung noch heute im Schloss Tegel bewundern kann.

Als Karoline im September 1810 das römische Haus räumte, um mit den Kindern zu ihrem Gatten nach Wien überzusiedeln, wurde Rauch, der sie bis Florenz noch begleitete, als Betreuer der Kinder-

Adelheid von Humboldt als Psyche.
Marmorstandbild von Rauch

gräber und der von Humboldt gesammelten, vorläufig noch in Rom
zurückbleibenden Kunstwerke bestellt. In seinem Schmerz über die
Trennung von seiner mütterlichen Freundin, mit der er dann lebenslang korrespondierte, mischte sich bei ihm die Hoffnung auf den großen Auftrag des Königs, der dank Humboldts Fürsprache zu erwarten
war.

Am 19. Juli 1810 war die Königin Luise nach kurzer Krankheit bei
ihrem Vater in Hohenzieritz gestorben, ihre Leiche war nach Berlin
überführt und in der Hohenzollerngruft des Doms beigesetzt worden,
doch sollte nach dem Willen des Königs ihre letzte Ruhestätte im
Park des Schlosses Charlottenburg sein. Um den Schmerz über den

Tod der geliebten Frau zu betäuben, war der König in freien Stunden
viel mit der Planung der Luisen-Gedenkstätte beschäftigt. Er legte
fest, dass sie am Ende der von dunklen Tannen gesäumten Allee stehen sollte, entwarf eigenhändig den dorischen Säulentempel, ließ ihn
von Schinkel zeichnen, und Heinrich Gentz führte ihn aus.

Als Humboldt erfuhr, dass der König in der über der Gruft befind-
lichen Gedächtnishalle, zu der im Innern zwei Treppen hinauffüh-
ren, eine Büste der Verstorbenen anbringen wollte, veranlasste er
seinen Schützling in Rom, die Büste Luises, die Rauch schon 1804,
noch als königlicher Kammerdiener, in Berlin begonnen hatte, schnell
zu vollenden und dem König zu übersenden, und diesem sagte sie zu.
Als am 23. Dezember 1810, dem Tag, an dem Luise 1793 als Braut
nach Berlin gekommen und 1809 aus Königsberg heimgekehrt war,
ihr Sarg aus dem Berliner Dom in die Charlottenburger Gruft überführt wurde, stand Rauchs Büste (für die der König dem »armen

Königin Luise.
Marmorbüste von Rauch

179

Schlucker«, wie Rauch von sich selbst sagte, 200 Golddukaten gegeben hatte, so dass dieser sich nun als reicher Mann fühlte) an der Stelle des noch fehlenden Sarkophags auf einem Postament.

Wenig später konnte Rauch von den Humboldts erfahren, dass der König ihn und seine Entwürfe zum Sarkophag in Berlin sehen wollte, und er machte sich Anfang Februar auf den Weg. Nachdem er zehn Tage bei den Humboldts in Wien verbracht hatte, konnte er dem König im März seine Entwürfe der liegenden Sarkophagfigur vorlegen, und obwohl auch europäische Berühmtheiten wie Thorvaldsen, Canova und Schadow Entwürfe eingereicht hatten, entschied sich der König für die Vorschläge des noch unbekannten Rauch. Dass dieser die Verstorbene in seiner Zeit als Kammerdiener persönlich gekannt hatte, wird dabei wohl keine Rolle gespielt haben, sicher aber Humboldts Fürsprache und vielleicht auch die Annahme, dass der junge Künstler eher als die schon berühmten bereit sein würde, auf die königlichen Wünsche einzugehen.

Obwohl Rauch von der Hintansetzung seines Lehrers und Förderers Schadow beschämt war, akzeptierte er freudig die Entscheidung des Königs, mit der, wie er ahnte, seine ungewöhnlich steile Karriere begann. »Nehmen Sie die Sache ja ernstlich, lieber Rauch«, schrieb ihm Humboldt. »Der König lebt in keinem andern Gedanken als dem dieses Monuments. Er will sich mit jeder Kleinigkeit daran beschäftigen und ist ungeduldig eilig. ... Die Arbeit ist verlockend. Sie gewinnen dadurch die Gunst des Königs wie nie wieder durch etwas anderes und arbeiten überdies für einen Gegenstand, dessen Andenken Ihnen wert und heilig ist.«

Bald konnte Rauch dem König kleine Tonmodelle der Figur zeigen, und als auch ein Modell in halber Lebensgröße Zustimmung gefunden hatte, musste er im Mai »mit Sack und Pack« ins Schloss Charlottenburg umsiedeln, wo dann der König fast täglich nach dem Fortgang des Werkes sah. Rauchs oft flüchtig geschriebene Briefe an die »Teuerste beste gnädige Frau« von Humboldt sind voll von Berliner Neuigkeiten, wie der, dass in München die Madame Sophie Bernhardi aus der »ehedem so anmaßenden, ietzt so ganz verschol-

lenen Dichterklicke« ihren Baron von Knorring nun endlich hatte
heiraten können, oder auch von der Arretierung der Herren von Finckenstein und von der Marwitz, die das Publikum sehr gefreut habe,
doch wird auch von der Zufriedenheit des Königs und seiner Familie
mit dem entstehenden Werk berichtet, einmal aber auch von einem
Konflikt.

Es war vereinbart worden, dem Raum entsprechend und der reprä-
sentativeren Wirkung wegen der schlafenden Luise Überlebensgröße
zu geben, und als der König plötzlich den »Herzenswunsch« äußerte,
die Figur »bis zur genau gemessenen Lebensgröße zu reduzieren«,
traf es Rauch wie ein »Donnerschlag«. Er fühlte sich wie »kastriert«
und hatte keine Lust weiterzumachen, doch erstaunlicherweise bestand der König einige Tage später nicht mehr auf seinen Änderungs-
wunsch. Wie schon vorher in anderen Einzelheiten, fügte er sich
Rauchs Vorstellungen, und als dieser das Modell fertig hatte, war
der Witwer der Ähnlichkeit mit der Verstorbenen wegen zu Tränen
gerührt. Auch Rauchs Wunsch, an der Marmorausführung in Carrara
zu arbeiten und sie in Rom zu vollenden, stimmte der König, der eigentlich auch diese Arbeiten hatte beobachten wollen, nach einigem
Widerstreben schließlich doch zu.

Da Rauch, veranlasst durch andere Arbeiten für die königliche
Familie und durch häufige Fieberanfälle, erst im Januar 1812 nach
Italien abreisen konnte und durch Arbeiten für den Bayerischen
Kronprinzen einige Wochen in München aufgehalten wurde, wo ihm
mehrmals Leute begegneten, die noch Geldforderungen an den als
Pumpgenie berüchtigten Ludwig Tieck und seine Schwester hatten,
konnten die Marmorarbeiten in Carrara erst im Spätsommer beginnen, und sie zogen sich, während Rauch und der dort mit ihm zu-
sammenarbeitende Friedrich Tieck die Kämpfe der Befreiungskriege
mit patriotischem Eifer verfolgten, noch bis Ende des Jahres 1813 hin.
Auf Anweisung des Königs sollte das fertige Werk auf dem Seeweg
befördert werden, was Rauch, der von »amerikanischen Korsaren« in
der Straße von Gibraltar gehört hatte, um sein Werk fürchten ließ.
Doch dauerte es noch Monate, in denen Napoleon geschlagen wurde

und man sich in Wien schon auf den berühmten tanzenden Kongress vorbereitete, bis sich ein geeignetes Transportschiff fand.

Nachdem die Statue aus Rom, der Sarkophag aus Carrara nach Livorno gebracht worden waren, wurde dort beides auf einen englischen Zweimaster namens »Alexander« verladen, der direkt nach Hamburg segeln sollte und am 19. September 1814 tatsächlich den Hafen zu seiner großen Tour über drei Meere verließ.

Grabmal der Königin Luise in Marmorausführung von Rauch

Rauch, der gegen Ende des Jahres auf dem Landweg nach Berlin zurückreiste, musste sein Werk schon verloren geben, als ihm unterwegs eine Zeitungsmeldung bekannt wurde, nach der die »Alexander« von einem Kaperschiff der US-Amerikaner, die sich noch im Kriegszustand mit England befanden, aufgebracht worden war. Am Silvestertag in Berlin eingetroffen, konnte er dann aber zu seiner Beruhigung erfahren, dass ein schneller segelndes englisches Kaperschiff namens »Elisa« den Amerikanern den Raub vor der spanischen Küste wieder abgejagt hatte und die kostbare Ladung unversehrt im englischen Hafen Jersey in Sicherheit war. »The Spy«, ein Schiff der Royal Navy, brachte die Fracht nach Cuxhaven, wo ein Binnenschiffer den Weitertransport übernahm. Am Unterbaum, nördlich des Brandenburger Tores wurde die marmorne Luise am 22. Mai 1815 ausgeladen und nach Charlottenburg geschafft.

Als Friedrich Wilhelm III. wenige Tage später vom Wiener Kongress zurückkehrte, von wo aus er die Preußen wieder zum Kampfe gegen den von Elba zurückgekehrten Napoleon aufgerufen und sein Verfassungsversprechen erneuert hatte, fand er Rauchs Luise endlich an dem für sie bestimmten Platz über der Gruft.

Abendblätter

In keinem der Kleist-Romane, die in der ersten Hälfte des 20. Jahrhunderts geschrieben wurden, fehlt die Szene, in der der Dichter der Königin Luise an ihrem letzten Geburtstage sein Gedicht an sie überreicht. In dem wohl rührendsten von ihnen darf er der Königin das Sonett an sie sogar aufsagen, während er die »zwei wunderbaren, überirdisch glänzenden Augen in dem schmalen, durch Leiden vergeistigten Gesicht der Königin« dicht vor sich sieht. »Zwei große Tränen hingen an den braunen Wimpern der Königin und fielen in den Schoß ihres weißen Spitzenkleides. Eine Sekunde dauerte es, ehe sie sich fassen und dem bescheiden zurücktretenden Kleist die Hand reichen konnte. Ich danke Ihnen, sagte sie ganz leise. Der süße, wehmütige Klang ihrer Stimme ging dem Dichter mitten durchs Herz, als er die zarte Hand der Königin küssen durfte.«

In einem anderen Roman »behielt sie seine Hand in der ihren und drückte sie. Sie blickte ihn, mit dem Versuch, ihn aufzurichten, aus ihren seelenvollen Augen an; er fand Tränen darin«. Und dann sagte sie: »Sie sei glücklich, dass Deutschland in ihm einen Dichter mehr besäße, der sein Vaterland liebe.« Und anderswo wieder darf Heinrich ihr sein Sonett mit einer Stimme voll »dunkler Weichheit« vortragen, worauf die weinende Königin ihm ihre »durchsichtigen Hände entgegenstreckt«.

Tatsächlich ist ja die Vorstellung, dass der genialste der preußischen Dichter der beliebtesten preußischen Königin das schönste Gedicht, das auf sie gemacht wurde, zu dem letzten ihrer Geburtstage persönlich überreichten konnte und sie darüber vor den Augen des ganzen Hofes zu Tränen gerührt wurde, für alle Kleist- und Luise-Verehrer erhebend, und da man wünscht, dass es so gewesen wäre, sind Zweifel daran nie laut geworden, obwohl die einzige Quelle die darüber berichtet, nämlich ein Brief Kleists an seine Schwester Ulrike, in Hinsicht seines Wahrheitsgehalts überaus fragwürdig ist.

Der vierunddreißigste Geburtstag der Königin wurde am 10. März 1810 gefeiert. Am 19. schrieb Kleist, der seit dem 7. Februar wieder in Berlin lebte und sich trotz der vielen Bekanntschaften, die er inzwischen gemacht oder erneuert hatte, offensichtlich einsam fühlte, den Brief an Ulrike, in dem er sie diesmal nicht um Geld bat, sondern um das Geschenk ihrer Gegenwart. Um ihr die Erfüllung seiner Bitte, für ein paar Monate nach Berlin zu kommen, schmackhaft zu machen, lockte er sie sowohl mit der Annehmlichkeit einer eignen Wohnung und mit ihrer Einführung in die vornehmste Gesellschaft, als auch mit der Behauptung, dass es mit seinen Misserfolgen als Autor, mit denen er sie schon mehrfach enttäuscht hatte, ein Ende nehme und nun als Folge seiner Begegnung mit der Königin eine Reihe von Erfolgen zu erwarten sei. »Ich habe der Königin an ihrem Geburtstag ein Gedicht überreicht, das sie vor den Augen des ganzen Hofes zu Tränen gerührt hat; ich kann ihrer Gnade und ihres guten Willens, etwas für mich zu tun, gewiss sein«, so beginnt er die Aufzählung der zu erwartenden Triumphe, derer er sich mit seinem neuesten, »aus der Brandenburgischen Geschichte genommenen« Schauspiel, also dem »Prinzen von Homburg«, sicher wähnt. Das Stück werde »jetzt«, so phantasiert er, auf dem Privattheater des Fürsten Radziwill, danach auf dem Nationaltheater gegeben, dann gedruckt und der Königin überreicht werden, worauf wahrscheinlich für ihn die Ernennung zu einer »Hofcharge« erfolgen werde.

Dass der Einfluss Marie von Kleists, der Freundin und heimlichen Mäzenatin des Dichters, dazu reichte, dem bisher ziemlich erfolglosen Autor den Geburtstagsauftritt am Hofe zu ermöglichen, ist zwar nicht auszuschließen, aber doch fraglich, so dass man auch besser daran täte, die ganze rührende Szene zu bezweifeln, von deren Folgeerscheinungen, die Kleist der Schwester vorhergesagt hatte, ja auch keine eingetroffen ist. Nie ist er in den Genuss einer Hofcharge gekommen, kein

Stück von ihm ist zu seinen Lebzeiten in Berlin aufgeführt worden, schon gar nicht am Nationaltheater, mit dessen Direktor er wenige Monate später bereits verfeindet war.

Der Theaterleiter, Schauspieler und Stückeschreiber August Wilhelm Iffland, der sich schon am Theater in Mannheim bewährt hatte, war 1796 von Friedrich Wilhelm II. nach Berlin geholt worden und hatte das Nationaltheater bald zu einer der besten Bühnen Deutschlands gemacht. Das Haus auf dem Gendarmenmarkt, das unter Friedrich dem Großen als Französische Komödie gedient hatte, war bald zu klein geworden, und der theaterbegeisterte Friedrich Wilhelm III. hatte von Karl Gotthard Langhans ein neues Haus erbauen lassen, das neben dem Theater, das zweitausend Plätze hatte, auch einen Konzertsaal für fast tausend Zuhörer enthielt Dieses 1802 eröffnete Haus mit modernster Maschinerie und hervorragenden Schauspielern, das von allen Schichten der Bevölkerung besucht wurde, in dem aber auch Feste des Hofes gefeiert wurden, war bald ein ständeübergreifendes Kulturzentrum geworden, und Iffland, der es beherrschte, war eine kulturelle Macht. Wenn er auch der Masse seines Publikums wegen viel leichte Lust- und Singspiele bringen musste, hatte er sich doch durch vielbeachtete Aufführungen von Schiller und Goethe Verdienste erworben, sich aber mit den Romantikern nie anfreunden können, weshalb er schon für den jungen Tieck Ziel mancher Satire geworden war. Dass ihm das »Käthchen von Heilbronn«, das Kleist ihm hatte zutragen lassen, nicht zusagen würde, war also zu erwarten, nicht aber, dass er den Autor keiner Antwort für würdig hielt. Erst auf Nachfrage kam das Manuskript des Stückes wieder in Kleists Hände, was diesen veranlasste, dem Herrn Direktor, dessen homosexuelle Neigungen bekannt waren, in einem kurzen, formvollendeten Brief zu unterstellen, dass das »Käthchen« ihm ihres Geschlechts wegen nicht gefiele. »Wenn es ein Junge gewesen wäre, so würde es Ew. Wohlgeboren wahrscheinlich besser gefallen haben. Ich bin mit der vorzüglichsten Hochachtung Ew. Wohlgeboren ergebenster Heinrich von Kleist.«

Das war im Sommer 1810. Kleist war in Geldnöten. In der Hoff-

Schauspielhaus auf dem Gendarmenmarkt,
1801 von Karl Gotthard Langhans erbaut.
Aquatinta nach einer Zeichnung
von F. A. Calau

nung, vom Hof unterstützt zu werden, hatte er vorgehabt, seinen
»Prinzen von Homburg« der Königin zu widmen, doch hatte ihr Tod
seine Pläne vereitelt, und seine finanzielle Lage war weiterhin hoff-
nungslos. In Briefen an seinen Verleger Reimer, der das »Käthchen«
und seine Erzählungen druckte, ihm aber nicht viel dafür zahlte,
heißt es, er sei auch mit geringem Honorar zufrieden, wenn es nur
gleich käme, und dann wieder: »Ich bitte um Geld, wenn Sie es ent-
behren können, denn meine Kasse ist leer«.

Von seiner Armut ist auch bei Brentano die Rede, mit dem er, wie
auch mit Arnim und Fouqué, bei den Verlegern Reimer und Sander
häufiger zusammentraf. Auch wurde die Freundschaft mit Adam
Müller, der, nachdem man ihn aus Sachsen ausgewiesen hatte, auf
eine Stelle im preußischen Staatsdienst hoffte, wieder erneuert, und

alle diese Verbindungen wurden für ihn bedeutsam, als er ins journa-
listische Fach zu wechseln beschloss.

Dass bedeutende literarische Texte, die noch nach 200 Jahren immer wieder gedruckt und interpretiert werden, zum ersten Mal auf
dem schlechten Papier einer für breite Leserschichten gedachten Zeitung veröffentlicht und für den geringen Preis von acht Pfennigen
vertrieben wurden, will uns heute kurios erscheinen, und es wundert
uns nicht, dass das Blatt nur sechs Monate lebte, weil es die leichte
Kost, die die Menge verlangte, ihr nicht bot. Statt, wie heute üblich,
sich dem Niveau der primitiver Denkenden anzupassen, wollten die
für das Blatt schreibenden Literaten durch Qualitäten bestechen, die
hier fehl am Platz waren. Sie verschleuderten Kostbarkeiten zu Pfen-
nigbeträgen, ohne von den so Beschenkten Dank zu ernten. Dass die
Unterschiede zwischen Literatur und Journalismus wichtiger sind als
das, was sie verbindet, lernte man damals erst.

Da die beiden traditionellen Berliner Zeitungen nicht nur lang-
weilig waren, sondern auch nur dreimal in der Woche erschienen,
fasste Kleist den riskanten Plan einer täglich, außer sonntags, erscheinenden billigen Abendzeitung für einen breiteren Leserkreis.
Durch Fouqué, zu dem er ein freundschaftliches Verhältnis entwickelt hatte, fand er in Julius Eduard Hitzig, der in diesen Jahren
mit den vielgelesenen Werken Fouqués gute Geschäfte machte, auch
einen kapitalkräftigen und wagemutigen Verleger dazu. Ende September 1810 wurde das Erscheinen der »Berliner Abendblätter«
durch Plakate in den Straßen und durch eine Meldung der »Vossi-
schen Zeitung« für den 1. Oktober angekündigt, und da die erste
Ausgabe des 8-Pfennig-Blattes, das kleinformatig war und nur vier
Seiten hatte, kostenlos abgegeben wurde, war der Andrang in der
Ausgabestelle des Verlages, im zweiten Stock des Hauses Hinter der
Katholischen (Hedwigs-) Kirche 3, so gewaltig, dass der Verkauf acht
Tage später an einen besser geeigneten anderen Ort verlegt wurde,
in die Jägerstraße 25, wo Friedrich Kralowsky im Parterre eine Leih-
bücherei hatte, in der wenige Jahre später auch E. T. A. Hoffmann
Kunde war. Leider aber war der Anfangserfolg nicht von Dauer. Die

Zahl der Käufer und Abonnenten verringerte sich ständig, so dass die nur sechs Monate während Existenz dieses ersten Berliner Massenblattes ein langsames Absterben war.

Der Verleger Julius Eduard Hitzig

Mit nur leichter Übertreibung könnte man die »Berliner Abendblätter«, die man heute gesammelt als Reprint erwerben kann, als ein Werk ihres Herausgebers und einzigen Redakteurs bezeichnen, weil dieser nämlich nicht nur die meisten Beiträge leistete, sondern auch die seiner Mitarbeiter, wie Adam Müller, Fouqué, Brentano und Arnim, kürzte und manchmal auch so entscheidend veränderte, dass, wie zum Beispiel bei Brentanos Beschreibung eines Gemäldes von Caspar David Friedrich, ein Kleist-Text daraus entstand. Bei der Lektüre dieser insgesamt 153 Zeitungsnummern, die durch einen teilweise winzigen Schriftsatz erschwert wird, kann man sich zwar an manchen literarischen Kostbarkeiten, wie den Kleist'schen Anekdoten erfreuen und auch die Tagesneuigkeiten dieses Halbjahres, die Kleist anfangs

Berliner Abendblätter.

1stes Blatt   Den 1sten October 1810.

Einleitung.

Gebet des Zoroaster.

(Aus einer indischen Handschrift, von einem Reisenden in den
Ruinen von Palmyra gefunden.)

Gott, mein Vater im Himmel! Du hast dem
Menschen ein so freies, herrliches und üppiges Leben bestimmt. Kräfte unendlicher Art, göttliche und
thierische, spielen in seiner Brust zusammen, um ihn
zum König der Erde zu machen. Gleichwohl, von
unsichtbaren Geistern überwältigt, liegt er, auf ver-
wundernswürdige und unbegreifliche Weise, in Ketten und Banden; das Höchste, von Irrthum geblen-
det, läßt er zur Seite liegen, und wandelt, wie
mit Blindheit geschlagen, unter Jämmerlichkeiten
und Nichtigkeiten umher. Ja, er gefällt sich in seinem Zustand; und wenn die Vorwelt nicht wäre
und die göttlichen Lieder, die von ihr Kunde geben, so würden wir gar nicht mehr ahnden, von
welchen Gipfeln, o Herr! der Mensch um sich
schauen kann. Nun lässest du es, von Zeit zu Zeit,
niederfallen, wie Schuppen, von dem Auge eines deiner Knechte, den du dir erwählt, daß er die
Thorheiten und Irrthümer seiner Gattung über-
schaue; ihn rüstest du mit dem Köcher der Rede,
daß er, furchtlos und liebreich, mitten unter sie
trete, und sie mit Pfeilen, bald schärfer, bald lei-
ser, aus der wunderlichen Schlafsucht, in welcher
sie befangen liegen, wecke. Auch mich, o Herr,
hast du, in deiner Weisheit, mich wenig Würdigen,

[1]

Die erste Nummer der »Berliner Abendblätter«

von der Polizei zur Verfügung gestellt wurden, interessant finden, man wird sich aber auch bei weitschweifigen Erörterungen langweilen müssen, um danach zu der Erkenntnis zu kommen, dass es der politischen Querelen, deren sich der Herausgeber dauernd erwehren musste, gar nicht bedurft hätte, um das Unternehmen scheitern zu lassen. Um viele, auch mindergebildete Käufer zu finden, war diese von Literaten geschriebene Zeitung zu intellektuell.

Das beginnt schon mit dem ersten Text der ersten Nummer, »Einleitung« überschrieben, dem »Gebet des Zoroaster«, einer angeblich »indischen Handschrift, von einem Reisenden in den Ruinen von Palmyra gefunden«, in der Kleist metapherngesättigt seine der Aufklärung verpflichtete Absicht verkündet, gegen das Elend des Zeitalters mit seinen Lastern, Halbheiten, Unwahrhaftigkeiten, Torheiten und Gleisnereien zu Felde zu ziehen. Der knappe Raum der zweiten, dritten und vierten Nummer wird bis fast zur Hälfte von »Freimütigen Gedanken bei Gelegenheit der neuerrichteten Universität in Berlin« eingenommen. In der sechsten bis neunten Nummer war weitschweifig über die Kunstausstellung in der Akademie zu lesen und danach in drei Fortsetzungen über den 1807 bereits verstorbenen Königsberger Staats- und Finanzwissenschaftler Christian Jakob Kraus. Erst nach solchen theoretischen Erörterungen, die Bildung voraussetzten, folgten in kleineren Typen die einem Massenblatt angemessenen Rubriken, in denen die Tagesneuigkeiten über Unfälle, Brandstiftungen und Verbrechen gemeldet wurden und auch die Unterhaltung mit Geschichten, Anekdoten und Rätseln ein wenig Raum erhielt. Kleist hatte also, so lässt sich vermuten, von den Wünschen der Masse der Käufer keine Ahnung, oder er glaubte, sie seiner volkspädagogischen Absichten wegen ignorieren zu können, im Interesse der »Nationalsache« also, wie es in einer Erklärung des Herausgebers im 19. Blatt hieß. Dass Hitzig, der an seine Geschäfte denken musste, dafür wenig Verständnis hatte, ist nicht zu verwundern. Schon im November klagte er in einem Brief an Fouqué über«empfindliche Verluste«, die er durch die »Abendblätter« erleiden müsse. Kleist ignoriere, um sein eignes »Licht leuchten zu lassen«, die Publikumswünsche. Und Fouqué, ob-

wohl er zu den fleißigsten Beiträgern des Blattes gehörte, stimmte
dem zu:»Der Erfolg dieser mit so günstigen Aussichten begonnenen
Zeitschrift war nicht dem Anfange gemäß«, schrieb er im Januar 1811
an Varnhagen.»Es war zu früh und zu viel ernste Staatswissenschaft
hineingeraten. So ging durch viele Blätter ein Streit über das Verdienst oder Nichtverdienst des seligen Prof. Kraus in Königsberg, den
die mehrsten Leser – mich Unstatistiker eingeschlossen – noch nicht
einmal hatten nennen hören, so dass sich schon viel Unwillen und
Witz gegen das Ganze erhob.«

Die Kritik an Kraus, dem Theoretiker der neuen Finanzpolitik,
und andere Aufsätze von Adam Müller, in denen vom Standpunkt der
Adelsopposition aus gegen die Reformpolitik und gegen Hardenberg
persönlich polemisiert wurde, brachten Kleist nun auch mit dem Staat
in Konflikt. Eine Kabinettsorder des Königs forderte eine schärfere
Zensurierung der»Abendblätter«, und da Kleist auf die Mahnungen
der staatlichen Behörden ungeschickt reagierte, wurde ihm von der
Zensur die Veröffentlichung aller politischen Artikel verboten und
ihm auch der Zugang zu den täglichen Polizeimeldungen, der Haupt-
attraktion seines Blattes, verwehrt. Er behalf sich mit Auszügen aus
anderen Blättern, denen aber der Sensationswert fehlte, so dass die
immer langweiliger werdende Zeitung immer weniger Käufer fand.
Hitzig, inzwischen mit Kleist zerstritten, beendete dieses Verlust-
geschäft am 31. Dezember. Erstaunlicherweise fand sich noch ein
anderer Verleger, der es mit der Weiterführung des Unglücksblattes
versuchen wollte, aber am 31. März gab auch er auf. Wochenlang rieb
sich Kleist mit dem vergeblichen Bemühen auf, von der Regierung
eine Entschädigung für seine Verluste zu erlangen, ließ sich sogar
dazu hinreißen, Hardenbergs Staatssekretär Friedrich von Raumer,
dem der Staatskanzler die unangenehmen Auseinandersetzungen mit
Bittstellern zuzuschieben pflegte, zum Duell zu fordern, zu dem es
aber glücklicherweise nicht kam.

Kleist, der sich für die Zeitung aufgerieben und einige seiner
schönsten Arbeiten, wie den Essay»Über das Marionettentheater«,
an sie verschwendet hatte, stand nun wieder mittellos und ohne Hoff-

nungen da. »Der arme Heinrich«, so schrieb sein Jugendfreund Pfuel wenig später an Fouqué nach Nennhausen, habe sich in der von ihm erhofften Wirkung immer verrechnet, »immer vermengte er seine Freunde mit dem großen Haufen, was er von jenen erwarten durfte, verlangte er auch von diesem; und so tief er ins menschliche Gemüt zu schauen verstand, so blieben ihm die Menschen in Masse doch fremd und unverständlich; dieser Irrtum brachte ihm Schwermut und endlich den Tod.«

Der Reformkanzler

Als Kleist mit der Herausgabe der »Berliner Abendblätter« begonnen hatte, war Hardenberg seit vier Monaten Staatskanzler – ein Amt mit zentralen Machtbefugnissen, das für ihn extra geschaffen worden war. Wie zwei Jahre zuvor der Freiherr vom Stein war er als Retter in der Not gerufen worden, und da der König, auch gedrängt von der Königin, ihn dringend zu brauchen meinte, wurden die von ihm gestellten Bedingungen erfüllt: Beamte, die er nicht mochte, wurden auf andere Posten verschoben, und statt eines Gehalts bekam er die Erlaubnis, alle von ihm benötigten Gelder der Staatskasse zu entnehmen. Und da er daran gewöhnt war, auf großem Fuße zu leben, benötigte er immer viel.

Ursache der politischen und wirtschaftlichen Notlage des Staates waren vor allem die an Frankreich zu zahlenden Kriegsschulden, die aufzubringen der nun abtretenden Regierung unmöglich erschienen war. Schon hatte Napoleon damit gedroht, die preußische Provinz Schlesien als Ausgleich für die rückständige Zahlung zu nehmen, und auch die preußische Regierung hatte dergleichen erwogen, doch machte der König einen solchen Handel nicht mit. Er erhoffte sich Rettung von Hardenberg.

Da die Vorgespräche zu einem Regierungswechsel geheim bleiben sollten und Hardenberg das Betreten der Residenz von Napoleon verboten worden war, wurde das abgelegene Beeskow als Treffpunkt gewählt. Hardenberg, der von einer Reise zurückkam, konnte ohne Aufsehen zu erregen am 14. April 1810 eine Nacht hier logieren, und der König fand einen Vorwand zum Besuch des Städtchens: Er wollte eine Abteilung russischer Matrosen besichtigen, die aus Frankreich kommend hier durchmarschierten, und tatsächlich nahm er, während

Beeskow um 1850. Stahlstich von Johann Poppel und
Georg Kurz nach Julius Gottheil

Hardenberg schon auf ihn wartete, erst noch die Parade der Russen ab. An Stelle der Königin, die gern hatte dabei sein wollen, durch die Erkrankung ihrer jüngsten Tochter aber an der Reise gehindert wurde, kam der König in Scharnhorsts Begleitung, was Hardenberg sehr bedauerte, da er sich mit der Königin am besten verstand. Erst das zweite geheime Treffen am 2. Mai auf der Pfaueninsel fand auch im Beisein der Königin statt. Da am 23. Mai ein Kurier aus Paris die Nachricht brachte, dass auch Napoleon Hardenberg zutraue, Wege zur Erfüllung der französischen Forderungen zu finden, er also seiner Wiederanstellung zustimme, wurde der Staatskanzler am 4. Juni offiziell in sein Amt eingeführt.

Hoffnungen verschiedenster Art waren mit dem Regierungswechsel verbunden. Die Reformen, die seit Steins Entlassung vernachlässigt worden waren, mussten weitergeführt werden; das schlechte Verhältnis zu Frankreich machte eine Entspannung nötig, und auch zur Verbesserung der katastrophalen wirtschaftlichen Lage musste etwas geschehen. Zwar hatte sich die Stimmung der notleidenden Bevölkerung durch den Abzug der Besatzung im Dezember 1808 und die Heimkehr des Königs im Dezember 1809 etwas gebessert, da man darin Indizien für die Wiederherstellung normaler Verhältnisse gesehen hatte, doch erwies sich das bald als Illusion. Denn die Geldentwertung war nicht so rasch aufzuhalten, die Gehälter der entlassenen Beamten und Offiziere blieben noch immer rückständig, Pensionen konnten nicht vollständig gezahlt werden, der Handel wurde nach wie vor durch die Kontinentalsperre behindert, und statt der Besatzungskosten trieb der Staat nun die immer wieder steigenden Steuern rücksichtslos ein. Denn Hardenberg musste, um Napoleon zu besänftigen, vor allem um das Aufbringen der Kontributionen besorgt sein. Es ging ja nicht nur um den befürchteten Verlust von Provinzen. Auch Preußens völlige Auflösung war nicht auszuschließen. Hatte Napoleon doch schon viele europäische Staaten seinem Machtbereich einverleibt. Da seine Truppen sowohl an der Elbe als auch an der Weichsel standen und nach wie vor die drei preußischen Festungen an der Oder besetzt hielten, konnte er seine Forderungen auch leicht mit Gewalt durchsetzen. Die Existenz Preußens hing also in diesen Jahren immer am seidenen Faden. Sie mit allen Mitteln zu erhalten, war Hardenbergs Hauptaufgabe. Dass er dabei zwischen den Mächten lavieren und auch manches Doppelspiel wagen musste, ist ihm von gradliniger Denkenden angekreidet worden, doch gab der Erfolg ihm am Ende recht.

Seine Außenpolitik war anfangs auf eine Annäherung an Frankreich gerichtet, weshalb er sich auch um die pünktliche Zahlung der Kontributionen bemühte, um so Napoleons Misstrauen gegen Preußen, das 1809 besonders durch die Aktion Schills genährt worden war, abzubauen. Als später aber das französisch-russische Bündnis lockerer wurde und ein Krieg zwischen den beiden Großmächten drohte, bei dem Preußen zwischen die Fronten geraten musste, betrieb er auch eine auf Bündnisse mit Russland und Österreich gerichtete Geheimdiplomatie.

Auch die Weiterführung der von Stein begonnenen Reformen

Staatskanzler von Hardenberg.
Kupferstich von Johann Friedrich Bolt

dienten ihm in erster Linie zur vermehrten Kontributionszahlung.
Er hatte dabei also weniger die »Veredlung der Verfassung« durch die
Gleichstellung der Stände vor Augen, wie sein Kritiker Schleiermacher
meinte, der diese »finanzielle Tendenz« als »Verschmutzung«
von Steins Idealen empfand.

Kritiker im Innern hatte Hardenberg viele, und zwar sowohl unter
denen, die sich mit Napoleon bedingungslos verbünden, sich ihm also
unterwerfen wollten, als auch unter den meist als Patrioten bezeichneten
Befreiungskriegern, die, teils besonnen wie Scharnhorst, teils
leidenschaftlich wie Gneisenau, Kleist und Clausewitz, vom Hass auf
Napoleon getrieben das fremde Joch mit allen Mitteln, auch durch
Volkserhebungen, abschütteln wollten, selbst unter Gefahr des eignen
Untergangs. In beiden dieser Parteien vertreten waren sowohl Kritiker

aus idealistisch-reformerischen Gründen, denen wie Schleiermacher des Staatskanzlers schlaues Lavieren nicht behagte, als auch seine als Adelsopposition bezeichneten, um alte Rechte und Privilegien kämpfenden Gegner, an deren Spitze sich Friedrich August Ludwig von der Marwitz setzte und deren Schriftgewaltiger Adam Müller war. Hardenberg, dem der König mehr Machtbefugnisse eingeräumt hatte als jedem preußischen Politiker vor ihm, konnte sich aller dieser Gegner mit wendiger Klugheit oder auch durch Gewaltmittel erwehren. So brachte er die ihm unbequemen »Berliner Abendblätter« ohne großes Aufsehen zum Schweigen; schickte Adam Müller auf eine Geheimmission nach Österreich, wo er Kariere machte und nicht wiederkehrte; und Marwitz sperrte er einige Wochen ein.

Karl August von Hardenberg war im Jahr seiner Ernennung zum Staatskanzler sechzig geworden. Er war also ein Jahr jünger als Goethe, den er als Student in Leipzig auch kennengelernt hatte, und er konnte schon auf ein erfolgreiches Beamten- und Politikerleben zurückblicken, das seinen Ursprung in Hannover gehabt hatte, wo er als Offizierssohn geboren worden war. Nach einem Studium der Staatswissenschaften und einer ersten Anstellung in Hannover hatte er, um Erfahrungen zu sammeln, sich jahrelang an verschiedenen deutschen Fürstenhöfen und auch in England aufgehalten und dann in Braunschweig-Wolfenbüttel ein Ministeramt ausgeübt. Der Scheidung von seiner ersten Frau wegen war er 1788 zum Rücktritt gezwungen worden und hatte dann seine größten Erfolge in Ansbach-Bayreuth erzielt. So gründlich war die Markgrafschaft von ihm reformiert worden, dass sie, als sie preußisch wurde, moderner war als die anderen preußischen Provinzen. Doch war er seines kostspieligen Wohllebens wegen dort auch der Kritik ausgesetzt. Seine zweite Frau, die sich seinetwegen hatte scheiden lassen, hatte unter seinen außerehelichen Affären zu leiden und musste später auch einer dritten weichen, der auch schon eine Ehe verunglückt war. Sie, die Schauspielerin Charlotte Schönemann, war 1794 in Frankfurt am Main zu seiner Geliebten geworden, und sie blieb seine Lebensgefährtin, bis er 1807 mit ihr die Ehe schloss. Sie war zweiundzwanzig Jahre jünger als er.

Da er sich 1795 beim Zustandekommen des Friedens von Basel verdient gemacht hatte, konnte er zum preußischen Außenminister aufsteigen, wurde 1807 auf Verlangen Napoleons entlassen und verfasste im Exil in Riga seine berühmte Denkschrift über die Umgestaltung des preußischen Staates, in der er von dem Grundsatz ausging, dass stures Festhalten am Alten befürchtete Revolutionen nicht verhindern, sondern eher fördern kann. Als ihm unter der Bedingung, sich nicht der Residenz zu nähern, der Aufenthalt in Preußen wieder gestattet wurde, lebte er mit seiner Lotte meist auf seiner märkischen Besitzung, die von ihm nach dem Verkauf seiner Ländereien in Hannover 1802 erworben worden war.

Sein Gut in Tempelberg, etwa sechzig Kilometer östlich Berlins gelegen, war im Mittelalter wie Lietzen und Tempelhof im Besitz der Templer und später der Johanniter gewesen und hatte dann vierhundert Jahre lang der Familie von Wulffen gehört. Das zweistöckige Herrenhaus, das Hardenberg und Charlotte Schönemann von 1803

Schloss Tempelberg.
Zeichnung von Carl Graf von Hardenberg, um 1840

bis zu ihrer Flucht nach Ostpreußen 1806 und auch danach bis 1810 wieder bewohnten und das ihm auch später immer wieder als Ort der Erholung und des Rückzugs diente, ist heute nicht mehr erhalten. Es wurde im Zweiten Weltkrieg beschädigt und später abgetragen, so dass von ihm nur ein von Strauchwerk überwachsener Trümmerhaufen zu sehen ist. Erhalten blieben nur Wirtschaftsgebäude und die ansehnliche, heute privat bewohnte Orangerie. Die mittelalterliche, malerisch an einem der drei Dorfteiche gelegene Kirche bewahrt nur Erinnerungen an die Familie von Wulffen. Um Spuren des Staatskanzlers zu finden, muss man sich in das nicht weit entfernte, am Rande des Oderbruchs gelegene Neuhardenberg begeben, wo man auch sein Grab findet und in der von Schinkel erbauten Kirche sein Herz

Bald nach dem Kauf Tempelbergs hatte er, damals Außenminister, mit dem Umbau des Hauses und der Modernisierung des Gutes begonnen und sich dazu auch von erfolgreichen Landwirten seiner Umgebung Rat geholt. Besonders die Itzenplitze auf Kunersdorf waren ihm dabei Vorbild geworden. In seinen Tagebüchern, die er, bis 1813 in Französisch, vorwiegend der politischen Angelegenheiten wegen führte, erscheinen in Tempelberger Tagen auch in Deutsch geschriebene Bemerkungen wie diese über Kunersdorf: »Schöne Früchte und besonders Gräser auf abwechselnd mit Hafer kultivierten Wiesen. Vieh wird täglich ein oder ein paar mal durch einen tiefen Teich getrieben, wo es schwimmen muss. Seitdem kein Milzbrand mehr.«

Auch von den neuen Anbaumethoden des erfolgreichen Landwirtschaftswissenschaftlers Albrecht Daniel Thaers lernte er viel. Er hatte diesem schon früher auf dessen Versuchsgut in Celle einen Besuch abgestattet, nun lud er ihn dazu ein, nach Preußen überzusiedeln, um hier seine Erkenntnisse an Schüler weiterzugeben. Dazu bot er ihm die Aufnahme in die Akademie der Wissenschaften, den Geheimratstitel und die Überlassung von hundert Hektar fruchtbaren Ackers im Oderbruch. Thaer, der schon von sich aus eine Übersiedlung erwogen hatte, nachdem er auf früheren Reisen die Mustergüter der Itzenplitze in Groß Behnitz im Havelland und in Kunersdorf im Oderbruch besichtigt hatte, ging 1804 auf Hardenbergs Angebot ein. Möglin, ein vernachlässigtes Gut in Oderbruchnähe, das er erwerben konnte, kam mit seinen meist sandigen Böden seinen Versuchen entgegen, mit Hilfe des Fruchtwechsels und der Stallhaltung der Rinder Ackerbau auch auf schlechteren Böden erfolgreich zu machen, und obwohl das Geld bei ihm immer fehlte und er manche Fehlschläge zu erdulden hatte, kam er dann mit dem Bau des geplanten Lehrinstituts rasch voran. Es wurde am 1. November 1806, also unmittelbar nach der Schlacht von Jena eröffnet, doch fehlten des andauernden Krieges wegen die Studenten, und die Wirtschaft wurde durch Besatzungskosten ruiniert. Später verhinderten die ansteigenden Steuern ein Aufblühen des Betriebes, bis 1813 die Studenten wieder Soldaten werden mussten, so dass Thaer erst 1815 mit der Lehrtätigkeit richtig beginnen konnte, die dann ein halbes Jahrhundert hindurch in vollster Blüte stand. Erst 1861 ging seine Akademie in der Landwirtschaftlichen Fakultät der Berliner Universität auf.

Hardenbergs Landleben in Tempelberg, das durch viele Reisen unterbrochen wurde und ihm auch zu geheimen diplomatischen Treffen diente, endete mit seiner Ernennung zum Staatskanzler im Juni 1810. Sein Wohn- und Dienstgebäude wurde nun das sogenannte Palais Hardenberg in der Leipziger Straße 55 am Dönhoffplatz. Von seiner Schwerhörigkeit abgesehen, die sich in höherem Alter zur Taubheit steigerte, war er körperlich rüstig, immer elegant gekleidet und höflich zu jedermann. Zweimal in der Woche gab er Audienzen, auf denen er auch Bittsteller, die Unmögliches von ihm verlangten, freundlich behandelte und nicht ohne Hoffnung auf Erfüllung ihrer Bitten entließ. Ihnen die notwendige Ablehnung mitzuteilen, überließ er dann seinem Staatssekretär Friedrich von Raumer, der deshalb dann auch wegen der »Berliner Abendblätter« in die Auseinandersetzungen mit Heinrich von Kleist geriet.

Während Thaer also um 1810 aus einer wirtschaftlichen Misere in die andere stürzte, zeitweilig auch ans Aufgeben dachte, begann sein Gönner Hardenberg in Berlin schon im Herbst energisch mit seinen Reformen, die ihm viel Feindschaft einbrachten, weil mit seiner

Ediff

betreffend

die bürgerlichen Verhältnisse

der Juden

in dem Preußischen Staate.

De Dato Berlin den 11ten März 1812.

Breslau,
gedruckt bei Wilhelm Gottlieb Korn.

3

Titel des Emanzipationsedikts von 1812

»Verordnung über die veränderte Verfassung aller obersten Staats-
behörden« Machtbefugnisse der Ministerien beschnitten wurden und
durch sein »Edikt über die Finanzen des Staates und die neuen Einrichtungen wegen der Abgaben« (das sogenannte Finanzedikt, das
Adam Müller in den »Berliner Abendblättern« kritisierte) die Steuern vermehrt und erhöht wurden, die Gewerbefreiheit vervollkomm-
net wurde und der Adel Privilegien verlor. Im Jahr darauf wurden

durch Regulierungsverordnungen endlich auch die Eigentumsverhältnisse der befreiten Bauern geregelt, was aber in den meisten Fällen nicht zu deren Vorteil geriet. Denn sie mussten die Befreiung von
den Diensten mit Geld oder Land bezahlen, und da sie Geld meist
nicht hatten, konnten die Rittergüter sich auf diese Weise vergrö-
ßern, während viele der aus der Obhut der Gutsherren entlassenen
Bauern mit ihren kleinen Wirtschaften nicht zurechtkamen und aufgaben, so dass ein Landproletariat entstand.

Gekrönt wurde Hardenbergs Reformwerk schließlich durch das
»Edikt, betreffend die bürgerlichen Verhältnisse der Juden«, durch
das diese zu gleichberechtigten Staatsbürgern wurden – und so auch
mit in den Krieg ziehen durften, der nahe war. Am 11. März 1812
wurde dieses Edikt erlassen, am 28. erlebten die Berliner wieder den
Einzug französischer Truppen, die diesmal aber als Verbündete kamen und auf dem Weg nach Russland waren, wie 20 000 preußische
Soldaten auch. Denn am 24. Februar hatte Hardenberg den Bünd-
nisvertrag mit Frankreich besiegelt. In den Jahren danach war für
ihn die Außenpolitik vorrangig. Seine Verdienste belohnte der König
1814 mit der ausgedehnten Standesherrschaft Quilitz, die nun Neuhardenberg hieß.

Festungshaft

Bei der Verhaftung am Nachmittag des 28. Juni 1811 ging es zwar nicht gesetzmäßig, aber doch standesgemäß zu. Der Kammergerichtsrat, der von zwei Polizeidienern begleitet wurde, hatte kein Gerichtsurteil vorzuweisen, sondern nur eine vom Staatskanzler von Hardenberg erwirkte Anordnung des Königs, in der es hieß: Der Major von der Marwitz auf Friedersdorf und der vormalige Regierungspräsident Graf von Finckenstein auf Alt Madlitz sind in Festungshaft zu nehmen; der Grund der Verhaftung ist den Verhafteten mitzuteilen; eine Haftdauer ist nicht festgelegt.

Die zwanzig Kilometer nach Alt Madlitz wurden noch am Abend zurückgelegt. Am nächsten Morgen um halb sieben ging es in zwei Kutschen weiter. Um zehn Uhr war man in Müncheberg, wo der Schmied eine Stunde zur Reparatur eines gesprungenen Radreifens brauchte, so dass man erst zur Mittagszeit in Vogelsdorf war, wo man beim Postvorsteher eine Mahlzeit einnahm, nach der es ohne Halt nach Berlin weiterging. Um fünf war man am Frankfurter Tor, wenig später Unter den Linden, wo, da es ein Sonnabend war, reges Leben herrschte und mancher die beiden erkannte. Da diese sich als Märtyrer einer guten Sache fühlten, war es ihnen nur recht, dass man sie als Opfer einer Ungesetzmäßigkeit sah.

Nach dem Einbiegen in die Wilhelmstraße hielt man vor dem Palais des ehemaligen Ministers von Voss. Während die Bewacher vor dem Hause Posten bezogen, wurde in Gesellschaft von Gleichgesinnten, zu denen auch der seit dem Frühjahr im Gartenhaus des Palais mit seiner Frau Bettine wohnende Dichter Achim von Arnim gehörte, der Tee eingenommen und die neuesten Nachrichten ausgetauscht. Dann ging es weiter durchs Brandenburger Tor nach Charlottenburg, wo Marwitz mit Genugtuung zu bemerken glaubte, dass der König die Vorüberfahrenden sah. »Dass die Scham nicht auf unserer Seite war«, schrieb er abends in sein Tagebuch, »versteht sich von selbst.« Bei Anbruch der Dunkelheit rasselten die Kutschen über die Brücke der Spandauer Zitadelle. Der Kommandant der Festung begrüßte die Ankommenden und verlas die Anordnung des Königs über ihre unbefristete Staatsgefangenschaft.

Die Zitadelle von Spandau 1811

Im Keller des Juliusturms zu schmachten, wie vierhundert Jahre zuvor Dietrich von Quitzow, brauchten diese adligen Empörer nicht. Sie konnten sich innerhalb der Festung frei bewegen, sich ihre Verpflegung auf eigne Kosten aus der Stadt Spandau holen lassen und auf Matratzen schlafen, mit denen ihr saalähnlicher Wohnraum im Kommandantenhaus ausgestattet war. Er lag über der Toreinfahrt und hatte vier Fenster, aus denen man in der Nähe die Spreemündung und in der Ferne die Türme von Potsdam sehen konnte. Im

Bogenfeld über den Fenstern prangte das Wappen der Hohenzollern, geziert mit dem Spruchband des englischen Hosenbandordens:»Honni soit qui mal y pense« (Ein Schelm, der Schlechtes dabei denkt) – ein Spruch, der einen Poesiedilettanten, vielleicht Marwitz selbst, zu einem Vers anregte, den er unter ein damals verbreitetes Bild der Spandauer Zitadelle setzte:»Hier büßten zwei Ritter aus altem Geschlecht / Ein freies Wort für gutes Recht; / Wohl wert des Lobes und Gesangs; / Honni soit qui mal y pense!«

Die Korrespondenz der Gefangenen wurde vom Kommandanten zensiert, aber Besuchserlaubnis hatten sie immer. Kein Tag verging, an dem nicht Verwandte oder Freunde kamen. Von Gneisenau abgesehen, der Marwitz schätzte, ohne seine politischen Ansichten zu teilen (»Ich will diesen aus dem unglücklichen Kriege her mir achtbar gewordenen Mann in seinem Unglück nicht verleugnen und werde ihn demnach besuchen«, schrieb er an Hardenberg) waren wohl alle Besucher Parteigänger der Inhaftierten, vorwiegend Adlige, aber auch Bürgerliche, wie der Rendant Louis Vogel, dessen Frau vier Monate später mit Heinrich von Kleist in den Tod gehen sollte. Alexander von der Marwitz, der jüngere Bruder und Freund Rahels, traf hier mit Karl Graf Finckenstein zusammen, der in jüngeren Jahren der Geliebte der Rahel gewesen war. Standesgenossen aus dem Kreis Lebus berichteten darüber, dass sie zugunsten der Inhaftierten eine Bittschrift an den König zu richten gedachten, aber die Gefangenen, die nicht Gnade, sondern Recht wollten, verbaten sich das. Nicht gebeten sollte werden, sondern gefordert und protestiert.

»Mit welchem Triumph hätten wir hier gesessen und jahrelang gern gesessen«, schrieb Marwitz ins Tagebuch, »wenn die gesamte Ritterschaft sich erhoben und alle eben dadurch einerlei Meinung gewesen wären, dass ein jeder Einzelner Ehre im Leibe gehabt und, ohne auf einen anderen zu warten, für das Ganze zu reden angefangen hätte«. Die Empörung, die Marwitz empfand, galt also nicht nur Hardenberg und den anderen Reformern, sondern auch seinen Standesgenossen, die nicht so tatkräftig und mutig waren wie er.

Seitdem sich die Hohenzollern zu Beginn des 15. Jahrhunderts den

Der Regierungspräsident Graf von Finckenstein.
Künstler unbekannt

von den Quitzows geführten märkischen Adel unterworfen hatten, war in der Aufteilung der Herrschaft zwischen Fürst und Adel ein Kompromiss dem andern gefolgt. Erst die Könige des 18. Jahrhunderts konnten die politische Macht ganz an sich reißen, dem Adel, der dem Könige nun als Offizier oder Beamter diente, wurde die Aufgabe seiner politischen Machtstellung mit dem Erhalt seiner Privilegien bezahlt. Er blieb Herr über seine Güter, aber die Landstände, seine politische Interessenvertretung, waren nur noch pro forma da. Der Adelsstolz vor Königsthronen nährte sich von der Vorstellung, dass man im Interesse des Staates die eigne Macht an den König nur delegiert hatte, dass also ein Vertrag bestand, der von beiden Seiten zu respektieren war. Die Geschichte des Obersten Johann Friedrich Adolph von der Marwitz, der im Siebenjährigen Krieg einen Befehl des Königs verweigert hatte, weil dessen Ausführung seine Ehre beschädigt hätte, ist ein bezeichnendes Beispiel für diese Denkungsart. »Wählte Ungnade, wo Gehorsam nicht Ehre brachte«, ließ ihm sein Neffe auf den Grabstein schreiben, und er brachte damit zum Ausdruck, dass ein adliger Offizier trotz seines Dienstverhältnisses die Freiheit der Wahl besaß.

Für diesen Neffen, Friedrich August Ludwig von der Marwitz, waren die Reformen Rechtsbrüche, und dem Buchstaben nach stimmte das auch. Denn die verbrieften Rechte des Adels waren von den Königen immer wieder bestätigt worden, und die Interessenvertretung des Adels, die Landstände, hatten im 18. Jahrhundert zwar ein Schattendasein geführt, aber aufgelöst worden waren sie nicht. Marwitz, rechtskundig, rechtschaffen und rechthaberisch zugleich, hielt es für seine Pflicht, sich gegen den Rechtsbruch zu wehren. Im Herbst 1810, nach Erscheinen des Finanzedikts, das auch dem Adel neue finanzielle Lasten auferlegte, war er zum König gegangen, um ihn an seine bei der Thronbesteigung vor dreizehn Jahren abgegebenen Versicherungen zu erinnern, in denen es geheißen hatte: »Wir versprechen bei unserm königlichen Worte, dass wir obbemeldete getreue Stände ... bei ihren wohlhergebrachten Privilegien, Freiheiten und Gerechtigkeiten zu allen Zeiten schützen ... wollen.« Aber er war nicht vorgelassen worden und hatte sich, um gehört zu werden, andere, sozusagen adelsparlamentarische Wege gesucht. Unter Berufung auf die in der Mark nie aufgehobene Verfassung des Großen Kurfürsten von 1653 versuchte er nun das seit einem Jahrhundert scheintote Mitspracherecht der Ritterschaft wieder aufleben zu lassen, seine Standesgenossen also durch Briefe, Denkschriften und Reden zum Widerstand zu ermuntern. Publikationsmöglichkeiten hatte er dabei nicht. Denn die Zeitungen waren durch die Zensur zur Regierungstreue gezwungen, wie auch das Schicksal der kurzlebigen »Berliner Abendblätter« beweist. Im März war die letzte Nummer der »Abendblätter« erschienen, im Mai wurde auf der Ständeversammlung in Frankfurt (Oder) die von Marwitz verfasste »Letzte Vorstellung der Stände des Lebusischen Kreises« verabschiedet, der sich der Kreis Beeskow-Storkow anschloss, in dem Fincken-

Friedrich August Ludwig von der Marwitz.
Künstler unbekannt

steins Schwiegersohn Wilhelm von Schütz Landrat war. Im Juni
schlug Hardenberg schriftlich dem König die strenge Bestrafung der
Oppositionellen vor. Sie »geben sich das Ansehen«, so heißt es da,
»als ob sie wie Mittelspersonen für das Volk sprächen, da sie doch
nur ihre Vorrechte zum Nachteil des Volks verfechten. Sie rühmen
sich pomphaft patriotischer Gesinnungen und Aufopferungen, während es eben diese Aufopferungen sind, gegen welche sie streiten.
Die Vorstellung ... ist in einem auffallend unehrerbietigen Ton gefasst. ... Die Art, wie alles gesagt ist, ist aufs Höchste strafbar, und
diese Strafbarkeit wird dadurch noch vermehrt und erhält einen
Charakter der Aufwiegelung, dass schon seit mehreren Tagen Abschriften dieser lebusischen Vorstellung in Berlin zirkulieren, so dass
sie nicht nur im inländischen Publikum, sondern sogar im diplomatischen Korps Aufsehen erregt. ... Das Ansehen und die Autorität
Eurer Königlichen Majestät stehen auf dem Spiele. ... Ich würde

untertänigst raten, den Grafen von Finckenstein und den Major von Marwitz auf unbestimmte Zeit, die Eure Königliche Majestät je nach ihren milden Gesinnungen abkürzen können, wie Sie es für gut befinden, auf die Festung zu schicken.«

Von der pomphaften Sprache abgesehen, ist die »Letzte Vorstellung« ein scharfsinniges und für die Denkungsart der Oppositionellen bezeichnendes Dokument. Mit Hardenbergs Randbemerkungen versehen gibt sie Einblick in das Für und Wider der Reformprobleme, und in altertümlichem Gewande nimmt sie eine moderne parlamentarische Grundsatzdebatte vorweg. Parteiliche Sprachregelungen, die mit dem Aussprechen einer Tatsache zugleich eine Tendenz vermitteln, sind auf beiden Seiten schon ausgebildet und werden von Marwitz auch thematisiert. So beschwert er sich darüber, dass Hardenberg die Ritterschaft und die Stände realistisch als adlige Gutsbesitzer bezeichnet, und Hardenberg wiederum lehnt den Begriff Revolutionierung, den Marwitz für die Reformen verwendet, entrüstet ab. Marwitz erkennt sehr richtig, dass französische Grundsätze den Reformern als Muster gedient haben, und Hardenberg sieht das als eine Beleidigung an. Die Angst vor einer Revolution von unten benutzen beide Kontrahenten zur Begründung ihrer Thesen: Marwitz sieht jede Änderung der Eigentumsverhältnisse, Hardenberg das Weiterbestehen des »gutsherrlichen Drucks« als revolutionsbegünstigend an. Wenn Marwitz anprangert, dass die Reformen alle Werte käuflich machten, flüchtet sich Hardenberg in die Phrase, dass das Streben nach Geld die Regierung keineswegs beseele, was nun auch wieder nicht ganz der Wahrheit entsprach.

In einer Hinsicht sah der traditionalistische Marwitz schärfer als sein auf zeitgemäße Neuerung setzender Gegner: Er sah nämlich, dass das Ergebnis der Neuerungen nicht das Humane, sondern das Kapitalistische war. Für ihn war die Reform »der Krieg der Besitzlosen gegen das Eigentum, der Industrie gegen den Ackerbau, des Beweglichen gegen das Stabile, des krassen Materialismus gegen die von Gott eingeführte Ordnung, des (eingebildeten) Nutzens gegen das Recht, des Augenblicks gegen die Vergangenheit und Zukunft, des Individuums gegen die Familie, der Spekulanten und Kontore gegen die Felder und Gewerbe, der Büros gegen aus der Geschichte des Landes hervorgegangene Verhältnisse, des Wissens und eingebildeten Talents gegen Tugend und ehrenwerten Charakter. ... Sonst war der Wahlspruch: Jedem sein Recht! Jetzt scheint er zu sein: Jedem sein Geld! ... Das Geld, bis dahin ein notwendiges Übel, ist nach und nach zu einem Götzen geworden, dem jeder huldigt; und da dieser Götze seiner Natur nach das immer mehr und immer fester an sich reißet, was ihm einmal zu dienen angefangen, so ist eingetreten eine gewisse Auseinanderreißung der Gesellschaft und eine Isolierung der Individuen, ein jeder von den gesellschaftlichen Banden ab- und nach dem Götzen hingewendet.«

Dass diese in Teilen durchaus zutreffende Prognose der Reformfolgen sich zum Schluss aber gegen die Juden richtet, macht sie für uns erschreckend, weil hier eine der Wurzeln des späteren Antisemitismus erkennbar wird. Erklärbar wird diese Feindschaft vor allem dadurch, dass für Landbewohner damals Judentum und Geldwirtschaft nahe beieinanderlagen. Denn die Juden, denen seit dem Mittelalter zünftiges Handwerk, Bodenbesitz und Bodenbearbeitung verboten waren, hatten nur als Klein- oder Viehhändler tätig werden können oder in dem von der agrarischen Gesellschaft als schmutzig empfundenen Geldgeschäft. Der Landadlige, der das Geld verachtete, aber brauchte, kannte Juden vor allem als Geldverleiher, von denen er finanziell oft abhängig wurde, er setzte deshalb eine Gesellschaft, in der das Geld herrschte, mit einer von Juden beherrschten gleich. »Unser altes, ehrwürdiges Brandenburg-Preußen«, so prophezeit Marwitz in der »Letzten Vorstellung«, werde durch die Reformen zu einem »neumodischen Judenstaat« werden. Denn wenn alle Nichtadligen Grundeigentum erwerben dürfen, werden die Juden, die die »Masse des baren Geldes in Händen« haben, alles Land aufkaufen. Und die gläubigen Juden seien »die notwendigen Feinde eines jeden bestehenden Staates«, die Nichtgläubigen aber seien Heuchler, denen nicht zu trauen sei. Das waren gängige Ansichten damals. Hardenberg aber, der ein Jahr später die Gleichstellung der Juden verordnete, war anderer Meinung. Er bemerkte am Rande, dass »diese ganze Tirade ebenso ungerecht als unpassend und unschicklich« sei.

Da Marwitz, der sich lebenslang als Schreiber von Briefen, Denkschriften, sogenannten Hausbüchern und umfangreichen Memoiren betätigte, während der Festungshaft Tagebuch führte, wissen wir über alle Vorkommnisse dort ziemlich genau Bescheid. Auch hier ging es ihm nicht nur um eigne, sondern auch um öffentliche Belange, für die er sich mitverantwortlich fühlte. So kümmerte er sich zum Beispiel um die Verteidigungsfähigkeit der Spandauer Befestigungsanlagen, berechnete die Kosten ihres heimlich von Scharnhorst betriebenen Ausbaus und übte am Ausbildungsstand der Festungsbesatzung Kritik. Daneben aber sorgte er sich auch um den Fortgang der Arbeit auf seinen Besitzungen. Boten aus Friedersdorf kamen und gingen. Durch sie erreichte ihn Ende Juli dann auch die Nachricht, dass seine Kinder aus zweiter Ehe, die er 1809 in Ostpreußen mit der Hofdame der Königin Luise, Charlotte von Moltke, geschlossen hatte, schwer erkrankt waren. Zwei Tage später erfuhr er, es war die Ruhr.

Wie schon im Kriege von 1806 hatte er seinen Bruder Alexander darum gebeten, ihn in Friedersdorf zu vertreten, und dieser, der sich in diesen Monaten als Beamter versuchte, in Potsdam wohnte, aber oft seine Freundin Rahel in Berlin besuchte, hatte sich gleich nach der Verhaftung des Bruders Urlaub genommen und sich nach Friedersdorf aufgemacht. Schweren Herzens hatte er dem Inhaftierten die Erkrankung des zweijährigen Sohnes und der zwei Monate alten Tochter melden lassen und danach auch miterleben müssen, wie qualvoll erst das eine, dann das andere Kind starb. Sein Brief an Rahel vom 31. Juli (»nachmittags sechs Uhr«) beschreibt die Szene, in der er, seine Schwägerin, die Tochter Karoline des inhaftierten Finckenstein aus Madlitz und deren Lebensgefährte, der Architekt Hans Christian Genelli, am Sarg des kleinen Mädchen trauern, während der Knabe noch mit dem Tode ringt. Am nächsten Tag fand der Brief folgende Fortsetzung: »Wenige Stunden, nachdem ich Ihnen diese Zeilen geschrieben, starb der Knabe, am Abend um ¼ 11. Der Arzt, der bei ihm war, hatte den ganzen Tag über aus grober Unwissenheit gute Hoffnungen gegeben, obgleich der Tod sich schon der Züge des Gesichts bemeistert hatte. ... Um neun Uhr kam [Professor Karl August Wilhelm] Berends aus Frankfurt [Oder]. Er sagte gleich, dass der Knabe im entsetzlichsten Fieber läge, mir, dass er agonisiere. Wie soll ich Ihnen die Szene beschreiben, die hierauf folgte? Die Mutter, der nun mit einem Male die fürchterliche Bedeutung der Züge offenbar wurde, die über ihn gebeugt, verzweifelnd das fliehende Leben aufhalten wollte. Noch immer höre ich ihren Ruf: Ach, mein Rudolf, wie siehst du aus? Bleib bei mir mein Kind! Dies in dem Tone, als ob ein Beil ihr durch die Seele schnitte. Der Knabe, der nun anfing zu röcheln, in der Brust kochte es ihm wie siedendes Wasser im Kessel (haben Sie dieses Entsetzliche je gehört?). So eine halbe Stunde, dann starb er. Nun ging Berends, nachdem er ein paar edle, starke, aber wohltätige Worte zu meiner Schwägerin gesprochen. Sie blieb sitzen zu Häupten des toten Kindes; ich stumm neben ihr, hatte sie bei der Hand gefasst. Zu den Füßen des Kindes saß Karoline Finck, die Vestalengestalt, still weinend. Das dauerte bis ein Uhr nach Mitternacht. Nun legte sich die Mutter nieder, ich ging zu Bett, hatte aber bis drei Uhr mit einem Gedankenfieber zu kämpfen, dann schlief ich ein. Um fünf Uhr morgens trat mein Bruder in mein Zimmer. Er kam aus Spandau, wohin ich zu ihm geschickt hatte nach dem Tode des jüngsten Kindes, und wo man ihn hierauf freigelassen. Er hatte den Knaben sehr geliebt und mit Recht viel von ihm gehofft. Wie gewaltig er sich erweichen kann ungeachtet seiner großen Strenge, habe ich Ihnen ja wohl schon gesagt. Alle Glieder zitterten ihm, wie nach dem Tode seiner ersten Frau. Wie der übrige Tag bald in stummer, bald in gesprächiger Trauer verging, wie wir das tote Kind besuchten, das unentstellt in schuldloser Ruhe zwischen Blumen, mit einem Asternkranz auf dem Haupte, vor uns lag, das kann ich Ihnen nicht weiter beschreiben.«

Sehr viel kürzer hielt sich der ältere Marwitz in seinem Spandauer Tagebuch. Er habe am 31. Juli vom Tod seiner »kleinen Elisabeth« erfahren, habe ein Urlaubsgesuch an den König gerichtet, bald darauf die Nachricht von seiner Entlassung erhalten und sei um sechs Uhr abends abgefahren. »Um 7 ½ Uhr war ich in Berlin, um 8 Uhr wieder am Tor, um 11 Uhr in Vogelsdorf, um 2 Uhr in Müncheberg, wo ich bis 3 Uhr warten musste und so um 5 Uhr morgens in Friedersdorf war. Ich fand meinen lieben Rudolf auch tot. ... Mit meinem Sohn fielen auch alle meine Hoffnungen auf die Zukunft. Ich war gewiss, dass er ausführen würde, was ich nicht mehr erleben werde. Wie sehr schlägt Unglück vom Himmel gesendet uns nieder, wenn man gleich über alles erhaben ist, was Menschen uns antun können. Ich habe, spottend über ihre Ohnmacht, mein Haus vor fünf Wochen frohen Mutes verlassen. Es war der Sitz der Freude und des Glücks, und nun finde ich nichts als Elend wieder.«

Trauer und Enttäuschung über die Untätigkeit seiner Standesgenossen beendeten vorläufig seine politischen Ambitionen – bis der Krieg ihn wieder in die Pflicht nahm und die Konflikte mit dem König zeitweilig vergessen ließ.

Der Seelenbund

Für Wilhelm von Humboldt war Alexander von der Marwitz der »ausgezeichnetste« unter den jungen Menschen, denen er im Berlin des Jahres 1809 begegnet war. Wie sein älterer Bruder, der Erbherr auf Friedersdorf, war auch Alexander in Berlin geboren und teils hier, teils in Friedersdorf aufgewachsen, doch war er nicht wie der Bruder mit vierzehn Jahren Soldat geworden, sondern hatte das Gymnasium Zum Grauen Kloster besucht. Nach einem Studienjahr in Frankfurt an der Oder war er an die Universität in Halle gegangen und hatte dort, wie der zwei Jahre ältere Varnhagen, zum Kreis um Schleiermacher und Steffens gehört. Im Juni 1809 waren Varnhagen und er, um gegen Napoleon kämpfen zu können, in Böhmen in die österreichische Armee eingetreten. Marwitz war als Offizier in dem Reiterregiment untergekommen, in dem schon sein gefallener jüngerer Bruder Eberhard gedient hatte, während Varnhagen sich als geschickter Schreiber in einem Infanterieregiment nützlich machte und dort bald den Posten eines Sekretärs des Regimentschefs erhielt. Nach Verwundung und kurzer Gefangenschaft fand Varnhagen sich im französisch besetzten Wien wieder, wo er, teilweise durch Rahel vermittelt, in reichen jüdischen Kreisen verkehren konnte und auch, was seiner Karriere nützlich werden sollte, Zugang zu hohen Offizieren und Aristokraten erhielt. Marwitz dagegen quittierte den Dienst, als der Friede zwischen Österreich und Frankreich geschlossen wurde, und ging nach Berlin zurück.

Hier entwickelte sich zwischen ihm und Rahel, deren Bekanntschaft er durch Varnhagen gemacht hatte, schnell ein vertrautes Verhältnis, das Rahel, ihrem Grundsatz getreu, auch als Verlobte ihre Freiheit zu wahren, in ihren Briefen an Varnhagen nicht verschwieg.

Angebliches Bildnis des Alexander von der Marwitz.
Zeichnung eines unbekannten Künstlers
nach einem Eisenmedaillon

Immer wieder musste Varnhagen von ihrer Liebe zu dem Jüngeren lesen, musste wohl oder übel so tun, als ob er sie billige, und konnte den brieflichen Kampf gegen den Nebenbuhler nur verdeckt führen, indem er negative Charakteristiken des Freundes in seine Briefe einfließen ließ.

Leider, so heißt es da etwa, sei Marwitz, ganz wie sein älterer Bruder, der Gutsbesitzer, vom Hochmut des Adligen besessen. Auch sei er als Offizier unbeliebt bei den Mannschaften, die er streng halte und prügeln lasse. Angeblich aus Notwehr, in Wahrheit aber im Jähzorn, habe er in Olmütz einen Gastwirt, der ihn beleidigt habe, erstochen. Wenn Marwitz König würde, habe er zu ihm selbst schon gesagt, verließe er auf dem schnellsten Wege das Land.

Rahel aber war davon nicht zu beeindrucken. »Ich bin über-zufrieden mit ihm«, schrieb sie an Varnhagen. »Ich bin geboren für ihn. So weich fand ich ihn, so durchdringend. Er missverstand mich noch nie. ... Ich kann ihm alles sagen, eben weil er mich noch nie missverstanden hat.« Dass sie zwar nicht den Adel, wohl aber Adlige liebe, schreibt sie an anderer Stelle. Sie bedauert, dass Varnhagen das Herz des Freundes, »wo alle seine Eigenschaften hinlaufen und ausgehen«, nicht finden könne. Marwitz sei »voller Geist, Kenntnis, Verstand, Milde«, schrieb sie an Karoline von Humboldt; zwar sei er nicht ihr Geliebter, wohl aber ihr »teuerster Mensch«. Und Marwitz selbst gegenüber bekennt sie: »Ich habe viel geliebt, aber nie einen Menschen wie Sie.«

Wie Varnhagen über Marwitz, wusste auch dieser über jenen wenig Vorteilhaftes zu sagen, nur sagte er es weniger verklausuliert. »Ungeachtet aller äußeren Bildung«, findet er Varnhagen kleinlich, wenig energisch und »innerlich höchst gemein«. Die »Dürftigkeit seiner Natur«, könne er durch »Gewandtheit und allerlei kleine Künste« geschickt verbergen, doch »gegen alles Höchste« sei er vollkommen blind. »Ich weiß es wohl, er hat Sinn, aber nur für Miniaturen, für ein Blatt, nicht für eine Landschaft, für ein gelegtes Haar, nicht für ein Gesicht, für ein geschicktes und kluges Wort, nicht für die inneren Tiefen einer göttlichen Natur«.

Rahel, die in den Jahren bis zum Ausbruch des Krieges häufig mit Marwitz zusammen war und sich in seiner Abwesenheit brieflich dauernd mit ihm beschäftigte, ließ die Korrespondenz mit Varnhagen dabei nie abreißen, doch ist ihren Briefen an ihn zeitweilig anzumerken, dass sie mit dem Herzen mehr bei dem Jüngeren, aber von ihr immer als gleichberechtigt Anerkannten ist. Die mütterlichen oder auch erzieherischen Töne, die sie Varnhagen gegenüber manchmal anschlägt, erklingen in den Briefen an Marwitz nie.

Ihr Briefwechsel mit ihm ist der Dialog zweier Menschen, die sich von den Konventionen ihrer Herkunft, der jüdischen und der adligen, emanzipiert haben, ohne ihrer Freiheit froh werden zu können, vielmehr an der Zeit und sich selbst kranken und sich als Selbstdenker und Seelenaristokraten in ihrer Abgrenzung vom »Gemeinen«, womit sie die allgemeine Seichtheit des Fühlens und Denkens meinen, einig sind. Dieser Austausch ihrer sprachlich schwer zu fassenden Leiden mit einem geistig Gleichrangigen erzeugte den seelischen Gleichklang, den Rahel immer wieder als Liebe bezeichnete und damit wohl einer Illusion erlag. Denn anders als sie ließ sich Marwitz nur mit einem Teil seines Wesens auf diese Beziehung ein. Sie, die sich immer ganz gab, wollte mehr als den Bund der Seelen, weshalb ihre Briefe oft etwas Werbendes haben, das den seinen fehlt. Ihre Liebesbeteuerungen wie »Mein Liebster, Englischer ... ich liebe Sie unaussprechlich!« wurden von ihm nie erwidert. Ihm, dem sechzehn Jahre Jüngeren, genügte es, sich an der als geistreich anerkannten Frau messen und sie als Ratgeberin und Beichtmutter gebrauchen zu können. Das Eigenständige an ihm, dem sein Bruder misstraute, wusste sie zu schätzen. Für die Konflikte, die ihm aus seiner leidenschaftlichen Beziehung zur jungen Henriette Schleiermacher erwuchsen, hatte sie Verständnis, und sogar die Sorgen um die Unterbringung eines Potsdamer Mädchens, das ein Kind von ihm erwartete, nahm sie ihm ab. Anders als ihr genügte ihm diese nur freundschaftliche Beziehung, und ihr kam die Erkenntnis, dass sie hier wieder einmal hochgeschätzt und bewundert, aber nicht wiedergeliebt wurde, erst spät.

Solange die Freude am gegenseitigen Erkennen noch frisch war, schrieben beide trotz häufiger Treffen ausführliche Briefe, in denen die Analyse ihrer Seelenzustände im Vordergrund stand. Er, der in Potsdam, Berlin und Friedersdorf andere Leute kennenlernte und überhaupt mehr als Rahel erlebte, konnte ihr auch davon erzählen, während sie ihm ihre seelischen und körperlichen Leiden zu schildern versuchte oder ihn auch ihren Traum, in dem sie beide als glücklich sich küssendes Paar erschienen, miterleben ließ. Ihm, dem Suizidgedanken nicht fremd waren, setzte sie ihre menschenfreundlichen

Ansichten zu Heinrich von Kleists Selbstmord auseinander, gab ihm in den gelegentlichen Ärger mit ihrer Familie Einblick, und einmal machte sie ihm gegenüber sogar ihrer Empörung über einen Brief Varnhagens Luft.

Wie immer in ihren Briefen, ist auch von Theater und Literatur die Rede, aber im Gegensatz zum Austausch mit anderen Briefpartnern ist hier in den meisten Fällen er es, der das Thema bestimmt. Da seine Interessen mehr den Staats- und Wirtschaftswissenschaften galten, brachte er auch Themen zur Sprache, bei denen sie nicht wie sonst selbständig urteilen konnte, so dass ihr nichts als Zustimmung zu seinen Urteilen blieb. Als er beispielsweise an Adam Müllers »Elementen der Staatskunst« kein gutes Haar ließ, war ihre Zustimmung zu seinem Verriss sicher mehr von Liebe als von Kenntnis bestimmt. Denn dass sie das kürzlich erst erschienene dreibändige Werk tatsächlich kannte, ist unwahrscheinlich. Doch da sie wusste, dass Müller zu den Parteigängern der Reformgegner gehörte, war sie über die kritische Haltung ihres Freundes, die sich ja auch gegen die Ansichten seines Bruders richteten, erfreut. Wusste sie doch, dass seine Freundschaft zu ihr durch die Lösung vom Einfluss seines älteren Bruders bedingt war. Doch hatte er diese Lösung, was sie vielleicht nicht wusste, nur geistig vollzogen. Im praktischen Leben blieb er in adligen Bahnen, versagte sich also den Wunsch, als Privatgelehrter zu leben, und ließ sich auf eine ihn langweilende Beamtenkarriere ein.

Rahel ebenbürtig war Marwitz auch als Briefschreiber. Ob seine Briefe nun aus Böhmen, Berlin, Friedersdorf oder Potsdam kamen, immer konnte er ihr neben Seelenzuständen auch plastisch die Örtlichkeiten beschreiben, an denen er lustlos über sein Schicksal brütete, sich eifrig den Studien hingab oder auch mit eignen staatswissenschaftlichen Arbeiten (die nie veröffentlicht wurden, aber noch heute in seinem Nachlass liegen) beschäftigt war. Von den dicken Mauern des Schlosses in Friedersdorf konnte Rahel da lesen, von seinem Zimmer im ersten Stock mit den blau und weiß gestreiften Tapeten, wo von den Wänden die Ahnen auf ihn blickten, von den Kastanienbäumen, die den Garten beschatteten, und von der Aussicht auf Teich und Dorf. Aus Potsdam ließ er Rahel sein tristes Mietzimmer und die nicht weniger tristen Bälle der Beamten und Offiziere miterleben, oder er nahm sie auf seine einsamen Spaziergänge mit. Durch ihn lernte Rahel so aus der Ferne die Parkanlagen von Sanssouci im Herbstnebel kennen, den Brauhausberg, die Glienicker Brücke und das seit dem Tode Friedrich Wilhelms II. leerstehende und langsam schon verfallende Marmorpalais.

Schloss Friedersdorf Anfang des 19. Jahrhunderts

Von Politik aber ist in den Briefen selten die Rede. Von dem spannungsgeladenen Verhältnis Preußens zu Frankreich erfährt man so wenig wie von der Universitätsgründung oder den Hardenberg'schen Reformen, die doch alle Gemüter, besonders auch die des Adels bewegten, und wenn das gegenwärtige Zeitalter erwähnt wird, an dem beide leiden, wird es von Rahel nicht politisch, sondern psychologisch charakterisiert: »Unsere [Zeit] ist die des sich selbst ins Unendliche bis zum Schwindel bespiegelnden Bewusstseins«, schreibt sie (zur

Freude aller, die hier den Beginn der sogenannten Moderne zu finden glauben), und wenn man als maßstabgebend für diese Zeit nicht einen der tatkräftigen und entschlussfreudigen Reformer betrachtet, sondern sie selbst, hat sie damit ja wohl recht.

Obwohl Marwitz auf den Schlachtfeldern der Befreiungskriege endete, war diesem teils enthusiastischen, teils melancholischen Liebes- oder besser Freundschaftsverhältnis, das die deutsche Briefliteratur so schön bereicherte, kein heroisches oder tragisches, sondern ein triviales Ende beschieden. Denn nachdem der Briefwechsel im Kriege schon so gut wie versiegt war, traf Marwitz nach einer Verwundung, die er überlebte, und einer Gefangenschaft, aus der er sich befreien konnte, in Prag wieder mit Rahel zusammen, konnte von September bis Dezember 1813 in enger Notwohngemeinschaft mit ihr leben, ihr aber im alltäglichen Zusammensein nicht genügen, weil die Selbstverständlichkeit, mit der er ihre Hilfe annahm, sie ärgerte und er nie merkte, wenn sein oft anspruchsvolles Benehmen ihr nicht gefiel. Erst nach seiner Abreise zur Truppe konnte sie wieder liebevoll an ihn denken, und sie erschrak über sich selbst, als sie beim Eintreffen der Todesnachricht zuerst der Gedanke durchzuckte, dass sie *nur* Marwitz (nicht aber Varnhagen) betraf.

Als Stabsoffizier in der Armee Blüchers fiel Marwitz am 11. Februar 1814. Sein älterer Bruder, der den Krieg überlebte und es bis zum General brachte, setzte ihm auf dem Familienfriedhof an der Friedersdorfer Kirche ein Denkmal, in dessen ausführlicher Inschrift er auch seiner Bildungsanstrengungen gedenkt »Lebte für die Wissenschaften. Erstieg deren Gipfel. Redete sieben Sprachen«, heißt es da.

Der Überlebende, der seinen Bruder geliebt hatte, ohne seine Lebensgestaltung billigen zu können, würdigte ihn in seinen Memoiren ausführlich, kam dann aber zu folgendem Schluss: »So war er eigentlich des Lebens früh überdrüssig, und ich muss es ein Glück nennen, dass Gott ihm verlieh, in seinem siebenundzwanzigsten Jahre für das Vaterland zu sterben.«

Volkstum im Barte

»Ich halte den Gang für das Ehrenvollste und Selbständigste in dem Manne und bin der Meinung, dass alles besser gehen würde, wenn man mehr ginge. Man kann nur deswegen nicht recht auf die Beine kommen und auf den Beinen bleiben, weil man zu viel fährt. Wer zu viel in dem Wagen sitzt, mit dem kann es nicht ordentlich gehen.«

Mit diesem hübschen Wortspiel erfreute Johann Gottfried Seume die Leser seines 1806 erschienenen Buches »Mein Sommer 1805«, und einer dieser Leser, der wie Seume und Rousseau und Jean Paul zu den bekennenden Fußwanderern mit erstaunlicher Ausdauer gehörte, benutzte den Kern dieser Aussage als Motto für ein Kapitel seines Buches über »Das deutsche Volkstum«, das aller Unfertigkeit ungeachtet 1810 in geringer Auflage in Lübeck herauskam, zu seiner Zeit durchaus auch beachtet wurde und später noch oft nachgedruckt worden ist. Das mit dem Seume-Zitat veredelte kurze Kapitel heißt »Vaterländische Wanderungen«, erklärt diese zu »Notwendigkeiten«, weil sie Patriotismus, »schlummernde Tugenden, Mitgefühl, Teilnahme, Gemeingeist und Menschenliebe« erwecken und führt den zur »Deutschheit« gehörenden »uralten Reisetrieb« auf die Eroberungszüge der Kimbern und Teutonen zurück.

Der Verfasser dieses seltsamen Buches, der sich mit Recht rühmte, nicht nur Wörter wie Volkstum und Turnen, sondern auch so abstruse Bildungen wie Volksmang, Völkleinerei (für Partikularismus), Frohkunde (für Evangelium), Fahrtner (für Passagier), Urselbst (für Original), Alleingespräch (für Monolog) und Zeitweiser (für Kalender) erfunden zu haben, war, obwohl ein Pastorensohn, ein rauflustiger Bursche und hieß Friedrich Ludwig Jahn. Der im Dorfe Lanz in der Prignitz Geborene hat sich als sogenannter Turnvater einen Platz in

Friedrich Ludwig Jahn 1816.
Künstler unbekannt

der deutschen Geschichte gesichert, der ihm trotz seiner teils kuriosen,
teils aber auch verhängnisvollen theoretischen Auslassungen nicht zu
bestreiten ist. Die Porträts, die wir von ihm kennen, und auch die
Denkmäler, die ihm nicht nur in der Berliner Hasenheide errichtet
wurden, zeigen ihn mit wallendem Vollbart, der im seltsamen Gegensatz zur fast völlig fehlenden Kopfbehaarung steht.

Als er das »Volkstum« schrieb, war sein Bart noch nicht so recht
ausgebildet, sein Hass auf die Franzosen aber und sein Glaube, dass es
mit den Deutschen eine besondere Bewandtnis habe, waren schon zu
voller Blüte gediehen. Das Wort Erbfeind hat er zwar nicht erfunden
(es war schon seit dem Mittelalter, erst für die Türken, später auch
schon für die Franzosen gebräuchlich), aber für seine häufige Verwendung im 19. Jahrhundert hat er als einer der ersten gesorgt. Wie

223

für Arndt, dessen Vorlesungen er in Greifswald gehört hatte, war auch für ihn der Kampf gegen Napoleon mit dem Gedanken der deutschen Einheit verbunden. Wie Fichte wollte er die Deutschen Selbstachtung lehren, machte aber einen krassen Nationalismus daraus. Im deutschen Volkstum waren für ihn alle positiven Eigenschaften, wie Treue, Fleiß, Biederkeit, Rechtlichkeit, Frömmigkeit und Gradheit versammelt, während er die Franzosen durchweg für leichtsinnig, arrogant und lügenhaft hielt. »Heilige Völker der Menschheit« waren für ihn in der Antike die Griechen, in der Neuzeit aber die Deutschen. Napoleon hatte nur siegen können, weil man in Deutschland uneins gewesen, sich selbst nicht geachtet habe und der »Ausländerei« verfallen gewesen war. Ziel des antinapoleonischen Kampfes war ihm ein einiges Deutschland unter preußischer Führung, in dem alle Bürger gleiche Rechte und Pflichten haben, vom Staat streng erzogen werden, sich, um »fremder Ziersucht« ein Ende zu setzen, in eine allgemeine Volkstracht kleiden und sich vor allem im Turnen üben, als Vorübung zur Verteidigung des Vaterlands.

Seine Befähigung zum Turnvater der Deutschen hatte sich Jahn in jungen Jahren erwandert. »Bei herannahender Mannsreife«, so kann man in der Einleitung zum »Volkstum« lesen, »bin ich im Laufe mehrerer Jahre Deutschland durchwandert zur Lehr und Lust. Ich kenne seine vorzüglichsten Hofstädte, Handelsplätze und Gewerbörter. Ich kenne den Landbauer und unter ihm wieder den Wucherer, Schwelger, Treiber und Fröhner. Ich kenne zehn hohe Schulen und das Tun und Treiben ihrer Gelehrten und Schüler«, nichts aber sagt er davon, dass er von Universitäten verwiesen wurde und nie eine Prüfung bestanden hat. Denn im Gymnasium von Salzwedel (Altmark) hatte er sich in die Schulordnung nicht einfügen können, weshalb sein Vater ihn an das Berliner Gymnasium zum Grauen Kloster schickte, das er unter Vortäuschung eines Selbstmordes (angeblich war er beim Schwimmen ertrunken) bald wieder verließ. In seinen etwa acht Studienjahren, die er 1796 ohne die vorgeschriebene Reifeprüfung in Halle mit einem Theologiestudium begonnen hatte, war er von einer Universität, an der er sich unbeliebt gemacht hatte, zur

anderen gewandert, war immer wieder mit deren Behörden anein-
andergeraten und hatte sich bei den Kommilitonen, die er in seinem Sinne erziehen wollte, verhasst gemacht. Immer wollte er eine
führende Rolle spielen, und da er sie auch durch seine gewaltigen
Körperkräfte zu erzwingen versuchte, wurde er oft in Schlägereien
verwickelt, zu denen er sich später in einer Erzählung mit dem seltsamen Titel »Denknisse eines Deutschen oder Fahrten des Alten im
Bart« mit dem Bibelwort »Geben ist seliger denn Nehmen« bekennt.
»Auch ist der Mensch nicht zum Zusehen in der Welt, sondern auch
zum Zuprügeln, wenn es nicht anders geht.«

Besonders durch seine Ablehnung der sich einander befehdenden
landsmannschaftlichen Verbindungen mit ihren seltsamen Bräuchen,
Ehrbegriffen und Saufereien machte er sich unter den Mitstudenten
in Halle so viele Feinde, dass er, angeblich um Ruhe vor ihnen zu
finden, einen Sommer in einer Höhle bei Giebichenstein verbrachte
und dort ein Lektüreerlebnis hatte, das nicht ohne Einfluss auf sein
politisches Denken blieb. Der fast tausendseitige, angeblich »aus dem
Sams-kritt« übersetzte, 1787 bis 1791 in Wien anonym erschienene
Roman in drei Bänden »Dya-Na-Sore oder die Wanderer« spielt in
einem Tibet und Indien genannten Irgendwo fast ausschließlich unter Männern, die von einem Geheimbund geleitet werden, um einen
Tyrannen zu stürzen, der dem wehrhaft gemachten Volk am Ende
dann auch erliegt. Sein Autor, Wilhelm Friedrich von Meyern, ein gebürtiger Franke, der in der österreichischen Armee als Offizier diente
und seinem Leser Jahn nach den Befreiungskriegen auch persönlich
begegnen sollte, wurde 1809, nachdem er das Romanschreiben aufgegeben hatte, zum Organisator der österreichischen Landwehr. Und
das Landwehrhafte an dem Roman in exotischer Verkleidung, seine
Aufforderung zur Wehrertüchtigung in körperlicher und geistiger
Hinsicht, war es wohl auch, was den kommenden Turnvater in seiner
Höhle begeisterte, denn das spätere »Frisch, fromm, fröhlich, frei«
der Turnerschaft war von ihm auch patriotisch gemeint.

Möglicherweise war es der Geist von »Dya-Na-Sore«, der Jahn dazu
brachte, als erste schriftliche Auslassung eine eigne Betrachtung über

die Vaterlandsliebe zu schreiben, die er aber, immer in Geldnöten, für zehn Taler an einen anderen Studenten, der O. C. C. Höpffner hieß, verkaufte, so dass sie unter dessen Namen im Jahre 1800 in Halle erschien. Sie führt den Titel »Über die Beförderung des Patriotismus im Preußischen Reiche«, ist noch ohne jede Deutschheits- und Volkstums-Begeisterung, wohl aber schon erfüllt von volkserzieherischem Elan. Noch ist nicht das deutsche, sondern das preußische Volk das beste Europas, dem aber noch der nötige Stolz auf die preußischen Heldentaten und deshalb der richtige Patriotismus fehlt. Er beklagt, dass die Professoren viel über griechische und römische Geschichte, nie aber über die preußische lesen, dass Jugendbücher über preußische Helden fehlen, Kalender noch immer Gedenktage für katholische Heilige, nicht aber für den Großen Kurfürsten und Zieten verzeichnen, und es zu wenig Denkmäler an den Stätten preußischer Siege gibt. Nichtpreußische Deutsche kommen nur vor als Bewunderer der Preußen. Selbst bei diesem später so lautstarken Verkünder der Auserwähltheit der Deutschen setzte also das deutsch-nationale Denken erst nach der preußischen Niederlage ein.

Nachdem man Jahn auch in Greifswald von der Universität verwiesen hatte, diente er in Mecklenburg einige Zeit als Hauslehrer, wo er auch seine spätere Frau kennenlernte, doch zog es ihn dann wieder an die Universitäten von Jena und Göttingen zurück. Die Nachricht vom Ausbruch des Krieges erreichte ihn im Oktober 1806 in Goslar. In der Hoffnung, gegen Napoleon mitkämpfen zu können, eilte er in Sturm und Regen über den Harz nach Thüringen, erfuhr aber schon in Artern von der preußischen Niederlage, worauf er in der Nacht zum 15. Oktober, »erst kürzlich in mein 29. Jahr getreten«, angeblich graue Haare bekam. Freiwillig folgte er den fliehenden preußischen Truppen, bis sie bei Lübeck kapitulierten, und setzte dann seine Wanderungen fort. In Schnepfenthal bei Gotha, wo der Pädagoge Salzmann 1784 seine berühmte Erziehungsanstalt für Knaben gegründet hatte, lernte er den Lehrer Johann Christoph Friedrich GutsMuths kennen, der als Erster in Deutschland mit den Schülern Gymnastik machte, sie Schwimmen lehrte und einen Sportplatz einrichtete. Jahn erhielt hier viele Anregungen, die er später in Berlin durch das Geräteturnen erweiterte, denn dieses kannte GutsMuths noch nicht.

Seine Wanderungen dienten vor allem der Stellungssuche, manchmal aber auch politischen Zwecken. Er überbrachte Geheimbotschaften der Patrioten, oder er lotste, wie er es in den »Denknissen« berichtet, einen englischen Geheimagenten auf Schleichwegen von Leipzig nach Hamburg durch französisch besetztes Gebiet. In dieser ungeschickt erzählten Geschichte wird Jahn, der als »der Geleiter« auftritt, von einem Postmeister folgendermaßen geschildert: »Er ist ungefähr 30 Jahre alt, lebt geschäftslos und amtlos bald bei seinen Eltern, die nicht reich und nicht arm zu nennen sind, dann wieder bei Freunden, wo er immer gern gesehen ist. Obgleich stets mit den Wissenschaften beschäftigt, hat die Welt wenig von ihm gesehen. Ich selbst habe nichts von ihm gelesen, wohl aber von seinen genauern Bekannten gehört, dass seine Darstellungsweise ganz ausgezeichnet durch Eigentümlichkeit sei. In der neuern Zeit hat er sich sehr angelegentlich mit geschichtlichen Forschungen beschäftigt, um daraus Heilmittel hervorzusuchen, wie der Not und Bedrängnis des Vaterlandes abzuhelfen sei ... Deutschland kennt er von Grund aus, das deutsche Wesen schätzt er über die Maßen, die deutsche Sprache hält er für die erste der Welt. Sein Reisen fällt nicht auf, da er überall Freunde hat, und doch scheint er mir höhere Zwecke damit zu verbinden. Besonders weiß er sich die Herzen der Kinder anzueignen, und wenn er's will, sind Knaben und Mädchen um ihn versammelt. In jedem anderen Volke wäre er längst ein öffentlicher Name. Bei uns kennen ihn nur seine Freunde und von denen auch nur jeder von irgendeiner Außenseite.«

Öffentlich aber sollte sein Name bald werden, und zwar in Berlin. Als im Dezember 1809 das Königspaar in die Hauptstadt zurückkehrte und der Plan zur Gründung der Berliner Universität bekannt wurde, fand sich auch Jahn hier ein. Mit der Handschrift seines »Deutschen Volkstums« in der Tasche hoffte der nun schon Einunddreißigjährige auf eine Anstellung als Hochschul- oder Gymnasiallehrer, aber von der dafür zuständigen Kommission, der Schleiermacher vorstand, wurde er abgelehnt. Erst nach dem Besuch eines Lehrerseminars durfte er an einem Gymnasium unterrichten, und da er sich nebenher, um Geld zu verdienen, als Aufseher in einer Erziehungsanstalt verdingt hatte, wurde er dort schließlich auch angestellt.

Die Schul- und Pensionsanstalt für Knaben, die der Pädagoge Johann Ernst Plamann 1803 in der Wilhelmstraße 139, nahe dem Halleschen Tor, gegründet hatte, war eine Reformschule, die auf die neue Unterrichtsmethodik Pestalozzis ausgerichtet war. Statt auf mechanisches Pauken, setzte man hier auf Kreativität und Anschauung. Junge reformfreudige Lehrer, wie der bald mit Jahn befreundete Mathematiker Friedrich Friesen und der Goldschmied, Kartenstecher, Historiker und spätere Direktor der Berliner Gewerbeschule Karl Friedrich Klöden waren hier tätig und griffen Jahns Idee, die geistige Ausbildung durch eine körperliche zu ergänzen, gern auf. Aber Jahn begnügte sich nicht mit der von GutsMuths erprobten Gymnastik als Schulfach. Er zog in schulfreien Stunden mit den Schülern hinaus ins Freie, wanderte mit ihnen, ließ sie Wettkämpfe ausfechten, sich in Kampfspielen bewähren und übte das Werfen, Klettern, Ringen und Springen mit ihnen ein. Bald hatte er Zulauf von Jugendlichen aus anderen Schulen und auch von Studenten, so dass die Schar seiner Anhänger immer mehr wuchs. Um das, was er nun, vom Begriff des Turniers abgeleitet, Turnen nannte, zu einer öffentlichen Sache zu machen, wurde von ihm im Frühjahr 1811 der erste Turnplatz mit Klettergerüsten und anderen Turngeräten, von denen das Reck und der Barren seine Erfindungen waren, gebaut. Er lag vor den Toren der Stadt im Süden und wurde bald zur Sehenswürdigkeit für die Berliner. Man pilgerte in die Hasenheide (die später zu einem Volkspark umgestaltet, 1872 mit einem Jahn-Denkmal von Erdmann Encke verschönt wurde und heute vom Großstadtverkehr umtost wird), um dort die gleichartig in graues Leinen gekleideten Burschen ihre Kunststücke machen zu sehen.

Schon im »Deutschen Volkstum« hatte Jahn die Leibesübungen als ein wichtiges Mittel der Volkserziehung gepriesen, und da er dabei immer wieder als Vorbild die körperlich tüchtigen Germanen anführte,

Turnplatz in der Hasenheide um 1811.
Künstler unbekannt

konnte Karl Immermann später in seinen »Memorabilien« schreiben,
Jahn trüge »eigentlich nichts im Kopfe als sein Ideal eichelfressender
Germanen, versetzt mit etwas starrem Protestantismus«, und das mit
einer »Theorie des Drauf- und Dreinhauens« vermischt. In Jahns
Hauptwerk, der »Deutschen Turnkunst«, das er mit seinem Schüler
und Freund Ernst Eiselen zusammen 1816 herausgab, formulierte er
dann auch seine pädagogischen Ziele. Da ist vom »Adel des Leibes
und der Seele« die Rede, die der Turner zu bewahren habe, damit er
»tugendsam und tüchtig, rein und ringfertig, keusch und kühn, wahrhaft und wehrhaft bleibe«, ferner vom Sittengesetz, das ihm Richt-
schnur sein müsse, und von seiner »höchsten und heiligsten Pflicht«,
»ein deutscher Mann zu werden und, geworden, es zu bleiben«, um
für »Volk und Vaterland« stets da zu sein. »Heimliche Jugendsünden,
entmarkenden Zeitvertreib, faultierisches Hindämmern, brünstige
Lüste und hundswütige Ausschweifungen« könne man durch Turn-

229

erziehung verhüten, so den Jüngling für den Dienst am Vaterland
stählen und ihm »Glaube, Liebe, Hoffnung« geben. »Gott verlässt
keinen Deutschen!« müsse für die Turner immer Wahlspruch sein.

Später, in der Restaurationsperiode, hat der Kammergerichtsrat
E. T. A. Hoffmann in seinen amtlichen Schriften einige treffende Beiträge zur Charakteristik des Turnvaters geliefert, als dieser wegen angeblichen Landesverrats im Gefängnis saß. Um darzulegen, dass Jahns
Schriften und Vorträge große Wirkung nicht gehabt haben können,
verweist er auf ihren altertümlichen, mit »selbstgemachten Wörtern
ausgestatteten Stil, in den man sich förmlich einstudieren muss, um
das mindeste zu verstehen«. Und um die Harmlosigkeit von Jahns
oft »abenteuerlichsten Ideen« zu beweisen, zitiert er einen von ihm
entworfenen Plan zur Vaterlandsverteidigung, der an der Grenze die
Schaffung einer künstlichen Wüste vorsieht. Da sollen dann »Mar-
schen vermoorasten, Auen einsumpfen, Höhen verharten, Niederungen verbruchen, gewässerte Täler durch Wall und Mauern zu Seen
stauen. In diese Wüste sollen dann Rot- und Schwarzwild, Elendtiere
[gemeint sind Elche], Auerochsen und zuletzt Raubtiere aller Art hin-
eingesetzt werden. Aus alten Klöstern entstehen dann Eulenschläge,
Adlerhorste aus ausgebrannten Turmzinnen. Durch Feuersbrünste ist
zu Hyänenbauen vorgearbeitet, unterirdisch aufgebaute Irrgänge dienen gleich Schneckenbergen zu Werken für Giftschlangen. Die mit
einer Doppelreihe von Verwallungen und Dornhecken eingezäunte
Wüste ist wenigstens einen Grad breit. Kein Leichtfuß kann sie in
Einem Futter ohne Rast durchhüpfen. Hungrige Bären, Wölfe und
dergleichen passen Einschleichern, Kundschaftern und Landstrei-
chern auf den Dienst. Beginnen die reißenden Tiere einander selbst
zu verspeisen, so werden sie mit Drehern und Seglern von Schafen,
Franzosenkühen, unbrauchbaren Pferden usw. gefüttert, und der be-
ständige Kampf, den die an der Wüste wohnenden Leute mit ihnen
zu führen genötigt, ist die beste Schule zur Landwehr.«

Durch Zitierung von solchen »wunderlichen Paradoxien« versuchte der Kammergerichtsrat Hoffmann die politische Harmlosigkeit
des Turnvaters nachzuweisen. Der Schriftsteller Hoffmann aber hatte

Friedrich Ludwig Jahn um 1820.
Gemälde von Ludwig Heine

die Lächerlichkeit dieses geltungssüchtigen Mannes mit wildem Vollbart schon früher erkannt. Nachdem Jahn im Winter 1816/17 im Diorama des Karl Wilhelm Gropius mit Vorlesungen über das deutsche Volkstum aufgetreten war, hatte Hoffman über ihn eine Anekdote geschrieben, die anonym im Januar 1818 im »Freimüthigen« erschienen war.

»Vor kurzer Zeit erschien ein Fremder in ****** [Berlin] in einer daselbst zur Schau gestellten Menagerie wilder Tiere. Der Professor **** [Jahn] – ein berühmter Hüpf-, Spring- und Schwungmeister – war ebenfalls zugegen, und der Charakter von Wildheit, den er in seiner äußeren Erscheinung affektiert, mochte den Fremden ohne Zweifel überraschen; denn als der Wärter der Tiere Namen, Vaterland und Behandlungsweise des einzelnen bezeichnet hatte, vom Löwen bis zum letzten Kakadu herab, wandte sich der Fremde höflich zu ihm und fragte, auf den Professor deutend: O sagen Sie mir doch, mein Bester, wie heißt denn dieses wilde Tier? – Der Wärter flüsterte: Mein Herr, das ist ja der Professor ****. – Der Fremde belächelte seinen Irrtum und den Wundermann und verließ kopfschüttelnd den Saal der wilden Tiere.«

Die Tischgesellschaft

Als am 24. Januar 1812 der hundertste Geburtstag Friedrichs des Großen gefeiert wurde, war auch Fouqué in Berlin. Am Vorabend des Festtages besuchte er Fichte, der für ihn, den sehr viel Jüngeren, eine besondere Vorliebe hatte, obwohl dem freisinnigen Philosophen Fouqués sich immer mehr verhärtende christliche Orthodoxie wahrscheinlich missfiel. Da Fichte an diesem Abend keine weiteren Gäste hatte, also nur seine Frau und sein Sohn Hermann anwesend waren, konnte er mit dem strenggläubigen Dichter stundenlang über das Thema Erlösung streiten, die sich Fouqué vom »Gottmenschen« Jesus erhoffte, Fichte aber »von der sittlichen Kraft im Menschen selbst«. Als der Streit nachts um ein Uhr endete, und Fouqué, der oft laut und heftig geworden war, sich entschuldigte, sah Fichte, der das Eintreten für die eigne Überzeugung zu schätzen wusste, dazu keinen Grund. Er lud Fouqué ein, am nächsten Tag mit ihm einen Spaziergang zu machen und beim Mittagessen in der Deutschen Tischgesellschaft sein Gast zu sein.

Diese Gesellschaft, in der Fouqué dann die Freude hatte, mit Gneisenau und dem Fürsten Anton von Radziwill näher bekannt zu werden, war im Vorjahr gegründet worden, und das Datum ihrer Gründung, der 18. Januar, der Krönungstag der Hohenzollern, war schon Programm. Sie war eine königs- und vaterlandstreue Vereinigung, die aber dem Zug der Zeit folgend nicht das Preußische, sondern das Deutsche oder auch Christlich-deutsche im Namen führte und mit der Benennung »Tischgesellschaft« auch schon die Form der Zusammenkünfte festlegte, nämlich das gemeinsame Mahl. Das Kulinarische hatte die Tischgesellschaft mit der von Zelter 1810 gegründeten, nicht weniger patriotischen Liedertafel gemeinsam. Auch waren beide Vereinigungen Männerbünde, die sich aber dadurch stark unterschieden, dass bei Zelter, wo nur Sänger, Dichter und Komponisten erwünscht waren, vorwiegend gesungen wurde, während in der Tischgesellschaft gemeinsame Lieder zwar auch ertönten, im Mittelpunkt aber, gleich nach der Suppe, eine Rede, ein Vortrag oder die Rezitation von Gedichten stand. Bei dem Festmahl, das Fouqué 1812 als Gast miterlebte, konnte er Fichte eine Ode Ramlers auf Friedrich den Großen »herrlich donnernd« vortragen hören. Und am Schluss des Mahls widerfuhr ihm die große Ehre, dass der Philosoph sein Glas noch einmal mit »edlem Champagnerwein« füllte, mit ihm anstieß und sagte: »Wohlan, auf Du und Du!«

Die Gründung der Tischgesellschaft war von Achim von Arnim und Adam Müller betrieben worden, doch schied Müller, der schon im Mai 1811 Berlin verließ, um in Österreich Karriere zu machen, bald wieder aus. Der in der Öffentlichkeit Berlins vielseitig rege Achim von Arnim, der 1810 bereits den Tod der Königin Luise und die Ankunft der ersten Studenten der neuen Universität besungen hatte, dichtete das Gründungslied der Gesellschaft, dessen fünf Strophen verdeutlichen, wo man politisch stand. Der Refrain des Liedes ließ nacheinander den Glauben, die Krone, den König, die Königin und schließlich auch alle Preußen hochleben, doch wurde auch auf außerpreußische Deutsche insofern Rücksicht genommen, als die den Glauben besingende Strophe nicht von Luther und dem Protestantismus handelt, sondern nur allgemein die »christlich-deutsche Treue« beschwört.

In der Strophe über die ein halbes Jahr vorher verstorbene Königin, die »mit Geisterhand« aus dem Jenseits wirkt, kommt mit den Zeilen »Nimmer sollen Fremde herrschen / Über unsern deutschen Stamm« das Anti-Napoleonische der Vereinigung besonders zum Ausdruck, während das burschikose »Steigt der Wein uns in die Krone« neben der Esslust auch die Trinkfreudigkeit der Runde betont.

Getagt wurde nicht in Privaträumen, sondern in Wirtshaussälen, in denen genügend Platz für die etwa 35 bis 50 anwesenden Mitglieder war. In den Statuten vorgesehen war das »Casino« in der Behren-

Achim von Arnim.
Zeichnung von Clemens Brentano

straße, bald aber wechselte man in die »Börsenhalle« im Lustgarten über, von dort ins »Englische Haus« in der Mohrenstraße, doch zog man im Sommer ein Restaurant im Tiergarten vor. Da für die Mahlzeit pro Person ein Reichstaler und ein paar Groschen für die Bedienung zu zahlen waren, durfte nicht arm sein, wer hier mitessen und mitzechen wollte, so dass der Kleist, der auf einer der erhaltenen Mitgliederlisten erscheint, mit ziemlicher Sicherheit nicht Heinrich, der Dichter, war. Auch Fouqué übrigens, den Fichte als Gast mitgebracht hatte, gehörte nicht zu den Mitgliedern, und der Landadel, also auch Marwitz, fehlte so gut wie ganz. Zahlreich vertreten waren der Hofadel, das Militär und die höheren Beamten, deren größte Gruppe die der Professoren war. Aus dem Bereich der Kunst kamen neben Arnim und seinem Freund Brentano die Architekten Johann

Heinrich Gentz und Schinkel, die Maler Bury und Janus Genelli, und neben weniger berühmten Komponisten waren auch Reichhardt und Zelter dabei. Bürgerliche und Adlige hielten sich etwa die Waage. Konservativ Gesinnte waren reichlich vertreten, aber mit Clausewitz, Staegemann und Schleiermacher auch Männer der Heeres-, Finanz- und Bildungsreform. Als rein konservative Vereinigung, wie früher behauptet wurde, kann die Tischgenossenschaft also nicht gesehen werden, und antireformerisch verhielt sie sich nur in einer Sache, die freilich, wenn man die Folgen bedenkt, schwerwiegend war.

Die Gleichstellung der Juden nämlich, die in den Jahrzehnten der Aufklärung seit Moses Mendelssohn und Lessing schon beachtliche Fortschritte gemacht hatte und 1812 von Hardenberg gesetzlich verankert wurde, war von der Tischgesellschaft nicht gern gesehen. Obwohl viele der Mitglieder in jüdischen Häusern verkehrten, waren sie wohl nicht frei von den gängigen Vorurteilen, jedenfalls ist vom Widerspruch gegen Antijüdisches in den Tischreden nichts bekannt. Laut den von Arnim entworfenen Statuten war neben Philistern auch Juden der Eintritt in den Club verwehrt. Arnim meinte damit nur jene Juden, die nicht zum Christentum übergetreten waren, die Mehrzahl der Mitglieder wollte aber auch die getauften Juden ausgeschlossen haben, und so wurde Arnim überstimmt. Ihm war diese Sache so wichtig, dass er später in seiner Tischrede von 1815 noch einmal darauf zurückkam. »Ich bemerke bei dieser Gelegenheit«, sagte er, »dass ein Gesetz, welches auch getaufte Juden aus der Gesellschaft ausschließt, durch Stimmenmehrheit gegen meine Überzeugung durchgeführt worden ist, dass ich vielmehr es Pflicht aller guten Christen glaube, diese Täuflinge unter sich aufzunehmen mit Milde und Nachsicht und sie durch Freundlichkeit ganz aus den Schlingen des alten Bundes zu lösen.«

Von dieser christlichen Milde und Freundlichkeit hatten allerdings die schlechten Späße, die er früher über die Juden gemacht hatte, nicht gezeugt. Im März 1811 hatte Brentano mit einer scherzhaften Abhandlung über den Philister die Gesellschaft erheitert, und Arnim fühlte sich nun verpflichtet, in der gleichen scherzhaft-satirischen

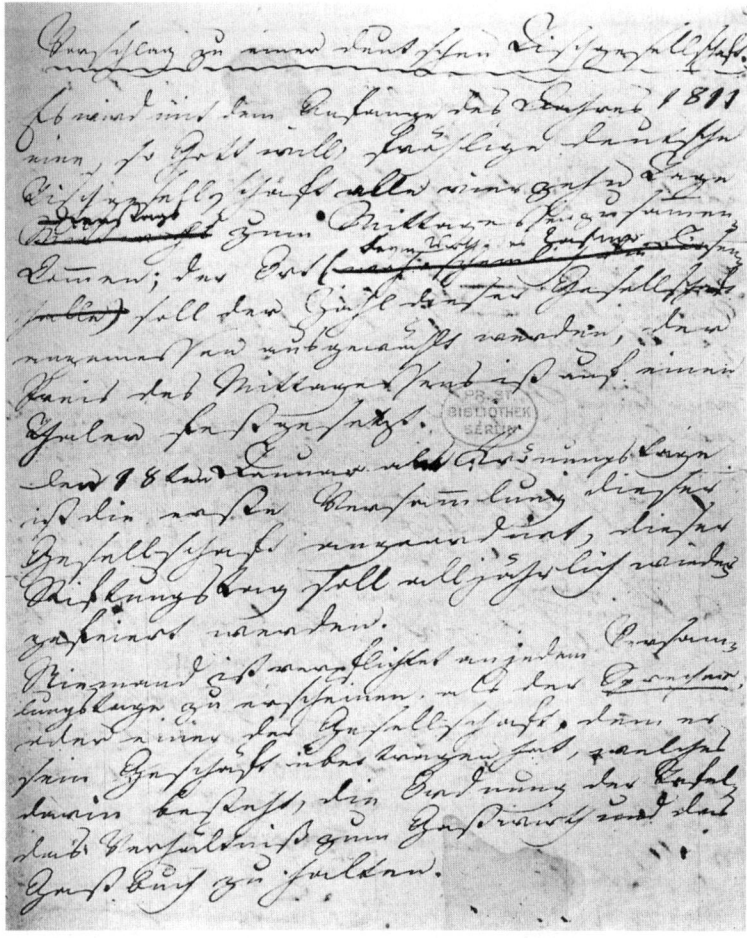

Achim von Arnims Vorschlag für eine Deutsche Tischgesellschaft

Weise über die Juden zu lästern, doch wurde daraus eine Rede, die die
Tischgesellschaft damals kaum erheitert, eher mit Unbehagen erfüllt
haben dürfte und die uns heute erschreckt. Denn seine Ausführungen
»Über die Kennzeichen des Judentums«, die er im Juni 1811 vortrug,
sind nicht nur eine halbernste, satirisch verkleidete Ansammlung von

althergebrachten Vorurteilen und Anklagen, einschließlich der Hostienschändung und des rituellen Schlachtens von Christenkindern, sondern sie enthalten auch Vorschläge zur Behebung des jüdischen Übels, von denen der zur Kennzeichnungspflicht jedes Juden durch farbige Hüte oder Abzeichen, an denen man sie schon aus der Ferne erkennen und ihrem »Geruch ausweichen« könne, noch der harmlosere ist. In Knittelversen wird eine lustige Anekdote berichtet, die sich auch als Wunschtraum des stark verschuldeten Gutsherrn Arnim deuten ließe, weil in ihr nämlich ehrliche, aber verschuldete deutsche Ritter den jüdischen Wucherer so lange mit dem Tod am Galgen schrecken, bis er die Tilgung der Schuld verspricht. Auch wird vorgeschlagen, einen Judenkörper in seine Bestandteile zu zerlegen und chemisch zu analysieren, wobei sich herausstellen werde, dass er zu fünfzig Prozent aus »böser Lust aller Art« besteht. So zynisch, manchmal auch zotig, menschenverachtend, widerlich und geschmacklos geht es dann weiter, bis Arnim am Schluss seiner Schmähungen diese ein wenig relativiert. Er wolle nicht etwa, wie im Mittelalter oft üblich, die Juden töten, wünsche ihnen vielmehr die »beste Gesundheit«, und da er auch Freunde unter ihnen habe, sei ihm der Unterschied zwischen einem Judas Ischariot und einem Spinoza sehr wohl bekannt. Den »wenigen Edlen« unter ihnen geschehe zwar Unrecht durch seine Satire, die er geheim halten wollte und tatsächlich auch nie veröffentlichte, aber diese seien darüber erhaben, und auf die Masse von ihnen träfen seine Charakteristiken durchaus zu.

Arnims Judenhass, der ihn 1811 auch in einen skandalösen Ehrenhandel mit einem jungen Juden namens Moritz Itzig verwickelte, hing wahrscheinlich mit seiner Verschuldung an jüdische Geldleute zusammen, doch stand er damit im Kreise seiner Tischgenossen, die den Statuten ja zugestimmt hatten, nicht allein. Auch von anderen Mitgliedern der Tafelrunde kennt man judenfeindliche Äußerungen, und von jenen, die nicht so dachten, wie Staegemann beispielsweise, der als rechte Hand Hardenbergs das Gesetz über die bürgerliche Gleichstellung der Juden mitverantwortete und sich später in dem Streit zwischen Arnim und Itzig in einem Gedicht auf die Seite des im Befreiungskrieg gefallenen jungen Juden stellte, scheint Widerspruch nicht gekommen zu sein. Eine von Neid bestimmte Abneigung gegen die Juden, die im Gegensatz zum Adel von der wirtschaftlichen Liberalisierung durch die Reformen profitierten, war offensichtlich verbreitet – bis dann zu Beginn der Befreiungskriege die nun gleichberechtigten jungen Juden als Soldaten gebraucht wurden, viele von ihnen als Freiwillige mit in den Krieg zogen und auch die Judenschaft im Ganzen sich als vaterländisch gesinnt erwies. Die antijüdischen Vorurteile aber waren damit nicht behoben, sie schwelten weiter, mit schlimmen Folgen, wie man aus der Geschichte des 19. und 20. Jahrhunderts weiß.

Der Totgeweinte

Da Rahel Levin, wie es schien, in den nie abreißenden Gesprächen, die sie auch nach der Auflösung ihres Salons mündlich und schriftlich führte, Verständnis für alles und jeden hatte und oft bereit war, dem anderen ihr Herz zu öffnen, war die Versuchung auch für die Gesprächspartner groß, es ihr gleichzutun. Zu den vielen ihrer Bekannten, die sich von ihr zum Beichten verlocken ließen, gehörten auch die beiden Fouqués. Durch Varnhagen vermittelt, kamen sie beide, jeder für sich, erst brieflich, dann auch persönlich mit Rahel zusammen, und da sie anfangs auch Gefallen fand an ihnen, waren auch die Geständnisse nicht mehr weit. Die weltgewandte, literarisch tätige Baronin, geborene von Briest, verwitwete von Rochow, die Varnhagen von Besuchen in Nennhausen her schon kannte, sie aber, wie er Rahel jetzt schrieb, ihrer »Sinnlichkeit« und ihres »Verstandes« wegen nicht leiden konnte, ihren Werken jedoch als Kritiker später gerecht zu werden versuchte, gestand Rahel, sich im Leben schon »unzähligemal verloren« zu haben, und ihr Mann, dessen kurzzeitige Erfolge als Schöpfer altdeutscher Helden sich in diesen Jahren auf den Gipfelpunkt zu bewegte, gestattete ihr Einblick in eine unglückliche Liebesgeschichte, die wieder einmal beweisen konnte, dass unerfüllte Lieben die unvergänglichsten sind.

Karoline Fouqués Selbstbezichtigungen bezogen sich wahrscheinlich auf vor- oder außereheliche Seitensprünge, während Friedrich Fouqués Liebe zu einer unerreichbaren Schönen, die er nun »nach langem Schweigen« Rahel enthüllte, Unvergessenes aus Jugendtagen betraf. Es handelte sich dabei um eine kurze Begegnung mit einer »schönen Erscheinung«, der nachzutrauern er nicht aufhören konnte. Rahel, die wohl begriffen hatte, wie sehr ihn dieses sehnsüchtige

*Frontispiz zur »Undine«, gestochen von Christian Hoffmeister
nach Ludwig Richter*

Gedenken in seiner Arbeit beflügelte, bedauerte ihn nicht, sondern beglückwünschte ihn dazu. Aus ihren ausführlichen, ebenso tiefsinnigen wie chaotischen Erörterungen über unerfüllte Lieben lässt sich an Tatsachen nur entnehmen, dass die dem Dichter zur Muse und zum »Feenbild« gewordene Schöne den Namen Louise trug.

Dieser Name scheint gegen die Vermutung zu sprechen, dass es sich bei diesem unerreichbaren weiblichen Wesen um jene unvergessene Jugendliebe namens Elisabeth von Breitenbauch handelte, deren Bedeutung für die Märchennovelle »Undine« Arno Schmidt nachweisen konnte, und doch spricht auch vieles dafür. Denn den wahren Namen der unglücklich Geliebten wollte Fouqué auch im Alter nicht preisgeben. In seiner »Lebensgeschichte« nennt er sie zwar nicht Louise, aber doch Eloisa, und seine Arbeit an der »Undine«, in der er die feenhafte Erscheinung der Fünfzehnjährigen in dem jungen Wasserfräulein wieder hatte aufleben lassen, lag noch nicht lange zurück.

Im gleichen Jahr 1811, in dem Rahels Briefe an ihn geschrieben wurden, war die Geschichte in seiner Zeitschrift »Die Jahreszeiten« zum ersten Mal erschienen und hatte überall, sogar bei Goethe wie auch später bei Heine, Bewunderung erregt. Seitdem ist sie in unzähligen Ausgaben erschienen, in so gut wie alle Sprachen der Welt übersetzt und oft illustriert worden, und E. T. A. Hoffmann und Lortzing machten Opern aus ihr. Nur Rahel, die wenige Jahre zuvor Fouqués »Sigurd« überschwänglich mit Lob bedacht hatte, hielt von der »Undine« wenig, und was diese Erzählung mit Fouqués seelischer Bindung an jene feenhafte Erscheinung zu tun hatte, war ihr wohl auch nicht klar.

Als Gegensatz zu der selbstbewussten, ihm an Lebensklugheit überlegenen Frau Karoline, die er an seiner Seite hatte, ist ihm die Traumgestalt der sanften Louise-Eloisa-Elisabeth immer gegenwärtig geblieben, und er hat sie nicht nur in der Undine und der Emilie des »Alethes«, sondern auch in anderen Werken zur Gegenspielerin einer weniger unschuldigen und weniger gutherzigen Bertalda oder Yolande gemacht. In seiner »Lebensgeschichte«, die er als Dreiund-

Undines Trauung, von Carl Röhling

sechzigjähriger verfasste, hat er dann die Episode, in der der acht-
zehnjährige Kornett sich in die sanfte Fünfzehnjährige verliebte,
nach der einleitenden Bemerkung: »Da schlug meine Stunde«, besonders bunt ausgemalt.

Bei einer längeren Marschpause im preußisch-westfälischen Min-
den wurden die Offiziere des Regiments zu dem »ländlichen Mittags-
mahl« einer eleganten Gesellschaft geladen, wo mit Musikbegleitung
im Freien getafelt wurde und anschließend, da ein »Sturmregen« her-
aufzog, im Gasthof getanzt. Hier bot sich nun »dem achtzehnjährigen
Kriegsmann die Erscheinung einer zarten, erst eben erblühenden
Jungfrau edlen Stammes« und »fein gebildeten Geistes«, deren Benehmen vornehm, aber auch »einfachst natürlich« war. »Man konnte
sie keine glänzende Schönheit nennen, aber eine unaussprechliche
Sanftmut war über die holde Gestalt gegossen, wie sie mir niemals
anziehender erschienen ist«. Da empfand er sofort »mit leisen, inneren Schauern«, dass ihm hier »etwas für das Leben Unvergessliches
erschienen« war.

Da man bei solchen Gelegenheiten leichter miteinander bekannt
wurde »als bei förmlicheren Festen«, war ihm bald vergönnt, »ihr die
Hand zu bieten«, und »die holdselige Erscheinung schwebte wie eine
Elfe im Tanz«. Auch noch weitere Tänze konnte der von »zwei frommen Blauaugen gefangene Kornett im seligen Gefühl des Liebens und
der Ahnung des Geliebtsein noch genießen«, dann musste er beim
nächsten Tanzfest die kalte Abweisung durch die Geliebte erleben,
die, wie er später erfuhr, einem älteren Bewerber geglaubt hatte, dass
der Kornett als leichtsinniger Frauenverführer verschrien sei. »Sie
schieden ohne alle Erklärung«, und der »Jüngling« spürte »einen
herben Schmerzenspfeil im Herzen, einen der herbsten vielleicht, die
sein wahrlich nicht schmerzensarmes Leben ihm je geboten hat«.

Zwölf oder dreizehn Jahre später wurde dieses sanfte Wesen nun
zu einem der weiblichen Elementargeister, denen die Liebe eines
Mannes eine menschliche Seele einhauchen kann. Den Namen Undine, vom lateinischen Wort unda, die Welle oder Woge, für eines der
halbmenschlichen Wasserwesen, die in der Weltliteratur als Nym-

Undines Wiederkehr, von Julius Höppner

phen, Nixen, Najaden, Nereiden, Sirenen und Melusinen schon häufig erschienen waren, hatte Fouqué bei Paracelsus gefunden, und auch manche Einzelmotive, wie das des Findlingskindes, waren von ihm aus der Literatur entlehnt. Die von ihm auch erzählte Geschichte des Mannes zwischen zwei Frauen aber war deutlich auch seine eigne Geschichte, nämlich die eines Ehemannes, der sich statt der selbstbewussten, ihm nicht nur ebenbürtigen, sondern teilweise auch überlegenen Gattin eine unschuldige, warmherzige, nach seinen Bedürfnissen zu bildende Kindfrau erträumt. Wenn der Ritter Huldbrand von Ringstetten, der dem Autor nicht nur der gleichen Wappenfarben wegen erstaunlich ähnelt, mit dem Bruch des Liebesgelübdes die traurige Wendung der Geschichte verursacht, lässt Fouqué sich dazu verlocken, dem Leser die eigne Betroffenheit zu gestehen: »Aber das Herz tut ihm [dem Erzähler] dabei allzu weh, denn er hat ähnliche Dinge erlebt und scheut sich in der Erinnerung noch vor ihrem Schatten«, wird da wenig märchengemäß von ihm eingestreut.

Und diese Betroffenheit des Erzählers überträgt sich dank der genauen Psychologisierung auch auf den Leser und macht die »Undine« trotz ihrer süßlichen und altertümelnden Sprache, die anfangs den heutigen Leser etwas stört, später aber doch als passend empfunden wird, zu einem der bleibenden literarischen Werke dieser für Preußen so schwierigen Zeit. Mehr als Fouqués bald danach entstandener Roman »Der Zauberring« und seine vielen anderen, so gut wie vergessenen Werke, wird der inzwischen schon zweihundert Jahre alten »Undine«, die weinend, aber dem Wassergeistergesetz folgend, den untreuen Ritter am Ende durch Küsse und Tränen tötet, noch ein langes Leben beschieden sein.

Der Nestor

Das Jahr 1811 begann in der Brüderstraße 13 mit einem Neujahrs-
ständchen, das Iffland für Friedrich Nicolai organisiert hatte, der
immer auch ein Musikliebhaber gewesen war. Es war eine letzte
Würdigung des verdienstvollen, jetzt aber fast schon vergessenen
Mannes, der acht Tage später starb.

Der Siebenundsiebzigjährige, der einst mit Lessing und Mendelssohn gemeinsam die Berliner Aufklärung gefördert und sie danach

Die Brüderstraße um 1800.
Stich von Gottlieb Wilhelm Hüllmann nach Franz Catel

als Verleger, Autor und Herausgeber der »Allgemeinen Deutschen Bibliothek« mit ihren vielen Rezensenten aus allen deutschen Ländern beherrscht hatte, war in den letzten Jahren immer mehr vereinsamt. Die Gefährten seiner späten Jahre, Johann Jakob Engel und Friedrich Gedike, waren schon 1802 und 1803 gestorben und die von Johann Erich Biester, dem Leiter der Königlichen Bibliothek, herausgegebene Zeitschrift der Spätaufklärung, die »Berlinische Monatsschrift«, hatte schon längst ihre Bedeutung verloren und stellte in Nicolais Todesjahr ihr Erscheinen ein.

Nicolais vergeblicher Kampf gegen Goethe, Schiller, Kant, Fichte und die Brüder Schlegel hatte noch Aufsehen erregt, dann war es still um ihn geworden. Der einst erfolgreiche Romanschreiber und vielseitige Sachbuchautor, von dem sein Freund Engel gesagt hatte: »Jedermann hat wohl sein Steckenpferd, aber Nicolai hat einen ganzen Stall davon«, war kaum noch im Gespräch, und der gefürchtete Kritiker hatte seine eigne Bedeutung überlebt. Seine Enkel, die mit ihrem Vater, seinem Schwiegersohn Friedrich Parthey, neben ihm in dem großen Hause lebten, wussten von der beherrschenden Rolle, die er einst im kulturellen Leben der Stadt und des Landes gespielt hatte, kaum noch etwas, und der immer ernste Alte hatte mit ihnen so wenig Kontakt wie mit der jüngeren Schriftstellergeneration. Alles was Nicolai und seine Mitstreiter erst geschaffen hatten, nämlich den leistungsfähigen Zeitschriften- und Buchmarkt, eine verbreitete Leserschaft und die lebhafte Literaturdiskussion, waren für die Jungen Selbstverständlichkeiten geworden, und es fiel ihnen nicht ein, dem Alten und seiner »Plattheitslehre«, wie Friedrich Schlegel es sagte, dankbar zu sein.

Die letzten zwei Jahrzehnte seines Lebens waren für ihn voller Trauer und Enttäuschung gewesen. Schon bald nach dem Kauf des großen Hauses und dessen Umbau durch Zelter hatte die Kette der Unglücksfälle begonnen. 1790 hatte sein ältester Sohn Samuel Selbstmord begangen. 1793 war seine Frau gestorben. 1797 waren Goethes und Schillers »Xenien« erschienen, von denen neununddreißig gegen ihn gerichtet waren, und im Jahr darauf war Kants Angriff gegen ihn

Friedrich Nicolai 1780.
Kupferstich von Johann Elias Haid
nach Daniel Chodowiecki

in der Schrift »Über Buchmacherei« erfolgt. 1799 war sein Sohn Karl August, der einen eignen Verlag gegründet hatte, gestorben. Fichte hatte den Alten 1801 mit seiner Satire »Friedrich Nicolais Leben und sonderbare Meinungen« grob beleidigt, und in den folgenden Jahren waren ein Sohn und zwei Töchter gestorben, so dass er der einzige Überlebende seiner einst großen Familie war. In den zwei Besatzungsjahren hatte er zeitweilig zweiundzwanzig Soldaten und zwölf Pferde beherbergen und verpflegen müssen. 1809 hatte er den Maler Anton Graff, der ihn und seine Frau in besseren Jahren porträtiert hatte, dazu beglückwünscht, in Sachsen und nicht in Preußen zu leben. »Es ist unbeschreiblich, welches Elend hier allenthalben ist, und wir sehen noch gar keinen Anschein zur Besserung. ... Mir sind in den letzten zwei unglücklichen Jahren Wissenschaft und Literatur die einzigen Mittel gewesen, den schweren Druck zu ertragen. Aber etwas hervorzubringen, was der Mühe wert wäre, konnte mein Geist nicht frei genug sein, weil Unruhe und Sorgen und häusliche Unfälle immer auf mich stürmten.« Und schon 1806 hatte er an Böttiger geschrieben: »Ich habe nie geklagt und klage noch nicht, aber der müsste kein Patriot sein, welcher sein einst von vielen anderen Ländern so sehr glückliches Vaterland hinschwinden sieht, ohne Hoffnung, dass es sich erhole, und dem nicht oft Tränen in die Augen treten. Ich ziehe mich zurück, und nur die Wissenschaften sind mein Trost.« Dass auch ihn Preußens Unglück viel Geld gekostet hatte, konnte er freilich eher als andere verschmerzen, zählte er doch zu den vermögendsten Bürgern der Stadt.

Als ein letzter Ausläufer seines Riesenwerks der Aufklärung war 1805 seine »Allgemeine Deutsche Bibliothek«, deren letzte Bände nach einer Unterbrechung »Neue Allgemeine Deutsche Bibliothek« geheißen hatten, eingestellt worden. »Ich habe diesem Werke mit frohem Mute den größten und besten Teil meines Lebens gewidmet«, schrieb er abschiednehmend. Er sei gewiss, »den Fortgang der Wissenschaften in Deutschland« damit befördert und »zur Verminderung der Ketzermacherei und des Köhlerglaubens, der seichten Schreiberei, der Pedanterei und der gelehrten Anmaßung« beigetragen zu haben. Auf die »Vermehrung einer vernünftigen Freiheit zu denken und der Kultur des menschlichen Verstandes« habe sein Werk »einen wohltätigen Einfluss gehabt«.

Nach der Einsamkeit der letzten Jahre war er froh gewesen, zum Jahreswechsel 1810/11 die alte Freundin und Bundesgenossin in seinem Kampf gegen Aber- und Wunderglauben Elisa von Recke, die einst die Scharlatanerien Cagliostros entlarvt hatte, wiederzusehen. Während dieses Besuchs aber packte ihn in den ersten Januartagen die zum Tode führende Krankheit. Am 8. Januar 1811 starb er. Laut Testament gingen seine bedeutenden Sammlungen in den Besitz der

Akademie der Wissenschaften, der Königlichen Bibliothek und des Gymnasiums Zum Grauen Kloster über. Im Familienbesitz, das heißt in dem des Schwiegersohns Parthey, verblieben neben dem Verlag und der Buchhandlung auch das Haus, das heute noch einen Eindruck vom damaligen Lebensstil vermitteln kann.

Es wurde unter Verwendung von Mauerresten aus gotischer Zeit über mittelalterlichen Kellergewölben zu Anfang des 18. Jahrhunderts errichtet, mehrfach von Adligen und Kaufleuten erworben und wieder veräußert und 1787 von Nicolai gekauft. Obwohl es nach seinem Tode und dem Auszug der von den Erben weitergeführten Verlagsbuchhandlung zu Wohn- und Geschäftszwecken vermietet wurde, zeitweilig auch ein Lessing-Museum und eine Volksbücherei beherbergte, ist es im Wesentlichen heute noch so erhalten, wie es Friedrich Zelter für seinen Freund Nicolai umgebaut hatte. Denn die Bomben des Zweiten Weltkrieges hatten nur den linken Seitenflügel beschädigt, und die brutale Umgestaltung des Viertels zwischen Breite Straße und Friedrichsgracht in den sechziger Jahren des vorigen Jahrhunderts hatte glücklicherweise die Brüderstraßenhäuser 10 bis 13 vom Abriss verschont. Die Flügel des Hauses umschließen also noch immer den kopfsteingepflasterten Innenhof. Dickstämmiger Reseda-Wein, der zur Blütezeit süße Düfte verbreitet, bedeckt noch immer die Wände. Und die hölzernen Galerien erzeugen eine Atmosphäre altbürgerlicher Behaglichkeit.

Als die Stadt den Verstorbenen im Januar 1811 mit einem aufwendigen Begräbnis ehrte, galt dieses sicher nicht allein dem Mann des alten Preußen, der noch immer das zum Zopf gebundene Haar gepudert und den friderizianischen Dreispitz zu Kniehose und Schoßweste getragen hatte, sondern auch dem Wohltäter der durch Krieg und Besatzung verarmten Stadt, der ihr zu gemeinnützigen Zwecken ein Vermögen von 18 000 Talern vermacht hatte. Es war, als trüge man mit ihm ein Zeitalter zu Grabe, das Zeitalter Friedrichs und des Glaubens an die Vernunft.

Nachdem vor dem Trauerhause Chorschüler gesungen hatten, bewegte sich der Leichenzug, an dem, wie sein Biograph Goeckingk berichtet, die »angesehensten und edelsten Männer aus allen Zweigen der Staatsverwaltung und aus allen Ständen« beteiligt waren, die Brüderstraße hinunter, an der Petrikirche vorbei in die Roßstraße, überquerte am Köpenicker Tor (das schon damals nicht mehr stand) den heute nicht mehr existierenden Festungsgraben, bog nach rechts in die Alte Jakobstraße ein, wo links, zwischen Sebastian- und Stallschreiberstraße die Luisenstädtische Kirche stand. Hier wurden »die eintretende Versammlung mit einer Motette empfangen und der Sarg vor dem Altare niedergesetzt. Herr Probst Hanstein hielt aus eigner Bewegung eine der Veranlassung angemessene Rede, welche die Verdienste des Verewigten und seine Schicksale schilderte, mit herzerhebender Anwendung auf die Religion. Unter dem Gesang auserwählter Lieder und in Begleitung des ganzen Trauergefolges wurde alsdann die Leiche nach dem an die Kirche stoßenden Kirchhofe gebracht und in die Gruft gesenkt.«

Anders als Goeckingk aber hat Nicolais Enkel, Gustav Parthey, in seinen Erinnerungen an die Kinderzeit in der Brüderstraße die Zeremonie gesehen. »Das Leichenbegängnis«, so schreibt er, »hinterließ einen äußerst peinlichen, sogar schrecklichen Eindruck. Es hatte sich dabei, wie dies noch jetzt zu geschehen pflegt, alles Lumpengesindel der nächsten Gegend vor dem Hause versammelt. Weil ein so berühmter Mann begraben wurde, so war der Zugang stärker als gewöhnlich. Das Elend der niederen Volksklassen Berlins muss damals, wegen des Krieges, größer gewesen sein als jetzt. Mich überlief ein Schauder, als wir aus dem Hausflur durch die Reihen der gaffenden Proletarier dem Trauerwagen zugeführt wurden; mir war nicht anders, als müssten diese hohläugigen, blassen Gestalten über uns herfallen, um uns zu berauben oder zu töten. In der Luisenkirche, wo der Trauergottesdienst stattfand, war es noch ärger. Alle Räume bis zu den Emporen hinauf waren dichtgedrängt voll von unheimlichem Pöbel, der mit Gepolter über die Bänke kletterte und andere Ungehörigkeiten verübte. Von Andacht konnte unter diesen Umständen gar nicht die Rede sein; nichts als Furcht erfüllte meine Seele, dass diese rohen Volkshaufen irgendeine Gewalttätigkeit verüben möchten. Wie dankte ich Gott, als wir beim Nachhausekommen das Spalier der stechenden Blicke zum zweiten Male glücklich durchschritten hatten und aus der Kinderstube in den friedlichen Hausgarten hinabschauten.«

Nicolais Exlibris
von Daniel Chodowiecki

Die Schwester

Ludwig, Sophie und Friedrich, die drei künstlerisch begabten Kinder des Seilermeisters Tieck aus der Ross-Straße waren in ihrer Kindheit am Köllnischen Fischmarkt und als vielversprechende junge Talente in Berlins Künstlerkreisen innig miteinander verbunden gewesen, doch hatten sich nach der Jahrhundertwende ihre Wege getrennt. Ludwig, der zu frühem Ruhm gekommene romantische Dichter, der von Ruhm allein aber nicht hatte leben können, hatte sich, der ständigen Geldknappheit überdrüssig, nach Ziebingen an der Oder zurückgezogen, wo er im Schloss des Grafen von Finckenstein mit Frau und Kind sorglos leben konnte, wenn er nicht, was häufig geschah, auf Reisen war. Friedrich, der Bildhauer, hatte nach seiner Berliner Lehrzeit eine weitere Ausbildung in Frankreich genossen, hatte in Weimar gut bezahlte Arbeit gefunden, ohne dass sich sein finanzielles Verhältnis dadurch gebessert hätte, denn das Geld, das er verdiente, floss immer gleich weiter an seine Schwester Sophie.

Diese hatte sich von ihrem älteren Bruder Ludwig, mit dem sie jahrelang auch zusammengelebt hatte, in die Welt der Berliner Künstler einführen lassen, und sich auch, obwohl sie ohne jede Vorbildung war, nicht ohne Erfolge im Dichten versucht. Nach Ludwigs Heirat heiratete sie dessen Gymnasiallehrer, den Sprachwissenschaftler August Ferdinand Bernhardi, wurde mit ihm unglücklich und tröstete sich erst mit August Wilhelm Schlegel, der zeitweilig bei den Bernhardis wohnte, und dann mit dem Sohn eines Gutsbesitzers aus Estland namens Karl Gregor von Knorring, der bei ihrem Mann Griechisch lernte und vermutlich Vater ihres zweiten Sohnes Felix war. Für diesen aber hielt sich wohl Schlegel, und ihn in dieser Meinung zu stärken, hatte Sophie gute, nämlich finanzielle Gründe, die für sie zwingend wurden, als sie mit ihren beiden Söhnen ihrer missratenen Ehe entfloh.

Nachdem Schlegel, der einige ihre Dichtungen angeregt, bearbeitet und an Verleger vermittelt hatte, sich 1804 von der Madame de Staël in die Schweiz hatte entführen lassen, kehrte auch sie, angeblich aus Gesundheitsgründen, Berlin den Rücken, und da sie fürchtete, dass man ihr die Söhne entreißen könnte, kehrte sie nicht mehr nach Preußen zurück. Während vor Berliner Gerichten Bernhardis Klage auf Rückgabe der Kinder verhandelt wurde und sich die als Zeugen gehörte geistige Elite der Stadt im Für und Wider entzweite, reiste die Angeklagte in Knorrings Begleitung durch Bayern, Österreich und Italien, immer von Schulden und der Sorge um den Ausgang des Prozesses bedrängt. Da Knorrings Vater in Estland, der den Sohn adlig verheiraten wollte, nur zögernd zahlte und die Flüchtlinge auf großem Fuße lebten, wurden Sophies Briefe an Schlegel und den Bruder Friedrich immer zu Bettelbriefen, nicht ohne Erfolg. In Rom, wo Knorring zeitweilig nicht nur für sie, sondern auch für ihre zwei Brüder, die ihr gefolgt waren, aufkommen musste, hatte sie die untere Etage eines auf dem Abhang des Monte Cavallo stehenden Palazzo gemietet und war, wie sie in Briefen an Schlegel versicherte, in den höchsten Gesellschaftskreisen als deutsche Dichterin gern gesehen. In ihren Briefen rühmt sie sich des Umgangs mit der Erzherzogin Anna Maria, einer Schwester des Kaisers Franz von Österreich, und nach den Erinnerungen ihres Sohnes Felix war sie sogar persönlich mit dem Papst bekannt. Um ihren guten Ruf und damit auch ihre Kreditwürdigkeit aufrechtzuerhalten, sollte Schlegel Lobeshymnen auf sie für deutsche Zeitschriften schreiben und das Werk, an dem sie schon jahrelang arbeitete, an einen Verleger vermitteln, was Schlegel dann auch versuchte, aber vorerst ohne Erfolg.

Das erwähnte Werk unter dem Titel »Flore und Blanscheflur, ein episches Gedicht in 12 Gesängen« war die lyrische Umdichtung eines um 1220 entstandenen mittelhochdeutschen Epos von Konrad Fleck. Schlegel, der vorher in der gleichen freien Umdichtung den »Tristan« bearbeitet hatte, war ihr dabei Anreger und Berater gewesen, und wenn sie ihm Teile davon sandte, hatte er auch noch mit der sprachlichen und metrischen Glättung der Verse zu tun. Rührenderweise bewahrte er der Mutter seines angeblichen Kindes auch noch im Alter die Treue. Als nämlich die »Zwölf Gesänge« 1820 endlich fertig wurden, konnte er, als Herausgeber auftretend, durch seinen bekannten Namen den Berliner Verleger Reimer 1822 tatsächlich zum Druck dieser Liebesgeschichte von den zwei Blumenkindern bewegen. Es wurde ein Ladenhüter daraus.

Nachdem Sophie in der Hoffnung, ihre Spuren für die preußischen Behörden verwischen zu können, zeitweilig auch in Florenz, Wien und München gelebt und dabei immer wieder die Unterstützung Schlegels beansprucht hatte, ereilte sie die Katastrophe, die sie immer befürchtet hatte, im Dezember 1808 in München. Knorring war nach Estland gefahren, um die Zustimmung seines Vaters zur geplanten Hochzeit zu erlangen und Geld lockerzumachen. Sie lebte wieder, zum letzten Mal, mit ihrem Bruder Ludwig zusammen, der wie immer kein Geld, sondern nur Schulden hatte und an der Gicht erkrankt war. Am frühen Morgen erschienen Bernhardi und der Münchner Polizeidirektor in ihrer Wohnung, eröffneten ihr, dass das Berliner Gericht die Söhne dem Vater zugesprochen hatte, und forderten diese von ihr zurück. Sie aber weigerte sich, sie herauszugeben, obwohl Polizisten das Haus umstellt hatten, und Bernhardi ließ sich von ihrem Flehen rühren und billigte nach tagelangen Streitereien über Schuld und Unschuld einen Vergleich. Während der neunjährige Wilhelm am Weihnachtstag mit dem Vater nach Berlin reiste, durfte der sechsjährige Felix, der sich später unter seinem zweiten Vornamen Theodor als Historiker und Diplomat einen Namen machte und 1873 sogar geadelt wurde, bei der Mutter bleiben, an der er in seinen späten Memoiren viel zu tadeln fand.

Friedrich, den die ständige Sorge um die oft kränkelnde Schwester auch nach München getrieben hatte, musste nun miterleben, wie die Liebe seiner älteren Geschwister langsam in Hass umschlug. Beide tyrannisierten einander, gaben sich gegenseitig die Schuld an der von Schulden bedrängten Lage, und während Sophie weinte und klagte, tobte sich Ludwig, den die Gicht zeitweilig bewegungsunfähig machte, in Jähzorn aus. Friedrich, der zwischen ihnen zu vermitteln versuchte, war der Einzige, der Geld verdiente. Für den bayerischen Kronprinzen arbeitete er an Büsten deutscher Helden für die künftige Walhalla und gab jeden verdienten Groschen der Schwester, die aber trotzdem betteln und borgen musste, denn die prächtige Wohnung mit vier Dienstleuten war kostspielig, und auch an Besuchern fehlte es nicht. Da kam beispielsweise der Philosoph Schelling und dessen Frau Caroline, geschiedene Schlegel, die Ludwig aus Jugendtagen in Jena kannte, und auch Bettine Brentano ließ sich oft sehen.

Felix, in dem sich die Verworrenheit seiner Kindheit später zu einem ausgesprochen antiromantischen Denken formte, nennt Bettine in seinen Erinnerungen die »seltsamste Erscheinung, die je ein menschliches Auge gesehen hat«. »Sie war hübsch, klein, zierlich gebaut, hatte lebhafte dunkle Augen und war mit einiger Anstrengung naiv und kindlich. Im wunderlichsten Aufzug, in einfachem Hauskleid, ohne Mantel, ohne Schal, den damals üblichen Ridicule [Strick- oder Häkeltasche] am Arm, schwärmte sie schon um sieben Uhr früh in den Straßen herum, lief den Leuten in die Häuser und war nicht wieder wegzubringen. Grob sein half nicht, dadurch wurde man sie nicht los; wenigstens hat mein Onkel, Ludwig Tieck, vergebens das Äußerste aufgeboten, was sich von dieser Art anständiger Weise leisten lässt. Mehr als einmal drang sie früh morgens in das Zimmer meines von der Gicht geplagten Onkels, setzte sich auf sein Bett und unterhielt ihn auf das liebenswürdigste, gleichviel, ob er dabei bis zur Wut ungeduldig wurde oder nicht. Sie nannte alle Menschen Du, älteren Herrn setzte sie sich gern auf den Schoß und machte ihnen Liebeserklärungen.« Auch Wilhelm von Humboldt, der sich, von Rom kommend, im November 1808 einige Tage in München aufhielt, musste seiner Frau Karoline von diesem wunderlichen Wesen berichten: »Eine junge Brentano, Bettina, 23 Jahre alt, hat mich hier in das größte Erstaunen versetzt. Solche Lebhaftigkeit, solche Gedanken- und Körpersprünge (denn sie sitzt bald auf der Erde, bald auf dem Ofen), so viel Geist und so viel Narrheit ist unerhört.«

Sophies Wunsch, ein Haus in Rom kaufen und dort für immer wohnen zu können, schien 1810 endlich in Erfüllung zu gehen. Knorrings Vater nämlich willigte ein in die unstandesgemäße Heirat des Sohnes, und Sophie wurde Baronin mit russischem Pass. Doch ehe der Plan eines Umzugs nach Rom ernsthaft gefasst werden konnte, erkrankte der alte Knorring, und der Sohn musste wieder nach Estland reisen, um sich um das Vermögen und die Ländereien zu kümmern, angeblich für einige Monate nur. Aber der Unübersichtlichkeit der Vermögensumstände wegen wurden daraus zwei Jahre, die Sophie in ungeduldigem Warten verbrachte, bis im Frühjahr 1812 Napoleon seinen Aufmarsch gegen Russland begann. Eine halbe Million Soldaten, darunter 30 000 Bayern und 20 000 Preußen, rückten an die russische Grenze. Und Sophie, die im drohenden Krieg eine endgültige Trennung befürchtete, machte sich hastig zu ihrem Mann auf den Weg.

Ihr eigner Reisewagen, dem auf den Stationen Postpferde vorgespannt wurden, war schwer beladen. Außer ihrem Sohn, einer Zofe, die auch einen kleinen Sohn bei sich hatte, und einem Diener gehörte noch ein polnischer Kohlenbrenner, der auf dem Gut ihres Mannes gebraucht wurde, zur Reisegesellschaft. Da die kurze Strecke über Breslau und Warschau durch Truppenbewegungen blockiert wurde, mussten sie den Umweg über Galizien machen. Mit dem russischen Pass der Baronin passierten sie ohne größere Schwierigkeiten bei Brody die russische Grenze, kamen dann aber nicht gleich weiter, denn alle Postpferde waren hier vom Militär requiriert. Ein russischer Kutscher, der sich sein Geld damit verdiente, dass er für Österreich bestimmte englische Waren, die der Kontinentalsperre wegen den Umweg über die Ostsee gemacht hatten, aus einem der baltischen Häfen holte, erbot sich, sie nach Riga zu fahren, und nach mancherlei Abenteuern und Strapazen kamen sie nach achtzehn Tagen tatsächlich dort an. Knorring erwartete sie dort mit einer Kalesche und frischen Zugpferden, so dass sie bald Dorpat (estnisch: Tartu) erreichten, wo Sophie der adligen Verwandtschaft vorgestellt werden musste, ehe es zu Knorrings Gut Arroküll (estnisch: Arukula), weiterging.

Herrenhaus der Familie von Knorring in Arroküll

Kurz vor Kriegsausbruch erreichten sie Sophies neue Heimat, in der sie nun nicht mehr unter Geldmangel zu leiden hatte, dafür aber unter dem rauen Klima und der gesellschaftlichen und geistigen Eintönigkeit.

»Niemals war es die Absicht meiner Mutter gewesen, ihr eigentliches Leben in Estland zu verbringen und dort heimisch zu werden«, schreibt der Sohn in seinen Erinnerungen. »Nach Deutschland und Italien, in ihre Welt, in die literarischen Kreise wollte sie sobald als möglich zurück. Man war nur hier, um das Vermögen zu ordnen.« Aber da das nie gelingen wollte, verging ein Jahr nach dem anderen unter durchaus nicht komfortablen Umständen. Der Landadel, an dessen Geselligkeiten sie wohl oder übel teilnehmen musste, hatte andere als literarische Interessen. Sie fühlte sich in Estland wie verbannt. Deprimierend waren vor allem die langen Winter. Da ihr Mann der komplizierten Vermögensverhältnisse wegen viel unterwegs sein musste, war sie an den Abenden ganz auf den Sohn angewiesen, der mit ihr Schach spielen und ihren Erinnerungen lauschen musste, nach denen sie in Deutschlands literarischen Kreisen immer glücklich gewesen war.

Felix Theodor, der nie eine Schule besucht hatte, anfangs nur von seiner Mutter, gelegentlich auch von einem Hofmeister unterrichtet wurde, sich dann aber in der Einsamkeit Arrokülls in disziplinierten Selbststudien ein immenses Wissen erarbeitete, so dass er als Zwanzigjähriger auf der Universität in Heidelberg glänzend bestehen konnte, bemerkte schon als Heranwachsender, von welch oberflächlichem Wissen die poetische Schwärmerei seiner Mutter getragen war. Aus den Schwächen, die er an ihr erkannte, schloss er auf die ganze Romantische Schule und wurde als Historiker und Memoirenschreiber ihr scharfer, ungerechter Kritiker. Wenn er erzählt, dass seine Mutter ihn schon im Kindesalter mit der »Genofeva« und anderen Werken seines Onkels Ludwig bekanntmachte, urteilt er im Alter darüber so: »Die Art und Weise, wie man sich in diesem Kreise mit Kunst und Literatur beschäftigte, hatte eine sehr bedenkliche Seite, so dass für ein jugendliches Gemüt Gefahr darin lag, in diesen Kreis gezogen zu werden. Die Kunst wurde als das Höchste hingestellt, was der Mensch erreichen kann. Wenige Jahre später sagte mir meine Mutter diese Worte als Lehre. Beschäftigung mit der Kunst schien eigentlich die einzige des Menschen würdige; der Wert des Menschen wurde ausschließlich nach seiner größeren oder geringeren Empfänglichkeit für Kunst und schöne Literatur bemessen; und doch beabsichtigte man mit dieser Beschäftigung mit den Werken der Kunst und Literatur eigentlich gar nichts weiter als einen augenblicklichen Genuss. Man suchte sich das wonnige Gefühl einer enthusiastischen, schwelgenden Stimmung zu verschaffen. So war denn dies Treiben in Wahrheit nichts als eine feine, entnervende Schwelgerei, die man kaum eine ganz geistige zu nennen wagt.«

Den Hang zum Schreiben hat auch die estnische Verbannung in Sophie von Knorring nicht töten können. In ihrem Nachlass ruhen bis heute unveröffentlichte Novellen und Trauerspiele, und ihr letztes Werk, den Roman »Evremont«, gab nach ihrem Tode (1833) ihr Bruder Ludwig heraus. Wie dieser nach seiner romantischen Periode, fand auch sie hier zu einem realistischeren Erzählen, das sich von ihrem Erleben während der Befreiungskriege in Estland nährt.

Untergangsprophezeiungen

Als im Jahre 1811 ein Angriff Napoleons auf Russland immer wahrscheinlicher wurde, fürchtete das schwache Preußen, das dabei zwischen die Fronten geraten musste, mit Recht um seine Existenz. Da weder die österreichische noch die russische Großmacht bereit war, Preußens Sicherheit zu garantieren, musste man sich entweder auf Napoleons Seite schlagen oder sich seiner zu erwehren versuchen und dabei möglicherweise untergehen. Nachdem Napoleon ein Bündnisangebot Hardenbergs mit für Preußen günstigen Konditionen nicht beantwortet hatte, stimmte der König Scharnhorsts Forderung nach einer heimlichen Verstärkung des Heeres und dem Ausbau der Festungen zu. Auch wurde Gneisenau, dem Verteidigungsexperten und entschiedenen Feind Napoleons, der Antrag zum Wiedereintritt in königliche Dienste gemacht.

August Wilhelm Anton Neithardt von Gneisenau war nach der erfolgreichen Verteidigung Kolbergs 1807 zum Oberst befördert worden und hatte an Scharnhorsts Seite an der Heeresreform mitgewirkt. 1809 war er aus dem Militär ausgeschieden und hatte in geheimer, halboffizieller Mission in England, Schweden und Russland erfolglos um Hilfe für Preußen ersucht. Geheim war auch seine Rückkehr im Sommer 1810 geblieben. Um nicht in Berlin gesehen zu werden, war ihm von Clausewitz, der die konspirative Verbindung zu ihm immer aufrechterhalten hatte, ein Zimmer bei einem Schuster im Dorfe Pankow, unweit der Kirche, gemietet worden. Dort oder bei Scharnhorst, der in der Letzten (der heutigen Dorotheen-) Straße wohnte, hatte er Bericht über seine Reise erstattet und sich danach zu seiner Frau und seinen sechs Kindern nach Schlesien begeben, um sich dort um sein Gut zu kümmern, das in seiner langen Abwesenheit verwahrlost war. Im Februar 1811 erreichte ihn hier die Nachricht, dass Hardenberg ihn zu sprechen wünschte. Er solle heimlich unter fremdem Namen kommen, und zwar nicht nach Berlin, sondern auf das märkische Gut des Kanzlers in Tempelberg. Hier wurde am 17. und 18. März seine Wiedereinstellung beschlossen, doch wurde er aus

Gneisenau.
Bleistiftzeichnung von Wilhelm Hensel

Gründen der Tarnung nicht auf einen militärischen Posten berufen, sondern im Zivildienst angestellt. Am 21. Juli wurde er als neuernanntes Mitglied des Staatsrates mit der Organisation der Verteidigung beauftragt, doch waren die Vorschläge, die er wenig später schon unterbreitete, mehr offensiver als defensiver Natur. Der Gedanke der Volkserhebung, der ihn schon 1807 und 1809 bewegt hatte, wurde von ihm nun wieder aufgegriffen und dem König in allen Einzelheiten dargestellt. Sogar die Namen der vertrauenswürdigen Männer, die den Aufstand heimlich vorbereiten sollten, waren darin von ihm schon genannt.

Die Denkschrift vom 8. August 1811 trägt den Titel »Plan zur Vorbereitung eines Volksaufstandes« und wird von einem Gedicht ohne Verfasserangabe eingeleitet, das der König wahrscheinlich für ein Werk Gneisenaus hielt. Vielleicht ist dem sprachlich so unbeholfenen König durch diese Verse der für seine Verhältnisse ungewöhnlich witzige, aber für seine Nüchternheit auch bezeichnende Einfall gekommen, die Denkschrift unter anderem auch mit der Bemerkung »Als Poesie gut« abzulehnen und damit die Antwort Gneisenaus zu provozieren, dass »auf Poesie die Sicherheit der Throne gegründet« sei.

Gneisenau machte tatsächlich, wie viele gebildete Leute damals, eigene Gedichte, doch stammte das der Denkschrift vorangestellte nicht von ihm. Unter dem Titel »Zuruf«, der bei Gneisenau fehlte, war es in dem 1811 veröffentlichten Gedichtband Friedrich Matthissons zu lesen, und dem literaturbeflissenen Oberst schien es als Ermunterung für den stets zaudernden König geeignet zu sein.

»Plötzlich kann sich's umgestalten!
Mag das dunkle Schicksal walten!
Mutig auf der steilsten Bahn!
Trau dem Glücke! Trau den Göttern!
Steig trotz Wogendrang und Wettern
Kühn wie Cäsar in den Kahn.

Lass den Schwächling angstvoll zagen!
Wer um Hohes kämpft muss wagen;
Leben gilt es oder Tod.
Lass die Woge donnernd branden,
Nur bleib immer, magst du landen
Oder scheitern, selbst Pilot!«

Ermuntert werden sollte der König dazu, sich gegen die Übermacht Frankreichs zu wehren, und dabei auf den Kampfeswillen seiner Untertanen bauen. Von diesem aber hielt Friedrich Wilhelm, wie einige seiner Randglossen bezeugen, wenig. Gegen Gneisenaus leidenschaftliche Zuversicht setzte er seine sicher nicht unrealistische Skepsis, und einige der Vorschläge waren ihm wahrscheinlich doch zu revolutionär. So hätte er beispielsweise die Bestimmung der Denkschrift, dass nach dem Kriege kein Adel mehr gelten sollte, als der, der sich durch Waffentaten bewiesen hatte, beim Adel des Hofes nie durchsetzen können. Gab es doch in seiner Umgebung genug Leute, die Gneisenau für einen verkappten Jakobiner hielten und das kleinere Übel im Zusammengehen mit Frankreich sahen.

Adlige Gegner besonders bei Hofe hatte Gneisenau reichlich, aber auch seine Freunde waren nicht ohne Einfluss. Nicht nur mit Scharnhorst, Clausewitz, Boyen und den anderen Heeresreformern war er sich einig, sondern auch mit Hardenbergs innenpolitischem Gegner Marwitz, den er 1807 als Freikorpskommandeur schätzen gelernt hatte, und auch mit Heinrich von Kleist. Dass der Staatskanzler Marwitz auf die Festung gebracht hatte, hinderte Gneisenau nicht daran, ihn dort zu besuchen, und Kleist, den Hardenberg durch den Ruin der »Abendblätter« um seine materielle Existenz gebracht hatte, empfing er mehrmals in seiner Wohnung Unter den Linden 3. Die militärischen Schriften, die der Dichter der »Hermannsschlacht« ihm dabei angeblich hat zukommen lassen, sind nicht erhalten geblieben. Sie werden Gneisenaus Volkskriegsideen nicht unähnlich gewesen sein.

Kleist war nach dem Verlust seiner Zeitung nicht nur völlig verarmt, sondern auch tief deprimiert. Die geringen Honorare für seine wenig beachteten Erzählungen und die kleinen Unterstützungen, die ihm Schwester Ulrike und die Freundin Marie von Kleist zukommen ließen, reichten kaum zum Leben, und die unseligen Streitereien, in die er sich nach dem Ende der »Abendblätter« mit Hardenbergs Sekretär Friedrich von Raumer verstrickt hatte, verstärkten die düstere Stimmung, in die er durch das Scheitern seiner literarischen Pläne geraten war. Auch die politischen Entwicklungen, die für Preußen, wie es schien, in Unterwerfung oder in Untergang münden mussten, verdunkelten sein Gemüt. Der Pessimismus, der ihn in dieser Hinsicht beherrschte, wurde besonders deutlich, als er einige Wochen vor seinem Freitod Friedersdorf aufsuchte und sich mit Marwitz und dessen zweiter Frau Charlotte, einer geborenen Gräfin von Moltke, über die prekäre politische Lage beriet.

Mit Marwitz bekannt geworden war er vielleicht durch seinen Freund Adam Müller, der seine schriftstellerischen Fähigkeiten zeitweilig in den Dienst der Reformgegner gestellt hatte. Vielleicht aber

Charlotte von der Marwitz, geb. Gräfin von Moltke.
Künstler unbekannt

war die Beziehung auch durch Marie von Kleist geknüpft worden, die mit der Gräfin von Moltke, die jahrelang der Königin Luise als Hofdame gedient hatte, befreundet war. Unter den Hofdamen scheint die Gräfin sich durch Intellekt und politisches Interesse ausgezeichnet zu haben. Sie war 1806 mit der Königin zusammen nach Ostpreußen geflüchtet, hatte Marwitz dort kennengelernt und 1809 in Charlottenthal bei Königsberg geheiratet. Die zwei Kinder, die sie

1810 und 1811 geboren hatte, waren während der Festungshaft ihres Vaters der Ruhr zum Opfer gefallen. Bei Kleists Besuch war dieser Trauerfall erst sechs Wochen her.

Das Friedersdorfer Herrenhaus, hier wie überall in der Mark Schloss genannt, in dem die drei deprimierten und trauernden Menschen miteinander politisierten, stammte noch aus dem 17. Jahrhundert, an dessen Ende der erste Marwitz hier Besitzer geworden war. Das alte Haus mit seinen dicken Mauern, in dem im Sommer während des langen Todeskampfes der Kinder Alexander von der Marwitz seine ergreifenden Briefe an Rahel geschrieben hatte, wurde später von Schinkel gotisierend verschönert, erlitt in den Kämpfen von 1945 aber Zerstörungen und wurde nach dem Krieg abgerissen, so dass der Schauplatz der Gespräche, die hier am 18. September 1811 über die nächste Zukunft Preußens geführt wurden, nicht mehr vorhanden ist. In Briefen haben sich die Beteiligten über diese Zusammenkunft nie geäußert. Bekannt wurde sie der Nachwelt nur dadurch, dass die Gesprächsteilnehmer sich seltsamerweise darauf verständigten, die unterschiedlichen Prognosen (die alle falsch, weil zu pessimistisch waren) schriftlich festzuhalten. Man wollte wohl nach der zu erwartenden Katastrophe feststellen können, wer der bessere Prophet gewesen war.

Das zweiseitig beschriebene Blatt, das 1912 im Marwitz'schen Familienarchiv gefunden wurde und seit 1945 verschollen ist, enthält nur Unglücksvoraussagen. Die pessimistischste dieser Prognosen ist die von Kleist. Er glaubt an einen Kriegsausbruch binnen vier Wochen und an eine Schlacht hinter der Oder am 14. Oktober (dem schwarzen Tag von 1806 bei Jena), in der Preußen vernichtet wird.

Vielleicht hoffte er in dieser Schlacht den Tod zu finden, wie er es schon 1803 gehofft hatte, als sein Eintritt in die Invasionsarmee Napoleons an seiner geistigen Zerrüttung gescheitert war. Schon am 7. September hatte er den König darum gebeten, ihn im Falle eines Krieges wieder in die Armee aufzunehmen, und da auch Marie von Kleist den König angefleht hatte, dem Freund diese Chance zu geben, war die Antwort des Königs relativ rasch erfolgt. Im Falle eines Krie-

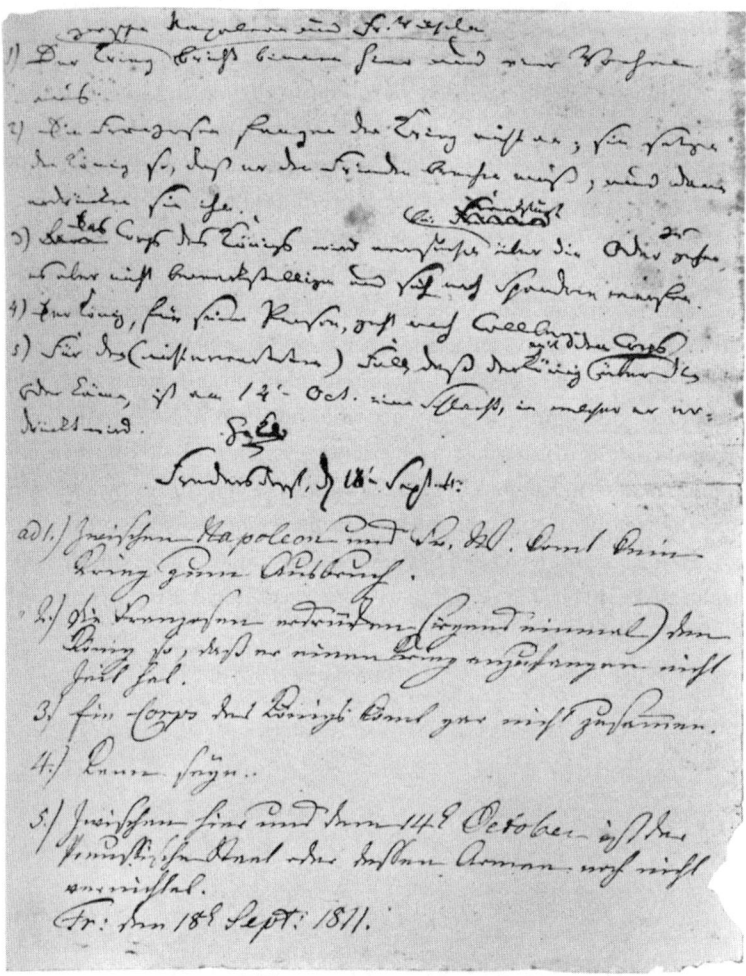

Kleist und Marwitz über die Zukunft Preußens.
Der erste Absatz ist von Kleist geschrieben.

ges, den er aber so bald nicht erwarte, hieß es in seinem Schreiben, werde er seiner »in der gewünschten Art eingedenk sein«.

Aus diesem vagen Versprechen für eine vielleicht noch ferne Zukunft wurde im nächsten Bittbrief Kleists an die Schwester Ulrike mehr als eine Gewissheit. »Der König hat mich durch ein Schreiben im Militär angestellt, und ich werde entweder unmittelbar bei ihm Adjutant werden oder eine Kompanie erhalten«, ließ er sie wissen. Und Ulrike versuchte tatsächlich, ihm bei diesem Schritt zurück ins Militär, der ihn in den Augen der Familie rehabilitiert hätte, zu helfen, indem sie ihm das Geld für seine militärische Ausrüstung zur Verfügung stellte, vorsichtshalber aber die Summe nicht ihm auszahlte, sondern sie mit der Maßgabe, nur zur Offiziersausrüstung verwendet zu werden, an Marie von Kleist überwies. Zwar hätte diese, wie aus einem Brief an ihren Sohn hervorgeht, ihm notfalls auch das Geld ohne diese Bedingung gegeben, aber sie war nicht in Berlin. Auch der Briefwechsel mit ihr war kurzzeitig abgerissen, und als Kleist in der ersten Oktoberhälfte den Erhalt eines Briefes von ihr bestätigte, war ihm die Verzweiflung anzumerken, in der er lebte. »Es ist mir ganz stumpf und dumpf vor der Seele, und es ist auch nicht ein einziger Lichtpunkt in der Zukunft, auf den ich mit einiger Freudigkeit und Hoffnung hinaussähe.«

Tod am Wannsee

Der Entschluss, gemeinsam zu sterben, versetzte den vierunddreißig-jährigen Heinrich von Kleist und die drei Jahre jüngere Henriette Vogel in eine gelöste, fast heitere Stimmung, die auch den Augen-zeugen ihrer letzten Stunden am 21. November 1811 nicht verborgen blieb. Als fröhlich und ausgelassen wurden die beiden von ihnen be-schrieben. Sie seien kurz vor den tödlichen Schüssen auf dem hügligen Ufergelände am Kleinen Wannsee wie die Kinder umhergetollt.

Auch die Abschiedsbriefe des durch Todessehnsucht miteinander verbundenen Paares betonten die Freude über ihren Entschluss. Frau Vogel schrieb ihrem Mann, dem »teuren geliebten Louis«, dass sie ihrem Tode als dem »größten Glück« ihres Lebens entgegensehe. Kleist glaubte zu wissen, dass seine Seele im Augenblick des Todes einen »Triumphgesang« anstimmen werde, und er dankte Gott für die Gnade, dass nun endlich sein Leben, »das allerqualvollste, das je ein Mensch geführt hat«, mit dem »herrlichsten und wollüstigsten aller Tode« zu Ende gehe. Der Frau seines Freundes Adam Müller, bei der er anlässlich der Taufe ihrer Tochter Cäcilie seine Todes-gefährtin wahrscheinlich kennengelernt hatte, wurden die Gefühle des Paares als »halb wehmütig, halb ausgelassen« beschrieben, und es wurde übermütig von »himmlischen Fluren und Sonnen, in deren Schimmer« sie »mit langen Flügeln an den Schultern umherwandeln werden«, geschwärmt. Eine Freundin Frau Vogels wurde darum ge-beten, sich ihrer neunjährigen Tochter Pauline anzunehmen. Und Kleist vergaß auch nicht zu erwähnen, dass noch eine offene Barbier-rechnung zu begleichen war.

Der Todeswunsch Henriette Vogels hing mit ziemlicher Sicherheit mit ihrer Erkrankung an unheilbarem Gebärmutterkrebs zusammen.

Die Ursache für Kleists Entschluss, aus dem Leben zu scheiden, wird sicher nie ganz zu ergründen sein. Dass hier nicht nur eine, sondern mehrere Ursachen wirkten, wird aus den Briefen deutlich, die er kurz vor seinem Tode an Marie von Kleist schrieb. Zieht man diese zu Rate, werden alle monokausalen Erklärungen nur zu Teilwahrheiten, wie zum Beispiel auch die im 19. Jahrhundert übliche patriotische Lesart, nach der Kleist, wie die Königin Luise der Legende, aus Kummer über die unglückliche Lage des Vaterlandes gestorben sei. Zwar kam er im Brief auch auf das zu erwartende Bündnis Preußens mit Frankreich zu sprechen, das ihn seiner Vaterlandstreue wegen »an den Galgen« bringen könne, aber diese Passage leitete er wie etwas am Rande Liegendes mit den Worten, auch das sei »nicht eben gemacht, mich im Leben festzuhalten«, ein. Und wenn er am Ende von seinem Glück, eine Todesgefährtin gefunden zu haben, berichtete und diese Erklärung mit »Rechne hinzu …« einleitete, ist damit angedeutet, dass das Entscheidende schon vorher gesagt worden war.

Was er versuchte, Marie verständlich zu machen, war seine Gestimmtheit zum Tode, die durch seine erhöhte Empfindsamkeit ausgelöst worden war. Die Verachtung seiner Misserfolge wegen sei für ihn nicht zu ertragen. Es sei ihm unmöglich, länger zu leben. Seine Seele sei so wund, dass ihm, wenn er »die Nase aus dem Fenster stecke, das Tageslicht« wehtue, das darauf schimmere, und er führte diese Verwundbarkeit auf den von »frühester Jugend an« in »Gedanken und Schreibereien« gepflogenen Umgang mit »Schönheit und Sitte« zurück. Die kleinsten Angriffe, die jeder erdulden müsse, schmerzten ihn »doppelt und dreifach«. So wolle er zum Beispiel »lieber zehnmal den Tod erleiden«, als noch einmal erleben zu müssen, was ihm beim letzten Besuch in Frankfurt am Tische seiner Schwestern widerfuhr. Er, zu dessen »herzlichsten und innigsten Wünschen« es doch immer gehört hatte, der Familie durch seine »Arbeiten und Werke recht viel Freude und Ehre zu machen«, wurde von ihnen »als ein ganz nichtsnütziges Glied der menschlichen Gesellschaft betrachtet, keiner Teilnahme mehr wert.« »Überaus schmerzhaft« sei diese letzte Begegnung mit der Familie gewesen. Und doch bat er die

Kleists Abschiedsbrief an seine Halbschwester Ulrike

Schwester Ulrike in einem kurzen Abschiedsbrief um Versöhnung. Sie habe alles getan, um ihn zu retten, doch sei die Wahrheit, dass ihm »auf Erden nicht zu helfen« war.

Die Briefe waren fast alle in einem Gasthaus geschrieben worden, das auf halber Strecke zwischen Berlin und Potsdam in der Nähe des Wannsees lag. Hier waren die Todessüchtigen am frühen Nachmittag des 20. November 1811, einem Mittwoch, in einer Lohnkutsche angekommen, hatten sich zwei Zimmer herrichten lassen und Schreib-

Kleists Grab am Wannsee um 1860

zeug verlangt. Nachts waren die Lichter in ihren Stuben nur kurzzeitig erloschen, und am Morgen hatten sie mehrere Briefe mit einem
Boten nach Berlin geschickt. Mit dem Personal waren sie leutselig
umgegangen, hatten gescherzt miteinander, sich beim Gastwirt, einem Johann Friedrich Stimming, nach dem Weg zur Pfaueninsel er-
kundigt, dann aber nur kurze Spaziergänge gemacht. Am Nachmittag
hatten sie Tisch und Stühle auf einen Hügel am Kleinen Wannsee
bringen lassen, um dort trotz des unfreundlichen Wetters den Kaffee
zu trinken. Zum letzten Mal wurden sie lebend gesehen, als sie am
Ufer umhersprangen und sich damit vergnügten, Steine ins Wasser
zu werfen. Die zwei Schüsse, die wenig später fielen, wurden von
mehreren Leuten gehört.

Ihre Leichen fand man in einer Senke. Kleist hatte die Freundin
durch einen Herzschuss getötet. Dann starb er selbst durch einen
Schuss in den Mund.

Bekenntnisse

Als Karl von Clausewitz im Dezember 1809 mit dem König und der Regierung zusammen nach Berlin zurückkehrte, konnte er endlich Marie von Brühl wiedersehen. In den Jahren der Trennung waren die Liebenden sich durch Briefe nähergekommen, und die Hoffnung auf Heirat war größer geworden, da Clausewitz sich als rechte Hand Scharnhorsts glänzend bewährt hatte, der König ihm wohlwollte und sich in der Prinzessin Marianne eine Fürsprecherin gefunden hatte, die nicht ohne Einfluss auf die gräfliche Mutter war. Diese hatte schon im letzten Jahr Maries Briefwechsel mit dem Geliebten gebilligt, und im Sommer 1810, als Clausewitz seinen dreißigsten und Marie ihren einunddreißigsten Geburtstag feierten, stimmte sie schließlich, vielleicht auch das Alter der Tochter bedenkend, der Verlobung des unstandesgemäßen Paares zu. Im August kam die Heiratserlaubnis des Königs, und Clausewitz wurde zum Major befördert. Die Trauung in der Marienkirche am 17. Dezember wurde still und unauffällig vollzogen. Wahrscheinlich hatte die Familie der Braut auf Diskretion bestanden, weil die Verbindung der Gräfin mit dem mittellosen Offizier von fragwürdigem Adel noch zu ungewöhnlich war.

Bescheiden war auch die Hochzeitsreise, die nur nach Groß Gievitz in Mecklenburg zu Maries Freundin Luise von Voss, geb. von Berg, führte, bei der man die Weihnachtstage über blieb. »Den letzten Tag des Jahres 1810«, heißt es in Maries Erinnerungen, »brachten wir auf unserer Rückreise von Gievitz zu und kamen einige Stunden vor dem Schlusse desselben in Berlin in unserer freundlichen Wohnung an, wo uns die hübsche Einrichtung derselben und manche Geschenke von unseren Freunden angenehm überraschten. Aber es bedurfte solcher äußeren Eindrücke nicht, um den Augenblick, in welchem wir zum

Clausewitz in russischer Uniform

erstenmal unsere Wohnung betraten, zu einem der schönsten unseres Lebens zu machen.«

Das erste Jahr der Ehe, auf das wieder mehrere Jahre der Trennung folgen sollten, war zwar von der drohenden Kriegsgefahr und der Ungewissheit über die weitere Existenz Preußens überschattet, für die endlich vereinten Liebenden aber war es ein Jahr des Glücks.

Gemeinsam konnten sie eine Reise durch Schlesien machen, gemeinsam Theater und Konzerte besuchen, gemeinsam auch am Hofe auftreten, zu dem Marie von Jugend auf gehört hatte, wo Clausewitz aber, obwohl er doch als Adjutant des Prinzen August schon einschlägige Erfahrungen hatte, immer ein wenig der Außenseiter blieb. Auch Marie und ihre Mutter unterschieden sich von der Masse der Hofleute durch ihre ausgezeichnete Bildung und ihr reges politisches

Interesse, bei Clausewitz aber kam noch der Mangel an höfischer Gewandtheit hinzu. Sein Ehrgeiz war groß, aber nie darauf gerichtet,
bei Hofe angesehen zu sein. Wenn später Karoline von Rochow, geborene von der Marwitz, eine jüngere Schwester der hier oft erwähnten Friedersdorfer Brüder, die 1818 Gustav von Rochow, den Sohn
aus erster Ehe der Karoline Fouqué, heiratete, in ihren Erinnerungen
über Clausewitz berichtet, schwingt immer die Arroganz einer mit
ganzer Seele dem Hofe verhafteten Dame mit. Nachdem sie ihn einen »ausgezeichneten, kenntnisreichen Militär« genannt hat, kommt
sie auf seine »durchaus unvorteilhafte Persönlichkeit« zu sprechen,
die etwas »kalt Absprechendes« gehabt habe. Wenn er überhaupt
geredet habe, dann so, »als wären ihm Menschen und Gegenstände«
des Hofes nicht gut genug. Und da die konservative Hofdame Liebe
für viel zu wandelbar hielt, um als Heiratsgrund zu gelten, konnte sie
die »poetische Leidenschaftlichkeit«, mit der Clausewitz seine Frau
liebte, nur mit Hohn kommentieren. Das »idealste Wesen« sei seine
Frau wahrhaftig nicht gewesen, und doch habe er ein solches in ihr
gesehen, nämlich die »vortrefflichste, liebevollste, gebildetste, stre-
bendste« Frau der ganzen Welt.

Wie Scharnhorst, sein Chef und väterlicher Freund, galt auch
Clausewitz bei den Offizieren als verschlossen und schweigsam. Wie
dieser war auch er aus Mangel an gebieterischer Haltung als Trup-
penführer wenig geeignet, und von Paraden und anderen militärischen Zeremonien hielt auch er nicht viel. Auch den Hass auf Napoleon teilte er mit seinem Lehrer, unterschied sich aber von diesem
durch eine jugendliche Unbedingtheit, die ihm Kompromisse und
Winkelzüge verbot. Als Scharnhorst 1810 die Allgemeine Kriegsschule zur Offiziersausbildung gründete, die offiziell am gleichen Tage
wie die Universität, am 15. Oktober 1810 nämlich, eröffnet wurde,
überließ er Clausewitz die Ausarbeitung des Organisationsplanes und
stellte ihn selbst als Lehrer an. Das Jahr 1811 hindurch unterrichtete
Clausewitz nun in dem dreistöckigen Gebäude in der Burgstraße 19
viermal in der Woche junge Offiziere in der Taktik des sogenannten
Kleinen Krieges, und daneben führte er den sechzehnjährigen Kron-

prinzen, den späteren Friedrich Wilhelm IV., und dessen Bruder, den späteren König und Kaiser Wilhelm I., in die Grundlagen des Militärwesens ein. Wie vieles in diesen Jahren von ihm Geschriebene, erwiesen sich auch seine gründlichen Unterrichtsvorbereitungen später als Vorarbeiten zu seinem großen kriegsphilosophischen Werk.

Die Allgemeine Kriegsschule in Berlin, Burgstraße 19

Weiterhin aber blieb er Scharnhorsts Bürochef. Als dieser im Sommer 1810 sein Amt als Chef des Allgemeinen Kriegsdepartements offiziell niedergelegt hatte, es insgeheim aber weiterhin bestimmte, andere militärische Funktionen wahrnahm und 1811 vom König zu geheimen politischen Missionen nach Wien und Petersburg geschickt wurde, blieb Clausewitz, der immer Verbindung mit ihm hatte, als sein Vertreter und Nachrichtenübermittler in Berlin. Als dann aber am 24. Februar 1812 der Militärvertrag mit Frankreich geschlossen wurde, der unter anderem auch zum Inhalt hatte, dass Preußen 20 000 Soldaten für den Russlandfeldzug stellen und der französischen Armee Durchmarsch- und Requisitionsrechte gewähren musste, erbat sich Scharnhorst, der unter Napoleon nicht dienen wollte, vom König eine unbefristete Beurlaubung, während Clausewitz, wie etwa dreißig andere preußische Offiziere, um den Abschied ersuchte, den der König ihm auch gewährte, ihm aber diesen Schritt nie verzieh. Wenig später begab sich Clausewitz auf die mühsame Reise, die ihn ins russische Hauptquartier bringen sollte. Die Briefe, die er von unterwegs fast täglich an seine Gattin richtete, waren teils Liebeserklärungen an die »vollkommenste aller Frauen«, teils aber auch Rechtfertigungen seiner Entscheidung, einen König zu verlassen, der zum »Sklaven« des Eroberers geworden war. Als Napoleons große Armee, zu der Soldaten aus fast allen europäischen Nationen gehörten, im Juni 1812 in Russland einmarschierte, stand Clausewitz schon als Oberstleutnant in russischem Dienst.

Vor seiner Abreise hatte er im Auftrag seiner Freunde, die wie er nicht unter Napoleon zu dienen gewillt waren, eine Denkschrift ausgearbeitet, die der Öffentlichkeit ihren Schritt begründen sollte. Sie wurde aber von Gneisenau, der sie mit Recht für zu extrem hielt, zurückgehalten und unter dem Titel »Drei Bekenntnisse« der Öffentlichkeit erst 1869 durch den Gneisenau-Biographen Georg Heinrich Pertz bekannt. Da kleine Auszüge aus dem ersten, kürzesten und emotionalsten der Bekenntnisse, das mit dem rationalen Denken des Kriegsphilosophen wenig zu tun hat, 1870 der Kriegpropaganda dienten und im 20. Jahrhundert gern von Nationalisten zitiert wurden, die die vernünftigen Grundsätze seines eigentlichen Werkes teilweise verwarfen, blieb das populäre Clausewitz-Bild lange nationalistisch verzerrt.

Dieses erste Bekenntnis steigert sich zu extremen Positionen, die an jene Kleists von 1809 erinnern, wenn es dort zum Beispiel heißt: »Ich glaube und bekenne, dass ein Volk nichts höher zu achten hat, als die Würde und Freiheit seines Daseins; dass es diese mit dem letzten Blutstropfen verteidigen soll; ... dass ein Volk unter den meisten Verhältnissen unüberwindlich ist in dem großmütigen Kampfe um seine Freiheit; dass selbst der Untergang dieser Freiheit nach einem blutigen und ehrenvollen Kampfe die Wiedergeburt des Volkes sichert und der Kern des Lebens ist, aus dem einst ein neuer Baum die sichere Wurzel schlägt.«

Dieser emotionale Ausbruch, den sein rationales Alterswerk dann später wieder zurücknehmen sollte, war ganz der Verzweiflung darüber geschuldet, dass der Staat, dem Clausewitz sich von frühester Jugend an verschrieben hatte, in seinen Augen durch das feige Bündnis mit dem Unterdrücker in Schande geraten war. Diesem Staat noch länger zu dienen, war dem Idealisten nicht möglich. Um die eigne Ehre zu retten, musste er sich von ihm distanzieren. Daher das angestrengte Pathos, mit dem die unrealistische Vorstellung von einem Volkskrieg nach spanischem Muster hier noch einmal beschworen wird. Hätte diese auch von Kleist bekannte und viel bewunderte Forderung, statt politisch zu lavieren, ehrenvoll unterzugehen, sich durchsetzen können, wäre eine Katastrophe wohl sicher gewesen. Nicht den um ihre Ehre besorgten Helden, sondern Hardenbergs politischem Geschick und der oft als feige gescholtenen Vorsicht des Königs gab die Geschichte am Ende recht.

Literaten in Uniform

Offiziere, die literarisch (im weitesten Sinne) tätig waren, hat es nie so viele wie in den Jahrzehnten um 1800 gegeben, was wahrscheinlich mit der Ungleichzeitigkeit der geistigen und politischen Entwicklung zusammenhing. Von der Aufklärungsbewegung des 18. Jahrhunderts, in der neben- und nacheinander die von Friedrich dem Großen importierte französisch-aristokratische Aufklärung, die in Kant gipfelnde deutsche Philosophie, die rationalistische Theologie, die Berliner Populärphilosophen und nicht zuletzt die seit Klopstock, Wieland, Lessing und Goethe aufblühende deutsche Literatur ihre Wirkung entfaltet hatte, war auch der Adel, aus dem doch die meisten der Offiziere kamen, beeinflusst worden, so dass auch in seinen Kreisen das Aufklärungsbedürfnis zunahm und das Interesse an Philosophie, Literatur und Kunst wuchs. Auf den Adelssitzen verlangte man nach besseren Hauslehrern, die dann nicht selten die Zöglinge ganz in ihren Bann zogen, wie es zum Beispiel mit Schleiermacher und den jungen Grafen Dohna in Schlobitten geschah. Immer häufiger besuchten auch Adlige die städtischen Gymnasien, und auf den Universitäten gab es neben den Adligen, die regulär studierten, auch junge Offiziere als Gasthörer, wie unter anderem aus Königsberg überliefert ist. Eigeninitiativen zur Offiziersweiterbildung wurden an manchen Garnisonen ergriffen, junge Leute wie Heinrich von Kleist oder Clausewitz, die schon mit vierzehn Jahren ins Militär gesteckt worden waren, fanden in Potsdam und Neuruppin Möglichkeiten zur autodidaktischen Weiterbildung, und in Aschersleben, wo Fouqué in Garnison lag, bildeten sich unter den Offizieren auch Leseclubs. Gebildete ältere Offiziere, wie Massenbach in Potsdam zum Beispiel, zogen intelligente jüngere in ihre Gesellschaft, und um eine systematische Offiziersweiterbildung war ab 1801 Scharnhorst bemüht. Durch die Aufklärung war also auch im Adel eine Intelligenzschicht entstanden, die sich nirgendwo anders als im Militär oder der Beamtenschaft verwirklichen konnte, denn der privilegierte Stand war auch einer, der durch Pflichten gebunden war. Einen anderen Beruf zu ergreifen, hieß mit der Familie, dem Staat und dem Adel zu brechen. Erst die preußischen Reformen weichten auch in dieser Hinsicht die starren Standesschranken nach und nach auf.

Die Entscheidung, sich aus der durch Geburt vorbestimmten Laufbahn zu lösen, endete bei manchem, wie Heinrich von Kleist oder Dietrich von Bülow, tragisch, mancher konnte, wie Julius von Voss, kläglich von der Tagesschriftstellerei leben, und manchem gelang es auch, Offizier zu bleiben und das Schreiben nebenbei zu betreiben, am besten natürlich jenen, deren Thema, wie bei Clausewitz oder Valentini, das Militärische war.

In freien Stunden Gedichte zu schreiben, wie wir es von Clausewitz und Gneisenau wissen, oder wie der General von Bülow zu komponieren, ohne sich deshalb zum Dichter oder Komponisten berufen zu fühlen, musste nicht zu Konflikten führen, höchstens dazu, dass man unter den Herren Offizieren als skurril oder einzelgängerisch galt. Denn falsch wäre es natürlich, das Offizierskorps dieser Jahre für eine Ansammlung von Dichtern und Denkern zu halten. Intellektuelle und Empfindsame waren auch im damaligen Militärbetrieb ziemlich allein. Innige Freundschaften zwischen den wenigen Gleichgesinnten waren auch Schutz gegen die Geistlosigkeit des militärischen Lebens, unter der, wie Briefe von Kleist, Clausewitz und Chamisso zeigen, so mancher geistig Differenziertere litt. Nur Fouqué, der sich über alle Krisen durch Träumereien und Schönfärbereien hinwegretten konnte, versuchte immer den Eindruck zu erwecken, er habe in einer Armee von lauter Schöngeistern gedient.

Zu den Freizeitdichtern unter den Offizieren gehörte auch Karl Friedrich von dem Knesebeck aus dem märkischen Karwe, und zwar war er wohl der ranghöchste von ihnen, denn bei seinem altersbedingten Abschied im Jahre 1847 hatte ihn Friedrich Wilhelm III., dem er mehrmals als Geheimbote in diplomatischen Angelegenheiten und zeitweilig auch als Generaladjutant gedient hatte, noch zum Generalfeldmarschall ernannt. Wie Kleist, dem er zehn Jahre voraus hatte, war er mit vierzehn Jahren Soldat geworden und hatte einige Jahre später, wie Kleist in Potsdam, in Halberstadt seine geistige Erweckung erlebt. Er wurde hier nämlich als Fähnrich und Leutnant Mitglied des schöngeistig-aufklärerischen Kreises um den als Domsekretär amtierenden Dichter Gleim, dem er auch nach seiner dreijährigen Garnisonszeit in Halberstadt noch jahrelang brieflich verbunden war. 1805, da war er schon Major im Generalstab, erschien von ihm eine kleine Gedichtsammlung unter dem Titel »Lob des Krieges«, in der tatsächlich der Krieg nur gelobt wird, während zwei seiner Altersgedichte, die wir nur kennen, weil Theodor Fontane sie im ersten Band seiner »Wanderungen durch die Mark Brandenburg« eines Abdrucks würdigte, schon entschieden weiser sind. Es lohne sich nicht, sagt da der alte, gerade erst pensionierte Generalfeldmarschall, für die Nachwelt zu schreiben, denn: »Was die alte Klatsche spricht, / Die ihr tituliert Geschichte, / Bleibt, besehn bei rechtem Lichte, / Doch nur Fabel und Gedicht, / Höchstens ein Parteigericht.«

Diese Einsicht hinderte ihn aber nicht, für die Nachwelt zu schreiben und zu dem Fabelmäßigen der Geschichte einen Beitrag zu leisten, den man wohl einmalig nennen kann. Allen Ernstes gab er der Nachwelt in seinen Erinnerungen zu wissen, dass eines der welthistorischen Hauptereignisse, die in seine Lebenszeit fielen, auf seinen ganz persönlichen Verdiensten beruhte, Napoleons Niederlage in Russland nämlich, die angeblich nach den von ihm entworfenen Plänen zustande kam. Nachdem er, so erzählt er ausführlich, nach dem Frieden von Tilsit zeitweilig seinen Abschied genommen hatte, saß er in seinem Gutshaus in Karwe und grübelte Tag und Nacht darüber, wie dem bisher immer siegreichen Korsen endlich doch beizukommen sei. Als der Krieg Frankreichs gegen Russland drohte, »kam die Karte von Russland nicht mehr von meinem Pulte. Ich sah den unermesslichen Raum, berechnete die möglichen Märsche des Eroberers ... und die beiden großen Alliierten, die Russland, und zwar

Karl Friedrich von dem Knesebeck.
Künstler unbekannt

Russland allein hatte, der Raum und die Zeit nämlich, traten mit einer Lebendigkeit vor meine Seele, die mir keine Ruhe mehr ließ. Zur
Gewissheit wurde es mir: So ist er zu besiegen und so muss er besiegt
werden! Zum Kaiser Alexander musst du hin! Wie aber nach Petersburg kommen?« Er fuhr also, so erzählt er weiter, heimlich nach Berlin, sprach unter vier Augen mit dem König, ließ sich von diesem mit
einer angeblichen Friedensbotschaft zum Zaren nach Petersburg
schicken, konnte auch diesen nach der offiziellen Audienz um ein Ge-
heimgespräch bitten, wurde mitternächtlich von einem Kosaken in
den Palast geführt, wo der Zar ihm versprach, seinem Plan entsprechend auf Raum, Zeit und Frost zu setzen, also genau so zu handeln,
wie es dann später auch kam.

Da Knesebeck mehrmals vom König mit diplomatischen Geheimmissionen betraut worden war, die Fahrt nach Petersburg 1812 tatsächlich stattgefunden hatte und der Memoirenschreiber immer wieder betont, dass außer ihm und den beiden Monarchen kein Mensch von dem Feldzugsplan gewusst hatte, lässt sich, da alle drei Mitwisser zum Zeitpunkt der Veröffentlichung, 1850, schon lange tot waren, diese Altersphantasie nicht direkt widerlegen, wohl aber anzweifeln – was durch seriöse Historiker dann bald auch geschah. Fontane aber, der noch 1881 im vierten Band seiner »Wanderungen« daran erinnerte, dass Knesebeck, der »kühne Kopf, den Gedanken gebären konnte, den unbesiegbaren Imperator durch die bloße Macht des Raumes, das heißt durch Russland, zu vernichten«, hielt anscheinend immer an dieser schönen, so gut in die Verklärung der brandenburgischen Historie passenden Geschichte fest. Und auch in vielen der populären Werke, die 1913 die hundert Jahre zuvor errungenen Siege verherrlichten, wurde die Sage von diesem Triumph eines märkischen Feldherrngenies immer wieder erzählt.

Leopold von Ranke aber, der es besser wusste, wollte dem »so hoch verdienten General«, dem in seinen letzten Lebenstagen die Ruhmsucht durchgegangen war, nichts Schlechtes nachsagen. Er tadelte deshalb nicht ihn, sondern seine Söhne, die besser daran getan hätten, die väterlichen Papiere in der Einsamkeit des Gutshauses zu lassen, statt damit an die Öffentlichkeit zu gehen.

Der Schattenlose

Im Oktober 1812 hatte der Rückzug der napoleonischen Armee aus Russland begonnen. Am 30. Dezember waren die 20 000 preußischen Soldaten, die für Napoleon hatten kämpfen müssen, durch den Neutralitätsvertrag von Tauroggen aus dem Kriegsgeschehen ausgeschieden, und im Februar 1813 war in Preußen mit der Vermehrung der Streitkräfte begonnen worden, ohne Gründe dafür zu nennen. Jedermann aber ahnte, dass die Rekrutierung gegen den Bündnispartner Frankreich gerichtet war.

Am 3. Februar waren die jungen Männer zwischen siebzehn und vierundzwanzig Jahren, die wohlhabend genug waren, sich auf eigne Kosten auszurüsten, zum freiwilligen Eintritt in die zu bildenden Jäger-Einheiten aufgerufen worden, aber erst die königlichen Aufrufe »An mein Volk« und »An mein Kriegsheer« vom 17. März sagten mit klaren Worten, dass es nun gegen Napoleon ging. Am gleichen Tag erschien die Verordnung über die Landwehr, die auch die älteren Männer bis zum 40. Lebensjahr verpflichtete, und am 21. April kam auch noch die Verordnung über die Errichtung des Landsturms hinzu.

Alle diese Gesetze und Proklamationen wandelten die allgemein vorhandene antifranzösische Stimmung zu einem patriotischen Enthusiasmus, der mit Ausnahme der polnischen Untertanen in Westpreußen und Oberschlesien, große Teile der Bevölkerung, besonders auch die gebildeten Schichten ergriff. Kaum war die Proklamation erschienen, setzte sich der sechsunddreißigjährige Fouqué an die Spitze der berittenen Freiwilligen des Havellandes und ritt zum König nach Breslau. Fichte meldete sich zum Landsturm. Der Professor Hendrik Steffens in Breslau forderte in feurigen Reden seine Studenten auf, sich freiwillig zu melden, und zog dann selbst die Uniform an. Geld und Schmuck, Pferde und Fourage, Leinenzeug, Wäsche und Mäntel wurde von vielen Leuten gespendet, und Frau von Fouqué veröffentlichte einen »Ruf an die deutschen Frauen«. Allerorts herrschte Kriegsbegeisterung, die aber auch zur Folge hatte, dass jeder, der sie nicht teilen wollte oder konnte, mit Unverständnis zu rechnen hatte oder auch der Verachtung ausgesetzt war.

Zu diesen gehörte der deutsche Franzose oder französische Deutsche Adelbert von Chamisso, der das Land seiner Geburt nicht weniger als seine Wahlheimat liebte, den jetzt ins Unglück geratenen Kaiser, der überall verhöhnt wurde, verehrte und sich in Berlin nun wieder als Fremder fühlte, weil er aus der patriotischen Hochstimmung seiner Umgebung ausgeschlossen war. Ihm fehlte, was alle hatten, und wenn auch die Freunde ihm ihr Unverständnis nicht zeigten, so musste er doch annehmen, dass sie es fühlten. Selbst die Billigung seiner Haltung schloss ihn aus ihrer Gemeinschaft aus. »Der Aufenthalt in Berlin war mir drückend«, schrieb er an den Fähnrich Varnhagen, »bei dieser rasenden Zeit zieh' ich mich in Demut zurück.« Während überall um ihn her Aufbruchstimmung herrschte und die Dichterfreunde Kriegs- und Vaterlandslieder verfassten, war ihm mehr zum Klagen zumute. Einer seiner Briefe aus diesen Tagen an den Freund und Verleger Hitzig endete mit dem vierzeiligen Stoßseufzer über die »schwere Zeit der Not«.

Erst im Vorjahr hatte der Zweiunddreißigjährige das Studium der Naturwissenschaften an der Berliner Universität begonnen, jetzt hielt er es in der Stadt nicht mehr aus. Ein verständnisvoller Professor hatte ihn nach Kunersdorf vermittelt, das man nicht mit dem neumärkischen Dorf gleichen Namens, bei dem 1759 Friedrich der Große eine katastrophale Niederlage gegen Russen und Österreicher erlitten hatte, verwechseln darf. Der kleine Ort, in den Chamisso nun reiste, liegt am Rande des Oderbruchs, nahe Wriezen, und hatte als Mustergut einen guten Ruf. Hier, wo heute Gedenksteine sowohl an das dem Zweiten Weltkrieg zum Opfer gefallene Schloss als auch an den Sommeraufenthalt des Dichters erinnern, war gegen Ende des

18. Jahrhunderts unter der Leitung der Helene Charlotte von Borcke, geb. von Lestwitz, genannt Frau von Friedland, ein vorbildlicher Landwirtschaftsbetrieb entstanden, der nach dem Tode der tüchtigen Frau (1803) von ihrer Tochter und ihrem Schwiegersohn mit Erfolg weitergeführt worden war. Der neue Gutsherr, Peter Alexander von Itzenplitz, der sich ab 1814 dann Graf nennen durfte, und seine Frau Henriette Charlotte, geb. von Borcke, betrieben, unterstützt von ihrem Nachbarn Albrecht Thaer, ihre Wirtschaft mit den modernsten Methoden, befreiten schon lange vor den Reformen die Bauern und waren an Kunst und Wissenschaft interessiert. Ihr Haus war in den Sommermonaten ein beliebter Treffpunkt. Bedeutende Köpfe wie Alexander von Humboldt, der Mediziner Johann Christian Reil, der Geologe Leopold von Buch, der Chemiker Martin Heinrich Klaproth und Karl Friedrich Zelter waren hier gern zu Gast.

Ein »Verzeichnis der auf den Friedländischen Gütern cultivierten Gewächse«, das vom Obergärtner des Gutes erarbeitet und 1803 ge-

Schloss Kunersdorf, erbaut 1771–1773,
1945 zerstört und abgetragen

druckt worden war, wurde nun von Chamisso um die Flora der Umgebung erweitert und auf den neuesten Stand gebracht. Der Student und erfolglose Dichter, der sich zu einem leidenschaftlichen Botaniker entwickelt hatte, als welcher er sechs Jahre später Ehrendoktor seiner Universität werden sollte, war im Herrenhaus von Kunersdorf gern gesehen. Er traf im Mai ein und blieb bis Oktober, half den Knaben des Hauses ein wenig im Französischen weiter, exerzierte als ehemaliger Leutnant auch den Landsturm des Dorfes, war aber vorwiegend auf der Suche nach Pflanzen im Oderbruch unterwegs. Gemeinsam mit dem Obergärtner Friedrich Walter erarbeitete er ein Herbarium der Flora des Oderbruchs, des Schlossgartens und der Treibhäuser – das es fünfzig Jahre später, als Fontane Kunersdorf besuchte, noch zu sehen gab. Die 1815 gedruckte dritte Auflage des »Verzeichnisses« erwähnt nicht nur ausdrücklich die Mitarbeit Chamissos, sondern enthält auch mit Ausführungen zur Flora Berlins eine eigne Arbeit von ihm.

Der Entschluss zum Studium der Naturwissenschaften war von ihm im Vorjahr gefasst worden, als er einige Monate bei der Madame de Staël in Coppet am Genfer See gelebt hatte und das Botanisieren in den Bergen seine liebste Beschäftigung gewesen war. »Ich spinne den alten Wurm [gemeint ist das Dichten] in mir ein, mein Studium genügt mir«, hatte er nach seiner Immatrikulation an Fouqué geschrieben, und tatsächlich saß er nun, statt Gedichte zu schreiben in Vorlesungen und Bibliotheken und war an den Wochenenden auf der Suche nach Pflanzen in der Umgebung Berlins unterwegs. Sein Studienfreund Dietrich von Schlechtendal konnte sich noch im Alter an manche »weiten und beschwerlichen Fußwanderungen mit ihm« erinnern, »auf der bald anhaltender Regen uns bis auf die Haut durchnässte, bald drückende Hitze uns plagte oder Seen und Sümpfe durchwatet wurden, um Pflanzen zu erjagen, und dann wohl auch der Versuch gewagt wurde, im Freien zu übernachten, um Zeit zu gewinnen. ... Überall war Chamisso voran, der Erste, der Eifrigste, von kräftigem Körperbau und fester Ausdauer. Eine alte schwarze Kurtka oder eine nicht minder alte, etwas verschossene und fleckige Som-

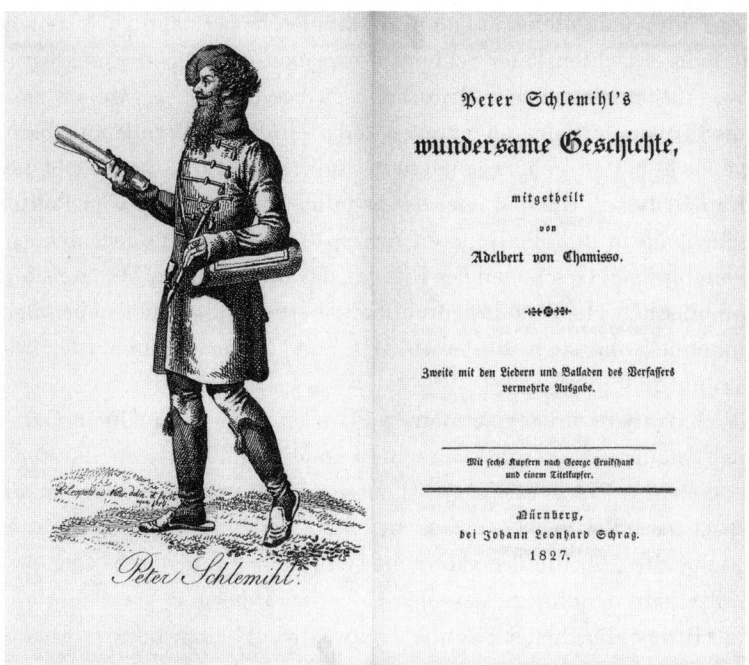

Frontispiz der 2. Auflage des »Schemihl« von Franz Josef Leopold

merkleidung, bestehend aus runder Jacke und langen Beinkleidern aus dem selben olivgrünen Zeuge, eine mächtige grüne Kapsel an ledernem Riemen umgehängt, eine kurze Pfeife im Munde, ein schmuckloser Tabaksbeutel, irgendwo angehängt, einige Lebensmittel aus den kleinen Seitentaschen der Jacke hervorschielend, das war der Aufzug, in welchem er auszog, und abends, durch Schweiß und Staub nicht verschönert, oft noch ein kräutergefülltes Taschentuch in der Hand, den geputzten Scharen der Berliner Sonntagswelt entgegentrat und uns gutmütig neckte, wenn wir nicht mit ihm den geraden Weg durch die Stadt ziehen wollten, sondern Umwege wählten, um unbemerkter nach Hause zu gelangen.«

So oder so ähnlich muss man ihn sich auch auf seinen Touren durch das flache, von Gräben durchschnittene Oderbruch vorstellen, und mit genau diesen äußeren Merkmalen hat er dann auch seinen damals erdachten Peter Schlemihl versehen. Die abgetragene Kurtka, eine knielange, mit Brustschnüren besetzte Jacke, wie sie polnisch-russische Soldaten getragen und nach 1806 in Preußen modisch gemacht hatten, gehört genau so zu ihm wie die Tabakspfeife und die Kapsel, die am Riemen über der Schulter hängt. Fernab vom Politischen, das in ihm den inneren Zwiespalt erzeugt hatte, fernab auch vom blutigen Geschehen des Krieges, das sich in diesen Monaten der preußischen Hauptstadt bedrohlich näherte, fand er hier neben der inneren Ruhe auch die Gewissheit, zum Naturwissenschaftler bestimmt zu sein.

»Ich arbeite immer an meinen Pflanzen, gehe mit meinem Gärtner botanisieren, vergleiche meine Kataloge und korrigiere die französischen Aufsätze der jungen Leute«, schreibt er im Juni in einem Brief nach Berlin. Dieser war an Hitzig gerichtet, der, obwohl nur wenig älter, für ihn fast väterliche Gefühle hegte, die wohl auch damit zusammenhingen, dass der Unverheiratete und Vaterlandslose in Hitzigs glücklicher Familie so etwas wie Heimat hatte, weshalb er dann auch das einzige literarische Erzeugnis seiner Kunersdorfer Mußestunden nicht zum Veröffentlichen, sondern zum Vorlesen für das Ehepaar Hitzig und seine fünf Kinder bestimmte, ohne zu ahnen, dass sich vor allem auf diese Geschichte sein Ruhm gründen sollte bis zum heutigen Tag.

Die Entscheidung, sich hauptsächlich den Naturwissenschaften zu widmen, Dichtung also nur nebenbei zu betreiben, hat Chamissos Leben tatsächlich fortan bestimmt. Ruhm erwerben aber konnte er zu Lebzeiten auf beiden von ihm beackerten Feldern. Seine späteren Gedichte, von denen viele vertont wurden, erfreuten sich lange großer Beliebtheit, und Zeilen aus ihnen, wie »Der Zopf, der hängt ihm hinten« oder »Die Sonne bringt es an den Tag« gingen in Büchmanns »Geflügelte Worte« ein. Seine »Tragische Geschichte«, das »Schloss Boncourt«, »Salas y Gomez«, »Das Riesenspielzeug«, »Die alte Waschfrau« und andere Balladen und Gedichte bereicherten das 19. Jahrhundert hindurch die Schullesebücher, sind aber heute weit-

Kupferstich zum »Schlemihl«
von George Cruikshank

gehend vergessen, so wie auch sein damals aufsehenerregender Bericht seiner Weltreise trotz gelegentlicher Neudrucke heute nicht mehr zum unerlässlichen Bildungsgut gehört. Seine botanischen und zoologischen Arbeiten, die mehr Seiten als seine Dichtungen füllen, wie auch seine Abhandlung über die hawaiische Sprache kennen nur Fachleute, die vielleicht auch wissen, dass ein arktisches Inselchen bei Alaska seinen Namen trägt. Bekannt und bewundert dagegen, unzählige Male gedruckt, oft nachgeahmt und viel übersetzt ist seine in Kunersdorf entstandene phantastische Novelle »Peter Schlemihls wundersame Geschichte«, die, nachdem sie in England von George

Cruikshank illustriert worden war, immer wieder Künstler zur Bebilderung gereizt hat und so auch zum beliebten bibliophilen Sammlerobjekt geworden ist.

Unter Verwendung von Märchenmotiven, wie dem Glückssäckel und den Siebenmeilenstiefeln, wird hier kein Märchen, sondern eine reale Geschichte erzählt. Der Ich-Erzähler, der angeblich Chamisso seine wunderbare Lebensgeschichte berichtet, diesem aber mit Kurtka und Kapsel erstaunlich ähnelt, ist ein armer Umhergetriebener, der bei einem leichtsinnigen Handel mit dem Teufel seinen Schatten gegen unerschöpflichen Reichtum eintauscht, dessen aber nicht froh wird, weil die Menschen den Schattenlosen verachten und nicht unter sich dulden, so dass er zum Einsiedler werden muss. Da er des Teufels Angebot ablehnt, an Stelle des Schattens seine Seele zu verkaufen, bleibt er schattenlos und von den Menschen geschieden, findet aber endlich in dem tätigen Leben eines Naturforschers sein einsames Glück. »Ich werde Sorge tragen, dass vor meinem Tode meine Manuskripte bei der Berliner Universität niedergelegt werden«, schließt Schlemihl seine Erzählung, um dann so fortzufahren: »Und Dich, mein lieber Chamisso, hab ich zum Bewahrer meiner wundersamen Geschichte erkoren, auf dass sie vielleicht, wenn ich von der Erde verschwunden bin, manchem seiner Bewohner zur nützlichen Lehre gereichen könne. Du aber, mein Freund, willst Du unter Menschen leben, so lerne verehren zuvörderst den Schatten, sodann [erst] das Geld. Willst Du nur Dir und Deinem besseren Selbst leben, o, so brauchst Du keinen Rat.«

Was nun aber der Schatten bedeutet, um dessen Verlust sich hier alles dreht, lässt der Text in der Schwebe, und der Leser, den Schlemihls Schicksal persönlich etwas anzugehen scheint, aber nicht weiß warum, wird bei Fachleuten nachzuschlagen versuchen und dabei auch auf den Titel »Bibliotheca Schlemihliana« stoßen, der schon den riesigen Umfang des über die kurze Novelle Geschriebenen erahnen lässt. Denn nicht nur die Liebhaber der Literatur sind seit fast zweihundert Jahren von dieser märchenhaften und doch dem Leben so nahen Geschichte begeistert, sondern auch jene, die Literatur beruflich analysieren, unterrichten und interpretieren, weil sie hier ein schier unendliches Arbeitsfeld finden, das sich von jeder Generation und jeder Denkrichtung her neu bearbeiten lässt. Haben die Zeitgenossen Chamissos vor allem versucht, herauszufinden, nach welchen realen Personen die fiktiven gezeichnet wurden, so hat man sich später vorwiegend an die Frage nach der Bedeutung des Schattens gehalten und, je nach Denkrichtung, sehr unterschiedlich beantwortet, immer mit dem, das einem selbst am wichtigsten schien. Da ist bei dem einen Ausleger mit dem Schatten das Vaterland, bei anderen die bürgerliche Solidität, das gute Gewissen oder gar das individuelle Unbewusste verloren, und bei allen diesen politischen, philosophischen, moralischen, soziologischen oder psychologischen Auslegungen wird, wie üblich, der Autor gar nicht gefragt. Dieser aber hat immer, und er lebte noch lange, bis 1838 nämlich, jede Absicht, Moral oder Lehrhaftigkeit der Geschichte geleugnet und die Zufälligkeit ihrer Entstehung betont.

So schrieb er 1837 in der Vorrede zu einer französischen Ausgabe des »Schlemihl«: »Diese Geschichte ist in die Hände besonnener Leute geraten, die sich, gewohnt, nur zu ihrer Belehrung zu lesen, Gedanken gemacht haben, was denn der Schatten nun sei. Einige haben höchst seltsame Hypothesen über dieses Thema aufgestellt, andere, die mir die Ehre erwiesen haben, mich für gebildeter zu halten, als ich bin, haben sich an mich gewandt, um eine Lösung ihrer Zweifel zu erhalten. Die Fragen, mit denen ich belagert worden bin, haben mich über meine Unwissenheit erröten lassen.« Um aber die Frager zufriedenzustellen, führt er nun ironisch die wissenschaftliche Definition des Schattens aus einem Physiklehrbuch an.

Der »Schlemihl«, heißt es in einem Brief von 1829, sei zufällig entstanden. »Ich hatte auf einer Reise Hut, Mantelsack, Handschuhe, Schnupftuch und mein ganzes bewegliches Gut verloren; Fouqué frug: ob ich nicht auch meinen Schatten verloren hab? Ein andermal ward in einem Buch ... geblättert, wo ein sehr gefälliger Mann in einer Gesellschaft allerlei aus der Tasche zog, was eben gefordert wurde – ich meinte, wenn man dem Kerl ein gut Wort gäbe, zöge er noch Pferd und Wagen aus der Tasche. Nun war der Schlemihl fertig, und wie ich einmal auf dem Lande Langeweile und Muße genug hatte, fing ich an zu schreiben.« Aber sein Zweck sei nicht gewesen, jemanden zu belehren, »sondern Hitzigs Frau und Kinder zu amüsieren«. Mit Poesie wolle er »selten etwas« erreichen, heißt es bei ihm an anderer Stelle. »Wenn ich selber eine Absicht gehabt habe, glaube ich es dem Dinge nachher anzusehen, es wird dürr, es wird nicht Leben, – und es ist, meine ich, nur das Leben, was wieder Leben ergreifen kann.«

Fouqué übrigens zeigte hier einmal wieder, dass er seine Treue zum König und zu seinen ritterlichen Träumen mit Freundestreue und Toleranz zu verbinden wusste. Er bekundete sein Verständnis für Chamissos Haltung im Jahre 1813, indem er bei der Herausgabe des »Schlemihl« dem Text folgenden Anhang gab:

»An Adelbert von Chamisso

Trifft Frank' und Deutscher jetzt zusammen,
Und jeder edlen Muts entbrannt,
So fährt ans tapfre Schwert die Hand,
Und Kampf entsprüht in wilden Flammen.

Wir treffen uns auf höherm Feld,
Wir zwei verklärt in reinerm Feuer.
Heil Dir, mein Frommer, mein Getreuer,
Und dem, was uns verbunden hält.

1813   *Fouqué«*

Die alte Germania

»Der Riesengeist der alten Germania schreitet durch unsere Provinzen, er ist es, der unseren Männern, unseren Söhnen, unseren Brüdern die schimpflichen Ketten unwürdiger Knechtschaft löst. Wir hören sie rasselnd niederfallen, und was aus tausend Männerseelen wie ein Schrei des Entzückens laut erschallt, das zittert auch in unseren Herzen wieder. Demütig falten wir die Hände, und gebeugt vor dem Antlitz des gewaltigen, gerechten Gottes vernehmen wir nicht ohne leisen Schauer den Ruf, der auch an uns, die deutschen Frauen ergeht.« »Edle germanische Frauen! unsern Händen ist das künftige Los deutscher Geschlechter anvertrauet! ... Lasst uns in Sprache, Tracht, geselligem Verkehr und einfacher edler Haltung uns selbst bewahren und die Ehre unserer Nachkommen retten. Von uns geht das Licht aus, lasst es still, bescheiden, fromm und sicher leuchten.«

Kurios wie diese Sätze aus Karoline Fouqués »Ruf an die deutschen Frauen« von 1813 mutet uns heute manches an, was damals gesagt wurde, besonders auch dann, wenn die pathetische Rede sich noch dadurch verkrampfte, dass man nach Jahns Forderung jedes Fremdwort vermied. Man überbot sich in Pathos und bemühte gern die alten Germanen. Nach Willibald Alexis, der diese bewegte Zeit in Berlin als Knabe erlebte, ging es auch bei den Professoren, die sich auch als wehrhaft erweisen wollten, oft komisch zu. »Glücklicherweise«, so schreibt er in seinen Erinnerungen, »ist der Berliner Landsturm nie zur blutigen Tätigkeit gekommen; aber mit komischem Ernst wurde die Sache von vielen betrieben, und unsern Gelehrten mit berühmten Namen erzählte man wunderliche Dinge nach. Von Fichtes, Schleiermachers, Zeunes, Bernhardis Anstrengungen in der volkstümlichen Bewaffnung gab es kuriose Gerüchte, von denen übrigens die Hälfte wohl nur dem Berliner Witz ihre Entstehung verdankt. Direktor Bernhardi war, vielleicht weil er sein Gymnasium (das Friedrich-Werder'sche) so trefflich regierte, zum Landsturmhauptmann ernannt worden; und um seine Kompanie gut einzuexerzieren, nahm er selbst zuvor Privatunterricht im Kommandieren bei einem Unteroffizier. Man sprach von einem ganzen Professorenbattaillon, das sich so privatim vorbereitete. Die Lanzen des Landsturms überragten die längsten Kosakenpiken. Von einem Gelehrten wusste man, dass er den Homer noch einmal eiligst durchgelesen, um die echte, natürliche und volkstümliche Bewaffnung zu studieren. Er hatte sich einen Schild von dreifacher Rindshaut mit ehernen Buckeln und einem spitzigen Nabel fertigen lassen, auch einen Helm desselben Stoffes, glaube ich. Zeune, den ich eben darum befrage, weist diesen Ruhm von sich und auf den seligen Fichte zurück. Er, als bei der Landsturm-Kavallerie, hatte sich nach Homer nur einen eschenen Speer hobeln lassen.«

Bei der erneuten Gefährdung Berlins im August 1813, so erzählt Alexis weiter, wurde nun die Ehre in der Beteiligung beim Schanzen gesehen. Da sah man dann »Professoren, Räte, angesehene Kaufleute« mit Spaten und »einem Kober mit Lebensmitteln zu den Toren hinaus ziehen«, um bei der Anlage der Befestigungen auf dem Tempelhofer Berg (dem späteren Kreuzberg) zu helfen, doch war es mit dem Eifer schon wenige Tage später wieder zu Ende, und es wurden Ersatzleute, die sich in den Zeitungen für geringen Lohn anboten, zu den anstrengenden Arbeiten geschickt. Als der Sieg bei Großbeeren die Stadt vor erneuter Besetzung und Plünderung bewahrt hatte, waren bald »Tausende von Berliner Bürgern in Familiengruppen« zur neugierigen Besichtigung des Schlachtfeldes unterwegs. Während die Verwundeten auf Bauernwagen in die Stadt gefahren wurden, saßen am Straßenrand »gemütlich im Kreis gelagert« die Berliner, und zu »vaterländischem Weißbier« wurden die mitgebrachten Semmeln und Würste verzehrt.

Glaubt man den Berliner Zeitungen des Frühjahrs 1813, wurde die Aufforderung zu Geld- oder Sachspenden, mit denen die Ausrüstun-

Fichte als Landsturmmann.
Zeichnung von Karl Friedrich Zimmermann

gen der Freiwilligen finanziert werden sollten, vielfach befolgt. Da
gab der »Älteste der hiesigen Judenschaft, Herr Gumpertz« bekannt,
dass er »300 Taler Courant zur Equipierung unvermögender Freiwilliger« spendet. Der »Vorsteher der Blindenanstalt Zeune« erbot sich,
»einen Freiwilligen zu bewaffnen.« »Eine unbemittelte Witwe bringt
gern ihr Liebstes dem Vaterland zum Opfer dar: zwei goldene Trau-
ringe.« Der »Schuhmacher Valentin« spendete »drei Paar neue Stie-
feln und 10 Taler.« »Der Buchdrucker August Petsch hat das Schrift-
chen: Was bedeutet Landwehr und Landsturm? auf seine Kosten
gedruckt zum Besten der Freiwilligen.« »Der Generaldirektor des
Nationaltheaters Iffland« sammelte »von sämtlichen Mitgliedern des
Theaters 350 Taler.« »Die Professoren von Hagen und Büsching haben eine Herausgabe des Lebens Götz von Berlichingens veranstal-

»Freiwillige Gaben« von Richard Knötel

tet.« Und der Oberst von Pfuel gab »die noch ungedruckte Ode: Germania an ihre Kinder« von Heinrich von Kleist als Flugblatt heraus.

Doch neben den opferwilligen Bürgern, die ihre Sparbüchsen für das Vaterland leerten oder dem Aufruf eines Herrn Rudolph Werkmeister aus der Jägerstraße 25 folgend ihre goldenen Ringe gegen eiserne mit der Aufschrift »Gold gab ich für Eisen 1813« umtauschten, gab es natürlich auch solche, die ihr Silberzeug lieber vergruben oder der Kriegsbegeisterung, wie Chamisso es tat, ins ruhigere Landleben entflohen. Als im Frühjahr 1813 auch die Hauptstadt zum Schauplatz des Krieges zu werden drohte, beluden viele wohlhabende Leute, die es sich leisten konnten, ihre Fuhrwerke mit dem Nötigsten, um in friedlichere Gefilde zu ziehen. Zu diesen gehörte auch Rahel Levin, die sich mit Dienstmädchen und Diener zu Verwandten nach Schlesien aufmachte, um von dort weiter nach Prag zu reisen, wo sie bald von vielen Bekannten aus der besseren Gesellschaft Berlins umgeben war. Noch war Österreich neutral.

Als der König die Volksbewaffnung in den geordneten Bahnen von Landwehr und Landsturm anordnete, was Theodor Körner in »Das Volk steht auf, der Sturm bricht los!« umdeutete, war die Begeisterung in Preußen und teilweise auch in anderen deutschen Ländern tatsächlich groß. Fraglich ist aber, ob sie alle Schichten ergriff. So lassen die uns bekannten Berichte über diese Monate zwar vermuten, dass die patriotisch Entflammten vor allem aus den bemittelten und gebildeten Schichten kamen, aber dieser Eindruck kann auch daher rühren, dass der Hauptteil der überlieferten Zeugnisse von den Gebildeten stammt. Da unter den Studenten, die sich freiwillig gemeldet hatten, viele Tagebuch- und Briefschreiber waren, weiß man von ihnen mehr als von den anderen Freiwilligen, obwohl, wie nachträglich erhobene Statistiken zu beweisen scheinen, ihr prozentualer Anteil an der Masse nicht erheblich war. Selbst in dem berühmten Freikorps Lützow, das seinen Ruhm unter anderem den an ihm beteiligten Dichtern und Malern verdankte, waren Handwerksberufe zu 40 Prozent vertreten, während der Anteil der Studenten, der Gymnasiasten und aller freien Berufe, zu denen neben Künstlern und Schauspielern auch Ärzte, Apotheker und Advokaten gehörten, nur 8,3 Prozent betrug. Auch auf die Gesamtzahl der Freiwilligen gerechnet war der Anteil der gebildeten Stände nicht größer, so dass von allgemeiner Begeisterung durchaus die Rede sein kann. Inwieweit sich aber die Freiwilligen dann im Kriegsgeschehen bewährten, ist eine andere, von Fachleuten unterschiedlich bewertete Frage. Der Professor Henrik Steffens zum Beispiel musste erleben, dass einige der Breslauer Studenten, die er erfolgreich zur Freiwilligenmeldung animiert hatte, das aus dem Spendenaufkommen stammende Geld, das sie zur Anschaffung einer Ausrüstung empfangen hatten, zur Finanzierung eines Saufabends nutzten. Und seine eigne Offizierskarriere geriet auch nicht glänzend, weil er sich überall, wohin man ihn kommandierte, als unnütz erwies.

Zu den Freiwilligen gehörte auch Louis Henri Fontane, der Vater des Dichters, der auf die Frage des Sohnes, er sei wohl sehr patriotisch gewesen, so antwortete: »Nein, höchstens Durchschnitt. Offen gestanden, ich machte nur so mit. Wenn man siebzehn Jahre alt ist, erscheint einem ein freies Soldatenleben hübscher als ein Lehrlingsleben. Und wie's im Liede heißt: Eine jede Kugel trifft ja nicht. Aber wenn ich auch anders hätte denken wollen, ich hatte keine rechte Wahl. In dem Tuchgeschäfte von Köppen und Schier ... trat damals eine adlige Dame ein und wurde von einem hübschen jungen Mann mit blondem Schnurrbärtchen bedient. ›Ich wundere mich, Sie hier hinter dem Ladentisch zu sehen.‹ – ›Ich nicht, meine gnädigste Frau, ich stehe hier lieber als anderswo.‹ – ›Das seh ich‹, antwortete die Dame, und dem hübschen Blondin eine Ohrfeige gebend, verließ sie das Lokal. Das war so die Stimmung damals, und weil ich dergleichen nicht gern erleben wollte, wurd ich als Freiwilliger Jäger eingekleidet und empfing eine Büchse.«

Da es damals zur Lebensform gebildeter Kreise gehörte, zu Festen oder anderen Gelegenheiten Verse zu machen oder auch Gefühle und Meinungen mit ihnen auszudrücken, verwundert es nicht, dass auch die Bekanntgabe der Spenden häufig von Versen begleitet wurde, wie zum Beispiel von diesen bei Abgabe eines Trauringes: »Du bist mir wert seit fünfundzwanzig Jahren / Und solltest mich bis in mein Grab begleiten, / Doch geh, ich weihe dich den Jünglingsscharen, / Die für des Vaterlandes Freiheit streiten. / Verwandle dich, o Ring, jetzt in ein Schwert, / Dir bleibet auch als Stahl dein heil'ger Wert!«

Das verbreitete Dilettieren im Dichten wie auch im Musizieren machte natürlich für Lied und Dichtung besonders aufnahmebereit. Beides spielte in diesem Kriege erstmalig, und in diesem Ausmaß wohl nie wieder, eine äußerst wichtige Rolle, und zwar nicht nur zur Erzeugung gemeinsamer Gefühle und Stimmungen, sondern auch als politische Publizistik, die mit Ereignissen, wie gewonnenen Schlachten, bekanntmachte oder Vorbilder, wie das Marschall Blüchers, schuf. Lieder, die auf bekannte oder neue Melodien gesungen wurden, konnten der Begeisterung Inhalt und Richtung geben. Sie hatten teils namhafte Dichter, teils auch unbekannte Dilettanten zu Autoren, und die Botschaften, die sie transportierten, prägten sich singend ein. So beginnt eines der damals weitverbreiteten Gedichte, das von Napoleons Niederlage in Russland berichtet, anschaulich mit den Worten »Es irrt in Wald und Schnee umher / Das große, mächtige Franzosenheer«, und seine Versseilen »Mit Mann und Ross und Wagen / Hat sie der Herr geschlagen« wurden zum geflügelten Wort. In Anthologien wird dieses Gedicht oft als Volkslied bezeichnet, es wurde aber von einem Primaner des Gymnasiums zum Grauen Kloster namens Ferdinand August gedichtet, der ein eifriges Mitglied von Jahns Turnerschaft war. Die Ausstattung des Heeres mit diesen neuen Liedern zählt Hermann von Boyen zu den positiven Folgen der Freiwilligenbewegung. »Durch die Freiwilligen«, schreibt er in seinen Erinnerungen, »haben wir nicht allein den nötigen Ersatz für unser so bedeutend vermehrtes Offizierskorps erhalten, sondern die Freiwilligen haben auch ganz unglaublich auf die verbesserten Sitten des Soldatenstandes gewirkt. So wurden z. B. die gewöhnlich schmutzigen Lieder, welche bis dahin das Lagerleben notdürftig erheiterten, sehr bald durch die von den Freiwilligen mitgebrachten neueren Kriegsgesänge verdrängt, deren innerer Wert auch dem anscheinend rohen Sinn unserer alten Soldaten entsprach.«

Die Aufforderung, die Franzosen zu vertreiben, ist in allen Gedichten enthalten, selten ist dagegen, wie bei Fouqué, von Preußen und seinem König die Rede, viel aber vom deutschen Volk und dem Vaterland. Immer wieder wird die Hoffnung auf deutsche Einheit und Freiheit beschworen. Nicht für das alte Ständewesen Preußens oder Sachsen-Weimars riskierte man sein Leben, sondern für ein neues, im Innern freieres Reich der Deutschen, für dessen nebelhafte Vorstellung seiner Grenzen irgendwie die alte Kaiserherrlichkeit des Mittelalters Pate stand. Da aber jedes Bestreben nach Einheit der Deutschen sich direkt oder indirekt gegen die Macht der großen und kleinen Fürsten richtete, kann man große Teile der Befreiungskriegsdichtung als oppositionelle Literatur bezeichnen, was besonders deutlich wurde, als nach dem Wiener Kongress, der teilweise die alten Zustände restaurierte, mancher Freiheitssänger nun als Staatsfeind galt. Das bürgerliche Selbstbewusstsein, das sich in Körners »Es ist kein Krieg, von dem die Kronen wissen« ausgedrückt hatte, oder das die Fürsten ignorierende deutsche Einheitsempfinden, das sich in Arndts populärem Gedicht »Was ist des Deutschen Vaterland?« artikuliert hatte, waren später so anrüchig geworden, wie für uns heute die oft mitschwingenden nationalistischen Töne, deren Missklänge sich freilich abschwächen, wenn man sie als vielleicht notwendigen Ausdruck einer Nationwerdung von unten versteht. »Uns knüpft der Sprache heilig Band, / Uns knüpft ein Gott, ein Vaterland«, heißt es in Körners »Jägerlied«. Und in seinem Aufruf »An das Volk der Sachsen« vom April 1813 präsentiert er sein Freikorps als eine Gemeinschaft, die den Ständestand mit seinen Bevorrechtigten und Unfreien schon hinter sich gelassen hat. »Es ist in unserer Schar kein Unterschied der Geburt, des Standes, des Landes. Wir sind alle freie Männer.«

Die Jenaer Burschenschaftler, die nach dem Kriege gegen die Restauration rebellierten, waren zum Teil Kämpfer des Freikorps Lützow gewesen. Dessen rot eingefasste schwarze Uniformen mit goldenen Knöpfen hatte ihnen Pate gestanden, als sie 1815 das Schwarzrotgold zu ihren Farben erwählt hatten, das bis heute als Symbol für ein liberales Deutschland gilt. Hatten doch schon die Lützower sich als Vorboten eines Deutschland begriffen, das geeint sein sollte und frei.

Als Verkörperung des damals erträumten Deutschland, das noch keine klaren Umrisse hatte, kam in den Jahrzehnten nach den Befreiungskriegen die allegorische Gestalt der Germania in Mode, die später meist behelmt, gepanzert und bewaffnet war. Von Karoline Fouqué war sie bei der Anrufung des »Riesengeistes der alten Germania« noch nicht gemeint gewesen, die Gattin Fouqués hatte dabei wohl eher die von ihrem Manne erdachten edlen Germanen im Sinn. Philipp Veit aber, der Sohn der Dorothea Schlegel, ein Karoline Fouqué von Jugend an vertrauter Maler, der mit Joseph von Eichendorff zusammen die Befreiungskriege mitgemacht hatte, sollte später mit zwei Darstellungen der Germania bekannt werden, an denen sich der Wandel des erträumten Deutschlandbildes in der ersten Hälfte des 19. Jahrhunderts, von 1813 bis 1848, ablesen lässt. Jung, schön und eichenlaubbekränzt sind beide Frauen, doch blickt die erste, vor einer mächtigen Eiche sitzend, mit seitlich geneigtem Kopf melancholisch auf die Kaiserkrone zu ihren Füßen, während die spätere, für die Nationalversammlung in der Frankfurter Paulskirche bestimmte Germania, aufrecht stehend, die gesprengten Ketten zu ihren Füßen nicht achtend, vor der aufgehenden Sonne entschlossen nach oben blickt. Zeigt das ältere Bild neben dem Doppeladler des alten Reiches auch noch die Wappen der sieben Kurfürsten, fehlen die letzteren auf der späteren Darstellung, und wenn auch beide Frauen in zarten Händen das Reichsschwert halten, so tritt doch dessen kaiserliche Symbolik bei der Germania der Paulskirche hinter die revolutionären der schwarzrotgoldnen Trikolore, die über ihr flattert, zurück. Hütete die melancholische Germania in der Hoffnung auf Wiederkehr der Kaiserherrlichkeit die Insignien des verlorenen alten Reiches, so begrüßte die siegesfrohe der Paulskirche, die in der Größe von etwa drei mal fünf Metern die Orgel verdeckte, das neue, freiere Reich, das dann aber doch nicht kam.

»Germania«. Kupferstich von
Joseph Nicolaus Peroux
nach Philipp Veit

»Germania« 1848
von Philipp Veit

Tod in Prag

Als im März 1812 Napoleons Armeen durch Brandenburg und Pommern nach Russland marschierten, zogen sich Scharnhorst und andere Napoleonfeinde nach Schlesien zurück. In Breslau, Glatz und Bad Kudowa traf Scharnhorst mit seinem Schwiegersohn, dem Grafen Friedrich zu Dohna-Schlobitten, und auch mit Clausewitz, Boyen und Blücher zusammen, und Ernst Moritz Arndt konnte hier den Freunden noch einmal begegnen, bevor er dem Ruf des Freiherrn vom Stein folgend nach Russland ging. In Arndts Erinnerungen wird Scharnhorst als »schlanker«, fast »hagerer« Mann beschrieben, der »unsoldatisch einher schlenderte, gewöhnlich etwas vornüber geneigt. Sein Gesicht war von edler Form und stillen edlen Zügen, sein blaues Auge groß, offen, geistreich und schön. Doch hielt er das Visier seines Antlitzes gewöhnlich geschlossen, selbst das Auge halb geschlossen, gleich einem Manne, der nicht Ideen in sich aufjagt, sondern über Ideen ausruht. Doch tummelten sich die Ideen in diesem hellen Kopfe immer herum. Er hatte aber gelernt, seine Gefühle und Gedanken mit einem nur halb durchsichtigen, ruhigen Schleier zu umhängen, während es in seinem Innern kochte. Doch wie sicher und fest geschlossen er sein Angesicht und die Gebärden desselben auch hielt, er machte den Eindruck des schlichten, besonnenen Mannes. ... Auch seine Rede war dem gemäß: langsam und fast lautlos schritt sie einher, sprach aber im langsam dehnenden Ton kühnste Gedanken oft mit sprichwörtlicher Kürze aus. ... Soll ich noch erinnern, dass dieser edle Mensch durch dessen Hände Millionen hingeglitten waren, auch nicht den Schmutz eines Kupferpfennigs daran hatte kleben lassen? Er ist ein *vir innocens* [uneigennütziger Mann] im Sinne der großen Alten gewesen: er ist arm gestorben.«

Scharnhorst.
Miniatur von Christian Tangermann

Wie Gneisenau und Boyen, Clausewitz und Dohna hatten sich viele seiner Freunde und Schüler, um gegen Napoleon kämpfen zu können, zum Übertritt in russische oder englische Dienste entschlossen,
und auch Scharnhorst, der bereits ein Angebot aus Russland erhalten,
ja sogar schon einen russischen Pass hatte, erwog diesen Schritt. Vor
dem König aber informierte er den Staatskanzler über seine Absichten, und dieser, der immer mögliche Veränderungen der politischen
Konstellationen mit einkalkulierte, hielt das Bleiben Scharnhorsts für
wichtig, und er hatte auch Einfluss auf ihn. Denn erstaunlicherweise
hatte Hardenberg, der aristokratische Lebemann alter Schule, der
sich kein Gewissen daraus machte, sein Wohlleben auch mit Staats-
geldern zu finanzieren, der aber aus Erkenntnis der Notwendigkeiten
die Reformen vorangetrieben hatte und den Staat mit viel List durch

alle Unbilden steuerte, zu dem gradlinigen, moralisch untadligen Intellektuellen und Soldaten ein vertrautes Verhältnis, so dass er diesen im August 1812 in einer geheimen Unterredung in Glatz davon abbringen konnte, ins Ausland zu gehen. In einem Schreiben an nicht namentlich genannte Freunde, ersuchte Scharnhorst nun diese, »sich nicht zu weit vom Vaterlande zu entfernen. Ich werde dies auch nicht tun, obgleich ich dazu von neuem eine Aufforderung erhalten habe. Wer sein Ziel aus den Augen verliert, kömmt in Gefahr sich zu verirren.«

Er blieb also in Schlesien, das als neutral bezeichnet wurde, weil dort keine französischen Truppen standen und kein Gouverneur Napoleons amtierte wie in Berlin. Scharnhorst war hier für die Inspektion der Festungen und der Waffenfabriken zuständig, doch fand er auch Zeit zur Weiterarbeit an seinem militärwissenschaftlichen Werk. In Bad Kudowa, wo die Dohnas ein Haus hatten, traf er mit seiner Tochter Julie zusammen und verliebte sich dort.

Der Siebenundfünfzigjährige, dem neun Jahre zuvor die Frau gestorben war, fand hier in einer Friederike Hensel, die bei seiner Tochter, der Gräfin Dohna, als Kindermädchen diente, ein nicht mehr erhofftes Glück. Aus dieser Stimmung heraus gestattete er einem Major Louis Gustav von Thile, den Hardenberg als Nachrichtenübermittler für die Reformer in Berlin platziert hatte, sogar einen Blick in sein Innenleben, was sonst nicht seine Gewohnheit war. Freundschaften wie auch »schriftstellerische Arbeiten«, schrieb er, könnten »wenn man zu Jahren kömmt, nicht das Herz mehr« ganz ausfüllen. Nun aber habe die Liebe ihn »aufs Innerste erschüttert. Ich schäme mich nicht, es Ihnen zu gestehen.« Der Geliebten selbst aber schrieb er wenige Wochen vor seinem Tode folgende Liebeserklärung: »Du bist das einzige Wesen, das innigen Anteil an meinem Leben nimmt. Meine Söhne, welche jetzt bei der Armee sind, denken an den Krieg und an ihre Freuden, sie sind von mir entwöhnt, wie dies bei allen jungen Männern der Fall ist. Meiner Tochter sind ihre Kinder und ihr Mann lieber als ich ihr bin: dies ist so in der Welt. Mir bleibt also nichts als ein fremdes Wesen, das ich an mich kette, das sonst niemanden hat,

an welchem es besonders hinge: das bist Du. Könnte ich Dich doch
nur eine Stunde sehen!« Dass Friederike Hensel den Teil seines Ver-
mögens erben sollte, der ihr zugestanden hätte, wenn sie seine Tochter gewesen wäre, verfügte eine Art Testament von ihm.

Obwohl er in Schlesien lange abseits der Schalthebel des Staates
lebte, gelang es ihm doch, Einflüsse auszuüben, vor allem weil er stets
in Verbindung mit Hardenberg blieb. So war es seinen Bemühungen
zuzuschreiben, dass dem franzosenfreundlichen, aber schon recht bejahrten General von Grawert, der auf Wunsch Napoleons die 20 000
preußischen Soldaten der Russlandarmee führte, der franzosenfeind-
liche General von York als Stellvertreter an die Seite gesetzt wurde,
der dann auch bald an Stelle des alten Grawert die Truppe führte
und am 30. Dezember 1812 durch die Konvention von Tauroggen
dem Krieg eine entscheidende Wendung gab. Als Napoleon seine
in Russland geschlagene Armee verlassen hatte, war es Scharnhorst,
der über Hardenberg den König dazu drängte, selbst nach Breslau zu
kommen, um einem möglichen Zugriff der Franzosen zu entgehen.
Als dann am 25. Januar 1813 tatsächlich die Residenz nach Breslau
verlegt wurde, war Scharnhorst wieder einer der wichtigsten Berater
des Königs, hatte am Zustandekommen des Bündnisses mit Russland
entscheidenden Anteil, gehörte zu jenen, die den zaudernden König,
der nicht nur den Russen und Österreichern, sondern auch dem eignen Volk misstraute, zum Kampf gegen Napoleon drängten, und zog
im März als Chef des Generalstabes der von Blücher geführten sogenannten Schlesischen Armee in den Krieg.

In der ersten Schlacht dieses Krieges, am 2. Mai bei Lützen oder
Großgörschen, in der die reformierte preußische Armee sich zwar
bewährte, aber nicht siegte und sich zurückziehen musste, wurde ihm
im Schlachtgetümmel das Pferd erschossen, sein Tschako wurde von
einer Kugel durchlöchert, und ein Schuss traf sein linkes Knie. Der
Arzt, der ihm die Kugel entfernte, war sicher, dass er bald wieder hergestellt sein würde, aber da er sich nicht schonte, sondern zum König
nach Dresden eilte und von dort zu Verhandlungen über ein Bündnis
mit Österreich nach Wien geschickt wurde, verschlechterte sich der

Zustand seiner Wunde, so dass er schon in Zittau die Reise am 10. Mai unterbrechen musste, weil sich zu starken Schmerzen auch das Wundfieber einstellte, und trotzdem setzte er dann die Reise fort. »Meine Wunde ist nicht gefährlich, aber sehr schmerzhaft«, schrieb er am 21. Mai aus »Znaim, 10 Meilen von Wien« an seine Tochter. »Ich kann selbst auf Krücken nicht gehen und nicht einmal mit dem guten Fuß auftreten; ich muss auf einem Stuhl mich vom Bett in den Wagen tragen lassen. ... In der Abgeschiedenheit von allen Bekannten, in den schmutzigsten Wirtshäusern, ohne Lektüre, ohne gewohnte Nahrung sich so herum zu treiben ist abscheulich ärgerlich«. Da ein Kurier Metternichs ihm die Nachricht brachte, dass er nicht

Scharnhorsts Totenmaske

in Wien, sondern in Prag verhandeln sollte, musste er umkehren und traf erst am 31. Mai in Prag ein. Wie es mit seiner Wunde stehe, heißt es am 1. Juni, könne er noch nicht sagen. »Ich werde dies erst diesen Morgen durch einen erfahrenen Wundarzt erfahren. Man glaubt, der Knochen habe gelitten. Ich werde alles anwenden, so geschwind als möglich so weit zu kommen, dass ich wieder bei der Armee sein kann. Ich vergehe vor Unruhe und Kummer.« Die Verhandlungen mit den österreichischen Militärs konnte er vom Krankenbett aus noch erfolgreich führen. Zwei Operationen musste er noch erdulden, aber die konnten nichts bessern. Doch auch seine letzten Briefe an seine Tochter und an Friederike Hensel waren noch voller Zuversicht.

Nach schwerem Fieber starb er am Vormittag des 28. Juni und wurde am 30. mit militärischen Ehren in der Kapelle des Prager Militärfriedhofs beigesetzt. Zum Gedenken an ihn ließ der König 1822 das von Rauch geschaffene Scharnhorst-Standbild aufstellen, das zum Ensemble der Neuen Wache gehörte, heute aber unsinnigerweise auf der südlichen Seite der Straße Unter den Linden steht. Die Überführung von Scharnhorsts sterblichen Überresten zum Berliner Invalidenfriedhof erfolgte 1834. Das Grabmonument mit dem schlafenden Löwen schuf Rauch nach einem Entwurf von Schinkel. Friedrich Tieck gestaltete die Reliefs an den Seiten, von denen eines Scharnhorsts zum Tode führende Verwundung bei Großgörschen zeigt.

Die schwarze Schar

Am 10. März 1813 schrieb der zweiundzwanzigjährige Theodor Körner, dem sich in Wien gerade eine Karriere als Theaterdichter eröffnet hatte, an seinen Vater in Dresden:»Deutschland steht auf. Der preußische Adler erweckt in allen treuen Herzen durch seine kühnen Flügelschläge die große Hoffnung einer deutschen, wenigstens norddeutschen Freiheit. Meine Kunst seufzt nach ihrem Vaterlande – lass mich ihr würdiger Jünger sein. – Ja, liebster Vater, ich will Soldat werden, will das hier gewonnene glückliche und sorgenfreie Leben mit Freuden hinwerfen, um, sei's auch mit meinem Blute, mir ein Vaterland zu erkämpfen. ... Sonnabends oder Montags reise ich von hier ab, wahrscheinlich in freundlicher Gesellschaft, vielleicht schickt mich auch Humboldt als Kurier. In Breslau, als dem Sammelplatze, treffe ich zu den freien Söhnen Preußens, die in schöner Begeisterung sich zu den Fahnen ihres Königs gesammelt haben. Ob zu Fuß oder zu Pferd, darüber bin ich noch nicht entschieden, es kommt einzig auf die Summe Geldes an, die ich zusammenbringe.«

Glücklich und sorgenfrei war das Leben des jungen Mannes bisher tatsächlich gewesen. Zusammen mit seiner Schwester Emma war er in einer der bekanntesten bildungsbürgerlichen Familie Dresdens aufgewachsen, die durch seinen Vater, einen Freund Schillers, zum geistigen Zentrum der Stadt geworden war. Nach sorgfältiger häuslicher Erziehung und dem Besuch der Kreuzschule hatten sich Studienjahre in Freiberg, Leipzig und Berlin angeschlossen, in denen er schon zu dichten begonnen hatte. Wegen verbotenen Duellierens war er von den deutschen Universitäten verwiesen worden und hatte sich deshalb nach Wien gewandt. Auch hier hatten sich Freunde seines Vaters wie Dorothea und Friedrich Schlegel um ihn gekümmert. Karoline und Wilhelm von Humboldt hatten ihn, wie einst in Rom den jungen Rauch, gastlich in ihr Haus aufgenommen und sich für seine Dichtungen interessiert. Der Salon der Henriette von Pereira-Arnstein hatte ihm offengestanden. Die Liebe zu einer Schauspielerin, mit der er sich auch verlobte, hatte ihm glückliche Stunden bereitet. Und am Theater hatte er erst mit schnell entstehenden Sing- und

*Theodor Körner. Stahlstich nach
der Zeichnung von Emma Körner*

Lustspielen, dann aber auch mit seinem Drama »Zriny« Erfolge erlebt. Sein Entschluss, auf preußischer Seite für Deutschlands Freiheit und Einheit zu fechten, war von allen seinen Förderern gebilligt worden, und seinem Vater, Christian Gottfried Körner, der den Sohn im Sinne des Humanismus der Klassiker erzogen hatte, war dessen Entscheidung, an der Umwandlung der nur kulturell bestehenden Nation zu einer politischen mitzuwirken, folgerichtig erschienen, und er

hatte den angehenden Soldaten, der für seine Ausrüstung allein aufkommen musste, finanziell unterstützt.

Am 15. März verabschiedete Körner sich von seiner Verlobten und
der Stadt seiner Erfolge und machte sich in Begleitung des Malers
Friedrich Olivier auf den Weg. Am 18. passierten sie die preußische
Grenze, wo die Reihe seiner Kriegsgedichte, die schon »Abschied von
Wien« eröffnet hatte, mit einem Sonett auf den »Preußischen Grenz-
adler« fortgesetzt wurde, dessen Schlusszeilen lauten: »Was dann
auch immer aus dem Sänger werde: / Heil ihm! erkämpft er auch mit
seinem Schwerte / Nichts als ein Grab in einer freien Erde.«

Am 19. März erreichte er Breslau, wo des Königs Aufruf zur Bildung
freiwilliger Jägereinheiten am 3. Februar erlassen worden war. Hier
hatte der Major Adolf von Lützow, der 1809 Schills fehlgeschlage-
nen Feldzug mitgemacht hatte, gemeinsam mit zwei anderen außer
Dienst gestellten preußischen Majoren am 9. Februar ein Gesuch zur
Aufstellung eines auch Nichtpreußen offenen Freikorps an den König gerichtet, und dieser hatte am 18. Februar zugestimmt. Für Ernst
Moritz Arndt, der als Sekretär des Freiherrn vom Stein Anfang April
auch in Breslau weilte, war Lützows gesamtdeutsche, weitgehend un-
abhängige Truppe ein Zeichen der neuen, revolutionären Zeit. »Ich
werde, je mehr und je näher ich die Dinge sehe, desto mehr überzeugt, dass große Umwälzungen bevorstehen«, heißt es am 6. April in
einem seiner Briefe, »Gottlob, der alte Dreck kann in der alten löch-
rigen Form nicht mehr halten; er fließt durch und fließt über. Das ist
jetzt das Herrlichste, dass alles Tüchtige und Gebildete Soldat wird;
das wird der teutschen Junkerei, wovon selbst unser braver Alte [ge-
meint ist: Stein] nicht ganz frei ist, die Eselsohren abhauen und die
Eselsgedanken durchhauen. Unter anderen hat sich hier in Schlesien
eine schwarze Schar gebildet, welche das schlechte Volk verdammt
und fürchtet und ahnungsvoll Racheschar nennt. Diese Schar ist aus
allerlei teutschem Volk hier zusammengeflossen und besteht fast
durchaus aus gebildeten und studierten Männern. Es sind Jäger zu
Fuß und zu Pferde, und sie sind schon vor nach Sachsen. Die Schar
wächst täglich an aus Zuziehern aus Kurland, Preußen, Franken, Hol-

land, Schwaben, kurz aus allen Landen teutscher Zunge, und es sind
sehr tüchtige Soldaten und viele ausgezeichnete Köpfe darunter. Wie
ich hier sitze, bin ich neuer Dinge gewiss, wann, weiß ich nicht.«

Lützows Werbebüro, das von seiner Gattin, einer geborenen Gräfin
von Ahlefeld (die nach dem Krieg eine eigenartige Liebesgeschichte
mit Karl Immermann erleben sollte) geleitet wurde, war im Breslauer Gasthof Zum goldenen Zepter errichtet worden. Von dort wurden
Körner und Olivier, die sich aus Finanzmangel für das Fußvolk entschieden hatten, in das zwischen Breslau und Schweidnitz gelegene
Städtchen Zobten beordert, wo sich das vorläufige Quartier der Einheit befand. Erst später, nachdem er zum Leutnant gewählt worden
war und dann auch als Adjutant Lützows fungierte, wurde Körner
Kavallerist.

»Ein schwarzer kurzer Waffenrock mit rotem Vorstoß«, so beschrieb
er stolz sein Aussehen in den ersten Tagen, »gleichfarbene Pantalons
[eine lange Hose], ein Tschako, Schuhe und Camaschen bedecken den
Körper notdürftig. Eine Büchse auf dem Rücken, Hirschfänger und
Pistolen im Gürtel, Pulverhorn, Feldflasche und Dolch auf der Brust
machen die Bewaffnung und Verproviantierung aus. Ein Schnurrbart
gibt dem Gemälde die letzten militärischen Drucker; das Ränzel und
der Mantel auf dem Rücken bezeugen die Sorgsamkeit des Trägers.
So ziehe ich heut aus gen Zobten, wo unser Hauptquartier ist. In wenig Tagen, vielleicht schon morgen, marschieren wir, und in 10 Tagen
stehen wir vor dem Feind.«

Dass er sich schnell einlebte in der Schwarzen Schar, wie die Lützower auch genannt wurden, hing wohl vor allem damit zusammen,
dass er dort auf manche der »gebildetsten und ausgesuchtesten Köpfe
aus ganz Deutschland« traf. Zu diesen gehörte der Oberschlesier Joseph von Eichendorff, der zusammen mit seinem aus Berlin stammenden Freund, dem Maler Philipp Veit, einem Sohn Dorothea Schlegels
und späterem Nazarener, einen Monat nach Körner zum Lützower
wurde und in einem seiner Altersgedichte (1837) seine ehemaligen
Kameraden fragte: »Wunderliche Spießgesellen / Denkt ihr noch an
mich, / Wie wir an der Elbe Wellen / lagen brüderlich?« Da gab es

den Schriftsteller Friedrich Förster, der Körner schon von Kindheit an kannte und später eine dreibändige Geschichte der Befreiungskriege verfasste, die er durch Einblendung eignen Erlebens lebendig machte, aber teilweise auch ungenau. Andere Freikorpskämpfer waren der aus Güstrow im Mecklenburgischen stammende Maler Georg Friedrich Kersting, der den Lützowern in seinem bekannten Gemälde »Auf Vorposten« ein Denkmal setzte, der Pädagoge Friedrich Fröbel, der zum Förderer des Kindergartens wurde, und auch Friedrich Ludwig Jahn und Karl Friedrich Friesen, die Turnlehrer der Nation. Ein Sonderfall, der später viel, unter anderen von Friedrich Rückert, bedichtet wurde und den sogar Beethoven durch eine Bühnenmusik unsterblich machte, war die Flötistin und Trommlerin Eleonore Prohaska aus Potsdam, die sich unter dem Namen August Renz den Lützowern angeschlossen hatte, in dem Gefecht an der Göhrde bei Lüneburg schwer verwundet wurde und, nachdem sie dem Leutnant Friedrich Förster zugerufen hatte, dass sie ein Mädchen sei, starb. In diesen allen konnte Theodor Körner das ihm gewohnte Milieu wiederfinden, und sie alle wiederum wussten Körner zu schätzen, und zwar nicht nur als mutigen Kampfgefährten, sondern auch als Gelegenheitsdichter und Liedermacher, der in Marschpausen oder überfüllten Quartieren seine teils singbaren Gedichte verfasste und sie mit einer Sängerschar einübte. Meist wurden dabei bekannte Melodien zugrunde gelegt.

Schon die kirchliche Einsegnung der Truppe in der Dorfkirche zu Rogau wurde von einem zu diesem Anlass von ihm gedichteten Choral begleitet. Sein »Aufruf« mit den Anfangszeilen: »Frisch auf, mein Volk! die Flammenzeichen rauchen, / Hell aus dem Norden bricht der Freiheit Licht«, beschwört diesen Krieg als einen, »von dem die Kronen« nichts wissen, macht aber auch die tote Königin Luise zum »guten Engel des gerechten Krieges«, schreit nach Rache und prophezeit nicht nur den Sieg, sondern auch den eignen Tod. »Doch stehst du dann, mein Volk, bekränzt vom Glücke / In deiner Vorzeit heil'gem Siegerglanz, / Vergiss die treuen Toten nicht und schmücke / Auch unsre Urne mit dem Eichenkranz.« Todesahnungen, wie sie auch andere Soldatenlieder vor und nach ihm kennen, zeigen die meisten seiner Gedichte. Auch das bekannteste seiner Lieder, das »Lützows wilde verwegene Jagd« verherrlicht, endet damit, dass der Sieg sterbend errungen wird.

Der Traum vieler Dichter, unmittelbar politisch wirken zu können, der bei Kleist Traum bleiben musste, wurde für Körner, der Kleists Werk übrigens kannte und schätzte, Realität. Seine Lieder wurden bald nicht nur von den Lützowern gesungen, und schon 1813 wurden zwölf von ihnen gedruckt. Das Bändchen seiner Kriegsgedichte, das nach seinem Tode unter dem Titel »Leyer und Schwerdt« von seinem Vater bei Nicolai in Berlin herausgegeben wurde, hat in dem Jahrhundert danach unzählige Auflagen erleben können, denn seine Fähigkeit, kriegerischen Patriotismus in zündende Verse zu kleiden, wurde auch in späteren, weniger gerechten Kriegen gebraucht. Viele seiner Gedichte waren eingängig und hafteten leicht im Gedächtnis. Als der Propagandaminister Goebbels 1943 den kriegsmüden Deutschen den totalen Krieg schmackhaft machen wollte, schien ihm ein Zitat Theodor Körners dazu geeignet. Aber nicht nur bei ihm und seinesgleichen war Körner im 20. Jahrhundert noch gegenwärtig, sondern offensichtlich auch bei der berühmten Hitlergegnerin Marlene Dietrich, die sich ein Körner-Zitat als Grabspruch gewählt hat. »Hier steh ich an den Marken meiner Tage« ist auf ihrem Grabstein in Berlin-Friedenau zu lesen. Die Berliner Offizierstochter hatte Körners Gedichte wohl als Kind noch gelernt.

Das Zitat stammt aus dem Gedicht »Abschied vom Leben«, das darüber berichtet, wie der dichtende Leutnant im Sommer 1813 mit einer schweren Verwundung einsam im Walde lag. Da waren die Lützower, die die Aufgabe hatten, im Rücken der feindlichen Truppen Unruhe zu stiften und sich deshalb bei Eintritt des Waffenstillstands noch hinter der vereinbarten Frontlinie befanden, in der Leipziger Gegend von napoleonischen Truppen, die die Freischärler nicht als reguläre Soldaten, sondern als Banditen behandeln zu können meinten, überfallen und teils gefangen worden. Der Vorfall, der viel Aufsehen erregte, war preußischerseits als Waffenstillstandsverletzung betrachtet worden, während die Gegenseite sich im Recht

geglaubt hatte, wie man im Tagebuch des württembergischen Leutnants von Martens, dessen in Napoleons Diensten stehende Truppe
diesen Überfall verübt hatte, nachlesen kann. Körner war bei diesem
ungleichen Kampf verwundet worden und allein zurückgeblieben,
bis Bauern ihn fanden, ihn trotz eigner Gefährdung durch die Besatzung versorgten, ihn später heimlich nach Leipzig brachten, von wo
aus er über die Grenze nach Böhmen gelangte. In Karlsbad fand er
bei Elisa von Recke, die eine Freundin seiner Familie war und schon
bei seiner Taufe Pate gestanden hatte, Aufnahme und Pflege. Eine
Wohltat, für die sie Gott danke, sei es für sie gewesen, den von den
Franzosen verfolgten Verwundeten bei sich aufzunehmen, kann man
in ihrem Tagebuch lesen.»Mit aller Zartheit schrieb ich dem Vater,
dass mein Pate Theodor in meinem Hause sicher und seine Kopfwun-
de nicht gefährlich sei.« Erst nach seiner völligen Genesung würde
sie ihn wieder gehen lassen. und das nur unter dem Schutz eines mit
ihr befreundeten preußischen Offiziers.

Da die Lützower inzwischen an der unteren Elbe standen, konnte
er auf dem Weg zu seiner Truppe zum letzten Mal noch Berlin besuchen, wo er wieder wie in seiner Studentenzeit in der Brüderstraße
bei Nicolais Schwiegersohn Parthey Aufnahme fand. Fünf Tage logierte er in diesem für die Geistesgeschichte Berlins so bedeutsamen
Hause und sah, wie Parthey erzählt, bei Spaziergängen Unter den
Linden in seiner schwarzen Uniform prächtig aus. In den Legenden,
die sich später um das Haus in der Brüderstraße mit seinem schönen
Innenhof rankten, spielte auch Körner immer eine Rolle. So war angeblich sogar die Stelle, an der er vor der Rückkehr zu den Lützowern
seinen Schimmel angebunden hatte, noch genau bekannt.

Sicher hat er in den letzten Tagen seines Lebens auch an seine Verlobte in Wien geschrieben, aber diese hat den gesamten Briefwechsel
mit ihm verbrannt. So sind die letzten seiner erhaltenen Briefe, die
in Ratzeburg und Kirch-Jesar geschrieben wurden, an Parthey und
die verehrte Henriette von Pereira gerichtet, und bezeichnenderweise hat er hier noch einmal den demokratischen Charakter seines
Kampfes betont. Nicht die »Fürsten mit ihrer Nichtswürdigkeit«, so

heißt es, würden diesen Befreiungskrieg führen, sondern »wir als das deutsche Volk«.

Am letzten Abend vor seinem Tode soll Körner, der in der Jugend gern Fouqué gelesen hatte und nun als bürgerlicher Ritter seiner Dichtung ein Vaterland erkämpfen wollte, noch sein »Schwertlied« gedichtet haben, das mit den Versen »Du Schwert an meiner Linken, / Was soll dein heit'res Blinken?« beginnt. Es ist eines der peinlichsten seiner Gedichte, da er darin die Beziehung des Kriegers zu seiner Waffe in geschmackloser Weise erotisiert. Sein Vater hätte es, als er »Leyer und Schwerdt« zusammenstellte, unterschlagen sollen, wie er es mit einem anderen Gedicht machte, das mit seinen sadistischen Lüsten wohl den humanistischen Idealen des alten Körner zu sehr widersprach. Es heißt »Lied von der Rache« und fordert die Freiheitskrieger auf, das Völkerrecht nicht zu achten, sich satt an Blut zu saufen und ohne Mitleid zu sein. »Ha, welche Lust, wenn an dem Lanzenknopfe / Ein Schurkenherz zerbebt, / Und das Gehirn aus dem gespaltenen Kopfe / Am blut'gen Schwerte klebt.«

An der Straße zwischen Schwerin und Gadebusch wurde Körner am 26. August 1813 durch eine Flintenkugel getötet. Olivier hat ihn auf der Totenbahre liegend gezeichnet und auch das Eichenlaub, mit dem man ihn bekränzt hatte, nicht vergessen. Seine letzte Ruhestätte, die später um die Gräber seiner Schwester und der Eltern erweitert wurde, fand er unter einer alten Eiche im mecklenburgischen Dorf Wöbbelin.

Als hier am 26. August 1863 von Veteranen, Burschenschaftlern, Sängern und Turnern sein 50. Todestag mit viel Gepränge gefeiert wurde, war es die letzte der vielen noch kommenden Körnerfeiern, in der nicht nur der Sänger des Krieges und Feind der Franzosen gefeiert wurde, sondern auch der Fürstenverächter und Freiheitsmann. Festredner war des ehemalige Lützower Friedrich Förster, der für die Fortführung des Freiheitskampfes im Körner'schen Sinne plädierte, da 1815 die Befreiung von fremder Gewalt zwar erreicht wurde, die »Freiheit im Innern« aber noch zu erringen sei. Das Deutschland, für das Körner gekämpft habe, sei kein »uns von Oben her oktroyiertes«

Theodor Körner auf der Totenbahre.
Zeichnung von Friedrich Olivier

gewesen, sondern eins »aus dem ureignen Geiste des Volkes und aus dem Bewusstsein seiner Machtvollkommenheit.«

Da Karoline und Wilhelm von Humboldt Körner von Kindheit an kannten und seine Talente schätzten, ist in ihren Briefen von seinem Tod mehrmals die Rede, wobei es meist um die Frage geht, ob ein Mensch mit solch glücklichen Gaben sich den Gefahren des Krieges freiwillig aussetzen darf. Im August 1814 zog Humboldt in einem Brief an Karoline folgendes Resümee: »Je öfter ich an ihn denke, desto mehr finde ich ihn glücklich, so geendet zu haben. Überhaupt heiligt nichts so sehr ein Leben als der Tod. ... Körner ist nun wirklich zu einer vollendeten Gestalt geworden. Jugend, Dichtung, Vaterlandsliebe, Tapferkeit haben sich zu diesem einen frühen Ende verschlungen. Wäre er leben geblieben, hätte sich das Magische, das jetzt die beiden letzten Eigenschaften haben, in etwas ganz Gewöhnliches ver-

Titelblatt der Erstauflage von »Leyer und Schwerdt«

loren, was er mit vielen andern geteilt hätte, die Entwicklung der Dichtung bliebe zweifelhaft, und die Frische der Jugend verginge. Du fühlst das gewiss auch.«

Ahnung und Gegenwart

Der erste Roman Joseph von Eichendorffs, den der Nürnberger Verleger Johann Leonhard Schrag unter dem Titel »Ahnung und Gegenwart« zur Ostermesse 1815 der Öffentlichkeit präsentierte, wurde von dieser so wenig wahrgenommen, dass eine zweite Auflage erst 1841 im Rahmen der ersten Werkausgabe des Dichters erschien. Dem Roman fehlte das im Titel behauptete Gegenwärtige, denn die Zeitbezüge, die er durchaus hatte, waren die seiner Entstehungszeit. Er war 1810 in Wien begonnen und im Herbst 1812 vollendet worden, aber kein Verleger hatte sich für ihn interessiert. Als dann 1815 Schrag die Herausgabe wagte, hatten die Siege über Napoleon das Denken und Empfinden der an ihnen beteiligten Generationen entscheidend verändert. Die Gegenwart des Romans war eine vergangene, und für die im Titel auch verheißenen Ahnungen von einer Sinngebung des Lebens, die den von Waldesrauschen erfüllten und mit vielen lyrischen Einlagen versehenen Roman durchwehen, fehlte jetzt das Verständnis. Die sinnsuchenden jungen Hauptgestalten, die sich nach dem Studium durch Abenteuer, Kämpfe und Liebesaffären treiben lassen, um am Schluss in Amerika Freiheit, in Ägypten Magie oder im Kloster Gott zu finden, waren dem neuen, auf Patriotismus gestellten Zeitgeist entrückt.

Der Student und junge Autor, dessen erster Roman deutliche Einflüsse durch Goethes »Wilhelm Meister« und andere zeitgenössische Werke aufweist, hatte sich bisher noch keinen Namen machen können, weil er seine vereinzelt schon erschienenen Gedichte mit einem Pseudonym unterzeichnet hatte, er war aber schon mit mehreren namhaften Autoren bekannt. In Wien konnte er im Hause Adam Müllers verkehren, und auch bei Friedrich und Dorothea Schlegel

Porträt Joseph von Eichendorffs
von Karl Joseph Raabe 1809

war er ein gern gesehener Gast. Mit Dorotheas Sohn, Philipp Veit, der nach ihrer Scheidung vom Berliner Bankier Veit hatte bei ihr bleiben können, schloss er Freundschaft und ließ ihn unter dem Namen Leontin auch in seinem Roman auftauchen, dessen Titel »Ahnung und Gegenwart« vermutlich von Philipps Mutter erfunden wurde, die dem jungen Autor als Lektorin diente. Während sie sich ausführlich der Verbesserung des Romanmanuskripts widmete, setzte sich Friedrich Schlegel aber wohl nur halbherzig oder gar nicht bei den Verlegern für den Anfänger ein.

Nicht die Wiener Katholiken Friedrich Schlegel und Adam Müller wurden also zu Förderern des katholischen jungen Autors, sondern erst nach dem Kriege der zwar mit dem Katholizismus zeitweilig liebäugelnde, aber immer Protestant bleibende Fouqué. Dieser wurde im

Oktober 1814 von Eichendorff brieflich um die Empfehlung des Manuskripts an einen Verleger gebeten, und der ritterliche Baron aus Nennhausen, der zuvor schon den Anstoß zum Weltruhm des »Peter Schlemihl« gegeben hatte, war zwar mit einigen Passagen des Manuskripts, in denen sich »die Sinnlichkeit allzu dreist« hervorwage, nicht einverstanden, erkannte aber die literarischen Qualitäten des Ganzen

Selbstbildnis Philipp Veit.
Bleistiftzeichnung

und stimmte nach einigem Zögern der Bitte, wiederum als Herausgeber eines Unbekannten aufzutreten, doch schließlich zu. Er bat Eichendorff, in einem Vorwort auf die Entstehungsgeschichte und damit auch auf das Historische des Romans hinzuweisen und gab dieses Vorwort nach einigen Umformulierungen und Zusätzen als das des

Herausgebers, also als das seine aus. Dass Eichendorff sich in dem Bittbrief als Christ und Patriot zu erkennen gegeben hatte, war für Fouqués Entscheidung sicher nicht unwichtig gewesen. Auch hatte er ihn und Veit schon als Waffenbrüder persönlich kennengelernt.

Im April 1813 hatten sich die beiden Freunde von Wien nach Breslau begeben, sich dort für das Freikorps Lützow anwerben lassen und waren dann der schon ausgerückten Truppe nach Sachsen gefolgt. Da Eichendorff kein Geld für ein Pferd und die Reiterausrüstung hatte, konnte er nur als Infanterist eintreten, und Veit, den zwar Mutter und Stiefvater finanziell gut ausgestattet hatten, der aber vom Freund nicht getrennt werden wollte, schloss sich ihm an. Sie dienten als Gemeine, also als einfache Soldaten, denn Offiziersstellen, auf die sie gehofft hatten, waren bei dieser Einheit, zu der sich viele ehemalige Offiziere geschlagen hatten, nicht frei. Im Rücken der französischen Heere mussten sie auf sinnlosen Märschen durch den Spreewald und andere Teile der Lausitz viele Strapazen erdulden, ohne des Feindes ansichtig zu werden. Die Schlachten von Großgörschen und Bautzen fanden ohne sie statt. Da das 3. Bataillon, zu dem die Freunde gehörten, getrennt von der berittenen Truppe agierte, blieb ihnen, die sie schließlich über Havelberg nach Bismarcks Schönhausen an der Elbe gerieten, das Gemetzel von Kitzen, wo während des Waffenstillstands napoleonische Truppen die Lützower überfielen, glücklicherweise erspart.

In Eichendorffs späterem Gedicht »An die Lützowschen Jäger«, in dem »in des Spreewalds Hallen« hell die Hörner erschallen und die »grünen Kronen« des Waldes für ihn weiter rauschen, wird offensichtlich die kurze Freikorpszeit nostalgisch verklärt. In Wahrheit versuchten Veit und Eichendorff schon nach einigen Wochen, die schwarze Uniform wieder loszuwerden, und das hatte vielleicht auch etwas mit Aversionen gegen Friedrich Ludwig Jahn, den späteren Turnvater, zu tun. Dieser politische Fanatiker, glänzende Redner und erfolgreiche Freiwilligenwerber war nämlich, obwohl er keine militärischen Vorkenntnisse hatte, zum Bataillonskommandeur gewählt worden, und es ist nicht anzunehmen, dass er, der Grobschlächtige und Großmäulige, den sensiblen und sanften Freunden ein verständnisvoller Vorgesetzter war. Auch war Jahn nicht nur juden-, sondern auch katholikenfeindlich, weshalb ihm Veit besonders zuwider sein musste, denn dieser, ein Enkel Moses Mendelssohns, war wie seine Mutter, Dorothea Schlegel, zum Katholizismus konvertiert. In einem seiner späteren Briefe erinnert Jahn sich an einen anderen Freiwilligen, den er verdächtigt hatte, im Freikorps für die Jesuiten zu werben, und er erwähnt dabei auch die beiden Freunde, die er verächtlich »verwienert« und »eingepäpstelt« nennt.

Um zu erkunden, ob sich ihnen in der regulären Armee bessere Möglichkeiten einer Karriere boten, traten die Freunde bald nach Verkündigung des Waffenstillstands im Juni von Schönhausen aus einen längeren Urlaub an. Während Eichendorff in Berlin Verbindungen zu knüpfen versuchte und mit der Familie Savigny zusammen nach Breslau reiste, begab sich Veit nach Nennhausen, wo Fouqué, der dort auch Urlaubstage verbrachte, den Freunden zum Wechsel in seinen Truppenteil riet. Schon im Juli quittierten sie ihren Dienst bei Lützow, um zu den Brandenburg-Kürassieren überzutreten, deren Standort nach dem Rückzug zeitweilig in Böhmen war. Dort lernten sie dann auch Max von Schenkendorf kennen, der einer gelähmten Hand wegen zwar nicht Soldat sein konnte, aber als Kriegsliederdichter bei der Armee gern gesehen war. Seine bekanntesten Verse, »Freiheit, die ich meine, / Die mein Herz erfreut, / Komm mit deinem Scheine, / Süßes Engelsbild«, wurde damals schon viel gesungen und als Volkslied angesehen.

In Böhmen konnte Veit als Fähnrich in Fouqués Jäger-Kompanie eintreten und später, nach Fouqués Ausscheiden, als Leutnant dessen Stelle einnehmen, Eichendorff aber, der die Geldmittel für Pferd und Ausrüstung nicht aufbringen konnte, versuchte vergeblich als Offiziersanwärter in der österreichischen Armee anzukommen und kehrte dann enttäuscht in seine schlesische Heimat zurück. In der dortigen Landwehr, mit der er vorliebnehmen musste, wurde er bald zum Leutnant befördert, langweilte sich beim Garnisonsdienst in Glatz, dann in Torgau und schrieb während eines längeren Urlaubs, den er in seinem Heimatort Lubowitz bei Ratibor in Oberschlesien verbrachte, seines liegengebliebenen Romans wegen am 1. Oktober 1814 den oben erwähnten Brief an Fouqué. »Die aufrichtige Achtung, Bewunderung und Liebe, mit welcher Ihre Werke meine ganze Seele erfüllen, die freundliche Zuversicht endlich, die Ihre persönliche Bekanntschaft (im vorigen Herbste auf dem Marsche durch Böhmen) für immer in mir erweckte, macht mich so kühn, Ew. Hochwohlgeboren das Manuskript eines Romans zu übersenden, zu gütiger Durchsicht und meiner Belehrung.« Er nennt Fouqué einen »Kernhalter deutschen Sinnes«, beschwört das Wunder der deutschen Befreiung, zu deren Erhaltung es nicht nur Soldaten brauche, und schließt mit der Bitte an den Herrn Baron und seine »verehrungsvolle Frau Gemahlin« ihn nicht als Fremden, sondern als Freund anzusehen.

In den kommenden Monaten, in denen Fouqué dafür sorgte, dass Schrag in Nürnberg »Ahnung und Gegenwart« in seinen Verlag nahm, stellte Eichendorff die Weichen für den weiteren Verlauf seines Lebens, indem er sich nach der Entlassung aus der Landwehr in Berlin für den preußischen Staatsdienst bewarb. Am 4. Februar 1815, drei Wochen vor Napoleons Rückkehr von Elba, konnte er an einem von Hitzig organisierten Essen mit Fouqué, E. T. A. Hoffmann, Chamisso und Salice-Contessa teilnehmen. Durch Fouqué lernte er Gneisenau kennen, der ihm eine Anstellung im Kriegsministerium unter Hermann von Boyen vermittelte, die er aber bald wieder aufgeben musste, da der neuerlich entfesselte Krieg ihn wieder unter die Fahne rief. Erst in Paris, wo er als Ordonanzoffizier Gneisenaus diente, erfuhr er, dass »Ahnung und Gegenwart« durch Fouqués Hilfe endlich erschienen war.

Fantasiestücke

Im Februar 1813 entschloss sich der Musikdirektor des Theaters in Bamberg E. T. A. Hoffmann, das Stellungsangebot einer in Leipzig und Dresden auftretenden Theatergruppe anzunehmen, und er machte sich am 21. April mit seiner Frau Michaelina, genannt Mischa, auf den Weg. Der Krieg, um den sich Hoffmann, im rheinbündischen Bamberg lebend, bisher kaum gekümmert hatte, war mit dem preußisch-russischen Bündnis und der Kriegserklärung Preußens an Frankreich in eine neue Phase getreten, und da preußische und russische Truppen bereits große Teile von Sachsen besetzt hatten, wurden die Reisenden schon bald hinter Hof von preußischen Husaren aufgehalten, und ab Plauen wimmelte es in den Orten und auf den Straßen von russischem und preußischem Militär. Auch das von Blücher schon am 30. März besetzte Dresden, das sie nach vier Tagen erreichten, war voller Truppen. Mit Illuminationen und mit Spottversen auf Napoleon wurde der Einzug des Zaren und des preußischen Königs gefeiert. »Die ganze Nacht erschallen Hurrahs und russische Volkslieder«, schrieb Hoffmann nach Bamberg an seinen Verleger. Auf den Straßen sehe man russische und preußische Offiziere einander umarmen, und aus allen Tavernen sei zu vernehmen, wie man König Friedrich Wilhelm und Zar Alexander hochleben lässt.

Dass auch Hoffmann angesichts seiner siegreichen Landsleute patriotische Regungen überkamen, ist seinen Briefen und Tagebuchnotizen nicht zu entnehmen, und die freudige Überraschung, unter den Preußen auch auf den besten Freund seiner Jugend zu treffen, wurde durch die Feststellung, dass man sich inzwischen innerlich auseinandergelebt hatte, etwas getrübt. Während Hoffmann, fern aller politischen Leidenschaften oder auch nur Meinungen, weiterhin nur

Selbstbildnis E. T. A. Hoffmanns
als Randskizze eines Briefes

seiner Kunst lebte, war Theodor Gottlieb von Hippel in die Politik involviert. Er war durch seinen gleichnamigen Onkel, den Stadtpräsidenten von Königsberg, Freund Kants und Verfasser des Buches »Über die Ehe«, zum Gutsbesitzer in Westpreußen geworden, war in den Staatsdienst getreten und gehörte zu den engsten Mitarbeitern Hardenbergs. Den berühmten Aufruf »An mein Volk« vom 17. März 1813, mit dem der König seine Untertanen zum Kampf gegen Napoleon aufforderte, hatte Freund Hippel verfasst.

Hoffmann, in dem sich in diesen Jahren das Schriftstellern gleichberechtigt neben das Musikschaffen drängte, hat diese Begegnung später in einer kleinen Erzählung unter dem Titel »Dichter und Komponist« gestaltet, die man im ersten Band der »Serapionsbrüder«

327

nachlesen kann. Da trifft Ludwig, der Dichter, den alten Freund Ferdinand, den Komponisten, nach der Eroberung der Stadt unter den Siegern unverhofft wieder, muss aber bald feststellen, dass aus dem ehemals Kunstbegeisterten ein kriegsbegeisterter Offizier geworden ist. Ludwigs Klage: »Was soll aus der Kunst werden in dieser rauen, stürmischen Zeit?« setzt Ferdinand seinen Glauben an eine durch den Krieg zu erringende neue und bessere Zeit entgegen, und da er dabei wie ein zum Kampfe gerüsteter »Kriegsgott« aussieht und überhaupt das letzte Wort hat, soll darin wohl auch die Botschaft dieser Geschichte bestehen. Doch wurde das erst viele Monate nach der Begegnung mit Hippel geschrieben und gibt eine spätere Erkenntnis oder auch Anpassungsleistung wieder, nicht aber das, was Hoffmann damals, mitten im Kriege, der ihm verhasst war, empfand. In seinen Briefen nämlich, die nach dieser Begegnung und dem Rückzug der Russen und Preußen geschrieben wurden, ist von einer patriotischen Parteinahme nichts zu spüren, er findet sich vielmehr, wie im 18. Jahrhundert nicht nur in Preußen üblich, ohne innere Parteinahme mit dem wechselnden Kriegsglück der Herrschenden ab.

Nach der Schlacht bei Großgörschen am 2. Mai 1813, in der Scharnhorst verwundet wurde, konnte Hoffmann, der ein Zimmer am Altmarkt, vier Treppen hoch, gemietet hatte, den Rückzug von russischen Truppen beobachten, und am 7. und 8. Mai verließen auch der König, der Staatskanzler und mit ihm Hippel die Stadt. Die Elbbrücke, die die Franzosen bei ihrem Rückzug gesprengt, die Russen durch Holzaufbauten wieder passierbar gemacht hatten, stand noch in Flammen, als die Franzosen wieder die Altstadt besetzten, mit Kanonen zur Neustadt hinüberschossen und am frühen Abend ihren Kaiser jubelnd begrüßten, der unter dem Geläut aller Kirchenglocken wieder seinen Einzug hielt. Bis zum Ende des Waffenstillstands blieb Napoleons Hauptquartier in Dresden, und als nach seiner erfolglosen Verhandlung mit Metternich Österreich sich den Verbündeten anschloss und im August die Kämpfe wieder begannen, wurden die Russen und Preußen in Hoffmanns Briefen wieder die Feinde genannt. Neben der Verwünschung des »bösen, argen Krieges«, der

der »Kunst so nachteilig« sei, kann man in seinen Briefen an den Bamberger Verleger aber auch folgenden Satz lesen: »Wir vertrauen ganz auf das Glück von Napoleons Waffen – sonst sind wir verloren.« Nach Napoleons Niederlage bei Leipzig im Oktober kamen solche Äußerungen nicht mehr vor.

Nach der blutigen Schlacht bei Dresden, die er in den letzten Augusttagen als Augenzeuge miterlebte, bewirkte, wie Tagebuch-

Die Elbbrücke in Dresden im März 1813.
Radierung von Christian Friedrich Sprinck

notizen zeigen, der Anblick des mit Toten und Verstümmelten bedeckten Schlachtfeldes bei ihm eine Erschütterung, die er im Dezember, als die Truppen des Dreibundes die Franzosen schon über den Rhein zurückgedrängt hatten, zu der »Vision auf dem Schlachtfelde bei Dresden« verarbeitete, die 1814 als Flugblatt erschien. Da werden in der Art von Jean Pauls »Rede des toten Christus vom Weltgebäude herab, dass kein Gott sei« die Gräuel des Krieges eindringlich mit »zerrissenen Menschen« und »dem dumpfen Röcheln des Todeskampfes« beschworen, die Schuld daran aber dem »Tyrannen« gegeben, an dem das Heer der auferstehenden Toten sich grausam rächt. Das ist mit ehrlicher Friedenshoffnung geschrieben, klingt dann aber, höchst unglücklich, in die Verherrlichung der Sieger aus. »Ruhiger wurde es endlich in meiner Seele, und bald war es mir, als sei das glänzende Sternbild der Dioskuren segensreich über der Erde aufgegangen, die erquickt den mütterlichen Schoß öffnete, um die Früchte des Friedens in nie versiegendem Reichtum zu spenden. Ich erkannte die strahlenden Helden, die Söhne der Götter: – Alexander und Friedrich Wilhelm.« Politik, so ist an diesen Nebenprodukten leicht zu erkennen, war die Stärke des so vielseitig Begabten nicht.

Bei der für beide Seiten verlustreichen Schlacht bei Dresden, dem letzten Sieg, den Napoleon in Deutschland erringen konnte, waren auf preußischer Seite neben dem Maler Veit und dem Dichter von Schenkendorf auch der freiwillige Jäger Fouqué beteiligt, der bald darauf durch Krankheit gezwungen wurde, die geliebte Uniform wieder auszuziehen. Ihm war in der Schlacht bei Großgörschen, die er immer der historischen Bedeutsamkeit wegen als Schlacht bei Lützen bezeichnete, das Pferd durch Bajonettstiche getötet worden, danach war er, wieder beritten, in ein Gewässer geraten und hatte sich, da er die nasse Kleidung tagelang nicht wechseln konnte, Krankheiten zugezogen, die ihn dienstuntauglich machten. Im Dezember 1813 traf er in Nennhausen wieder ein.

Hoffmann, der Fouqués »Undine« bald nach ihrem Erscheinen gelesen hatte und aus ihr eine Oper machen wollte, hatte auf dem Umweg über seinen alten Warschauer Freund Hitzig, der jetzt Fouqués Bücher verlegte, brieflich mit ihm Kontakte geknüpft. Fouqué hatte sich schnell dazu bereitgefunden, das Opernlibretto selbst zu verfassen und hatte es, wie es seine Art war, schnell fertig gemacht. Für die Komposition aber war mehr Zeit vonnöten. Mit ihr war Hoffmann auch in Dresden beschäftigt, aber da er auch in seiner Theatergruppe dirigieren musste und sich sein Schreiben mehr und mehr in den Vordergrund drängte, kam die Oper nur wenig voran. Erst nach seiner Rückkehr nach Berlin begegnete er Fouqué persönlich. Und erst 1817 erlebte dann die Oper, mit den Bühnenbildern von Schinkel, am Gendarmenmarkt ihre Uraufführung – eine Sternstunde romantischer Kunst.

Der Aufenthalt in Dresden, der fünf bis sechs Jahre zuvor für Kleist reichen dichterischen Ertrag gebracht hatte, war auch für Hoffmann eine fruchtbare Zeit. Hier entfaltete sich trotz der Kriegswirren der Reichtum seines Erzählens, zum Beispiel in seiner prächtigen, im friedlichen Dresden spielenden Märchenerzählung »Der goldene Topf«. In ihr wird die satirisch, aber nicht unliebenswürdig gezeich-

Selbstbildnis E. T. A. Hoffmanns als Kapellmeister Kreisler.
Aquarellierte Federzeichnung

nete spießbürgerliche Welt der kleinen Beamten mit einem natur-
mystischen Reich der Elementargeister von berauschender Schönheit
teils konfrontiert, teils verwoben, doch nur dem Studenten Anselmus,
dem seiner Träumereien wegen dauernd Missgeschicke passieren,
weil er sich in die bürgerliche Welt nicht zu schicken weiß, wird nach
vielen Rückschlägen und Abenteuern schließlich der Eintritt in das
Wunderland Atlantis gewährt. Nur dem von Sehnsucht nach dem
Schönen Getriebenen kann der Erwerb des goldenen Topfes gelingen.
Nur er kann dem ewigen Widerstreit zwischen der Prosa des Alltags
und dem Reich der Schönheit entrinnen. »Ist denn«, heißt es am
Schluss, »des Anselmus Seligkeit etwas anderes als das Leben in der
Poesie, der sich der selige Einklang aller Wesen als tiefstes Geheim-
nis der Natur offenbart?«

Mit dem »Goldenen Topf«, in dem sich übrigens der Widerstreit
zwischen der Welt des Alltags und der der Elementargeister wie in
der »Undine« auch in zwei Frauengestalten verkörpert, vervollstän-
digte Hoffmann seine erste Sammlung von Erzählungen, die unter
dem Titel »Fantasiestücke in Callots Manier« noch während seiner
Zeit als Musikdirektor in Dresden und Leipzig beim Verleger und
Weinhändler Kunz in Bamberg erschien. Da ihr die Beachtung, die
sie verdiente, auch zuteil wurde, war Hoffmann, als er am 1. Oktober
1814 nach achtjähriger Unterbrechung wieder in den Staatsdienst
zurückkehrte und die Arbeit am Berliner Kammergericht aufnahm,
schon eine Berühmtheit, und bald wurde er durch Freund Hitzig mit
den literarischen Größen der Stadt wie Tieck, Fouqué und Chamisso
bekannt.

Landhausleben

Als die französischen Armeen sich im Frühjahr und Sommer 1813 Berlin näherten und viele wohlhabende Familien die Stadt verließen, so dass »Berlin einem stillen Dorf« ähnelte, harrte Bettine von Arnim bei ihrem Mann aus. Es sei ihr unmöglich gewesen, erzählte sie später, auch nur eine mit Arnim gemeinsame Stunde ihrer Sicherheit wegen aufzuopfern; war diese Zeit doch die »köstlichste« und »heiligste« ihrer Liebe zu ihm. »Er war damit zufrieden und fand es nicht übermütig, sondern natürlich von mir.«

Die Welle patriotischer Begeisterung hatte auch sie ergriffen. Originell wie immer, wollte sie, wie erzählt wurde, ihren im Oktober geborenen zweiten Sohn auf die Namen »Dreizehntchen« oder »Landstürmerchen« taufen, entschied sich dann aber auf Anraten des Predigers zu dem nicht weniger sprechenden Siegmund, der auch besser zu dem Namen des Erstgeborenen passte, der 1812 als Freimund auf die Welt gekommen war. (Im Friedensjahr 1815 kam dann noch ein Friedmund und 1817, wohl zum Schrecken der Reaktion, ein Kühnemund mit hinzu.)

Ihr Mann, der schon 1806 den Eintritt in die Armee erwogen hatte, wollte nun selbstverständlich auch einer der freiwilligen Vaterlandsverteidiger sein. Da es Adligen nicht erlaubt war, wie er es vorgehabt hatte, als einfacher Soldat zu dienen, und die Berliner Landwehr schon genügend Offiziere hatte, trat er als Hauptmann beim Landsturm ein. Diese, durch das Gesetz vom 21. April 1813 ins Leben gerufene, ununiformierte, vorwiegend aus alten Männern bestehende, oft nur mit »Flinten, Speeren, Keulen, Sensen usw.« bewaffnete Truppe, die die engere Heimat in Partisanenart schützen sollte, wurde in Arndts Schriften zwar sehr gepriesen, blieb aber in den Kriegen von 1813–1815 so gut wie wirkungslos. Bettine gab, allerdings erst ein Jahr später, im Brief an eine ihrer Schwestern eine mehr lustige Schilderung von dieser ernstgemeinten Kriegspielerei. »Stelle Dir zum Beispiel in Gedanken Savigny [ihren Schwager] vor, der mit dem Glockenschlag drei wie besessen mit einem langen Spieß über die Straße rennt (eine sehr allgemeine Waffe bei dem Landsturm), der Philosoph Fichte mit einem eisernen Schild und langem Dolch, der Philolog Wolf mit seiner langen Nase hatte einen Tiroler Gürtel mit Pistolen, Messern aller Art und Streitäxten angefüllt. ... Pistor trug einen Panzer von Elendstierhaut mit vielen englischen Ressorts, einen Spieß und zwei Pistolen, dieser war auch Hauptmann und exerzierte seine Kompanie alle Tage vor meinem Hause. Bei Arnims Kompanie fand sich allemal ein Trupp junger Frauenzimmer, die da fanden, dass das Militärwesen ihm von vorne und hinten gut anstand. ... Das war eine Zeit voll Geschäfte, man konnte sich kaum umsehen, und doch war jedermann gesünder und stärker als sonst. Savigny [damals Rektor der Universität], der morgens um halb vier aufstand, nach dem Schießplatz rannte (er war Gemeiner in einer Schützenkompanie), von da nach seiner Kommission, wo er oft vor sechs Uhr nicht zum Mittagessen kam und nach Tisch gleich wieder fort, meistens bis Mitternacht, ja oft noch länger da zu tun hatte, hat sich nie wohler befunden als in dieser Zeit.«

Arnim, Gutsbesitzer mit großen Schulden, der in diesen Tagen Bettines Silberzeug verkaufen musste, um Frau und Kind ernähren zu können, war redlich darum bemüht, aus »diesem lahmen, rohen Haufen« des Landsturms eine wirksame Verteidigungstruppe zu machen, wurde aber enttäuscht. Weil die wohlhabenden Schichten in dieser Art von Volksbewaffnung eine Verführung zum Aufruhr witterten, wurde schon im Juli 1813 in Berlin und anderen größeren Städten der Landsturm wieder aufgelöst. Die dafür gegründete städtische Bürgergarde hatte für Arnim keine Verwendung, und auch eine andere patriotische Aktion von ihm blieb wirkungslos. Unter dem Titel »Schaubühne« hatte er bei Reimer (der persönlich als Offizier in der für den Krieg viel wichtigeren Landwehr diente) eine

Sammlung von zehn Volksstücken in einer Auflage von vierhundert Exemplaren herausgegeben und deren Erlös zur Anschaffung von Kanonen für den Landsturm bestimmt. Leider kamen die Theaterstücke von vereinzelten Ausnahmen abgesehen nicht auf die Bühne, und die Berliner Landsturmbataillone gab es nicht mehr.

Als im Frühjahr 1813 neben Tagelöhnern und Handwerkern auch die Professoren in den Reihen des Berliner Landsturms standen, wurde die Bevölkerung auch zum Schanzen mobilisiert. Hermann von Boyen, der nach Abschluss des preußisch-russischen Bündnisses wieder zur preußischen Armee gehörte, wurde zur Kontrolle der Verteidigungsvorbereitungen im Mai nach Berlin geschickt. Wie er in seinen Erinnerungen berichtet, fand er die »überwiegende Mehrheit« der in der Stadt zurückgebliebenen Bevölkerung zu »einer entschlossenen Verteidigung geneigt.« »Nur einige zurückgebliebene Hofbediente, einzelne adlige Familien, etwas ängstliche oder enervierte Beamte, an die sich einige reiche Kaufleute anschlossen, waren durch die allgemeine Aufregung erschreckt und zitterten ebenso vor der bewaffneten Volksmenge als vor der möglichen Rache Napoleons. Sie fanden es unerhört, dass so vornehme oder reiche Leute als sie selbst an den Kriegshandlungen teilnehmen sollten. Auch einzelne alte Offiziere waren Gegner dieser Anordnungen, weil ihr militärischer Stolz die Landwehr und besonders den Landsturm als etwas Unebenbürtiges ansah.«

Gegen die aus Sachsen anrückenden französischen Armeen sollten ein innerer und ein äußerer Verteidigungsgürtel schützen. In Stadtnähe wurden vor allem auf dem Tempelhofer Berg, dem späteren Kreuzberg, und den Rollbergen bei Rixdorf Schanzen errichtet, doch sollte der Feind schon weit vor der Stadt aufgehalten werden, auf einer Linie, die sich von der Halbinsel Tornow, dem heutigen Hermannswerder, über die Brauhausberge, Saarmund, Trebbin und Mittenwalde bis nach Wusterhausen, dem heutigen Königs Wusterhausen, zog. Besonders die sumpfigen Niederungen von Nuthe und Notte, deren Wasser man angestaut hatte, hielt man für schwer überwindbar, doch als im August die Franzosen dann wirklich kamen,

war nur noch wenig von dem im Frühjahr gesammelten Wasser da.
Der Verteidigungsplan, den später, wie Boyen berichtet, sowohl ein
Major der Ingenieurs-Truppen namens Müller als auch der Trivial-
autor Julius von Voss entwickelt haben wollte, bewährte sich trotzdem glänzend. Die Armee des Marschalls Charles Nicolas Oudinot,
die Berlin erobern sollte, wurde am 23. August bei Großbeeren geschlagen und zum Rückzug gezwungen. Berlin war gerettet – und
Achim von Arnim, der nach Auflösung des Landsturms die nicht weniger kriegswichtige, aber dem Dichter gemäßere Aufgabe des Zei-
tungsschreibens erfüllte, gab die Anregung zur Errichtung eines an
die Schlacht erinnernden Denkmals, das Schinkel 1817 in Form eines
gotischen Tabernakels ausführte und auf den Dorfkirchhof stellte, wo
er seit 1913, als man einen pompösen Denkmalsturm in die Mitte des
Dorfes stellte, von der Schönheit und Bescheidenheit der Schinkel-
zeit zeugt. Etwa 1833 richtete der vierzehnjährige Schüler Theodor
Fontane hierher seine erste märkische Wanderung und schrieb einen
Aufsatz darüber, für den er die Note »Recht gut« erhielt.

Arnims Zeitungsartikel während des Krieges waren für den in
Reimers Verlag erscheinenden kurzlebigen »Preußischen Correspon-
denten« bestimmt. Diese Zeitung, deren Herausgeber und Redakteur
Arnim ab dem 1. Oktober 1813 wurde, war erst im April von dem
Historiker Barthold Georg Niebuhr gegründet worden, hatte schon
drei Herausgeber, darunter Schleiermacher, verschlissen, und auch
Arnim hielt die Marter, die es bedeutete, das viermal in der Woche
erscheinende Blatt mit Nachrichten füllen zu können und diese durch
die Zensur zu bringen, nur vier Monate aus. Erfahrungen mit der
Zensur hatte er schon vor Antritt dieses Postens machen müssen, als
er für diese Zeitung eine Schrift Gneisenaus über die ersten Feldzüge
des Befreiungskrieges rezensiert hatte und eine Passage über die Sinn-
losigkeit, ja Gefährlichkeit der Zensurierung, die er mit einem Lob
des englischen Parlamentarismus verbunden hatte, dem Rotstift zum
Opfer gefallen war. Die siegreichen Feldzüge der verbündeten Russen, Österreicher und Preußen, angefangen von der später sogenannten Völkerschlacht bei Leipzig, die er »Deutsche Schlacht« nennen

wollte, bis zu Blüchers Rheinübergang bei Kaub, begleitete er nun im
»Correspondenten« mit Kommentaren und Meldungen, rezensierte
die neuesten politischen Bücher, wie Arndts einflussreiche Schrift
»Der Rhein, Teutschlands Strom, aber nicht Teutschlands Grenze«,
schrieb Reportagen wie über »Das Krankenhaus des Frauenvereins
zu Berlin« und ließ auch Ereignisse wie den Tod Fichtes im Januar
1814 nicht aus. Am 31. Januar 1814 verabschiedete er sich von den Le-
sern, wobei er am Schluss sein Bemühen um eine Breitenwirkung des
Blattes noch einmal betonte. »Wie jener ehrliche Bäckerknabe, der
damals zur Verpflegung des Heeres drei Brote mit der Bitte abgab, sie
gemeinen Soldaten einzuhändigen, und nach langem Befragen um
die Ursache endlich erzählte, wie er in jedes einen blanken Groschen
eingebacken habe, den die Herren nicht achten, die Gemeinen aber
mit Freude entdecken würden, so habe auch ich mich bemüht, jedem
Stücke so eine kleine Einlage, die unserm Volk wert wäre, einzufü-
gen. Haben sich die Hochgebildeten daran einen Zahn verbissen, so
tut es mir leid, die Wohlgebildeten haben bessere Zähne, sie werden
sich daran erfreut haben.«

Während die Schlachten nun in Frankreich ausgetragen wurden,
die Verbündeten Paris eroberten und Napoleon zur Abdankung zwan-
gen, erfüllte sich Arnim einen schon seit langem gehegten Wunsch.
Teils aus Überdruss am städtischen Getriebe, teils aus finanziellen
Nöten beschlossen er und seine Frau Bettine mit ihren zwei kleinen
Söhnen aufs Land zu ziehen. Ihr, der Tochter aus reichem Hause, und
ihm, dem geborenen Berliner, fiel es nicht leicht, auf die Annehm-
lichkeiten, Anregungen und Reize der Stadt zu verzichten, aber für
die von Jahr zu Jahr anwachsende Schar ihrer Kinder wurde so eine
Heimat geschaffen, die auch noch deren Nachkommen bis 1945 erhalten blieb.

So beginnt Maximiliane (genannt Maxe) von Arnim, die 1818 geborene Tochter Bettine und Achim von Arnims ihre Lebensgeschichte
mit folgenden Sätzen: »Ich bin zwar in Berlin geboren und habe dort
den größten Teil meiner Jahre verlebt, aber als meine Heimat habe
ich es nie empfunden. Meine Heimat – das seid ihr, Wiepersdorf und

Herrenhaus Wiepersdorf.
Zeichnung vermutlich von Armgart von Arnim

Bärwalde, ihr weltfernen, trauten Nester im märkischen Sand, deren Namen mir köstlicher klingen, als alles Schöne und Große, das ich je geschaut. Du mein Wiepersdorf, Paradies meiner Kindheit, später meine Zuflucht, in der ich immer Labung und Trost fand, wo ich zum Traualtar ging in unserem alten Kirchlein, an dessen Mauer der Vater und die Mutter und nun, ach, so viele, die mir teuer waren, ruhen! Und du, liebes, altes, verwunschenes Ritterschlösschen Bärwalde, du Stätte meiner Jugendträume und -torheiten, wo ich als junges Mädchen umhertollte, schwärmte und, unter alten Eichen auf dem Wall hin und her wandernd, meinen Liebesschmerz in zahllosen Gedichten ergoss!«

Das im Niederen Fläming gelegene sogenannte Ländchen Bärwalde, zu dem neben Wiepersdorf und Bärwalde noch andere kleine Ortschaften und Vorwerke gehörten, lag bis 1815 als preußische En-

klave im sächsischen Staatsgebiet. Der auch in der Uckermark be-
güterte preußische Kammerherr Joachim Erdmann von Arnim hatte
es mit dem Geld seiner Schwiegermutter, Karoline von Labes, 1780
gekauft. Mit seinem Tode 1804 waren seine Söhne Achim und Karl
Otto (genannt Pitt) hier Besitzer geworden, hatten aber, da der eine
nur seiner Dichtung lebte, der andere ein vergnügtes Leben auf Reisen führte, abgesehen von den spärlichen Einnahmen wenig Interesse an den verpachteten und verschuldeten Gütern gezeigt. Erst als
Achim von Arnim und Bettine Brentano geheiratet hatten, die ersten
zwei Söhne, von insgesamt sieben Kindern, zur Welt kamen und sich
Geldknappheit bemerkbar machte, wurde ein weniger kostspieliges
Leben auf dem Lande erwogen. Die leerstehenden Herrenhäuser in
Bärwalde und Wiepersdorf boten sich dazu an.

Im April 1814 siedelten Arnim und seine Familie aufs Land über.
»Lieber Savigny!«, schrieb er am 16. April aus Wiepersdorf nach Berlin. »Nach langer Irrfahrt (wir hatten nicht nur den rechten, sondern
überhaupt den Weg verloren, und ich ging dem Wagen voraus, um
ihn zu suchen) kamen wir hier nachts ein Uhr an. Meine Frau ist von
der Nachtfahrt noch etwas angegriffen, die Kinder sind wohl.« Sein
Umzug, so heißt es weiter, erfülle ihn mit »Behagen«, denn schon seit
seiner »frühesten Jugend« habe er sich in Berlin immer als »Fremd-
ling gefühlt«. Zwar hätten ihn, so konnten die Grimms erfahren, vor
allem »ökonomische Rücksichten« wie kostenlose Wohnung und
Heizung und billigere Lebensmittel aufs Land getrieben, doch sei er
auch glücklich, auf diese Weise der »zersplitterten Halbheit der neugierigen und kurzsichtigen Städter« entronnen zu sein.

Die Briefe, die nun in rascher Folge zwischen den Arnims und
Savignys gewechselt wurden, zeugen sowohl von den Freuden des
ländlichen Lebens als auch von dessen Plagen, unter denen besonders
das Stadtkind Bettine litt. Während Arnim Freude daran hatte, die
Restaurierung der vernachlässigten Gebäude zu leiten, alte Ställe
abzureißen, Bäume zu pflanzen und dabei auch eigenhändig mitzuwirken, vermisste die wiederum schwangere Bettine manche An-
nehmlichkeiten und lebte in ständigen »Zänk- und Stänkereien« mit

Der junge Achim von Arnim.
Gemälde von Franz Anton Zeller

dem Dienstpersonal. Die Kinder aber gediehen prächtig, und wenn
sie krank wurden, halfen die Dorfleute mit den uralten Hausmitteln
aus. Vermisst wurden vor allem die Freunde, von Bettine mehr als
von Arnim. Und wenn dieser in die Uckermark oder nach Berlin reisen musste, um die Gläubiger hinzuhalten oder, von Savigny beraten,
Prozesse mit ihnen zu führen, wurde Bettine vor Sehnsucht nach ihm
fast krank. Immer müsse sie an ihn denken, häufig auch darum beten,
»ewig mit Dir vereint sein« zu können. »Du lieber, seidener Leib.«
     Da die Pachtverträge, die seine Großmutter abgeschlossen hatte,
noch nicht abgelaufen waren, lag die Leitung der Gutswirtschaften
in den ersten Wiepersdorfer Jahren noch in fremden Händen, doch
fielen Arnim schon die Gutsherrenrechte und -pflichten zu. Auch die
Ausrichtung der Siegesfeier im April 1814 gehörte zu ihnen. Arnim
berichtete Savigny ausführlich darüber, wie er hier zum ersten Mal

(wahrscheinlich in Meinsdorf, wo der Pastor wohnte) als Herrschaft des Ländchens öffentlich in Erscheinung trat. »Um neun Uhr waren alle Schulzen und Gerichtsmänner des Ländchens mit den musikalischen Banden und den Chorschülern im Schulhause versammelt und zogen nach dreimaligem Salve aus zehn Feuerschlünden mit dem Liede Nun danket alle Gott! zur Predigerwohnung, wo ich schwarz gekleidet wie ein Adler, mit dem Prediger zur Rechten, dem Amtmann zur Linken in dem Zug und mit dem Zuge durch das Haupttor, wo ich zum Andenken des Tages zwei Eichen hatte pflanzen lassen, in den Kirchhof und die Kirche eintrat und mich dann auf mein Chor begab, wo ich sehr weitläuftig allein saß, während sich alle in der Kirche schrecklich drängten, so dass der Pfarrer vor dem Gottesdienste eine scharfe Ermahnung an das zweite, höchste Chor, wo die jungen Leute saßen, ergehen ließ. Die Kirche war ungemein zierlich geschmückt. ... Gepredigt wurde recht schlecht, das allgemeine Zeug ohne Rücksicht auf die besonderen Verhältnisse, doch das Tedeum mit Trompeten und Oboen und mächtigem Peletonfeuer (gemeint sind Salutschüsse) machte die Predigt wieder gut. Mittags war große Tafel bei mir ... In Meinsdorf war großer Tanz. ... Meine Frau war in blau mit türkischem Schalbesatz gekleidet und trug Korallen um den Hals. Als die Gäste entlassen waren, aß ich noch den Rest des Kuchens auf, eine delikate Kirschmustorte, und meine Frau fing dem Freimund einen großen Floh ab, der ihn und uns lange geplagt hatte. Wir stiften jetzt einen Frauenverein zur Vertilgung dieses Ungeziefers.«

Das Eiserne Kreuz

Die seltsame Verbindung von Friedfertigkeit und Liebe zum Militärischen, die einst den Soldatenkönig ausgezeichnet hatte, war auch bei Friedrich Wilhelm III. vorhanden. Das Ersinnen militärischer Zeremonien und das Verändern und Ausschmücken der Uniformen gehörte zu seinen Lieblingsbeschäftigungen, und schon zwei Jahre vor den Befreiungskriegen hatte er sich Gedanken um eine neue, zeitgemäße Tapferkeitsauszeichnung gemacht. Gneisenaus Denkschrift von 1811 über die Vorbereitung eines Aufstandes, die vom König insgesamt mit der Bemerkung »Als Poesie gut« abgelehnt wurde, hatte auch den Vorschlag enthalten, tapfere Männer aller Dienstgrade mit einer schwarzweißen Schärpe auszuzeichnen, und der König hatte dazu an den Rand geschrieben: »Warum nicht ein Kreuz ... auf der Brust?« Schon damals also war ihm klar gewesen, dass ein Krieg, an dem sich das ganze Volk beteiligen sollte, auch nach Ehrenzeichen verlangte, die nicht nur wie bisher an Offiziere, sondern auch an einfache Soldaten vergeben wurden. Dem »Aufruf an mein Volk« entsprechend, musste sich auch das Ordenswesen von Privilegien des Standes lösen. Ordensträger zu werden, sollte nun jedermann möglich sein.

Das schwarze Balkenkreuz auf weißem Grund war das Zeichen der Ordensritter des alten Preußen gewesen. Aus ihm war das Schwarzweiß des Königreichs Preußen entstanden, und auch die Form des neuen Ordens, nämlich des Eisernen Kreuzes, kam von ihm her. Eigenhändig hatte der König das Kreuz grob entworfen und Schinkel, der, abgesehen von einigen Wochen beim Landsturm, mit Militärischem sonst nichts zu schaffen hatte, aber seit 1810 im Staatsdienst arbeitete, mit der Feinausführung betraut. Der Not der Zeit entsprechend sollte das christliche Symbol nicht aus Edelmetallen,

sondern aus Eisen hergestellt werden. Unter dem Motto: Gold gab ich
für Eisen!, war an die Opferwilligkeit des Volkes appelliert worden,
Arndt hatte sein populäres »Vaterlandslied« mit den Anfangsversen
»Der Gott, der Eisen wachsen ließ, / Der wollte keine Knechte« gedichtet, und eisern sollte nun auch die Auszeichnung für kriegerische
Verdienste sein. Das schwarze Kreuz war nur sparsam silbern umran-
det und wurde am schwarzweißen Bande getragen. Es wurde nur für
die Dauer des Krieges gestiftet und in zwei Klassen (dem EK I und
dem EK II) an Soldaten aller Dienstgrade vergeben. Doch wurde das
demokratische Prinzip insofern durchbrochen, als es für siegreiche
Heerführer entscheidender Schlachten auch noch das Großkreuz des
Eisernen Kreuzes gab. Da die Liebe des Volkes zur verstorbenen Königin Luise die Bindung an das Haus Hohenzollern besonders vertieft
hatte, wurde, um die verstorbene Luise sozusagen mitmarschieren zu
lassen, die Stiftung des Ordens, die erst mit dem »Aufruf an mein
Volk« zusammen publik wurde, nachträglich auf ihren Geburtstag,
den 10. März, datiert.

Um darüber hinaus auch noch das Ansehen der einfachen Soldaten
zu stärken, wurde nun auch das Gedenken der Toten zentral verord-
net. Drei Tage nach der verlorenen Schlacht von Großgörschen erließ
Friedrich Wilhelm III. eine »Verordnung über die Stiftung eines
bleibenden Denkmals für die, so im Kampfe für Unabhängigkeit und
Vaterland blieben«. Für alle Garnisons- und Gemeindekirchen sollten
Tafeln gestiftet werden, auf denen unter dem Eisernen Kreuz und der
Aufschrift: »Aus diesem Kirchspiel starben für König und Vaterland«
die Gefallenen aufgeführt werden sollten, die Träger des Eisernen
Kreuzes obenan.

Für Schinkel, der 1809 seine Susanne geheiratet hatte und sich inzwischen schon dreier Kinder erfreuen konnte, war damit aber die
Beschäftigung mit dem Eisernen Kreuz keineswegs abgeschlossen,
denn nach dem Willen des Königs sollte auch der Sieg von 1814 unter seinem Zeichen stehen. Für den Auftrag des Königs, es auf dem
Brandenburger Tor anzubringen, fand Schinkel eine dezente Lösung,
indem er es der Quadriga integrierte, die von Paris wieder heim-

Vorlage für die Kriegergedächtnistafeln in Kirchen

geholt worden war. Die Wagenlenkerin, die sich Schadow als die Friedensgöttin Eirene gedacht hatte, die den Berlinern aber schon lange als die Siegesgöttin Victoria gegolten hatte, wurde nun wirklich zu einer solchen, indem Schinkel die von ihr gehaltene Panierstange mit einem Zeichen des Sieges versah: mit einem von einem Eichenlaubkranz umschlossenen Eisernen Kreuz, über dem der preußische Adler thront.

344

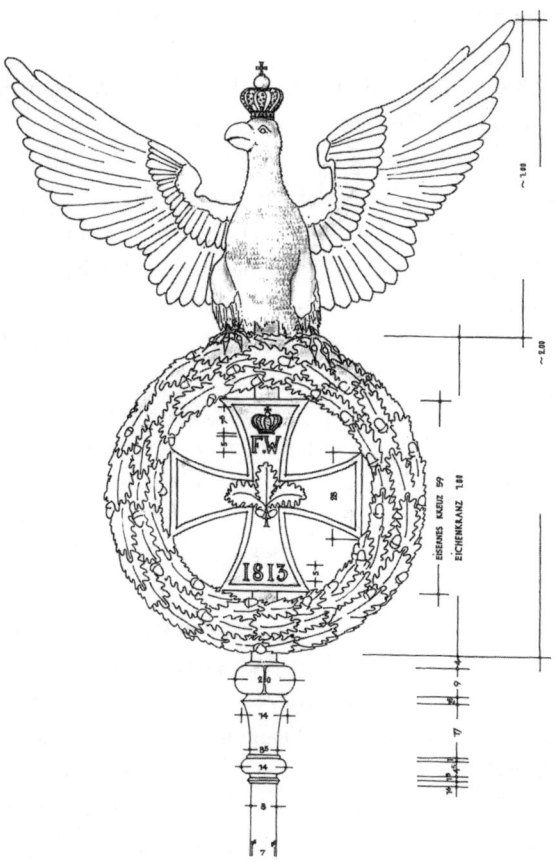

Schinkels Eichenkranz für die Quadriga. Entwurf für die Nachbildung 1958

Im Zweiten Weltkrieg, den das Tor lädiert überstand, wurde die Quadriga zerschossen. Nackt wie nach Napoleons Siegen stand das Tor in den Nachkriegsjahren zwischen Ost und West inmitten der Trümmer, bis die beiden verfeindeten Stadthälften sich 1958 darauf einigten, die im Westteil neuentstandene Quadriga wieder aufzustellen. Doch war der Osten, zu dem das Tor gehörte, nicht bereit, Schinkels Kreuz und Adler zu dulden, so dass die Wagenlenkerin bis zur

Wiedervereinigung auf ihrer Stange nur den leeren Eichenkranz trug.

Als im Oktober 1806 die französischen Sieger die Stadt besetzten, hatte Napoleon das Gros seiner Truppen ohne Aufwand durch das Hallesche Tor einziehen lassen, während ihm selbst beim Einmarsch an der Spitze seiner schmucken Garden das Brandenburger Tor zur imposanten Kulisse geworden war. Diesem Muster folgte dann auch die Siegesfeier am 7. August 1814, bei der auch die zurückeroberte Quadriga enthüllt wurde, so dass die Berliner nun sehen konnten, dass aus der Göttin des Friedens mit Hilfe des Eisernen Kreuzes eine Siegesgöttin geworden war.

Mit dem Gedenken an die Befreiungskriege war Schinkel dann noch mehrfach beschäftigt, so bei der figurenreichen Gestaltung der Schlossbrücke und bei Scharnhorsts Grabmonument. Doch nur bei einem dieser Objekte, zu dem das aus dem Mittelalter kommende Symbol passte, hat er das Eiserne Kreuz noch einmal bemüht. Schon liefen die Planungen zur Neuen Wache, dem ersten seiner berühmten Berliner Bauten, als der König ihm den Auftrag zu einem Denkmal für die Gefallenen der Befreiungskriege erteilte, das dann auf einem Tempelhofer Berg genannten Hügel südlich der Stadt errichtet wurde, auf dem man früher Wein angebaut hatte, was man heute wieder mit Erfolg versucht. Erst nach der 1821 erfolgten Einweihung des auf kreuzförmigem Grundriss stehenden und von einem Eisernen Kreuz gekrönten eisernen Denkmals, das in seinen neugotischen Formen dem Turm einer gotischen Kathedrale ähnelt, wurde der damals noch außerhalb der Stadt befindliche Hügel als Kreuzberg bezeichnet – ein Name, den der später hier sich bildende Stadtbezirk übernahm. Hier heißen die Straßen nach York, Grossgörschen, Blücher und Bülow, der Park auf dem Berg prahlt mit dem Namen Viktoria, aber kaum jemand nimmt heute noch zur Kenntnis, dass die Anlage ursprünglich nicht nur dem Sieg, sondern auch dem Gedenken der Toten galt. Davon zeugt auch die Inschrift des Denkmals, in der, für die Jahre der beginnenden Restauration bezeichnend, jeder Hinweis auf den Kampf um Freiheit und deutsche Einheit fehlt. Sie lautet:

»Der König dem Volke, das auf seinen Ruf hochherzig Gut und Blut dem Vaterlande darbrachte: den Gefallenen zum Gedächtnis, den Lebenden zur Anerkennung, den künftigen Geschlechtern zur Nacheiferung.«

Das Kreuzbergdenkmal um 1825 von Friedrich August Calau

Todesfälle

In der ersten Jahreshälfte 1814 konnten die Berliner mehrere militärische Siege feiern, doch deuteten neben dem Tod Scharnhorsts im Vorjahr auch einige andere Ereignisse und Todesfälle den Nachdenklicheren unter ihnen auch schon den Beginn restaurativer Tendenzen an. Während im Januar die siegreichen Schlachten gegen Napoleon schon auf dem Boden Frankreichs geschlagen wurden und die kleinen und großen deutschen Fürsten wieder dabei waren, ihre alte Macht aufzurichten, starb Johann Gottlieb Fichte, der in seinen »Reden an die deutsche Nation« sich ein geeintes Deutschland erträumt hatte, in dem für die Fürsten kein Platz mehr war. Im Februar wurde Alexander von der Marwitz bei einem Gefecht in Frankreich durch einen Kopfschuss getötet. Im September wurde mit Iffland eine glänzende Periode des Berliner Theaters zu Grabe getragen. Und eine schon zur Legende gewordene alte Dame, die ihre Kindheit noch unter dem Soldatenkönig verbracht hatte und später als Oberhofmeisterin der Königin Luise dieser oft vergeblich die Einhaltung der Hofetikette verordnet hatte, starb am letzten Tag des für Preußen so siegreichen Jahres: die 1729 geborene, viel belächelte und doch verehrte Gräfin Sophie von Voss.

Nachdem Napoleon abgedankt hatte und die Verbündeten im Interesse des europäischen Gleichgewichts einen gemäßigten Friedensvertrag mit Frankreich geschlossen hatten, kehrten die preußischen Truppen nach und nach in die Heimat zurück. Zuerst konnten die heimkehrenden Landwehrmänner, die rasch ihre Berufe wieder ausüben sollten, mit Blumen und Freudentränen gefeiert werden, und dann rückten auch die regulären Soldaten wieder in ihre Garnisonen ein. Da zur offiziellen Siegesfeier am 7. August der König an der

Einzug des Königs am 7. August 1814.
Zeichnung von Richard Knötel

Spitze der Garden in Berlin einreiten sollte, wurde die Straße Unter den Linden mit viel Aufwand geschmückt. An der heute nicht mehr vorhandenen Opernbrücke und auf dem Platz am Brandenburger Tor, dem seitdem Pariser Platz genannten, wurden von Schinkel entworfene und von Schadow ausgeführte Siegessäulen errichtet, von denen herab geflügelte Siegesgöttinnen die einmarschierenden Sieger mit Lorbeerkränzen empfingen. Nach Schadows Aufzeichnungen waren das »kolossale« Figuren, »deren Aufstellung ein gefahrvolles Unternehmen war.« Unter bunten Girlanden gab es als Schmuck auch Kanonen. Sie waren in Schadows Werkstatt gefertigt worden und bestanden aus Pappmaché.

Zum Entsetzen der Festgestalter kam der König, der solche Schaustellungen seiner selbst nicht mochte, unangemeldet schon am Morgen des 5. August in die Hauptstadt und war über den Aufwand, der da getrieben wurde, durchaus nicht erfreut. Vor allem war er über die erbeuteten Fahnen und Waffen, mit denen man die Siegessäulen geschmückt hatte, verärgert. Sie mussten ins Zeughaus zurückgebracht werden und wurden durch Laubgewinde, sogenannte Festons, ersetzt. Nach längerem Zureden war der König dann doch bereit, an der Festveranstaltung mitzuwirken. Wie Napoleon es ihm acht Jahre zuvor vorgemacht hatte, ritt er also am 7. August von Charlottenburg kommend unter dem Jubel der Schaulustigen in Berlin ein. Während er das Tor passierte, wurde noch eine weitere Attraktion geboten: Von der mit dem Eisernen Kreuz versehenen und bereits fertig montierten Quadriga wurde die Umhüllung entfernt.

Unter den Jubelnden, die bei dieser Sieges- und Friedensfeier die Prachtstraße zwischen dem klassizistischen Tor und dem barocken Schloss säumten, waren nur noch wenige Frauen und Männer, die vor 1806 Rahels Salon besucht hatten. Einige waren inzwischen gestorben, andere hatten, wie Rahel selbst, der Stadt den Rücken gekehrt. Prinz Louis Ferdinand, der ranghöchste von ihnen, war 1806 eines der ersten Opfer des Krieges geworden. Karl Graf Finckenstein war 1811 dem Typhus erlegen. Ludwig Tieck und Hans Christian Genelli hatten sich auf die Finckenstein'schen Güter Ziebingen und Madlitz zurückgezogen, und Gentz lebte wie Adam Müller, Wilhelm von Humboldt und das Ehepaar Schlegel in Wien. In der bildenden Kunst war mit Schinkel und Rauch die neue Generation angetreten, und bei den romantischen Literaten drängten sich nun die Schüler der Tieck und Schlegel nach vorn. Einige der nun tonangebenden Autoren trafen wenige Wochen nach der Siegesfeier in einer Gaststätte zusammen, die nicht weit von der Parademeile Unter den Linden lag.

Anlass zu diesem Treffen war E. T. A. Hoffmanns Rückkehr nach Berlin. Nach sieben Jahren in Bamberg, Leipzig und Dresden machte er den dritten Versuch, in der Großstadt, die ihn schon immer angezogen hatte, sesshaft zu werden, diesmal mit mehr Erfolg. Zur Jahrhundertwende hatte er als junger Justizbeamter in der Hauptstadt nicht bleiben dürfen, sondern war in die Ostprovinzen versetzt worden, und nach seiner Entlassung aus dem Staatsdienst nach dem verlorenen Kriege hatte er als unbekannter Musiker und Maler hier hungern müssen. Jetzt hatte er die fertige Komposition der Oper »Undine« in der Tasche, und durch seine »Fantasiestücke« hatte er sich als Autor einen Namen gemacht.

Organisiert wurde das Treffen von Julius Eduard Hitzig, dem alten Freund und Kollegen aus Warschau, der nach seiner Entlassung 1807 seinen literarischen Neigungen folgend eine Verlagsbuchhandlung gegründet hatte, mit der er noch bis zuletzt (zum Beispiel durch Kotzebues »Russisch-Deutsches Volksblatt« und der ersten deutschen Übersetzung von Madame de Staëls »Deutschland«) erfolgreich gewesen war. Kürzlich aber hatte ein Todesfall sein Leben so entscheidend verändert, dass er den Mut, den Verlag weiterzuführen, verloren hatte und entschlossen war, in den Justizdienst zurückzugehen. Nach zehnjähriger, glücklicher Ehe, in deren harmonischer Atmosphäre sich auch sein heimatloser Freund Chamisso immer heimisch gefühlt hatte, war seine Frau Johanna gestorben. Allein musste er nun für die Kinderschar sorgen, deren Zukunft ihm durch einen günstigen Verkauf des Verlages und die Wiederaufnahme einer Karriere im Staatsdienst besser gesichert schien. Neben zwei Pflegekindern, die er zeitweilig aufgenommen hatte, tummelten sich in seinem Haus fünf

eigne Kinder, von denen der Sohn Friedrich, bei dessen Taufe 1811
Fouqué Pate gestanden hatte, ein bekannter Berliner Architekt werden sollte, zu dessen Werken dann neben Tiergartenvillen auch die
Neue Börse in der Burgstraße gehörte, die Reichsbank in der Jägerstraße und die Technische Hochschule in Charlottenburg. Chamisso,
der nach seiner Weltreise später Antonie Piaste, eine der Pflegetöch-
ter Hitzigs, heiraten sollte, hatte mit dem Gedanken an dessen Kinder
den »Peter Schlemihl« geschrieben, und auch E. T. A. Hoffmann sollte wenig später von ihnen zu seinem Märchen »Nussknacker und
Mäusekönig« angeregt werden, in dem er sogar zwei von ihnen
Hauptrollen gab.

Das Ehepaar Hitzig.
Aquarellzeichnung von E. T. A. Hoffmann

Da Hitzigs bisher immer offenes Haus mit dem Tod seiner Frau
seine Seele verloren hatte, blieb nun auch die Gesellligkeit aus. Weil
er sich einschränken musste und sich dem »lästigen Überlauf« der
Besucher entziehen wollte, wechselte er mit dem Berufswechsel auch
die Wohnung und zog aus dem »glänzenden Teil der Stadt« in einen
entlegenen, nämlich in die Husarenstraße (die spätere Hollmannstra-
ße, die bis zum Wiederaufbau nach 1945 die Alexandrinen- mit der

Lindenstraße, wo das Kammergericht stand, verband). Hier hatten die Kinder hinter dem Haus einen Garten und nebenan gleich die Kornfelder, in die sich die Stadt verlor. Sein Hang zur Geselligkeit aber blieb trotz der Trauer lebendig und half diese ertragen. Der Kreis seiner Freunde, für dessen Zusammenhalt er, wie er selbst von sich sagte, »der Kitt« war, blieb ihm nach wie vor unentbehrlich. Nur fanden die Treffen nun in Gaststätten statt.

Als er die Freunde zu Ehren von Hoffmanns Ankunft am 27. September 1814 zum Essen in das vornehme Restaurant Dallach und Jagow, Hinter dem Gießhaus 2, also in der Nähe des Zeughauses, einlud, stand er schon kurz vor seiner Wiederanstellung im Justizdienst und hatte bereits den Verlag verkauft. Käufer war Ferdinand Dümmler, ein ehemaliger Lützower Jäger, den die Franzosen während des Waffenstillstands bei Kitzen gefangen und nach Frankreich gebracht hatten, und der nun in den nächsten Jahrzehnten unter seinem Namen den Verlag zu neuer Blüte brachte, unter anderem durch die Werke von Clausewitz. In der amtlichen Stellung, die Hitzig am 3. Oktober antrat, bewährte er sich glänzend und machte Karriere, ohne dass sich seine Liebe zur Literatur und seine Freundschaft zu den Literaten verlor. Er gehörte zu Hoffmanns Serapionsbrüdern, gründete die Mittwochgesellschaft, wurde zum Biographen Hoffmanns, Chamissos und Zacharias Werners, bemühte sich um die Durchsetzung des Urheberrechts in Deutschland und edierte am Ende seines Lebens mit Willibald Alexis zusammen den »Neuen Pitaval« in zwölf Bänden, der für die Entwicklung der Kriminalliteratur folgenreich war.

Hoffmann, der einige Tage mit seiner Frau im Hotel Goldener Adler am Dönhoffplatz, Ecke Jerusalemer Straße, wohnte, bis er eine Wohnung in der Französischen Straße 28, zwei Treppen hoch, beziehen konnte, lebte in den ersten Berliner Tagen in einem »Freudentaumel«, wie er brieflich gestand. Obwohl das Festmahl am 27. September wahrscheinlich in vornehmen Formen stattfand, die Hoffmann, der ausgelassene Trinkgelage liebte, eigentlich nicht mochte, bezeichnete er es als »eines der interessantesten Diners, die ich erlebt.« Interessant für ihn waren wohl vor allem die von Hitzig für ihn aufgebotenen Personen, deren Anwesenheit ihm zeigte, wie geachtet er schon als Autor war. Ludwig Tieck, der Altmeister der Romantik, der diese schon hinter sich hatte und sie in seinem dreibändigen »Phantasus« sozusagen bilanzierte, war aus Ziebingen gekommen und hatte seinen Freund und gewesenen Schwager, den Sprachwissenschaftler, Schriftsteller und Direktor des Werder'schen

E. T. A. Hoffmann.
Stich Johann Passinis nach der Zeichnung
von Wilhelm Hensel

Gymnasiums August Ferdinand Bernhardi mitgebracht. Neben Chamisso, der mit Hitzigs Hilfe bald Gelegenheit zur Weltumseglung finden sollte, waren auch Franz Horn, ein weniger bedeutender, aber fruchtbarer Schriftsteller, ein bisher noch nicht identifizierter Professor Moretto und, als Jüngster der Runde, der Maler Philipp Veit dabei. Dieser, der sich kurzzeitig in Berlin aufhielt, um ein Porträt der

Prinzessin Marianne zu malen, war über die Familie seiner Mutter, die Mendelssohns, mit Hitzig verwandt.

Die für Hoffmann wichtigste Person der Tischrunde aber, mit der er schon Briefe gewechselt hatte und die dann auch unter dem sprechenden Namen Baron Wallborn in seinen »Fantasiestücken« auftauchen sollte, war Fouqué, der Schöpfer der »Undine«, der ihm auf seinen Wunsch auch das Opernlibretto geschrieben hatte. Ihm wird er sich bei Tische besonders gewidmet haben, wobei neben der Oper auch der nur wenige Tage zurückliegende Tod Ifflands Thema gewesen sein wird. Statt Trauer wird dabei Hoffnung die Gemüter bewegt haben. Denn Iffland hatte von den Berliner Autoren immer wenig gehalten, hatte weder Tieck noch Kleist auf seine Bühne gelassen und auch die Singspiele des jungen Hoffmann abgelehnt. Sein Nachfolger, Karl Moritz Graf von Brühl, schien solche Vorurteile nicht zu haben. Hoffmann hielt ihn für einen »herrlichen, wahrhaft nach unserer Weise gesinnten Mann«, unter dem eine »große Revolution« bevorstehe, »an der ich teilnehme, wenigstens mittelbar«.

Die Anerkennung, die man Hoffmann in Berlin bereits entgegenbrachte, wurde danach beim Tee noch besonders deutlich, als zwei Schwestern aus der jüdischen Familie Marcuse, denen man, um sie nicht einzuschüchtern, die Anwesenheit des Komponisten verheimlicht hatte, »recht brav … mit herrlichen Stimmen« Arien aus seiner noch unfertigen Oper »Undine« sangen und Fouqué ihm versicherte, dass seine Wasserfee und deren Verwandte erst richtig lebendig würden durch die Musik.

Verspätetes Festspiel

Als Rahel Levin, die unbeirrte Verehrerin Goethes, im Juni 1814 von dessen Absicht hörte, die deutschen Siege mit einem Festspiel zu feiern, war sie entzückt. »Mir schauderten gleich die Backen, und Tränen standen mir in den Augen«, schrieb sie an eine Freundin. »Ich falle auf die Erde und weine«, setzte die brieflich leicht Exaltierte noch hinzu.

Tatsächlich war Goethe, der Napoleon bewundert und 1813 zu der Freiheitsbegeisterung der Deutschen geschwiegen hatte, auf Ifflands Bitte, ein Festspiel für die Berliner Siegesfeier im August 1814 zu schreiben, nach nur kurzem Zögern eingegangen und hatte eine opernähnliche Szenenfolge in relativ kurzer Zeit fertiggestellt. Dass trotzdem der feierliche Einzug des Königs in seine Hauptstadt ohne das Stück Goethes stattfand, war, wie aus Zelters Briefen hervorgeht, dem Hofkapellmeister Bernhard Anselm Weber geschuldet, der mit der musikalischen Ausgestaltung nicht fertig geworden war. Dass Goethe über das weitere Schicksal seines Stückes im Unklaren gelassen wurde, hing vermutlich damit zusammen, dass Iffland im September gestorben war. Im Oktober fragte Goethe brieflich seinen Berliner Freund Zelter nach den Gründen. Er wolle wissen, so formulierte er seine Anfrage, was Zelters Ansicht nach »Epimenides für Gebärden schneiden wird, wenn er erwacht«.

Das war eine Anspielung auf den Titel des Stückes, der »Des Epimenides Erwachen« lautet und von manchen Zeitgenossen als das Wiedererwachen des Patrioten in Goethe verstanden wurde, der die Befreiungskriege verschlafen hatte und sich nun in die neuen Gegebenheiten nicht finden kann. Der Titelheld des allegorischen, anspielungsreichen, aber nicht leicht eingängigen Werkes war eine

weniger bekannte Gestalt der griechischen Sagenwelt. Er war von
den Göttern mit Sehergaben versehen worden, nachdem er von ihnen
in einen siebenundfünfzig Jahre währenden Schlaf versetzt worden
war. In Goethes Stück muss er nun bei seinem Erwachen bemerken,
dass inzwischen die Dämonen des Krieges, der List und der Unterdrückung die Welt beherrschen, die Genien des Glaubens und der
Liebe in Fesseln liegen und nur der gute Geist der Hoffnung (den
Goethe sich in der Gestalt der Königin Luise dachte) in Freiheit ist.
Der Erwachte kann in vier Aufzügen nun miterleben, wie sich die
Hoffnung mit dem Glauben und der Liebe verbündet und schließlich
den Sieg über die Dämonen des Krieges erringt. Neben vielen Neben-
gestalten, wie zum Beispiel Scharen von Soldaten, lässt Goethe hier
also vor allem die Verkörperungen von Lastern und Tugenden reden
und singen, so dass weder Franzosen noch Deutsche auftreten und
Napoleon nicht genannt werden muss. Der Sieg wird vielmehr über
die bösen Geister errungen, die der Zuschauer in die realen Personen
und Ereignisse übersetzen muss. Politische Plattheiten werden auf
diese Weise vermieden, aber sehr weit entfernt von diesen sind auch
die Allegorien nicht.

»Doch was dem Abgrund kühn entstiegen
Kann durch ein ehernes Geschick
Den halben Weltkreis übersiegen,
Zum Abgrund muss es doch zurück.
Schon droht ein ungeheures Bangen,
Vergebens wird er widerstehn!
Und alle, die noch an ihm hangen
Sie müssen mit zugrunde gehn.«

Zelter, der auch dieses schwache Stück, wie alle Arbeiten Goethes,
so begeistert wie ausführlich zu loben wusste, setzte, als der Hofkapellmeister mit der Komposition lange nicht fertig wurde, zu dessen
Ärger eines der Chorlieder des Stückes selbst in Töne und übte es mit
seiner Singakademie ein. Als dann einmal der populäre Marschall

Blücher die Sänger in der Akademie besuchte, ließ Zelter, wie er dem Freund in Weimar triumphierend berichtete, das Lied zu dessen Empfang aus 181 Kehlen »frisch und energisch« erschallen, und da man in dem banalen Refrain des Liedes, der »Hinan! – Vorwärts – hinan! / Und das Werk, es werde getan!« lautete, eine Anspielung auf den Marschall Vorwärts genannten berühmten alten Soldaten vermuten konnte, war dieser so gerührt über die Darbietung, dass ihm »die Tränen entlaufen sind.«

Nachdem Ifflands Nachfolger, Carl Graf von Brühl, den Hofkapellmeister Weber zur Fertigstellung der Komposition immer wieder gedrängt hatte, wurde diese Anfang des nächsten Jahres endlich fertig, und Goethes Siegesfestspiel erlebte am 30. März 1815, an welchem Tag sich die Einnahme von Paris durch die Verbündeten zum ersten Mal jährte, seine Uraufführung – zur Unzeit, wie auch Zelter feststellte, weil der Krieg schon wieder auszubrechen drohte, denn inzwischen war der aus Elba zurückgekehrte Napoleon in Paris erneut an der Macht.

Nach Zelters ausführlichem Bericht an Goethe dauerte die aufwändig inszenierte Aufführung zweieinhalb Stunden. Wie Goethe in einer seitenlangen Regieanweisung gefordert hatte, gab es vier Bühnenbilder, deren letztes ein mit dem Eisernen Kreuz gezierter Tempel war. Über diesem erschien, als der Chor den Schlussgesang anstimmte, Schadows aus Paris zurückgeführte Quadriga. Wie nicht anders zu erwarten, wurde diese Huldigung der preußischen Hauptstadt von den Berlinern mit besonders viel Beifall bedacht.

Nach einer zweiten Aufführung am folgenden Tage kam das Stück erst wieder im Juni 1815 auf die Bühne, als der König erneut aus dem Kriege heimgekehrt war. Inzwischen hatte der Dichter von seinem Freund in Berlin schon von der volksmündlichen Umbenennung seines Werkes erfahren. »Eh-wie-meenen-Sie-dies« hatten die von der Allegorie nicht besonders erbauten Berliner das Stück getauft.

Der Ehebund

Als Wilhelm von Humboldt mit dem Staatskanzler von Hardenberg zusammen auf dem Kongress in Wien für Preußen die Verhandlungen führte, erfuhr er dort, dass Rahel Levin und Karl Varnhagen geheiratet hatten, und teilte das seiner Frau Karoline folgendermaßen mit: »Man sagt mir [von Varnhagen], dass er die kleine Levy nun geheiratet hat. So kann sie noch einmal eine Gesandtenfrau und Exzellenz werden. Es ist nichts, was der Jude nicht erreicht. Für den armen Menschen tut es mir leid. Die Levy hat gewiss sehr schätzenswürdige und seltene Seiten von Geist und Charakter, aber ihr Alter, ihre Kränklichkeit und der ganze Zuschnitt, den sie nun einmal ihrem Leben gegeben hat, sind der Ehe innerlich und selbst äußerlich … entgegen. Ein Mann kann mit ihr nicht anders als wenigstens insofern unglücklich sein, dass er eine in jeder Rücksicht genugtuendere Wahl hätte treffen können.« Und Karoline, Rahels Duz-Freundin, die im Vorjahr gerade einen regen und liebevollen Briefwechsel mit ihr gehabt hatte, antwortete darauf: »Seine [Varnhagens] Heirat mit der kleinen Robert-Levy ist allerdings wunderbar. Wenn ich in solchen widerwärtigen Verhältnissen wäre und mich wüsste, wie die arme Rahel, und liebte, so heiratete ich aus Liebe gewiss nicht den Gegenstand meiner Zuneigung. Laut lachen muss ich, wie Du schreibst: Sie kann nun noch eine Gesandtenfrau und Exzellenz werden. Ich zweifle, dass die Arme es erlebt. Ich muss eigentlich ihn und sie beklagen. Dergleichen disparate Dinge führen nicht zum Glück«.

Anders sah das der von antijüdischen Vorurteilen freie Chamisso, der bei Varnhagens Streben nach Amt und Würden zwar das Versiegen des poetischen Ehrgeizes beklagte, in seiner Treue zu Rahel aber Charakterstärke sah. »Du tust ihm [Varnhagen] unrecht«, schrieb er

an den alten Freund de la Foye. »Nicht alle Menschen können der-
selbe Mensch sein, und er ist freilich ein anderer als unsereins. Er ist
aber jetzt sehr wahr gegen sich selbst und die anderen. Er weiß, was er
will, und er tut es eben ... Er will einmal eine Karriere machen, und
warum nicht? Doch hat er auch vieles, was er dem nicht opfert. ...
Seit 7, schreibe sieben Jahren, ist er der Freund der berühmten, kleinen, wunderbaren, geistigen und scharfsinnigen Rahel Levin, der
Schwester unseres Robert. Jetzt heiratet er sie und ist sodann nach
Wien abgereist, wo er vom Staatskanzler berufen ist und wird da
wohl Legationssekretär werden. Sie ist ihm dahin gefolgt.«

Tatsächlich hatte der mittellose Medizinstudent Varnhagen, nachdem er Rahels Liebe gewonnen und sein Studium aufgegeben hatte,
seine poetischen Versuche in weiser Selbsterkenntnis nach und nach
aufgegeben, sich der Publizistik gewidmet und um Rahels willen
den gesellschaftlichen Aufstieg gesucht. Fünf Jahre lang hatte er
es in militärischen Diensten Österreichs und Russlands verstanden,
sich bei einflussreichen Männern als eine Art Sekretär nützlich zu
machen, und es dabei bis zum Range eines Hauptmanns gebracht.
Seiner Mittellosigkeit hatte er durch den Verkauf beschlagnahmter
Kriegbeute aufhelfen können, sich in Presseberichten als geschickter
Schreiber erwiesen, immer auch seine Beziehungen spielen lassen
und so bei Kriegsende auch die Aufnahme in preußische Dienste
erreicht. Obwohl er zu den wenigen Intellektuellen gehörte, die aus
Begeisterung über die in der Französischen Revolution verkündeten
Menschenrechte den damit verbundenen revolutionären Terror ver-
gessen konnten, war er um den Beweis seiner adligen Herkunft bemüht gewesen, um so im verachteten Ständestaat als Varnhagen von
Ense höher geachtet zu werden und so für die angebetete Rahel eine
annehmbare Partie zu sein.

Die Tochter aus reichem, anfangs sogar sehr reichem Hause, die
zwar immer unter ihrer Stigmatisierung als Jüdin, nie aber Not
gelitten hatte, war, wie Varnhagen wusste und anerkannte, nicht
anspruchslos. Als sie ihn zu Beginn ihrer Beziehung anhand von
erhaltenen Briefen ihre schmerzlich endenden Liebesaffären mit

gesellschaftlich hochstehenden Männern hatte nacherleben lassen, war damit für ihn auch die Belehrung darüber verbunden gewesen, dass die Angebetete, die wie gleich zu gleich mit Prinz Louis Ferdinand verkehrt hatte und fast Gräfin geworden wäre, als Frau eines Landarztes oder armen Dichters nicht in Frage kam. Um sie an sich binden zu können, musste er erst etwas ihr Gleichrangiges werden. In seinen ausführlichen Briefen, mit denen er in langen Jahren der Trennung die Beziehung zu ihr aufrechterhalten konnte, ist deshalb neben den Beteuerungen seiner Liebe und Hochachtung auch immer wieder von dem Ansehen die Rede, das er bei seinen Vorgesetzten, die für sein Fortkommen sorgen wollen, genießt. Und Rahel, unter behelfsmäßigen Umständen noch immer in Prag lebend und wie immer krank oder kränkelnd, billigte seine Anpassungsleistungen oder spornte ihn dazu auch an.

Erst im Frühjahr 1814, als ihr der Tod Alexanders von der Marwitz bekannt wurde und fast gleichzeitig die Briefe Varnhagens ausblieben, so dass sie auch um ihn fürchten musste, wurde ihr, wie es scheint, deutlich, dass die Ehe mit ihm ihre einzige Zukunftshoffnung war. Als sich herausstellte, dass seine Briefe nur irgendwo liegengeblieben waren und er nach dem Ende der Kämpfe munter in Paris lebte, wurde nun sie es, die ihn zum Handeln drängte, über sein zögerndes Abschiednehmen vom Militär unwillig wurde und, als es mit seiner Anstellung im preußischen Staatsdienst akut wurde, auch Forderungen stellte: Er dürfe keine »fesselnde Anstellung« als Geheimrat annehmen, nur eine Stellung im auswärtigen Dienst. »Denn nach einer preußischen Provinzstadt gehen« zu müssen, würde ihr die Seele verdunkeln, und selbst »Berlins Gegend und ihre Mücken« glaubte sie plötzlich nicht mehr ertragen zu können, die erdrosselten ihr »Seele, Körper, Herz, Ahndung, Freude und Gefühl.« Sie könne nur leben, »wo ein freier Durchzug europäischen, physischen und moralischen Verkehrs« stattfinde. Auch müsse er sie aus Prag abholen und ihr Gesellschaft leisten, wenn sie in Teplitz, wo des Krieges wegen die gute Gesellschaft ausbleiben werde, wie jedes Jahr ihre Badekur absolviert.

Als feststand, dass Varnhagens Wendigkeit und seine geschickte Feder, der Rahel einmal das zwiespältige Lob erteilt hatte, kaum jemand könne wie er »die Worte zu seinem Gebrauch« so »drehen und wenden, biegen und zwingen«, in der Umgebung des Staatskanzlers tatsächlich gebraucht wurden, quittierte er seinen Dienst bei Tettenborn, dem österreichischen General in russischen Diensten, verlebte fröhliche Tage mit Rahel in Teplitz, um dann nach Hamburg weiterzureisen, wo er für seinen General noch etwas zu regeln hatte, während Rahel in Berlin alle Vorbereitungen zur Heirat traf. Als künftige Frau Varnhagen von Ense wurde ihr, wie sie zu bemerken glaubte, von Freunden, Mägden und der Familie mehr Achtung als früher entgegengebracht. Bei der Suche nach einem geeigneten Pastor war ihr Hitzig behilflich, der auch bei ihrer Taufe, die notwendigerweise der christlichen Trauung vorausgehen musste, Pate stand. Vier Tage später, am 27. September 1814, wurde Varnhagen, der noch rechtzeitig aus Hamburg zurückgekehrt war, mit Rahel im Hause ihres Bruders Markus getraut. Schon Anfang Oktober reiste Varnhagen mit dem Versprechen, in Wien gleich eine Wohnung zu suchen, als persönlicher Referent und Pressebeauftragter des Staatskanzlers Hardenberg in die österreichische Hauptstadt ab. Drei Wochen später folgte ihm Rahel und traf dort, wo der Kongress aller Staatsmänner Europas eine stabile Nachkriegsordnung aushandeln sollte, auch auf alte Bekannte aus den Glanzzeiten ihres ersten Salons.

Der Sekretär Europas

Rahel hatte oft geliebt, dabei aber mehrmals erleben müssen, dass die von ihr geliebten Männer sie nur halbherzig oder gar nicht liebten, da sie in ihren Augen mehr zur Freundschaft als zur Liebe geschaffen war. Die langlebigste ihrer vergeblichen Lieben war die zu Friedrich Gentz, dem bedeutendsten politischen Publizisten der napoleonischen Epoche, über den sein erster Biograph Varnhagen sagte, er sei »als Meteor am politischen Himmel« seiner Zeit aufgegangen und habe eine Stellung erlangen können, wie sie kein Schriftsteller bisher erlangt habe und je erlangen werde. Als »bürgerlicher Autor« habe er sich »zu fürstengleichem Leben und Ansehen« aufgeschwungen, von der Stellung eines »untergeordneten Beamten« ausgehend sei er »zu europäischer Wirksamkeit« gelangt.

Als Sohn eines preußischen Beamten war Friedrich Gentz 1764 in Breslau geboren, hatte Rahel also sieben Jahre voraus. Nach der Ernennung seines Vaters zum Generalmünzdirektor waren er und sein zwei Jahre jüngerer Bruder Heinrich, der ein bekannter Baumeister wurde, schon als Kind nach Berlin gekommen. Dem Besuch des Joachimthal'schen Gymnasiums hatte sich ein Jura-Studium in Königsberg angeschlossen, wo, wie Varnhagen meint, sein scharfes Denkvermögen erst durch Kant geschult worden sei. Seine in Berlin begonnene Beamtenkarriere wurde für ihn bald zweitrangig, da er als politischer Publizist erfolgreich war. Seine anfängliche Begeisterung für die Forderungen der Französischen Revolution war bald ihrer Ablehnung gewichen. Edmund Burkes Schrift »Reflections on the Revolution in France« hatte viel zu seiner Umorientierung beigetragen, und die Übersetzung und Kommentierung dieser Schrift begründete seine Bekanntheit, die er durch antinapoleonische Artikel

Friedrich von Gentz.
Gemälde von Thomas Lawrence

und Bücher, in denen er sich als eleganter Stilist erwies, zu festigen
verstand. Seine Ehe mit einer Tochter David Gillys zerbrach bald an
seinem ausschweifenden Leben mit Liebschaften, Glücksspielen und
Schuldenmachen. Im Salon der jungen Rahel um 1800 war er einer
der eifrigsten, interessantesten und ihr besonders lieben Besucher.
Doch endete die sich zwischen den beiden anbahnende Liebe wiederum schmerzlich für sie. Denn als die Schauspielerin Christel Eigen-
satz im Salon auftauchte und Gentz in Leidenschaft zu ihr entbrannte, wurde Rahel, statt Geliebte zu werden, wieder nur in die Rolle der
guten Freundin gedrängt.

Als Gentz 1802, hoch verschuldet, verlockenden Angeboten aus
Wien folgte, dort schon bald zu den einflussreichsten politischen Köpfen gehörte und später als Metternichs wichtigster Berater schließ-

lich auch geadelt wurde, blieb Rahel mit ihm in einem Briefwechsel, der zwar immer wieder über Jahre versiegte, sich aber auch immer wieder fortsetzte, bis ins hohe Alter hinein. Rahel blieb dabei immer die Werbende, und da ihre Briefe, auch wenn sie manchmal etwas chaotisch waren, ans Herz gehen konnten, blieb ein gewisser Erfolg nicht aus. Ihre Briefe, von denen leider nur einige erhalten blieben, konnten bei ihm offensichtlich eher liebesgefühlsähnliche Regungen auslösen als ihre Gegenwart. Aus sicherer Entfernung konnte er sie, Schmeichelei mit Schmeichelei vergeltend, »das erste Wesen auf dieser Welt« nennen, vor dem er sich verneige und es »doch zu lieben wage«. »Sie nennen mich ein Kind«, so fährt er dann fort. »Es ist das Höchste, das Süßeste, was Sie mir sagen können. Aber Sie allein, Sie machten mich zum Kinde. Wissen Sie denn nicht mehr, wie groß und erwachsen ich war? Und wie ich neben Ihnen, in dem Blütendufte Ihrer alles auftauenden, schmelzenden Atmosphäre wieder zum Kinde herabsank? Wie ich mich täglich, stündlich verjüngte! Es war das Leben das Sie mir einhauchten; wie Kinder, die mit Greisen schlafen, diesen Greisen, sagt man, neue Kräfte beibringen, so war es mit mir, als ich meine Seele von der Ihrigen durchdrungen fühlte!« Er, der beste Stilist unter den zeitgenössischen Publizisten, verstieg sich sogar zu der Behauptung: »Ja, wenn ich schreiben könnte wie Sie! Oder vielmehr: wenn ich das verstände, wodurch Sie das Schreiben ersetzen. Ihre Briefe sind gar nicht geschrieben: es sind lebendige Menschen, die mit schönen, lieben, weichen Händen, vollen Busen, göttlichen Augen, besonders göttlichen roten Lippen einhergehen, vor mir auf und ab spazieren, mich küssen, mich an ihre Brust drücken«. Er phantasierte auch, wie wenige Jahre zuvor Friedrich Schlegel in seiner »Lucinde«, vom Rollentausch der Geschlechter, machte Rahel zum »unendlich produzierenden« Mann und sich zum »unendlich empfangenden« Weibe. »Ihr ewiger, ewig tätiger, ewig fruchtbarer Geist (ich meine nicht den Kopf, sondern die Seele, alles) traf auf diese unbegrenzte Empfänglichkeit, und so gebaren wir Ideen und Gefühle und Sprachen, die alle ganz unerhört sind. Was wir beide zusammen wissen, ahndet kein Sterblicher.« Und dann zeigte er sich reuig darüber, »damals nicht mit Macht darauf« bestanden zu haben, »das zu genießen, was Sie das Bisschen nannten. So etwas Neues, Außerordentliches, als das physische Verhältnis zwischen Menschen, in welchen das Innere gerade im Umkehr steht«, sei doch einmalig. »Ich muss es auch haben. Versprechen Sie mir, dass das erste Mal, wenn wir zusammenkommen, dies geschehen soll.«

So emphatisch, wie in diesem 1803 geschriebenen Brief wurde es dann auf den weiteren Etappen dieser Fernliebe nicht mehr. Aber als Rahel ihm 1808 geschrieben hatte: »Nie werden Sie mich los, solange uns eine Erde trägt, ewiger, immer geliebter Freund«, kam er doch wieder auf die versäumte Gelegenheit zurück. Es sei ein »Missgriff – soll ich sagen, von uns oder der Natur? – gewesen, das wir nicht zur Liebe gegeneinander – ich meine, zur ordentlichen, vollständigen – gelangt sind«. Die Schuld daran aber schob er nun ihr in die Schuhe: »Sie standen höher, sahen freier und weiter als ich. Sie mussten mich von Christel losmachen und Urquijo zum Henker schicken. Sie mussten in Rücksicht auf meine in verderbter Hülle unschuldig gebliebene Seele alle gemeine Scheu beiseite setzen und mir sogar Gewalt antun, um mich ungeheuer glücklich zu machen.« Doch weitere fünf Jahre später, als sie sich 1813 in Prag tatsächlich wieder begegneten, war davon keine Rede mehr. Er, inzwischen an die Seite Metternichs aufgestiegen und mit diesem zusammen im nahen Ratiborice, dem Schloss von Metternichs Geliebter, der Herzogin Wilhelmine von Sagan, mit entscheidenden Verhandlungen über den weiteren Verlauf des Krieges gegen Napoleon beschäftigt, war seiner politischen Aufgaben wegen begreiflicherweise in Eile und wahrscheinlich von der älter gewordenen Jugendfreundin gelangweilt. Sie war entsetzt von seiner Kälte und enttäuscht von seinen kurzen Schreiben, in denen er sein Benehmen zu entschuldigen versuchte und dabei auch mit versteckter Ironie auf die schwer verständliche Gedankenflut ihrer Briefe zu sprechen kam. Charmant wie immer, führte er dabei die Tatsache, dass er ihre »immer göttlichen«, »rätselhaften« und »geheimnisvollen« Briefe nicht begreifen könne, auf die eigne Dummheit und innere Leere zurück.

Rahel, die in den Prager Monaten gerade mal wieder mit Karoline von Humboldt fleißig korrespondierte, beklagte sich bei dieser über den zum Österreicher Gewordenen, dem sie neben seiner Gefühlskälte auch vorwarf, antipreußisch zu sein. Frau von Humboldt, die auch in Briefen an ihren Mann ihren Widerwillen gegen Gentz betonte, gab Rahel den Rat, dem Erkalteten nicht mehr zu schreiben. Doch nachdem Rahel versprochen hatte, dem Rat zu folgen, saß sie, wie wir den erhaltenen Antwortbriefen entnehmen können, bald schon wieder am nächsten Brief an ihn.

Als sie im Jahre darauf, nun schon als Frau Varnhagen von Ense, ihrem Gatten nach Wien folgte und in den ersten Novembertagen 1814 dort eintraf, war der Kongress, der nicht, wie böse Zungen meinten, nur tanzte, sondern vor allem schwierige Verhandlungen über eine stabile Nachkriegsordnung Europas führte, schon einige Wochen im Gange, und Gentz als Sekretär und Protokollchef des Kongresses war sozusagen sein Mittelpunkt. Da er mit Kaisern, Königen und Kanzlern zu konferieren hatte (und dabei wie immer Geldgeschenke nicht verschmähte), wird Rahel eine private Begegnung kaum erwartet haben, und obwohl er Varnhagen gegenüber behauptete, eine solche zu wünschen, kam es anscheinend nie dazu.

Rahels Geselligkeitsbedürfnis wurde aber auch ohne ihn ausreichend befriedigt. Denn als Frau eines der am Kongress beteiligten Diplomaten hatte sie Zugang zu den vielen sich vergnügenden Zirkeln, und auch an Preußen, die hier sesshaft geworden waren oder sich des Kongresses wegen hier aufhielten, mangelte es nicht.

Zu den Kreisen der preußischen Verhandlungsführer Humboldt und Hardenberg, zu deren Tross auch der dichtende Staatsrat Staegemann und der für die Presse zuständige Varnhagen gehörten, wird Rahel wohl nur selten Zutritt gehabt haben, und der Freiherr vom Stein, der dem Zaren noch immer als Berater diente und vergeblich die Wiedergeburt des Alten Reiches mit einem österreichischen Kaiser und einem starken Preußen erstrebte, gehörte so wenig zu ihren Bekannten wie der Dramatiker Zacharias Werner und der Turner Jahn. Werner, der inzwischen Katholik geworden war, die Priesterweihe empfangen und sein Luther-Drama als sündigen Irrtum öffentlich bereut hatte, befriedigte seine Eitelkeit nun mit Predigten, die großen Zulauf hatten, weil von seiner »Fratzenhaftigkeit«, wie Varnhagen meinte, immer Sensationelles zu erwarten war. »Recht mit Lust besprach er seine eignen, persönlichen Angelegenheiten, seine Sündhaftigkeit, seine Bekehrung und Buße, und indem er den andern die Hölle heiß machte, schwelgte seine Eitelkeit in doppelter Selbstbespiegelung, der ehemaligen Weltlust und der jetzigen Auserwählung.« Auch gefiel er sich in Frivolitäten, die die Zuhörer in Scham und Angst versetzten, wenn er zum Beispiel von dem »allersündlichsten und ärgerlichsten« Körperteil predigte, dessen »Eigenarten und Unarten« aufzählte und dann »mit unerhörter Dreistigkeit« fragte, »ob er ihn noch erst nennen oder ihn gar zeigen« solle.

Zacharias Werner.
Stich von Gustav Zumpe

Und während, wie Varnhagen weiter berichtet, die Mütter ihre Töchter angstvoll anflehten, nicht hinzublicken, erklärte der Prediger, dass der gemeinte Körperteil die Zunge sei. »Das Heilige mit solchem Sinnenkitzel verquickt zu finden«, erfreute die vornehme Welt.

Eine Begegnung mit diesem religiösen Eiferer wird Rahel so wenig gewünscht haben, wie die mit dem Turnvater, der bei seinem kurzen Besuch des Kongresses nicht nur durch sein burschikoses Auftreten Peinlichkeiten verursachte, sondern auch durch schmutzige Stiefel und seine altdeutsche Tracht. Für ihn, der Frankreich verkleinert und gedemütigt sehen wollte und sich ein mächtiges deutsches Kaiserreich wünschte, war das Ergebnis des Kongresses Verrat an der Sache, für die man gekämpft hatte. Schenkendorf, der ihm sein Gedicht »Erneuter Schwur« widmete, dessen Anfangszeile »Wenn alle untreu werden ...« er von Novalis entlehnt hatte, sagte das in Versen so: »Es haben wohl gerungen / Die Helden dieser Frist, / Und nun der Sieg gelungen, / Übt Satan neue List. / Doch wie sich auch gestalten / Im Leben mag die Zeit, / Du sollst mir nicht veralten, / O Traum der Herrlichkeit. // Ihr Sterne seid mir Zeugen, / Die ruhig niederschaun: / Wenn alle Brüder schweigen / Und falschen Götzen traun, / Ich will mein Wort nicht brechen / Und Buben werden gleich, / Will predigen und sprechen / Von Kaiser und von Reich.« Und als Jahn dann auf dem Weg von Wien nach Berlin die Wartburg besuchte, gab er seiner Meinung über den Wiener Kongress in folgenden Sätzen Ausdruck: »Den Deutschen kann nur durch Deutsche geholfen werden, welsche und wendische Helfer bringen uns immer tiefer ins Verderben. Neuerdings ist die ganze Welt zusammengetrommelt worden, vom Ural und Kaukasus bis zu Herkules Säulen, um die Franzosen zu zwingen. Nun hat Gott den Deutschen den Sieg gegeben, aber alle Mitgeher und Mitesser wollen Deutschland bevormunden. Deutschland braucht einen Krieg auf eigne Faust, um sich in seinem Vermögen zu fühlen, es braucht eine Fehde mit dem Franzosentum, um sich in ganzer Fülle seiner Volkstümlichkeit zu entfalten. Diese Zeit wird nicht ausbleiben, denn ehe nicht ein Land die Wehen kriegt, kann kein Volk geboren werden. Deutschland über Welschland! Deutschland ohne Wendischland!«

Wie Jahn aber über Rahel dachte, wurde nach ihrem Tode deutlich, als er bei der Lektüre ihrer von Varnhagen veröffentlichten Briefe einen »veilchenartigen Leichenduft neuzeitiger fürnehmer Weltbürgerschaft« zu empfinden glaubte, Rahel eine »vergeistigte, brustlose Mannmacherin« nannte und von einem »volkstumlosen, jüdelnden und junkernden Weltbürgertum« sprach.

Im Gefolge des Zaren Alexander in Wien anwesend war auch der ehemalige Adjutant des Prinzen Louis Ferdinand, Karl von Nostitz, der seiner Schulden wegen 1806 in Berlin geheiratet hatte, der Ehefessel aber entflohen war. Seit 1806 war er in allen Kriegen, erst unter preußischen Fahnen, dann als Freikorpsführer, darauf in österreichischen und schließlich in russischen Diensten gegen Napoleon zu Felde gezogen und hatte es dabei bis zum russischen Obersten gebracht. Rahel war ihm in ihrem ersten Salon und 1813 in Prag als Liebhaber der mit ihr befreundeten Schauspielerin Auguste Brede begegnet, und Varnhagen hatte ihn in der russischen Armee als tapferen und vertrauenswürdigen Mann schätzen gelernt. In Wien erlebte er ihn als den ehrlichen Kriegsmann, den der Länderschacher der Politiker anwiderte, wie dann auch sein Tagebuch, das zur Freude des alten Varnhagen 1848 von einem unbekannten Herausgeber in Teilen veröffentlicht wurde, bezeugt. Über Gentz, den Nostitz als jungen Mann in Berlin gekannt hatte, heißt es dort beispielsweise, er sei »alt und grau geworden« und gehe der Begegnung mit alten Freunden aus dem Wege, weil ihn der Geist, der ihn früher einmal bewegt habe, erschrecke. »Der Gentz von Berlin war ein anderer als der von Wien.«

Neben dem berühmten jüdischen Salon Fanny von Arnsteins, geborene Itzig, Tochter eines Berliner Bankiers, die den Sohn des Wiener Bankiers Arnstein 1776 geheiratet hatte, war es besonders auch das Haus Friedrich Schlegels, in dem Rahel gern verkehrte und auch gern gesehen war. Im Gegensatz zu Rahels Salon in dem Jahrzehnt um 1800, wo es bescheiden zugegangen war, eine intime Atmosphäre geherrschte hatte und sich die Besucher als gesellschaftliche Außenseiter verstanden hatten, war Fanny Arnsteins Salon, in dem man köstlich bewirtet und mit Musikdarbietungen verwöhnt wurde, mehr eine anerkannte Institution der vornehmen Gesellschaft, in der Künstler mit Gräfinnen plaudern konnten und man auch die höchsten Repräsentanten des Staates traf. Hier konnte Rahel ihre anerkannte Stellung als Diplomatenfrau genießen, während bei den Schlegels neben Literarischem sicher auch gemeinsam Erlebtes zur Sprache kam. Hatten doch Rahel Levin und Brendel (später Dorothea) Mendelssohn gemeinsame Kindheitserinnerungen an das damals von neuen Ideen erfüllte Berlin. Einer der jungen Aufrührer war damals auch Friedrich Schlegel gewesen, der die anstößige »Lucinde« geschrieben hatte, und der nun, dick geworden, zum Katholizismus bekehrt und mit dem Hofratstitel geschmückt, wie die Verkörperung der beginnenden Restauration erschien.

Da Rahels ständiges Verlangen nach Urbanität in Wien ausreichend befriedigt wurde und die vornehme Gesellschaft ihr Anerkennung zollte, wurden die üblichen Krankheitsklagen in ihren Briefen beiläufiger und seltener, und viele Passagen zeugen von einer bei ihr sonst seltenen Zufriedenheit. Konnte sie anfangs die Stadt gar nicht »hübsch« finden, so konnte sie später über sie ins Schwärmen geraten, über die vielen Fiaker zum Beispiel, die überall und jederzeit zur Verfügung standen, und über die schöne Umgebung, die sie auch manchmal mit der für sie öden und mückengeplagten Berlins verglich. Den Höhepunkt aber erreichte ihr Wohlbefinden im Jahre 1815, als Napoleons Rückkehr nach Frankreich den Kongress zwang, zum Ende zu kommen und alle Landesherren abreisten, um erneut in den Krieg zu ziehen. Da musste auch Varnhagen dem Staatskanzler folgen, und Fanny Arnstein lud die zurückbleibende Rahel zu ihrer jährlichen Badekur ein.

Während die Heere der Alliierten wieder nach Frankreich marschierten, der Deutsche Bund der Fürsten und Freien Städte gegründet wurde, den Preußen von ihrem König eine Verfassung versprochen wurde und Napoleons Armee endgültig bei Waterloo (auch genannt

Belle-Alliance) geschlagen wurde, verlebte Rahel in vornehmster Gesellschaft fröhliche und unbeschwerte Wochen in Baden bei Wien. »Gott, wie ist es schön hier«, kann man in ihren Briefen lesen. Sehr froh sei sie darüber, »dies alles hier auf so eine heitere und bequeme Art genießen« zu können. Von »holdseligem Wetter«, von »Götterwegen« und »köstlichsten gesundheitsströmendsten Abenden« ist da die Rede, von wohltuenden Bädern und manchmal auch von politischen Gesprächen, in denen sie dafür sorgte, dass man nicht den Hass auf Napoleon auf die französische Nation, die sie liebte, übertrug.

Das schönste Erlebnis aber war eine Bekanntschaft, die für sie einen Triumph über Gentz bedeutete. Sie konnte sich nämlich mit der Herzogin Wilhelmine von Sagan, der jungen Geliebten Metternichs, anfreunden, von der Gentz sie, als schäme er sich seiner Freundschaft mit der Jüdin, 1813 in Prag ängstlich ferngehalten hatte. In Baden nun erfreute sie sich nicht nur des Wohlwollens der jungen Schönen, sondern sie erlernte von ihr auch das Schwimmen, in einem »großen Saal voll Wasser«, wie sie an Varnhagen schrieb. Die Herzogin, die »exzellent« schwimmen konnte, redete ihr zu, es auch zu lernen, trug sie im Wasser umher und versah sie mit einer »großen Blase, die einen sehr angenehm trägt«. »Es ist ein großes Vergnügen. Sie ist sehr schön, und ich amüsiere mich sehr. Auch erfährt man von ihr alle Neuigkeiten. Sie wird uns gleich Blüchers Briefe [über seinen und Wellingtons Sieg bei Waterloo] schicken.« »Wenn das Gentz wüsste!«, der sie in Prag am liebsten »vor lauter Verleugnen in die Erde gesteckt« hätte, schließt sie am 27. Juni 1815 diesen Brief.

Als am 26. September 1815 Franz I. von Österreich, Alexander I. von Russland und Friedrich Wilhelm III. von Preußen die sogenannte Heilige Allianz schlossen, wurde damit eine Idee verwirklicht, die dem Zaren in nächtlichen Gebetsstunden von Juliane von Krüdener eingeblasen worden war. Die in ganz Europa erst als Weltdame und Autorin, dann als Missionarin und Prophetin bekannte Baltendeutsche, die Rahel vor Jahren einmal in Teplitz als luxuriöse Aristokratin kennengelernt und nicht gemocht hatte, war inzwischen in Süddeutschland als Verkünderin christlicher Nächstenliebe unter den

Wilhelmine Herzogin von Sagan.
Gemälde von Giuseppe Grassi

Ärmsten der Armen aufgetreten und hatte während des letzten Feldzuges gegen Napoleon auf den Zaren persönlich einwirken können, der ja ihr Landesherr war. Der Monarch, der sich in Wien vor allem als charmanter Frauenverführer gezeigt hatte, war unter ihrem Einfluss so fromm geworden, dass er nun der restaurativen Friedensordnung Europas auch noch die göttliche Weihe erteilte, die für den unfrommen Realpolitiker Gentz freilich nur eine »politische Nullität« und romantische »Theaterdekoration« war. »Sollte sie, wie einige ernst zu nehmende Leute meinen, irgend etwas zur Festigung des Friedens beitragen, so mag sie immerhin mehr wert gewesen sein, als so viele andere Farcen unserer Zeit.« Skeptisch beurteilte auch Schleiermacher diese Politik in christlicher Verkleidung. In seinen frommen Verlautbarungen sei der Zar Alexander nur »der Sekretär der

Frau von Krüdener« gewesen, schrieb er, und wenn der Allianz tatsächlich »eine tüchtige fromme Regung zum Grunde gelegen hätte, so hätte das Instrument etwas bußfertiger müssen abgefasst werden und viel weniger sentimental.«

Die Heilige Allianz.
Gouache von Heinrich Olivier

Da auch die anderen Herrscher Europas, mit Ausnahme der englischen, der Allianz beitraten, begründete sie tatsächlich eine Friedensordnung, die zwar den Zeitgeist gegen sich hatte, der besonders in Deutschland, Italien und Polen nach nationaler Einheit und Selbständigkeit strebte, ihre Stabilität aber doch lange bewies. Bedenkt man, mit welcher Selbstgerechtigkeit und Härte die meisten Sieger in der Geschichte die ihnen Unterlegenen behandelt haben, so ist Metternichs oft geschmähte Politik des Ausgleichs doch lobenswert.

Blücher und andere preußische Generäle hätten, wäre es nach ihnen gegangen, mit einem von Rachegelüsten diktierten Frieden den Anlass zum nächsten Krieg geschaffen, Gentz und Metternich aber war es im Interesse künftigen Friedens um ein Gleichgewicht der Kräfte und die bestmögliche Zufriedenheit aller Beteiligten zu tun. Dass Frankreich gleichberechtigt mit am Verhandlungstisch sitzen durfte, war für viele Patrioten empörend, und Volkstumsschwärmer wie der Turnvater ärgerten sich darüber, dass das Abschlussprotokoll des Kongresses in der Sprache der Diplomaten, nämlich in Französisch, abgefasst war.

Da der Wiener Friede von 1815 nur die Belange der Fürsten, nicht aber die der Völker berücksichtigt hatte, war er, wie sich in Kürze erweisen sollte, nur durch die Unterdrückung aller modernen Bestrebungen zu erhalten, weshalb dann auch bald statt von Frieden von Friedhofsruhe die Rede war. Überall in Europa wurde die Heilige Allianz der Fürsten zum Mittel ihrer Machterhaltung und damit zum Hemmnis für nationale Selbstbestimmung und demokratische Weiterentwicklung, und der Europagedanke, für den Gentz und Metternich standen, hatte in allen Nationen Widersacher, die Gentz für gefährliche Extremisten hielt. In Deutschland waren das jene die innere Ruhe störenden Geister, die das von den Lützowern entlehnte Schwarzrotgold zu ihren Farben gemacht hatten, vom Volkstum schwärmten und später das vom Professor Hoffmann aus Fallersleben gedichtete Lied sangen, das Deutschland über alles in der Welt, also auch über die Fürsten stellte und die Forderung nach Einigkeit und Recht und Freiheit erhob. Der Europäer Gentz, der beim Thronwechsel 1797 von Friedrich Wilhelm III die Pressefreiheit in Preußen gefordert hatte, wurde so im Interesse der Friedenserhaltung zum obersten der überall waltenden Zensurbeamten, und die Idee von Europa war für national und demokratisch Denkende für lange Zeit diskreditiert.

Als der Republikaner Karl Varnhagen den erzkonservativen Friedrich von Gentz nach seinem und Rahels Tode im Zusammenhang mit der Veröffentlichung von Rahels Briefen in einem biographischen

Aufsatz würdigte, fiel sein Urteil über ihn erstaunlich positiv aus. Von den Unterdrückungsmaßnahmen der restaurativen Epoche, unter denen auch Varnhagen zu leiden gehabt hatte, ist darin gar nicht die Rede, die moralischen Defizite des genusssüchtigen Lebemannes werden genannt, aber für unwichtig gehalten, seine Talente und großen Erfolge jedoch werden wortreich gerühmt. Offensichtlich wirkte hier Rahels Liebe in ihrem Gatten noch weiter. Deutlich zu machen, dass ihre Gefühle einem der Unterdrücker der freien Meinung gegolten hatten, hätte ihrem Andenken vielleicht schaden können. Ein Mensch, den Rahel so ausdauernd geliebt hatte, musste ihrer auch würdig gewesen sein.

Wie aus Varnhagens späteren Tagebüchern ersichtlich, hat er auch in den letzten Jahrzehnten seines Lebens immer Verteidigungsgründe für Gentz gefunden. Obwohl er, so kann man dort lesen, »immer sein politischer und öfters sein persönlicher Gegner« gewesen sei und oft gegen ihn als einen der »Großwürden der Unterdrückung feindlichste Erbitterung« empfunden habe, versuche er doch in seinem Urteil »unparteiisch« zu sein. Denn Gentz sei ein großer Autor gewesen und habe alle Kritiker, die ihn nachträglich beschmutzten, geistig überragt.

Tragische Geschichte

Den Auftakt zu den politischen Auseinandersetzungen der nächsten Jahrzehnte gab im Herbst des Jahres 1815 die Flugschrift eines bejahrten Professors und Geheimrats, der in der Beschuldigung anderer das beste Mittel der Selbstverteidigung sah. Er hieß Theodor Schmalz, hatte eine Schwester Scharnhorsts geheiratet und wohnte mit ihr und seinen fünf Töchtern in der Straße Hinter der katholischen Kirche zur Miete, und zwar im Hause Leopold von Gerlachs, des ersten gewählten Oberbürgermeisters von Berlin. Der Professor hatte sich im Laufe seines Lebens an den Universitäten von Halle, Königsberg und Berlin als Staatsrechtler und zeitweilig auch als Rektor bewähren können und wurde als Autor bedeutender juristischer Werke von Schleiermacher und anderen seiner Kollegen immer geschätzt. Erst seine Flugschrift mit dem umständlichen Titel »Berichtigung einer Stelle in der Bredow-Venturinischen Chronik für das Jahr 1808. Über politische Vereine und ein Wort über Scharnhorsts und meine Verhältnisse zu ihnen«, die er an die Regierungen mehrerer deutscher Länder sandte, ließ seinen Namen in der breiteren Öffentlichkeit bekannt werden und machte ihn in liberalen Kreisen verhasst.

Unter dem Vorwand, eine ihn betreffende Bemerkung der Chronik richtigzustellen, warnte er die deutschen Regierungen vor umstürzlerischen Geheimbünden, besonders vor der 1808 in Ostpreußen zur Pflege der Vaterlandsliebe gegründeten Vereinigung, die Tugendbund genannt wurde und sich 1810 offiziell wieder aufgelöst hatte, nach der Vermutung des Professors aber insgeheim immer noch fortbestand. Da viele der Reformer und Patrioten sich damals an diesem Bund beteiligt hatten, wurde damit von Schmalz ein Generalverdacht gegen alle liberal Gesinnten ausgesprochen, der diese besonders auch deshalb empörte, weil Friedrich Wilhelm III., wie auch der württembergische König, den Denunzianten mit einer Ordensverleihung ehrte und sich damit auf seine Seite zu stellen schien. Während die Konservativen die Verdächtigungen beifällig aufnahmen, wurden dem Professor, wie Ludwig von Gerlach in seiner Familiengeschichte berichtet, von aufgebrachten Studenten die Fenster eingeworfen, und es erschienen viele Gegendarstellungen und Pamphlete, etwa von Schleiermacher, in denen auch über die Frage gestritten wurde, ob, wie Schmalz behauptete, das Pflichtbewusstsein königstreuer Untertanen den Enthusiasmus von 1813 erzeugt habe oder ein Freiheitsverlangen, das mit der Beseitigung der Fremdherrschaft allein noch nicht befriedigt war. Es war eine heftige, aber nur kurze öffentliche Debatte, weil der König im Februar 1816 sowohl die Schrift von Schmalz als auch die Diskussion über sie verbot.

Varnhagen, der sich in den kommenden Jahrzehnten als ein scharfsinniger Beobachter der innenpolitischen Lage erweisen sollte, glaubte in diesem Streit mehr zu erkennen als die Frage nach dem Tugendbund. »Der Streit liegt anderswo als man sich bis jetzt getraut hat zu sagen.« Hier kämpfe der »Geist, die Kraft, das Talent, das Lebendige« mit »dem Vorurteil, der Schwäche, der Unfähigkeit und dem Toten.« Schmalz habe bewirkt, dass nun die »zwei Gattungen Menschen, die bisher vielfach miteinander verflößt waren, scharf auseinander treten und sich zum Kampfe stellen«. Und jede der Parteien sehe sich nun nach »Gleichgesinnten« um.

Es war eine Neuformierung der aus der Zeit der Reformen bekannten Parteiungen, die ihre Gegnerschaft während des Krieges gegen den gemeinsamen Feind hintan gestellt hatten, sich nun aber wieder auf diese besannen, weil es um die Weiterführung, den Stillstand oder gar die Rücknahme der unvollendet gebliebenen Reformen ging. Zwar hatte sich die Selbstverwaltung der großen Städte bewährt und war nicht zurückzunehmen, der Bauernbefreiung dagegen fehlten, um sie praktisch wirksam werden zu lassen, noch die Ausführungsbestimmungen, und die versprochene Verfassung, die Stein und Hardenberg schon geplant hatten, schien dem König, der den Reformen nur der Not gehorchend zugestimmt hatte, nach dem Siege überflüssig oder gar gefährlich zu sein. Wie Gentz und Metternich wollten auch er und seine konservativen Berater, die nun wieder am Hofe den Ton angaben, dem zwar wieder groß gewordenen, aber vom Kriege erschöpften Lande vor allem Ruhe und Frieden sichern und betrachteten jene, die nach Varnhagens Urteil das Lebendige und Geistige verkörperten und demokratische Freiheiten in einer geeinten Nation erstrebten, als Ruhestörer, die im Interesse des inneren und äußeren Friedens unterdrückt werden mussten, was in Etappen dann auch gründlich geschah.

Anlässe zur Verschärfung der Unterdrückung waren 1817 das Wartburgfest der rebellischen Studenten und 1819 die Ermordung Kotzebues. Die berüchtigten Karlsbader Beschlüsse brachten eine noch genauere Überwachung von Literatur und Publizistik. Für Schriftsteller wurden das schlechte Zeiten, die einige von ihnen zur Emigration veranlassten. Dem Adel gelang es, seine Vorzugsstellung, die in der Reformära unsicher geworden war, wieder zu festigen. Das Bürgertum konnte es sich im friedlichen Biedermeier behaglich machen, aber auch die Industrialisierung mächtig voranbringen, mit der auch die Proletarisierung und mit dieser die Revolutionsgefahr wuchs. Im scheinbaren Stillstand ging die Entwicklung weiter. Mit der rasant steigenden Einwohnerzahl wuchs in Berlin auch die Zahl der armen Leute und der Elendsquartiere, während die Mitte der Stadt durch Karl Friedrich Schinkels Bauten an Modernität und Schönheit gewann.

Chamisso, mit dem dieses Buch begonnen wurde, soll es auch schließen. Denn alle Spuren dieser vielseitigen, mit dem Begriff Restauration nur unzureichend bezeichneten Epoche sind in seinem Werk auch zu spüren. Seine wissenschaftlichen Leistungen, die ihm nach seiner Weltumseglung eine Fülle von Ehrungen einbrachten, waren Teil der im 19. Jahrhundert ständig wachsenden Naturerkenntnis, und seine damals sehr populären Dichtungen, in denen er sowohl ernste und sentimentale als auch ironische und humoristische Töne beherrschte, spiegelten so ziemlich alle Tendenzen der Zeit. Während

Chamisso vor dem Gartenhaus.
Stich von Xaver Steifensand nach einer
Zeichnung von Ferdinand Weiß

sein Freund Fouqué weiterhin von seinen Rittern träumte, wurde er, der auch hochadlig Geborene, immer liberaler im Alter. Er ließ sich wie die Romantiker von Sagen und Märchen anregen, konnte sich aber auch für die ersten Eisenbahnen begeistern, und Bettler und alte Waschfrauen wurden von ihm literaturwürdig gemacht. Ein Veteran der Befreiungskriege, der nach einer Kopfverwundung im Irrenhaus landet, darf sich bei ihm einen Toren schelten, weil er 1813 geglaubt hat, für die Freiheit zu kämpfen, und auch die Verbrechen der Weißen an den nordamerikanischen Indianern werden in Versen von dem Weltreisenden angeklagt. Mit dem Gedichtzyklus »Frauenliebe und -leben« konnte er zum Lieblingsdichter des Biedermeier werden und doch auch Sympathisant der Pariser Revolution von 1830 sein. In der von Zelter und anderen vertonten »Tragischen Geschichte« des Mannes, »dem's zu Herzen ging, / Dass ihm der Zopf so hinten hing«, wurde die Restauration verspottet. In einer letzten »Mahnung« fordert er alle, die am Alten hängen, dazu auf, der »Väter Schild und Schwert« verrosten zu lassen, denn ihre Zeit sei abgelaufen. Und die Mutter, die beim prunkvollen Staatsbegräbnis ihres Gatten, den »Sarg mit Kron und Degen« klagend und weinend begleitet, wird folgendermaßen getröstet:

»Mütterchen, lasst ab vom Weinen,
Fasset Euch, so stand's geschrieben.
Alles stirbt nicht mit dem *einen*,
Ist der Sohn uns doch geblieben;
Der wird's wie sein Vater treiben,
Alles wird beim alten bleiben,
Alles gehen wie hergebracht.
Das ist's, schluchzt sie, das ist's eben,
Was so sehr mich weinen macht.«

Zitatennachweis

Mit Ausnahme des Briefes von Ferdinand von Schill an Karl von François (22. Mai 1809; S. 97 f.) wurden sämtliche Zitate behutsam modernisiert.

Kanon

Das ist die schwere Zeit	Chamisso: Leben, Bd. 1, S. 385

Der Retter

Auf Sie, lieber Stein	Pertz: Bd. 1, S. 209
Sie allein werden im Stande sein	wie zuvor, S. 210
Wo bleibt denn Stein?	Luise: Briefe (Griewank), S. 246
Unsere erste Begegnung ist	Berg: S. 150–152
widerspenstigen, trotzigen	wie zuvor, S. 182
Es kam darauf an	wie zuvor, S. 336–337
Der genannte Stein	wie zuvor, S. 342
unser gesamtes deutsches Vaterland	Schleiermacher: Predigten, S. 47

Der Prediger

endlich ganz zur Ruhe	Schleiermacher: Sein Wirken, S. 108
Ich darf also selbst an Sie schreiben	Schleiermacher: Brautbriefe, S. 16
den tiefen, alles umfassenden Geist	Schleiermacher: Sein Werden, S. 221
Ich darf also selbst an Sie schreiben	Schleiermacher: Brautbriefe, S. 16
Zu Ihnen komme ich heute, Vater	wie zuvor, S. 19–20
Lieber lieber Schleier	wie zuvor, S. 72–73
Als Du den holden Knaben	wie zuvor, S. 78
Ja, Ehrenfried soll immer mit uns	wie zuvor, S. 146
der Natur entgegen	Varnhagen: Tagebücher, Bd. 14, S. 360

| eine Zeichnung von Alexanders | Schleiermacher: Sein Wirken, S. 183 |
| unendlicher Ausgestorbenheit | wie zuvor, S. 193 |

Der Gelehrte

alter, nachdenklicher Schreiber	Marwitz: Bd. 1, S. 505
ruhig, bescheidene Verschränkung	Humboldt: Briefe, Bd. 3, S. 144
eine auffallende Unbehilflichkeit	Scharnhorst: Briefe u. Schriften, S. 23
innigstgeliebte Tochter	Scharnhorst: Privatbriefe, S. 294
Dem Wunsche des O. v. S. zufolge	wie zuvor, S. 311
Freund und Vater	wie zuvor, S. 333
Kunstdrechsler, Tischler oder Uhrmacher	wie zuvor, S. 325
Die Verwüstung des Landes	wie zuvor, S. 315–316
blutendem Herzen	wie zuvor, S. 323
Man muss der Nation	wie zuvor, S. 334–335
Macht der Französischen Revolution	Luise: Briefe (Rothkirch), S. 320
Alle Bewohner des Staates	Scharnhorst: Briefe u. Schriften, S. 155
patriotischen Wünsche gescheitert	Scharnhorst: Privatbriefe, S. 377
Jauchzenden und Weinenden	Arndt, Bd. 2, S. 88–89

Die Heilige

Ich kann Ihnen versichern	Luise: Briefe (Rothkirch), S. 524
heilige Pflicht	Arnim: Schriften, S. 216
petite maitresse	Rahel Varnhagen: Werke, Bd. 6, S. 4–5
einfach und gut	Berger, S. 53
Ich gehe nach Russland	wie zuvor, S. 53–54
Junge Huren, alte Nonnen	Goethe: Berliner Ausg., Bd. 2, S. 420

Die Verlobten

| vor Neid platzen wollte | Rahel Varnhagen: Werke, Bd. 1, S. 79 |
| für größer als Homer | wie zuvor, Bd. 2, S. 14 |

Als Dein Apostel möcht' ich	wie zuvor, S. 69
Varnhägchen	wie zuvor, Bd. 1, S. 46
Varnhägeken	wie zuvor, S. 106
Kleiner	wie zuvor, S. 47
Knäbchen	wie zuvor, S. 169
lieber kleiner Junge	wie zuvor, S. 160
Ich liebe Dich wie	wie zuvor, S. 43
Mein bester Rat nach	wie zuvor, S. 235–236
Die Lorbeerblätter des	wie zuvor, S. 334–335
Heute kommen unsere Truppen	wie zuvor, S. 188–189
Friedrichs des Zweiten	wie zuvor, S. 236
Eines Helden Herz zu lieben	wie zuvor, S. 264
Napoleon siegt, und	wie zuvor, S. 231
Varnhagen, Fähnrich	wie zuvor, Bd. 2, S. 8

Ritter Gluck

Alles schlägt mir fehl	Hoffmann: Briefwechsel, Bd. 1, S. 242
Der Spätherbst in Berlin	Hoffmann: Sämtl. Werke, Bd. 1, S. 17
Ich bin der Ritter Gluck	wie zuvor, S. 29

Der fromme Ritter

In der trüben Zeit, wo	Fouqué: Alethes, S. 7
Meuchelmord	Fouqué: Lebensgeschichte, S. 286
Gibt's künftig wieder Kriegesbrand	wie zuvor, S. 291–292
Solange es Männer meines Stammes	Fouqué: Alethes, S. 217
den Pallasch recht fest zu fassen	Kleist: Berliner Abendblätter, S. 94
Ein weiches Herz im Busen	Fouqué: Lebensgeschichte, S. 104

Versuche und Hindernisse

Schon in tiefster Stille	Rogge: Doppelroman, Bd. 1, S. 1
schönen Busens, der offen	wie zuvor, Bd. 1, S. 9–10
Bombe	wie zuvor, Bd. 2, S. 114
groß und wohlgestalt	Varnhagen: Denkwürdigkeiten, Bd. 1, S. 437–439

Missglückter Versuch

Volksheld Schill	Schwartz: Bd. 1, S. 390
ziemlich unfähig	Schwerin: Bd. 1, S. 245–246
Ich war überzeugt	Marwitz: Bd. 1, S. 431

Ein Abenteurer

Ein Jahr hatte ich	François, S. 13
Die neun Todesschützen	wie zuvor, S. 31
Ungeheuer, das seine Freude	wie zuvor, S. 35
Der Unteroffizier der Wache	wie zuvor, S. 46–47
In Winterthur gab ich	wie zuvor, S. 61
In der dumpfen, tatenlosen Schwüle	wie zuvor, S. 68
Schill ist da	wie zuvor, S. 70
Kuss und Handschlag war	wie zuvor, S. 70–71
Ganz unvermuthet bin ich	Auktionskatalog Stargardt, Berlin: 2000, S. 22–23
aus allen Kämpfen und Gefahren	François, S. 95
fand die alte, bedrückende Schwüle	wie zuvor, S. 105
Es war noch früh am Morgen	wie zuvor, S. 107

Noch ein Abenteurer

An die deutsche Nation	Spies, S. 117–118
Bayreuther!	Ernstberger: Freikorps, S. 307

Märker in Dresden

parteiisch	Scharnhorst: Privatbriefe, S. 335
Mit der Penthesilea kann	Kleist: Briefe, S. 410
Siehe, das nenn ich doch würdig	Kleist: Gesamtausgabe, Bd. 1, S. 27
noch Übersetzungen kleiner	Kleist: Briefe, S. 420
sich in die Waage der Zeit zu	wie zuvor, S. 431
Sprich, Kind	Kleist: Gesamtausgabe, Bd. 5, S. 82
Seit Franz der Zweite, der alte Kaiser	wie zuvor, S. 82

Die Zeit der schweren Not

Von dem Tage dieses	wie zuvor, S. 113
Napoleon und, so lange	wie zuvor, S. 84
Zottelbär und das Panthertier	wie zuvor, Bd. 1, S. 35
Rhein mit ihren Leichen	wie zuvor, S. 34
der Hölle entstiegenen	wie zuvor, Bd. 5, S. 86
Und stärker rauscht der Sänger	wie zuvor, Bd. 1, S. 39
Noch niemals, meine teuerste	Kleist: Briefe, S. 436–437
duftge Mittelmeer	Kleist: Gesamtausgabe, Bd. 1, S. 33

Königliche Heimkehr

Das Imprimatur kann nicht erteilt werden	Kleist: Ode, S. 2
Was blickst du doch zu Boden	Kleist: dtv-Gesamtausg, Bd. 1, S. 39–40
Zur Feier der Wiederkunft des Königs	Goethe / Zelter: Bd. 1, S. 206–207
Herzen, die mich lieben und achten	Luise: Briefe (Rothkirch), S. 523
So begeisterte und herzliche	Voß: S. 365
Außer der gewöhnlichen	Arnim: Briefe d. Freundschaft, Bd. 2, S. 296
nach Schnaps und Tabak	wie zuvor, S. 305–306
Wie hoch auch immer	Kleist: Berliner Abendblätter, S. 19

Die Freunde

alle Portionen sind so groß	Clemens Brentano: Leben, S. 415
Man geht um acht oder neun	wie zuvor, S. 422
Wunderhornmannes	Humboldt: Briefe, Bd. 3, S. 101–102
Die Kommode war	Brüder Grimm in Berlin, S. 55
der ruhige, mild-ernste Arnim	Eichendorff: Sämtl. Werke, Bd. 10, S. 422–423
Ich meine, wir heiraten uns,	Bettine / Arnim: Briefe, Bd. 2, S. 372
Am 4. Dezember war	wie zuvor, S. 374
Küsterhaftes	Steig: Arnim und Brüder Grimm, S. 111–113
Frau zum Besten	Härtl, S. 280

Der Baumeister

Dreck	Arnim / Brentano: Freundschafts- briefe, Bd. 2, S. 702
Abends ins Theater	Eichendorff: Sämtl. Werke, Bd. 11, S. 257–258
reiche Kunstnatur	Brentano: Briefe (Seebaß), Bd. 2, S. 153–155

Der Beamte

der Rache Pfeil	Varnhagen: Werke, Bd 1, S. 463
An den Kaiser von Russland	Staegemann: Hist. Erinnerungen, S. 18–24
am 22. Julius 1784, nachmittags	Staegemann: Erinnerungen, S. III.
Elisabeth, aus Deinem Abendkreis	Olfers, S. 198
Bei dem Tode Heinrich von Kleists	Minde-Pouet, S. 280–281

Der Maulriese

Von jeher lag der Keim des Großen	Arndt: Werke, Bd. 7, S. 96
empfindelnden Humanität	wie zuvor, S. 96
Verweichlichung und Empfindung	Jean Paul: Sämtl. Werke, Abt. 1, Bd. 6, S. 1280
Es wäre eben so schlimm	Jean Paul: Sämtl. Werke, Abt. 2, Bd. 3, S. 702
weil wir sonst in Nichtigkeit	Arndt: Werke, Bd. 7, S. 111
Mord-Lotterie	Jean Paul: Sämtl. Werke, Abt. 1, Bd. 5, S. 962
gefährlichen Menschen	Jean Paul: Sämtl. Werke, Abt. 1, Bd. 6, S. 1280
Maul-Riesen	wie zuvor, S. 501

Der Vergessene

Der allein besitzt die Musen,	Schiller: Werke, Bd. 1, S. 495
Die arme Schadow …	Luise: Briefe (Rothkirch), S. 304
Nachdem ich früher vielfach Gnade	Schadow: Aufsätze, S. 96–97

Trauerfeier

Ich komme eben aus der Kirche	Arnim / Bettine: Briefe, Bd. 2, S. 360
Rose, schöne Königsrose	Schenkendorf, S. 17
Tag der Freiheit und der Rache	Körner, S. 11
Wer ein Herz hat	Berliner Kalender 1913, ohne Seitenzahl
Schmerz … auf allen Gesichtern	Steffens, S. 221
die holde Sage	Dreyhaus, S. 84
Volksgesinnung	Arnim: Werke, Bd. 3, S. 382
Ihrer Güte, Ihrer Milde,	wie zuvor, S. 388
Schutzgeist	wie zuvor, S. 404

Die Universität

tätigen Posten	Wilhelm u. Caroline von Humboldt: Briefe, Bd. 3, S. 17
Dirigieren	wie zuvor, S. 19
Auf einem sonderbaren Theater	wie zuvor, S. 59
Mein Entschluss ist gefasst	wie zuvor, S. 73
Traurig, liebe Li	wie zuvor, S. 87
Es ist meine Bestimmung	wie zuvor, S. 236–237
Bärenland	wie zuvor, S. 199
wirklich abscheulich	wie zuvor, S. 137
hässlich, kleinstädtisch, teuer	wie zuvor, S. 136
göttlich	wie zuvor, S. 165
schmalen Strich toten Sandes	wie zuvor, S. 254–255

Luise in Marmor

armen Schlucker	Caroline von Humboldt / Rauch: Briefwechsel, S. 39
Nehmen Sie die Sache ja ernstlich	wie zuvor, S. 21–22
mit Sack und Pack	wie zuvor, S. 44
ehedem so anmaßenden	wie zuvor, S. 47
Herzenswunsch	wie zuvor, S. 47
amerikanischen Korsaren	wie zuvor, S. 215

Abendblätter

zwei wunderbaren, überirdisch glänzenden	Meerheimb, S. 446–447
behielt sie seine Hand	Molo, S. 334
dunkler Weichheit	Brockdorff, S. 258
Ich habe der Königin an ihrem	Kleist: Briefe, S. 442–443
Wenn es ein Junge gewesen wäre	wie zuvor, S. 448
Ich bitte um Geld	wie zuvor, S. 452
indischen Handschrift	Kleist: Berliner Abendblätter, S. 1
Nationalsache	wie zuvor, S. 75
empfindliche Verluste	Rogge, S. 42–44
Der arme Heinrich	Sembdner: Nachruhm, S. 88

Der Reformkanzler

Veredlung der Verfassung	Schleiermacher: Sein Wirken, S. 135
Schöne Früchte und besonders Gräser	Hardenberg, S. 642

Festungshaft

Dass die Scham nicht auf unserer	Marwitz: Bd. 2,1, S. 20
Hier büßten zwei Ritter aus altem	wie zuvor, S. 32
Ich will diesen aus dem unglücklichen	Gneisenau, S. 166
Mit welchem Triumph hätten wir hier	Marwitz: Bd. 2,1, S. 42–43
Wir versprechen bei unserm königlichen	wie zuvor, S. 234
sie geben sich das Ansehen	wie zuvor, Bd. 2,2, S. 25
gutsherrlichen Drucks	wie zuvor, S. 14
der Krieg der Besitzlosen	Marwitz: Bd. 1, S. 492
Unser altes ehrwürdiges	wie zuvor, Bd. 2,2, S. 220–221
diese ganze Tirade ebenso ungerecht	wie zuvor, S. 20

| nachmittags sechs Uhr | Rahel Varnhagen: Werke, Bd. 9, S. 115 |
| kleinen Elisabeth | wie zuvor, S. 116–117 |

Der Seelenbund

ausgezeichnetsten jungen Menschen	Humboldt: Briefe, Bd. 3, S. 136
Ich bin über-zufrieden mit ihm	Rahel Varnhagen: Werke, Bd. 4/2, S. 54
wo alle seine Eigenschaften	wie zuvor, S. 10
voller Geist, Kenntnis, Verstand	Rahel Varnhagen: Werke, Bd. 9, S. 355
Ich habe viel geliebt	wie zuvor, S. 79
Ungeachtet aller äußeren Bildung	Rahel / Marwitz, S. 15–16
Mein Liebster, Englischer	Vigliero, S. 51
Unsere [Zeit] ist die	Rahel Varnhagen: Werke, Bd. 9, S. 81
Lebte für die Wissenschaften	Fontane: Wanderungen, Bd. 2, S. 275
So war er eigentlich des Lebens	Marwitz: Bd. 1, S. 456–457

Volkstum im Barte

Ich halte den Gang	Seume: Bd. 2, S. 7
Notwendigkeiten	Jahn: Volkstum, S. 419–421
Heilige Völker der Menschheit	wie zuvor, S. 20
Ausländerei	wie zuvor, S. 307
fremder Ziersucht	wie zuvor, S. 310
Bei herannahender Mannsreife	wie zuvor, S. XIX–XX
Geben ist seliger denn Nehmen	Jahn: Kleine Schriften, S. 57
Frisch, fromm, fröhlich, frei	Jahn: Turnkunst, S. 315
erst kürzlich in mein 29. Jahr getreten	Jahn: Kleine Schriften, S. 88
Er ist ungefähr 30 Jahre alt	wie zuvor, S. 39–40
Adel des Leibes und der Seele	Jahn: Turnkunst, S. 315–317
eigentlich nichts im Kopfe	Immermann: S. 155
selbstgemachten Wörtern ausgestatten	Hoffmann: Juristische Arbeiten, S. 375
Marschen vermorasten, Auen	wie zuvor, S. 361

wunderlichen Paradoxien	wie zuvor, S. 362
Vor kurzer Zeit erschien	Hoffmann: Letzte Erzählungen, S. 621

Die Tischgesellschaft

Gottmenschen	Fouqué: Lebensgeschichte, S. 295
herrlich donnernd	wie zuvor, S. 296
christlich-deutsche Treue	Arnim: Werke, Bd. 3, S. 420–421
Ich bemerke bei dieser	Arnim: Schriften, S. 481–482
Geruch ausweichen	wie zuvor, S. 366
böses Lust aller Art	wie zuvor, S. 382
beste Gesundheit	wie zuvor, S. 386
wenigen Edlen	wie zuvor, S. 387

Der Totgeweinte

Sinnlichkeit	Rahel Varnhagen: Werke, Bd. 6/2, S. 242
unzähligemal verloren	wie zuvor, Bd. 2, S. 33
nach langem Schweigen	wie zuvor, Bd. 1, S. 553
Feenbild	wie zuvor, Bd. 1, S. 559
Da schlug meine Stunde	Fouqué: Lebensgeschichte, S. 170
ländlichen Mittagsmahl	wie zuvor, S. 171
Sie schieden ohne alle Erklärung	wie zuvor, S. 173
Aber das Herz tut ihm	Fouqué: Werke, Bd. 1, S. 96

Der Nestor

Jedermann hat sein Steckenpferd	zitiert nach Hans W. L. Biester, S. 12
Plattheitslehre	Friedrich Schlegel: Briefe an den Bruder, S. 295
Es ist unbeschreiblich	Nicolai: Ausstellung, S. 25
Ich habe nie geklagt und	Scurla: Rahel, S. 168
Ich habe diesem Werke	Nicolai: Ausstellung, S. 53
angesehensten und edelsten Männer	Goeckingk, S. 104
Das Leichenbegängnis hinterließ	Parthey, S. 151

Die Schwester

Sie war hübsch, klein, zierlich	Bernhardi, S. 37–38
Eine junge Brentano	Wilhelm u. Caroline von Humboldt: Briefe, Bd. 3, S. 9
Niemals war es die Absicht	Bernhardi, S. 167
Die Art und Weise, wie man	wie zuvor, S. 50

Untergangsprophezeiungen

auf Poesie die Sicherheit der Throne	Lange, S. 260
Plötzlich kann sich's umgestalten!	Matthisson, Teil 2, S. 256
in der gewünschten Art eingedenk	Kleist: Briefe, S. 502
Der König hat mich	wie zuvor, S. 503
Es ist mir ganz stumpf und dumpf	wie zuvor, S. 505

Tod am Wannsee

teuren geliebten Louis	Sembdner: Lebensspuren, S. 457
Triumphgesang	Kleist: Briefe, S. 509
das allerqualvollste, das je ein Mensch	wie zuvor, S. 510
halb wehmütig, halb ausgelassen	wie zuvor, S. 511
an den Galgen kommen	wie zuvor, S. 509
die Nase aus dem Fenster stecke	wie zuvor, S. 508
auf Erden nicht zu helfen	wie zuvor, S. 513

Bekenntnisse

Den letzten Tag des Jahres	Schwartz: Bd. 1, S. 198
ausgezeichneten, kenntnisreichen Militär	Rochow, S. 38
vollkommenste aller Frauen	Schwartz: Bd. 1, S. 520
Sklaven	wie zuvor, S. 516
Ich glaube und bekenne	wie zuvor, S. 436

Literaten in Uniform

Was die alte Klatsche spricht	Fontane: Wanderungen, Bd. 1, S. 456–457
kam die Karte von Russland	Knesebeck, S. 108
kühne Kopf, den Gedanken gebären konnte	Fontane: Wanderungen, Bd. 4, S. 316
so hoch verdienten General	Ranke: Hardenberg, Bd. 3, S. 230

Der Schattenlose

Der Aufenthalt in Berlin	Chamisso / Hitzig: Bd. 1, S. 383
die schwere Zeit der Not	wie zuvor, S. 385
Ich spinne den alten Wurm	wie zuvor, S. 374
weiten und beschwerlichen	Schmid, S. 19
Ich arbeite immer an meinen Pflanzen	Chamisso / Hitzig: Bd. 1, S. 384
Ich werde Sorge tragen	Chamisso: Sämtl. Werke, Bd. 2, S. 79
Diese Geschichte ist in die Hände	Betz / Hagestedt, S. 107
Ich hatte auf einer Reise	wie zuvor, S. 102
Wenn ich selber eine Absicht gehabt	wie zuvor, S. 102
Trifft Frank und Deutscher	Chamisso: Sämtl. Werke, Bd. 2, S. 79

Die alte Germania

Der Riesengeist der alten Germania	Caroline Fouqué, Ruf, S. 3–4
Edle germanische Frauen!	wie zuvor, S. 16
Glücklicherweise ist	Alexis, S. 60–61
Älteste der hiesigen Judenschaft	Förster, S. 10–15
Gold gab ich für Eisen	wie zuvor, S. 25
Das Volk steht auf	Körner: Sämtl. Werke, Bd. 1, S. 104
Nein, höchstens Durchschnitt	Fontane: Meine Kinderjahre, S. 7–8
Du bist mir wert seit fünfundzwanzig Jahren	Förster, S. 18
Es ist kein Krieg, von dem	Körner: Sämtl. Werke, Bd. 1, S. 79
Was ist des Deutschen Vaterland	Arndt: Werke, Bd. 1, 126–127

Uns knüpft der Sprache   Körner: Tagebuch, S. 43
Es ist in unserer Schar   wie zuvor, S. 55

Tod in Prag

schlanker hagerer unsoldatisch   Arndt: Werke, Bd. 2, S. 96–97
sich nicht zu weit vom Vaterlande   Scharnhorst: Briefe, Bd. 1, S. 427
schriftstellerische Arbeiten, wenn   wie zuvor, S. 435
Du bist das einzige Wesen   Lehmann: Bd. 2, S. 631
Meine Wunde ist nicht gefährlich   Scharnhorst: Briefe, Bd. 1, S. 481
Ich werde dies erst diesen Morgen   wie zuvor, S. 485

Die schwarze Schar

Deutschland steht auf   Körner: Briefwechsel, S. 218–219
Was dann auch immer   Körner: Sämtl. Werke, Bd. 1, S. 81
Ein schwarzer kurzer Waffenrock   Körner: Briefwechsel, S. 228–229
gebildetsten und ausgesuchtesten   wie zuvor, S. 231
    Köpfe
Frisch auf, mein Volk!   Körner: Sämtl. Werke, Bd. 1, S. 79–81
Hier steh ich an den Marken   wie zuvor, S. 96
Mit aller Zartheit schrieb ich   Recke, S. 313
Fürsten mit ihrer Nichtswürdigkeit   Körner: Briefwechsel, S. 257
Du Schwert an meiner Linken   Körner: Sämtl. Werke, Bd. 1, S. 108
Ha, welche Lust   Körner: Tagebuch, S. 95–96
Freiheit im Innern   Förster, S. 858
Je öfter ich an ihn denke   Wilhelm u. Caroline von Humboldt:
                                         Briefe, S. 379

Ahnung und Gegenwart

die Sinnlichkeit allzu dreist   Eichendorff: Sämtl. Werke, Bd. 13,
                                         S. 67
An die Lützowschen Jäger   Eichendorff: Gesammelte Werke,
                                         Bd. 1, S. 135
verwienert und eingepäpstelt   Jahn: Briefe, S. 249
Freiheit, die ich meine   Schenkendorf, S. 3

| Die aufrichtige Achtung,
Bewunderung | Eichendorff: Sämtl. Werke, Bd. 12,
S. 8–10 |

Fantasiestücke

Die ganze Nacht erschallen	Hoffmann: Briefwechsel, Bd. 1. S. 378
Was soll aus der Kunst werden	Hoffmann: Serapionsbrüder, S. 120
bösen, argen Krieges	Hoffmann: Briefwechsel, Bd. 1, S. 409
zerrissenen Menschen	Hoffmann: Letzte Erz., S. 546
Ruhiger wurde es endlich	wie zuvor, S. 550
Ist denn des Anselmus	Hoffmann: Sämtl. Werke, Bd. 1, S. 338

Landhausleben

Berlin einem stillen Dorf	Bettine von Arnim: Briefe u. Konzepte, S. 31
Dreizehntche … Landstürmerche	Bettine Brentano: Andacht, S. 179
Flinten, Speeren, Keulen, Sensen	Arndt: Werke, Bd. 10, S. 176
Stelle Dir zum Beispiel	Bettine Brentano: Andacht, S. 179
diesem lahmen, rohen Haufen	Bettine von Arnim: Briefe u. Konzepte, S. 31
überwiegende Mehrheit	Boyen: Erinnerungen, Bd. 2, S. 577–578
Recht gut	Fontane: Wanderungen, Bd. 6, S. 576
Deutsche Schlacht	Achim von Arnim: Schriften, S. 428
Wie jener ehrliche Bäckerknabe	wie zuvor, S. 472
Ich bin zwar in Berlin geboren	Maxe von Arnim, S. 12
Lieber Savigny!	Arnim: Briefe an Savigny, S. 73
ökonomische Rücksichten	Steig: Arnim und Grimm, S. 302
Zänk- und Stänkereien	Bettine Brentano: Andacht, S. 196
ewig mit Dir vereint sein	Achim und Bettine in ihren Briefen, Bd. 1, S. 46
Du lieber, seidener Leib	wie zuvor, S. 18
Um neun Uhr waren	Arnim: Briefe an Savigny, S. 75–76

Das Eiserne Kreuz

Warum nicht ein Kreuz	Lange: Gneisenau, S. 253
Verordnung über die Stiftung	Müller-Pfeifruck, S. 84
Der Gott, der Eisen wachsen ließ	Arndt: Werke, Bd. 1, S. 100–101

Todesfälle

kolossale ... deren Aufstellung	Schadow: Kunstwerke, Bd. 1, S. 103
lästigen Überlauf	Dorsch, S. 278
der Kitt	wie zuvor, S. 286
Freudentaumel	Hoffmann: Briefwechsel, Bd. 2, S. 27
eines der interessantesten Diners	wie zuvor, S. 23
herrlichen, wahrhaft	wie zuvor, S. 24
recht brav	wie zuvor, S. 28

Verspätetes Festspiel

Mir schauderten gleich	Bode: Bd. 2, S. 609
Epimenides für Grimassen	Goethe: Briefwechsel mit Zelter, Bd. 1, S. 359
Doch was dem Abgrund	Goethe: Berliner Ausgabe, Bd. 6, S. 302
Hinan! – Vorwärts – hinan	wie zuvor, S. 307
die Tränen entlaufen sind	Goethe: Briefwechsel mit Zelter, Bd. 1, S. 361
Eh-wie-meenen-Sie-des	wie zuvor, S. 368

Der Ehebund

Man sagt mir, dass	Wilhelm u. Caroline von Humboldt: Briefe, Bd. 4, S. 395
Seine Heirat mit der kleinen	wie zuvor, S. 405
Du tust ihm unrecht	Chamisso: Leben u. Briefe, Bd. 5, S. 392
fesselnde Anstellung	Rahel Varnhagen: Werke, Bd. 4, S. 5

Denn nach einer preußischen Provinz	wie zuvor, Bd. 3, S. 348
Berlins Gegend und ihre Mücken	wie zuvor, Bd. 4, S. 5
wo ein freier Durchzug europäischen	wie zuvor, Bd. 3, S. 356
die Worte zu seinem Gebrauch	wie zuvor, Bd. 3, S. 271

Der Sekretär Europas

als Meteor am politischen Himmel	Varnhagen: Werke, Bd. 4, S. 124
das erste Wesen auf dieser Welt	Rahel Varnhagen: Briefwechsel, Bd. 3, S. 121–122
Nie werden Sie mich los	wie zuvor, S. 127
Missgriff – soll ich sagen	wie zuvor, S. 129
immer göttlichen	wie zuvor, S. 136
Fratzenhaftigkeit	Varnhagen: Werke, Bd. 2, S. 659
Wenn alle untreu werden	Schenkendorf, S. 63
Den Deutschen kann nur	Brunner, S. 26
veilchenartigen Leichenduft	Jahn: Briefe, S. 362
alt und grau geworden	Nostitz: Leben, S. 162–163
hübsch	Rahel Varnhagen: Werke, Bd. 2, S. 246
Gott, wie ist es schön hier	wie zuvor, Bd. 2, S. 297
dies alles hier	wie zuvor, S. 295
holdseligem Wetter	wie zuvor, S. 303–304
großen Saal voll Wasser	wie zuvor, S. 298
politische Nullität	Mann: Gentz, S. 303
der Sekretär der Frau von Krüdener	Schleiermacher: Sein Wirken, S. 230
immer sein politischer	Varnhagen: Tagebücher, Bd. 13, S. 319
und alle die Großwürden	wie zuvor, Bd. 2, S. 367
unparteiisch	wie zuvor, Bd. 3, S. 89

Tragische Geschichte

Der Streit liegt anderswo	Rahel Varnhagen: Werke, Bd. 9, S. 429

zwei Gattungen Menschen   wie zuvor, Bd. 6/1, S. 104

dem's zu Herzen ging   Chamisso: Werke, Bd. 1, S. 68–71

Väter Schild und Schwert   wie zuvor, S. 262

Sarg mit Kron und Degen   wie zuvor, S. 80

Abbildungsnachweis

S. 136: Achim von Arnim Ausstellung, S. 61

S. 139: Achim von Arnim Ausstellung S. 81

S. 143: Schinkel, S. 40

S. 145: Schinkel, S. 59

S. 146: Schinkel, S. 48

S. 148: Olfers, S. 240

S. 150: Olfers, S. 160

S. 155: Reimer, S. 35

S. 156: Mundt, Bildteil S. 35

S. 160: Wescher, Kunstraub, Anhang 7

S. 163: Schadow: Kunstwerke, Bd. 2, S. 467

S. 165: Demandt, S. 175

S. 167: Schuster, S. 112

S. 172: Berglar, S. 77

S. 173: Schadow: Zeichnungen, Bd. 2, S. 263, Nr. 693

S. 175: Caroline Humboldt / Rauch, Bildteil III

S. 178: wie zuvor, VIII

S. 179: wie zuvor, XXXIII, Nr. 62

S. 182: wie zuvor, XXXIV, Nr. 65

S. 187: Freydank, S. 141

S. 189: Siebert, S. 173

S. 190: Kleist: Berliner Abendblätter, S. 1

S. 195: Beeskow, Privatarchiv

S. 197: Berner, S. 486

S. 199: Hermann, S. 286

S. 202: Juden in Preußen, S. 175

S. 205: Marwitz, Bd. 2/1, S. 32

S. 207: wie zuvor, Bd. 2/2, vorn

S. 209: wie zuvor, Bd. 1, vorn

S. 216: Varnhagen, Rahel und Alexander v. d. Marwitz, S. 16

S. 220: Koenigswald, S. 129

S. 223: Neuendorff, S. 40

S. 229: Schneider, S. 220

S. 231: Neuendorff, S. 48

S. 235: Arnims Briefe an Savigny, vorn

S. 237: Aurora, Bd. 46 (1986), nach S. 17, Abb. 1

S. 241: Fouqué: Undine. 10. Aufl. Berlin: Dümmler 1857

S. 243: wie zuvor, Berlin: Grote 1899, S. 25

S. 245: Jordan, S. 16

S. 247: Nicolai, Friedrich (Ausstellung), Bildteil, Nr. 12

S. 249: wie zuvor, Nr. 2

S. 253: wie zuvor, Nr. 15

S. 259: Eschler, S. 334

S. 262: Hensel, S. 58

S. 265: Koenigswald, S. 144

S. 267: wie zuvor, S. 224

S. 271: Siebert, S. 211

S. 272: wie zuvor, S. 216

S. 275: Paret, S. 277

S. 277: wie zuvor, S. 181

S. 283: Alte Berliner Garnisonfriedhof, S. 134

S. 287: Chamisso: Schlemihl (Reprint), vorn

S. 289: Mühleisen, S. 1

S. 291: Chamisso: Schlemihl (Reprint), S. 15

S. 297: Privatarchiv

S. 298: Knötel: Eiserne Zeit, Kap. XV

S. 303: Skokan, S. 47

S. 303: wie zuvor, S. 161

S. 305: Scharnhorst: Ausgew. Briefe, S. 53

S. 308: Clausen, 6. Foto

S. 311: Ebert, S. 44

S. 318: Förster, Bd. 1, S. 850

S. 319: Ebert, S. 46

S. 321: Frühwald, S. 87

S. 322: Deutsche Romantik, Bd. 2, S. 1881

S. 327: Privatarchiv

S. 329: E. T. A. Hoffmann – ein Preuße?, S. 58

S. 331: Privatarchiv

S. 338: Bettine Brentano: Die Andacht, S. 241

S. 340: wie zuvor, S. 96

S. 344: Müller-Pfeifruck, S. 84

S. 345: Zimmer, S. 52

S. 347: Schinkel: Führer, Bd. 1, S. 69

S. 349: Berliner Kalender 1914, August

S. 352: Hoffman (Maassen), Bd. 2, S. IX
S. 354: wie zuvor, vorn
S. 364: Günzel: Wiener Kongress, S.72
S. 368: wie zuvor, S. 73
S. 373: McGuigan, S. 165
S. 374: Günzel, S. 195
S. 380: Fischer, S. 169

Bibliographie

Adami, Friedrich: Luise, Königin von Preußen. Gütersloh: Bertelsmann 1906

Alexis, Willibald: Eine Jugend in Preußen. Berlin: Rütten & Loening 1991

Alte Berliner Garnisonfriedhof, Der. Berlin: Haude & Spener 1995

Ansicht der Mauerstraße. Ölgemälde von Joh. Georg Rosenberg. Berlin: Deutsche Bank 1989

Appuhn, Horst: Das Bildnis des Freiherrn vom Stein. Köln: Grote 1975

Aretz, Gertrude: Königin Luise. Dresden: Aretz 1927

Arndt, Ernst Moritz: Briefe. Hrsg. Von Albrecht Dühr. Bd. 1–3. Darmstadt: Wiss. Buchges. 1972

Arndt, Ernst Moritz: Werke. Bd. 1–12.Hrsg. von August Leffson Berlin, Leipzig o. J.

Arnim, Achim von: Ausstellung. Hrsg. von Detlev Lüders. Frankfurt am Main: Freies Deutsches Hochstift 1981

Arnim, Achim von: Briefe an Savigny. Hrsg. von Heinz Härtl. Weimar: Böhlau 1982

Arnim, Achim von und Bettine: Briefe der Freundschaft und Liebe.Bd. 1–2. Hrsg. von Otto Betz u. Veronika Straub. Frankfurt am Main: Knecht 1987

Arnim, Achim von: Die Erzählungen und Romane. Bd. 1–4. Leipzig: Insel 1981–1984

Arnim, Achim von und Clemens Brentano: Freundschaftsbriefe. Bd. 1–2. Hrsg. von Hartwig Schultz. Frankfurt am Main: Eichborn 1998

Arnim, Achim von: Schriften (Werke Bd. 6). Frankfurt am Main: Dt. Klassiker Verlag 1992

Arnim, Achim von: Werke. Hrsg. von Reinhold Steig. Bd. 1–3. Leipzig: Insel 1911

Arnim, Bettine von: Briefe und Konzepte 1809–1846. In: Sinn und Form, Jg. 5, 1953, H. 3 und 4, S. 31

Arnim, Achim und Bettina, in ihren Briefen. Hrsg. von Werner Vordtriede. Bd. 1–2. Frankfurt am Main: Insel 1981

Arnim, Hans von: Freiherr vom Stein. Ein christlicher Staatsmann. Berlin: Christl. Zeitschriftenverlag 1950

Barthel, Wolfgang: Kleist u. Marwitz. In: Heilbronner Kleistblätter 20. S. 118–135. Heilbronn: Kleist-Archiv Sembdner 2008

Bauer, Frank: Horrido Lützow. München: Schild-Verl. 2000

Baxa, Jakob: Adam Müller. Ein Lebensbild. Jena: G. Fischer 1930

Berg, Urte von: Caroline Friederike von Berg. Göttingen: Wallstein 2008

Berger, Dorothea: Jean Paul und Frau von Krüdener. Wiesbaden: Limes 1957

Berglar, Peter: Wilhelm von Humboldt. Reinbek: Rowohlt 1999

Berliner Kalender 1913 und 1914. Berlin: Oldenbourg 1913–1914

Berner, Ernst: Geschichte des preußischen Staates. Bonn: Strauß 1896

Bernhardi, Theodor von: Jugenderinnerungen. Leipzig: Hirzel 1893

Betz, Thomas u. Lutz Hagestedt (Hrsg.): Chamissos Peter Schlehmil mit Kommentar. Frankfurt am Main: Suhrkamp 2003

Biester, Hans W. L.: Über die Beziehungen zwischen Friedrich Nicolai und Johann Erich Biester. In: Forum Nicolai. Beiträge zur Erforschung …: friedrich-nicolai.de/2007-111.html

Bock, Helmut: Ferdinand von Schill. Berlin: Stapp 1998

Bock, Helmut: Schill. Rebellenzug 1809. Berlin: Militärverl. der DDR 1981

Bode, Wilhelm: Goethe in vertraulichen Briefen seiner Zeitgenossen. Bd. 2. Berlin: Aufbau 1979

Böttger, Fritz: Bettina von Arnim. Berlin: Verl. d. Nation 1986

Bollmann, Wera: Groß Gievitz und die Familie von Voss. Waren 1996 (Schriftenreihe des Warener Museums- u. Geschichtsvereins. H. 9)

Boyen, Hermann von: Erinnerungen. Hrsg. von Dorothea Schmidt. Bd. 1–2. Berlin: Brandenburgisches Verlagshaus 1990

Brentano, Bettine: Die Andacht zum Menschenbild. Hrsg. von Wilhelm Schellberg und Friedrich Fuchs. Briefe. Jena: Diederichs 1942

Brentano, Clemens: Briefe. Hrsg. von Friedrich Seebaß. Bd. 1–2. Nürnberg: Carl 1951

Brentano, Clemens: Das unsterbliche Leben. Briefe. Hrsg. von Wilhelm Schellberg und Friedrich Fuchs. Jena: Diederichs 1939

Brockdorff, Gertrud von: Das Mal der Sehnsucht. Kleist-Roman. Berlin: Oestergaard 1928

Brockerhoff, Kurt: Das 2. Brandenburgische Husarenregiment von Schill. In: Zeitschr. des Vereins f. d. Geschichte Berlins. 1938/3, S. 109–113

Brüder Grimm in Berlin, Die. Ausstellungskatalog der Humboldt-Universität zu Berlin. Stuttgart: Hirzel 2004

Brunner, Karl: Friedrich Ludwig Jahn. Leipzig: Velhagen & Klasing 1912

Büchel, Wolfgang: Karl Friedrich Schinkel. Reinbek: Rowohlt 1998

Chamisso, Adelbert von: Leben u. Briefe. Hrsg. von Julius Eduard Hitzig. Bd. 1–2. Leipzig: Weidmann 1842 (Chamisso: Werke Bd. 5–6)

Chamisso, Adelbert von: Sämtl. Werke. Bd. 1–2. München: Hanser 1982

Clausen, Rosemarie: Die Vollendeten. Stuttgart: Jauss 1941

Delbrück, Hans: Gneisenau. Bd. 1–2. Berlin: Stilke 1908

Demandt, Philipp: Luisenkult. Köln, Weimar: Böhlau 2003

Doering, Sabine: Heinrich von Kleist. Stuttgart: Reclam 1996

Dorsch, Nikolaus: Julius Eduard Hitzig. Frankfurt am Main: Lang 1994

Drescher, Horst u. Renate Kroll: Potsdam. Ansichten aus drei Jahrhunderten. Weimar: Böhlau 1981

Drygalski, Irma von: Juliane von Krüdener. Roman. Jena: Diederichs 1928

Deutsche Romantik. Handzeichnungen. Hrsg. von Marianne Bernhard. Bd. 1–2. Herrsching: Pawlak o.J.

Ebert, Marlies u. Uwe Hecker: Das Nicolaihaus. Berlin: Stiftung Stadtmuseum 2006

Eichendorff, Joseph von: Gesammelte Werke. Bd. 1–2. Berlin: Aufbau 1962

Eichendorff, Joseph von: Sämtl. Werke. Hist.-krit. Ausg. Hrsg. von Wilhelm Kosch u. August Sauer. Bd. 1–18. Regensburg: Habbel 1908 ff.

Enzensberger, Hans Magnus: Requiem für eine romantische Frau. Frankfurt am Main: Insel 1996

Ernstberger, Anton: Ferdinand von Schills Nachlaß. München: Bayerische Akademie der Wissenschaften 1958

Ernstberger, Anton: Johann Georg von Schill. 1736–1822. Gräfelfing: Gans 1959

Eschler, Ewa: Das Wanderleben u. das vergessene Werk. Sophie Tieck-Bernhardi-Knorring. Berlin: trafo 2005

Feudel, Werner: Adelbert von Chamisso. Leben u. Werk. Leipzig: Reclam 1971

Fischer, Robert: Adelbert von Chamisso. Berlin. Klopp 1990

Förster, Friedrich: Geschichte der Befreiungskriege. Bd. 1–3. Berlin: Hempel 1864

Fontane, Theodor: Meine Kinderjahre. Berlin: Aufbau 1982

Fontane, Theodor: Wanderungen durch die Mark Brandenburg. Bd. 1–8.
Berlin: Aufbau 1994–1997

Fouqué, Albertine de la Motte (Hrsg.): Briefe an Fouqué. Berlin: Adolf 1848

Fouqué, Caroline de la Motte: Ruf an die deutschen Frauen. Berlin: Hitzig
1813

Fouqué, Friedrich de la Motte: Gespräch zweier preußischer Edelleute über
den Adel. Berlin: (Hitzig) 1808 (1813)

Fouqué, Friedrich de la Motte: Die wunderbaren Begebenheiten des Grafen
Alethes von Lindenstein. Frankfurt am Main: Zweitausendeins 1980

Fouqué, Friedrich de la Motte: Lebensgeschichte. Halle: Schwetschke 1840

Fouqué, Friedrich de la Motte: Undine. Zauberoper in 3 Aufzügen. Leipzig:
Reclam 1921

Fouqué, Friedrich de la Motte: Werke. Bd. 1–3. Hrsg. von Walther Ziesemer.
Berlin: Bong (um 1910)

François, Karl von: Die Memoiren aus der Zeit der Befreiungskriege. München: Kösel 1965

François, Karl von: Ein Soldatenleben. Nach hinterlassenen Memoiren von
Clothilde von Schwarzkoppen. Berlin: Eisenschmid 1873

Freydank, Ruth: Theater in Berlin. Berlin: Henschel 1988

Frie, Ewald: Friedrich August Ludwig von der Marwitz. Paderborn: Schö-
ningh 2001

Frühwald, Wolfgang: Eichendorff-Chronik. München: Hanser 1977

Frühwald, Wolfgang: Joseph von Eichendorff. Leben und Werk in Texten
und Bildern. Frankfurt am Main: Insel 1988

Gerlach, Jürgen von: Leopold von Gerlach. Berlin: Nicolai 1987

Gerlach, Klaus: Das Berliner Nationaltheater im Langhansbau. In: Tableau de
Berlin. Hrsg. von Iwan D Àprile u. a. Hannover: Wehrhahn 2005

Gersdorff, Bernhard von: Ernst von Pfuel. Berlin: Stapp 1981

Gneisenau, August Neidhardt von: Ein Leben in Briefen. Hrsg. von Karl
Griewank. Leipzig: Koehler u. Amelang 1939

Goeckingk, L. F. G. von: Nicolais Leben und literarischer Nachlaß. Berlin:
Nicolai 1820

Goethe, Johann Wolfgang von: Berliner Ausgabe. Berlin: Aufbau 1973 ff.

Goethe, Johann Wolfgang und Karl Friedrich Zelter: Briefwechsel. Bd. 1–3.
München: Hanser 1991. (Goethe: Sämtl. Werke. Münchner Ausg. Bd. 20,
1–3.)

Günzel, Klaus: Der Wiener Kongress. München: Koehler & Amelang 1995

Günzel, Klaus: Die deutschen Romantiker. Zürich: Artemis 1995

Härtl, Heinz: Briefe Achim von Arnims an seinen Bruder. In: Impulse 6. Berlin: Aufbau 1983

Hahn, Barbara: Antworten Sie mir! Rahel Levin Varnhagens Briefwechsel. Frankfurt am Main: Stroemfeld/Roter Stern 1990

Hardenberg, Karl August von: Tagebücher und autobiographische Aufzeichnungen. Hrsg. von Thomas Stamm-Kuhlmann. München: Oldenbourg 2000

Hensel, Wilhelm: Preußische Bildnisse des 19. Jahrhunderts. Berlin: Nationalgalerie 1981

Hermann, Ingo: Hardenberg, der Reformkanzler. Berlin: Siedler 2003

Hieber, Petra: Auf der Suche nach dem Glück. Juliane von Krüdener, Selbstwahrnehmung. Frankfurt am Main: Lang 1995

Hitzig, Julius Eduard: E. T. A. Hoffmanns Leben und Nachlass. Hrsg. von Wolfgang Held. Frankfurt am Main: Insel 1986

Hoffmann, E. T. A.: Briefwechsel. Hrsg. von Hans von Müller und Friedrich Schnapp. Bd. 1–3. München: Winkler 1967

Hoffmann, E. T. A. – ein Preuße? Ausstellung Berlin Museum 1981

Hoffmann, E. T. A.; Juristische Arbeiten. Hrsg., von Friedrich Schnapp. München: Winkler 1973

Hoffmann, E. T. A.: Letzte Erzählungen. Kleine Prosa. Berlin: Aufbau 1983

Hoffmann, E. T. A.: Sämtliche Werke. Hist.-krit. Ausg. Hrsg. von Carl Georg von Maassen. Bd. 1–4, 6–8. München: Georg Müller 1908–1925

Hoffmann, E. T. A.: Die Serapionsbrüder. Berlin: Aufbau 1958

Hoffmann, E. T. A.: Zwölf Berlinische Geschichten. Hrsg. von Hans von Müller. München: Georg Müller 1921

Hornung, Klaus: Scharnhorst. Esslingen: Bechtle 1997

Humboldt, Caroline von und Christian Daniel Rauch: Briefwechsel. Hrsg. von Jutta von Simson. Berlin: Gebr. Mann 1999

Humboldt, Wilhelm und Caroline von: Briefe. Hrsg. von Anna von Sydow. Bd. 3–4. Berlin: Mittler 1909–1910

Ibbeken, Rudolf: Preußen 1807–1813. Köln: Grote 1970

Immermann, Karl: Memorabilien. München: Winkler 1966

Jahn, Friedrich Ludwig: Die Briefe. Hrsg. von Wolfgang Meyer. Leipzig: Eberhardt 1913

Jahn, Friedrich Ludwig und Ernst Eiselen: Die deutsche Turnkunst. München: Matthes & Seitz 1976

Jahn, Friedrich Ludwig: Das Deutsche Volksthum. Lübeck: Niemann 1810 (Repr. o. J.)

Jahn, Friedrich Ludwig: Kleine Schriften. Leipzig: Reclam o. J.

Jean Paul: Sämtl. Werke. Abt. 1, Bd. 1–6, Abt. 2, Bd. 1–3. München: Hanser 1973–1978

Jordan, Lothar (Hrsg.): Die unheimliche Wirkung der Wasserfrauen. Frankfurt/Oder: Kleist-Museum 2007

Juden in Preußen. Hrsg. v. Bildarchiv Preußischer Kulturbesitz. Dortmund: Harenberg 1981

Kantzenbach, Friedrich Wilhelm: Schleiermacher in Selbstzeugnissen und Bilddokumenten. Reinbek: Rowohlt 1981

Kleist, Heinrich von: Berliner Abendblätter. Hrsg. von Helmut Sembdner. Darmstadt: Wiss. Buchges. 1973

Kleist, Heinrich von: dtv-Gesamtausgabe. Hrsg. von Helmut Sembdner. Bd. 1–7. München: dtv 1964

Kleist, Heinrich von: Ode an Friedrich Wilhelm III. Hrsg. von Paul Hoffman. Berlin: Bibliophilen-Abend 1926

Kleist, Heinrich von: Werke. Hrsg. Von Georg Minde-Pouet. Bd. 1–8. Leipzig: Bibliogr. Institut o. J.

Kleist, Heinrich von: Sämtliche Briefe. Hrsg. von Klaus Müller-Salget und Stefan Ormans. Frankfurt am Main: Dt. Klassiker Verl. 1997 (Sämtl. Werke, Bd. 4)

Kleßmann, Eckart: E. T. A. Hoffmann. Stuttgart: DVA 1988

Klöden, Karl Friedrich: Von Berlin nach Berlin. Erinnerungen. Berlin: Nation 1976

Knaack, Jürgen: Achim von Arnim – nicht nur Poet. Darmstadt: Thesen 1976

Knesebeck, Carl Friedrich von dem: Eine diplomatische Trilogie. Bearb. von Eugen von dem Knesebeck. Berlin: Decker 1879

Knötel, Richard: Die eiserne Zeit vor 100 Jahren. Berlin: Phönix 1913

Köhler, Ruth u. Wolfgang Richter: Berliner Leben 1806–1847. Erinnerungen u. Berichte. Berlin: Rütten & Loening 1954

Koenigswald, Harald: Pflicht und Glaube. Leipzig: Hesse & Becker o. J.

Körner, Theodor: Briefwechsel mit den Seinen. Leipzig: Quelle & Meyer 1910

Körner, Theodor: Sämtl. Werke. Bd. 1–4. Hrsg. von Karl Streckfuß. Berlin: Nicolai 1847

Körner, Theodor: Tagebuch und Kriegslieder. Hrsg. von Emil Peschel. Freiburg i. Br.: Fehsenfeld 1893

Krammer, Mario: Clemens Brentano und Berlin. In: Jb. für brandenburg. Landesgeschichte Bd. 6, 1955

Lange, Fritz: Neithardt von Gneisenau. Schriften von und über ihn. Berlin: Rütten & Loening 1954

Lehmann, Max: Freiherr vom Stein. Bd. 1–3. Leipzig: Hirzel 1905

Lemm, Uwe: Die Wohnorte Bettine und Achim von Arnims in Berlin. In: Internationales Jb. d. Bettina-von-Arnim-Gesellschaft 5/1993. S. 104–118

Loch, Rudolf: Kleist. Eine Biographie. Göttingen: Wallstein 2003

Luise von Preußen, Königin: Briefe und Aufzeichnungen. Hrsg. von Karl Griewank. Leipzig: Bibliogr. Institut 1924

Luise von Preußen, Königin: Briefe und Aufzeichnungen. Hrsg. von Malve Gräfin Rothkirch. München: Dt. Kunstverlag 1985

Mann, Golo: Friedrich von Gentz. Frankfurt am Main: S. Fischer 1995

Marker, Johann: Ernst von Pfuels Leben und Wirken in Berlin. In: Jb. für brandenburgische Landesgeschichte, Bd. 30, S. 123–132

Martens, Christian von: Vor hundert Jahren. Tagebuch. Leipzig: Wigand (1913)

Marwitz, Bodo von der: Beitr. zur Geschichte d. Geschlechts v. d. Marwitz. H.1. Neustadt a. d. Aisch: Gessner 1966

Marwitz, Friedrich August Ludwig: Ein märkischer Edelmann im Zeitalter der Befreiungskriege. Hrsg. von Friedrich Meusel. Bd. 1–2. Berlin: Mittler 1908–1913

Matthisson, Friedrich: Gedichte. Teil 1–2. Tübingen: Cotta 1811

McGuigan, Dorothy Gies: Wilhelmine von Sagan. Wien: Amalthea 1975

Meerheimb, Henriette von (eigentlich Margarete Gräfin Bünau): Die Toten siegen. Ein Kleistroman. Braunschweig: Westermann 1917

Meyern, Wilhelm Friedrich: Dya-Na-Sore oder die Wanderer. Frankfurt am Main: Zweitausendeins 1979

Minde-Pouet, Georg: Ein Sonett F. A. von Staegemann auf den Tod Kleists. In: Schriften des Verein f. d. Gesch. Berlins, Jg. 50 (1917) Festschrift. S. 279–281

Molo, Walter von: Geschichte einer Seele. Kleist-Roman. Berlin: Pontes (um 1950)

Müller-Bohn, Hermann: Die deutschen Befreiungskriege. Bd. 1–2. Berlin:
Kittel (1913)

Müller-Pfeifruck, Sylvia: Die Kriegergedächtnistafeln für die Befreiungskriege … In: Brandenburgische Denkmalpflege, Jg. 18 (2009), H. 1,
S. 83–96

Mundt, Albert (Hrsg.): Die Freiheitskriege in Bildern. München: Einhorn
1913

Neuendorf, Edmund: Turnvater Jahn. Jena: Diederichs 1928

Nicolai, Friedrich: Beschreibung der Königlichen Residenzstädte Berlin und
Potsdam. 3. Aufl. Berlin: Nicolai 1786

Nicolai, Friedrich: Leben und Werke. Ausstellung zum 250. Geburtstag der
Staatsbibliothek Preußischer Kulturbesitz. Berlin: Nicolai 1983

Nicolai, Friedrich: Wegweiser für Fremde und Einheimische durch Berlin
und Potsdam. Berlin: Nicolai 1833. (Repr. 1980)

Nienhaus, Stefan: Geschichte der deutschen Tischgesellschaft. Tübingen:
Niemeyer 2003

Nostitz, Karl von: Leben und Briefwechsel. Dresden, Leipzig: Arnold 1848

Nostitz, C. von (Anonym): Fragmente aus den Papieren eines freimütigen
Deutschen. (Angebunden 5 kleine patriotische Schriften) Chemnitz: Germanien 1808

Nowak, Kurt: Schleiermacher. Göttingen: Vandenhoeck & Ruprecht 2002

Oertle, Vincenz: Das Eiserne Kreuz der Befreiungskriege. Bischofszell:
Selbstverl. 1987

Olfers, Margarete von: Elisabeth von Staegemann. Leipzig: Koehler & Amelang 1937

Paret, Peter: Clausewitz und der Staat. Bonn: Dümmler 1993

Parthey, Gustav: Das Haus in der Brüderstraße. Berlin: Das neue Berlin
1957

Parthey, Gustav: Jugenderinnerungen. Berlin: Frensdorff 1907

Patriotische Kunst 1813. Berlin: Deutsche Akademie der Künste 1953

Pertz, H. G.: Aus Steins Leben. Bd. 1. Berlin: Reimer 1856

Petersdorff, Herman von: Elisabeth Staegemann und ihr Kreis. In: Schriften
d. Vereins für d. Geschichte Berlins, Jg. 30 (1893), S. 67–95

Phöbus. Ein Journal für die Kunst. Hrsg, von Heinrich von Kleist und Adam
H. Müller. (Reprint) Hildesheim: Olms 1987

Preußische Heer im Jahre 1813, Das. Hrsg. vom Großen Generalstab. Bd. 1–2.
Berlin: Mittler 1914

Rach, Hans-Jürgen: Leben auf dem platten Lande. Bd. 1–2. Altranft: Museum 2005

Rahmer, Sigismund: Heinrich von Kleist als Mensch und Dichter. Berlin: Reimer 1909

Ranke, Leopold von: Hardenberg und die Geschichte des preußischen Staates. Bd. 1–3. Leipzig: Duncker u. Humblot 1879

Rath, Philipp: Bibliotheca Schlemihliana. Ein Verzeichnis … Berlin: Breslauer 1919

Recke, Elisa von: Tagebücher und Selbstzeugnisse. Leipzig: Koehler & Amelang 1984

Reimer, Doris: Der Verleger Georg Andreas Reimer. Berlin: de Gruyter 1999

Ricklefs, Ulfert (Hrsg.): Arnims Berliner Zeit 1809–1814. Tübingen: Niemeyer 2000

Ritter, Gerhard: Stein. Eine politische Biographie. Neugestaltete Aufl. Stuttgart: DVA 1958

Rogge, Helmuth (Hrsg.): Der Doppelroman der Berliner Romantik. Bd. 1–2. Leipzig: Klinkhardt & Biermann 1926

Rogge, Helmuth: Heinrich von Kleists letzte Leiden. In: Jb. d. Kleist-Ges. 1922. S. 31–74

Rochow, Caroline von u. Marie de la Motte Fouqué: Vom Leben am preußischen Hofe 1815–1852. Berlin: Mittler 1908

Rosenstrauch, Hazel: Varnhagen und die Kunst des geselligen Lebens. Berlin: Arsenal 2003

Rühle, Günther: Otto August Rühle von Lilienstern. In: Kleist-Jb. 1987, S. 76–97

Safranski, Rüdiger: E. T. A. Hoffmann. München: Hanser 1984

Samuel, Richard: Heinrich von Kleist und Neithardt von Gneisenau. In: Jb. d. Dt. Schillergesellschaft, Jg. 7, 1963, S. 352–370

Schadow, Gottfried: Aufsätze und Briefe. Hrsg. von Julius Friedländer. Stuttgart: Ebner & Seubert 1890

Schadow, Johann Gottfried: Kunstwerke und Kunstansichten. Bd. 1–3. Berlin: Henschel 1987

Scharnhorst, Gerhard von: Ausgewählte Briefe und Schriften. Hrsg. vom Bundesministerium der Verteidigung. Coburg 1985. (Schriftenreihe Innere Führung)

Scharnhorst, Gerhard von: Briefe. Bd. 1. Privatbriefe. Hrsg. von Karl Linnebach. München: Georg Müller 1914

Schenkendorf, Max von: Gedichte. Berlin: Bong o. J.

Schiller, Friedrich: Sämtliche Werke. Berliner Ausgabe. Bd. 1. Berlin: Aufbau 1980

Schinkel, Karl Friedrich 1781–1841. Ausstellung der Staatl. Museen Berlin/DDR. 1981

Schinkel, Karl Friedrich: Führer zu seinen Bauten. Bd. 1. München: Dt. Kunstverl. 2006

Schlegel, Friedrich: Briefe an seinen Bruder August Wilhelm. Hrsg. von Oskar Walzel. Berlin: Speyer & Peters 1890

Schleiermacher, Friedrich: Briefwechsel mit seiner Braut.Hrsg. von Heinrich Meisner. Gotha: Perthes 1920

Schleiermacher, Friedrich: Sein Werden. Familien- und Freundesbriefe 1783–1804. Gotha: Perthes 1922

Schleiermacher, Friedrich: Sein Wirken. Familien- und Freundesbriefe 1804–1834. Gotha: Perthes 1923

Schleiermacher, Friedrich: Patriotische Predigten. Hrsg. von Walther Schotte. Berlin: Hobbing 1935

Schmid, Günther: Chamisso als Naturforscher. Leipzig: Koehler 1942

Schmidt, Arno: Fouqué und einige seiner Zeitgenossen. Frankfurt am Main: Zweitausendeins 1975

Schnapp, Friedrich: E. T. A. Hoffmann in Aufzeichnungen seiner Freunde und Bekannten. München: Winkler 1974

Schneider, Wolfgang: Berlin. Eine Kulturgeschichte. Leipzig: Kiepenheuer 1980

Schoeps, Hans Joachim: Aus den Jahren preußischer Not und Erneuerung. Tagebücher und Briefe der Gebrüder Gerlach. Berlin: Haude u. Spener 1966

Schössler, Dietmar: Carl von Clausewitz. Reinbek: Rowohlt 1991

Schramm, Wilhelm von: Clausewitz. Esslingen: Bechtle 1976

Schultz, Hartwig: Schwarzer Schmetterling. 20 Kapitel aus dem Leben Clemens Brentanos. Berlin: Berlin Verl. 2000

Schulz, Gerhard: Die deutsche Literatur zwischen Französischer Revolution und Restauration. T. 2. München: Beck 1989

Schulz, Gerhard: Kleist. Eine Biographie. München: Beck 2007

Schulze, Friedrich (Hrsg.): Die Franzosenzeit in deutschen Landen. Bd. 1. Leipzig: Voigtländer 1908

Schwartz, Karl: Leben des Generals Carl von Clausewitz. Bd. 1–2. Berlin: Dümmler 1878

Schwerin, Sophie: Ein Lebensbild aus ihren eignen hinterlassenen Papieren zusammengestellt von Amalie von Romberg. Bd. 1–2. Leipzig: Eckardt 1909

Scurla, Herbert: Begegnungen mit Rahel. Berlin: Nation 1966

Scurla, Herbert: Wilhelm von Humboldt. Berlin: Nation 1985

Sembdner, Helmut: Die Berliner Abendblätter Heinrich von Kleists. Berlin: Weidmann 1939

Sembdner, Helmut: Heinrich von Kleists Lebensspuren. München: dtv 1996

Sembdner, Helmut: Heinrich von Kleists Nachruhm. München: dtv 1997

Seume, Johann Gottfried: Werke in 2 Bänden. Berlin, Weimar: Aufbau 1977

Seyffarth, Ursula: Zur Außenpolitik Hardenbergs 1810–1812. Würzburg: Triltsch 1939

Siebert, Eberhard: Heinrich von Kleist. Leben u. Werke im Bild. Frankfurt am Main: Insel 1980

Simson, Jutta von: Christian Daniel Rauch. Berlin: Stapp 1997

Skokan, Isabel: Germania und Italia. Berlin: Lukas 2007

Spahn, Martin: Philipp Veit. Leipzig: Velhagen u. Klasing 1901

Spies, Hans-Bernd: Die Erhebung gegen Napoleon 1806–1814/15. Darmstadt: Wiss. Buchgesellschaft 1981

Staegemann, Friedrich August: Erinnerungen an Elisabeth. Berlin: o. V. 1835

Staegemann, Friedrich August: Historische Erinnerungen in lyrischen Gedichten. Berlin: Reimer 1828

Stefan, Friedrich: Romantische Bearbeitung der Sage von Flore und Blanscheflur durch Sophie Bernhardi. In: Jahresbericht Landesoberrealschule Brünn 1912/13.

Steffens, Henrich: Was ich erlebte. 1802–1814. Leipzig: Eckardt 1913

Steffens, Henrich: Was ich erlebte. München: Winkler 1956

Steig, Reinhold: Achim von Arnim und Jacob und Wilhelm Grimm. Stuttgart: Cotta 1904

Steig, Reinhold: Heinrich von Kleists Berliner Kämpfe. Berlin: Spemann 1901 (Reprint)

Stein, Karl Freiherr vom: Ausgewählte politische Briefe und Denkschriften. Hrsg. von Erich Botzenhart und Gunther Ipsen. Stuttgart: Kohlhammer 1955

Stein, Karl Freiherr vom: Schriften von und über Stein. Hrsg. von Günther Schmidt. Berlin: Rütten & Loening 1955

Stern, Carola. Ich möchte mir Flügel wünschen. Das Leben der Dorothea Schlegel. Reinbek: Rowohlt 1990

Strecker, Karl: Heinrich von Kleist. Bielefeld: Velhagen & Klasing 1912. (Volksbücher)

Tableau de Berlin. Beiträge zur »Berliner Klassik«. Hrsg. von Iwan d'Aprile, Martin Disselkamp u. Claudia Sedlarz. Hannover: Wehrhahn 2005

Thaer, Albrecht Daniel in Brandenburg und Berlin. Reiseführer. Neuenhagen: Findling 2004

Thiele, Ralph: Gerhard von Scharnhorst. Bonn: Bernard & Graefe 2006

Varnhagen von Ense, Karl August: Werke. Bd. 1–5. Frankfurt am Main: Dt. Klassiker Verl. 1987–1990

Varnhagen von Ense, Karl August: Tagebücher. Bd. 1–15. Bern: Lang 1972

Varnhagen, Rahel: Briefwechsel. Bd. 1–4. Hrsg. von Friedhelm Kemp. München: Winkler 1979

Varnhagen, Rahel: Familienbriefe. Hrsg. von Renata Buzzo Margari Barovero. München: Beck 2009. (Edition Rahel Levin Varnhagen)

Varnhagen, Rahel: Gesammelte Werke. Bd. 1–10. München: Matthes & Seitz 1983

Varnhagen, Rahel. Rahel und Alexander von der Marwitz in ihren Briefen. Hrsg. von Heinrich Meisner. Gotha: Klotz 1925

Verwiebe, Birgit (Hrsg.): Karl Friedrich Schinkel und Clemens Brentano. Dresden: Sandstein 2008

Verwiebe, Birgit: Lichtspiele. Vom Mondscheintransparent zum Diorama. Stuttgart: Füsslin 1997

Vigliero, Consolina: »Verlassen Sie sich nicht selbst«. Zu einem ungedruckten Brief von Rahel Levin. In: LBI Bulletin Nr. 77 (1987), S. 49–71

Voß, Sophie Marie Gräfin von: 69 Jahre am preußischen Hofe. Leipzig 1894

Weber, Ernst: Lyrik der Befreiungskriege. Stuttgart: Metzler 1991

Weißmann, Karlheinz: Deutsche Zeichen. Schellroda: Antaios 2007

Wescher, Paul: Kunstraub unter Napoleon. Berlin: Mann 1978

Wilpert, Gero von: Der verlorene Schatten. Stuttgart: Kröner 1978

Zeller, Bernhard: Friedrich Schiller in Bildern. Marbach. Schiller-Nationalmuseum 1979

Zelter, Karl Friedrich: Briefwechsel mit Goethe s. Goethe

Zimmer, Dieter und Carl-Ludwig Paeschke: Das Tor. Stuttgart: DVA 1991

Zeittafel

1806

14. Oktober: Napoleons Sieg über Preußen bei Jena und Auerstedt
19. Oktober: Auflösung der Universität Halle durch Napoleon
24. Oktober: Besetzung Berlins
27. Oktober: Napoleons Einzug in Berlin
20. November: Audienz Johannes von Müllers bei Napoleon im Berliner Schloss
21. November: Von Berlin aus proklamiert Napoleon die Kontinentalsperre

1807

30. Januar: Kleists Gefangennahme in Berlin. Abtransport nach Frankreich
April: Varnhagen in Berlin. Beginn der Freundschaft mit Rahel Levin
Pfingsten: Besuch Varnhagens und Bernhardis bei Fouqué in Nennhausen
6. Juli: Gespräch der Königin Luise mit Napoleon
9. Juli: Friedensschluss von Tilsit
25. Juli: Einsetzung der Militärreorganisationskommission
Juli: Varnhagen mit Schleiermacher und Reimer bei Alexander von der Marwitz in Friedersdorf
Kleist trifft in Dresden ein
Oktober: Varnhagen und Chamisso bei Fouqué in Nennhausen
4. Oktober: Wiedereinsetzung Steins als Minister
9. Oktober: Oktober-Edikt über die Aufhebung der Erbuntertänigkeit
7. Dezember: Schleiermacher siedelt von Halle nach Berlin über
13. Dezember: Fichte beginnt mit seinen »Reden an die deutsche Nation«

1808

16. April: Gründung des Tugendbundes in Königsberg
Juli: Beginn des Aufstandes in Spanien
September: Varnhagen setzt sein Medizinstudium in Tübingen fort

27. September bis 14. Oktober: Fürstentag in Erfurt

2. Oktober: Gespräch Napoleons mit Goethe

23./24. Oktober: Varnhagen bei Jean Paul in Bayreuth

November: Der Roman »Versuche und Hindernisse Karls« erscheint

19. November: Inkrafttreten der Stein'schen Städteverordnung

24. November: Steins Entlassung

2. Dezember: Die französische Besatzung verlässt Berlin

10. Dezember: Schills Ankunft in Berlin

16. Dezember: Napoleon befiehlt die Ächtung Steins

1809

Januar: Achim von Arnim wieder in Berlin

20. Februar: Wilhelm von Humboldts Ernennung zum Direktor der Sektion Kultus und Unterricht im Innenministerium

April bis Oktober: Kleist in Böhmen

8. April: Beginn des Aufstandes der Tiroler unter Andreas Hofer

21. April: Aufstand in Westfalen unter Dörnberg

28. April: Schills Feldzug beginnt

13. Mai: Napoleons Einzug in Wien

18. Mai: Schleiermacher heiratet Henriette von Willich in Sagard (Rügen)

29. Mai: Sieg der Tiroler am Berge Isel

31. Mai: Schills Tod in Stralsund

Juni: Varnhagens Eintritt ins österreichische Heer

5./6. Juli: Schlacht bei Wagram. Verwundung Varnhagens

17. August: Schinkel heiratet Susanne Berger in Stettin

Mitte September: Ankunft Clemens Brentanos in Berlin

14. Oktober: Friede von Schönbrunn

November: Ende des Aufstandes der Tiroler unter Andreas Hofer

20. November: Eichendorff in Berlin, bis 4. März 1810

23. Dezember: Heimkehr des Königspaares nach Berlin

31. Dezember: Verbot des Tugendbundes

1810

4. Februar: Kleist wieder in Berlin

20. Februar: Andreas Hofer wird in Mantua erschossen

April: Achim von Arnims Roman »Gräfin Dolores« erscheint

Mai: Schinkel wird Mitglied der Oberbaudeputation

4. Juni: Ernennung Hardenbergs zum Staatskanzler

14. Juni: Wilhelm von Humboldt wird preußischer Gesandter in Wien

19. Juli: Tod der Königin Luise

Mitte August: Bettine Brentanos Ankunft in Berlin

Herbst: Rauch wird mit dem Grabmal der Königin Luise beauftragt

1. Oktober: Beginn der Herausgabe von Kleists »Berliner Abendblättern«

15. Oktober: Beginn der Vorlesungen an der Berliner Universität

17. Dezember: Clausewitz und Marie von Brühl heiraten

1811

8. Januar: Tod Friedrich Nicolais

18. Januar: Gründung der Deutschen Tischgesellschaft

11. März: Heirat Bettine Brentanos und Achim von Arnims

31. März: Einstellung von Kleists »Berliner Abendblättern«

Frühjahr: Fouqués »Undine« erscheint in der Zeitschrift »Die Jahreszeiten«

Frühjahr: Jahns erster Turnplatz in der Hasenheide entsteht

28. Juni bis 31. Juli: Friedrich August Ludwig von der Marwitz in Festungshaft

18. September: Kleist bei Marwitz in Friedersdorf

21. November: Kleists Freitod am Wannsee

1812

24. Februar: Bündnis Preußens mit Frankreich

Frühjahr: Schadow vollendet das Tonrelief »Verklärung der Königin Luise«

11. März: Edikt über die Gleichstellung der Juden

24. Juni: Invasion Russlands durch Napoleon

14. September: Einzug der französischen Truppen in Moskau

24. Oktober: Beginn des Rückzuges der napoleonischen Truppen aus Russland

30. Dezember: Abschluss der Konvention von Tauroggen

1813

20. Februar: Die ersten russischen Truppen erreichen Berlin

28. Februar: Bündnis Preußens mit Russland in Kalisch

16. März: Kriegserklärung Preußens an Frankreich

17. März: Des Königs Aufruf »An mein Volk«

20. März: Stiftung des Eisernen Kreuzes

18. April bis 14. Juli: Eichendorff und Philipp Veit bei den Lützowern

Ende April: E. T. A. Hoffmann siedelt von Bamberg nach Dresden über

Mai bis Oktober: Chamisso in Kunersdorf. Entstehung des »Peter Schlemihl«

4. Juni bis 11. August: Waffenstillstand zwischen den Franzosen und den Alliierten

17. Juni: Die Franzosen überfallen das Freikorps Lützow bei Kitzen

28. Juni: Scharnhorsts Tod in Prag

4. bis 8. August: Theodor Körner in Berlin

23. August: Schlacht bei Groß-Beeren

26. August: Tod Theodor Körners

18./19. Oktober: Völkerschlacht bei Leipzig

1814

11. Februar: Tod des Alexander von der Marwitz

31. März: Einmarsch der Alliierten in Paris

April: Achim und Bettine von Arnim siedeln nach Wiepersdorf über

Mai: Von E. T. A. Hoffmanns »Fantasiestücken« erscheinen die Bände 1 und 2

Sommer: Chamissos »Peter Schlemihl« erscheint

7. August: Siegesfeier in Berlin

27. September: Rahel Levin heiratet Karl August Varnhagen

1. Oktober: E. T. A. Hoffmann wieder am Kammergericht in Berlin

1815

1. März: Napoleons Rückkehr von Elba

12. März: Schinkel wird zum Geheimen Oberbaurat ernannt

15. März: Schadows Ernennung zum Direktor der Akademie der Künste

30. März: Uraufführung von Goethes »Epimenides Erwachen« in Berlin

Ende März: Eichendorffs Roman »Ahnung und Gegenwart« erscheint

Mai: Von E. T. A. Hoffmanns »Fantasiestücken« erscheinen die Bände 3 und 4

18. Juni: Schlacht bei Bellealliance (Waterloo)

15. Juli: Napoleon verlässt Frankreich

15. Juli: Chamisso begibt sich auf seine mehrjährige Weltreise

26. September: Gründung der Heiligen Allianz

Personen- und Ortsregister

Aachen 105
Ahlefeld, Elise von s. Lützow,
 Elise von
Albano 177
Albrecht, Prinz von Preußen 127
Alexander I., Zar von Russland 42,
 149, 283 f., 326, 330, 367, 370,
 372 f.
Alexis, Willibald 295 f., 353
Alt Madlitz 204, 350
Amsterdam 89
Anna Maria, Erzherzogin von Öster-
 reich 255
Anklam 32
Arndt, Ernst Moritz 20, 26, 37, 43,
 154–158, 224, 301 f., 304, 312, 333,
 337, 343
Arnim, Achim von 20, 38, 86, 122,
 129 f., 131–141, 144 f., 166, 168, 187,
 189, 204, 234–239, 333–341
Arnim, Armgart von 338
Arnim, Bettine von 129, 134,
 137–141, 166, 204, 257, 333–341
Arnim, Freimund von 333, 341
Arnim, Friedmund von 333
Arnim, Joachim Erdmann von 339
Arnim, Karl Otto, genannt Pitt 137,
 141, 339
Arnim, Kühnemund von 333

Arnim, Maxemiliane von 337
Arnim, Siegmund von 333
Arnstein, Fanny von 370 f.
Arroküll 258 f.
Artern 226
Arukula s. Arroküll
Aschersleben 280
Aspern 119
August, Prinz von Preußen 152, 275
August, Ferdinand 300
Auerstädt 31, 53, 85, 107 f.
Augsburg 97

Baden bei Wien 372
Bad Kudowa 304, 306
Bärwalde 338 f.
Bamberg 62, 326, 329, 332, 351
Basel 96, 199
Bautzen 323
Bayreuth 50, 104
Beeskow 194
Beethoven, Ludwig van 314
Belle-Alliance 372
Berends, Karl August Wilhelm 213
Berg, Karoline von 11, 38, 86, 127,
 166
Berg, Luise von s. Voss, Luise von
Berger, Daniel 128
Berger, Susanne s. Schinkel, Susanne

Die Zeit der schweren Not